DICCIONARIO DE LA LENGUA ESPAÑOLA

(Abreviado)

Copyright © EDIMAT LIBROS, S. A.
C/ Primavera, 35
Polígono Industrial El Malvar
28500 Arganda del Rey
MADRID-ESPAÑA
www.edimat.es

Reservados todos los derechos. El contenido de esta obra está protegido por la Ley, que establece penas de prisión y/o multas, además de las correspondientes indemnizaciones por daños y perjuicios, para quienes reprodujeren, plagiaren, distribuyeren o comunicaren públicamente, en todo o en parte, una obra literaria, artística o científica, o su transformación, interpretación o ejecución artística fijada en cualquier tipo de soporte o comunicada a través de cualquier medio, sin la preceptiva autorización.

ISBN: 84-9764-727-0
Depósito legal: M-20471-2006

Colección: Manuales de la lengua española
Título: Diccionario de la lengua española (abreviado)
Realización: Thema equipo editorial
Diseño de cubierta: El Ojo del Huracán
Impreso en: Cofás

IMPRESO EN ESPAÑA – *PRINTED IN SPAIN*

a[1] f. Primera letra del alfabeto español. Es la primera de las vocales.
a[2] prep. Denota dirección, lugar, tiempo, etc.
ábaco m. Tablero para contar. ‖ Pieza que corona el capitel.
abad -desa m. y f. Superior de un monasterio.
abajo adv. l. Hacia lugar o parte inferior.
abalanzar v. tr. Impulsar con violencia.
abalorio m. Cuentecilla de vidrio agujereada para ensartar.
abanderado m. Persona que lleva la bandera.
abandonado -da adj. Descuidado, sucio.
abandonar v. tr. Dejar desamparada a una persona o cosa.
abanico m. Instrumento para hacer o hacerse aire.
abaratar v. tr. y prnl. Disminuir el precio.
abarca f. Calzado rústico de cuero.
abarcar v. tr. Rodear con los brazos o con la mano.
abarrotar v. tr. Llenar al máximo, totalmente.
abastecer v. tr. y prnl. Suministrar lo indispensable.
abasto m. Provisión de víveres y demás cosas necesarias.
abatir v. tr. y prnl. Derribar.
abdicar v. tr. Renunciar un monarca a su soberanía.

abdomen m. Cavidad del cuerpo de los vertebrados, que contiene las vísceras.
abedul m. Árbol betuláceo, de corteza blanquecina, y hojas dentadas.
abeja f. Insecto himenóptero que segrega cera y miel.
abejorro m. Insecto himenóptero que zumba al volar.
aberración f. Desviación de lo que es normal. ‖ Error grave.
abertura f. Agujero, grieta o separación.
abeto m. Árbol conífero, apreciado por su madera.
abierto -ta adj. Desembarazado, llano. ‖ No cercado.
abismo m. Profundidad grande.
abjurar v. tr. e intr. Renunciar con juramento.
abnegación f. Actitud de sacrificio al servicio de Dios o en favor del prójimo.
abochornar v. tr. y prnl. Causar bochorno.
abofetear v. tr. Dar bofetadas.
abogado -da m. y f. Licenciado en derecho que defiende los intereses de las partes.
abogar v. intr. Defender. ‖ Interceder en favor de algo o alguien.
abolengo m. Ascendencia.
abolir v. tr. Dejar sin vigor una ley o una norma.
abollar v. tr. y prnl. Producir una deformación con un golpe.

3

abominar

abominar v. tr. (v. intr. con la preposición *de*) Maldecir, rechazar.

abono m. Sustancia que se aporta a la tierra para hacerla más fértil. || Derecho que adquiere el que se abona a algo mediante pago.

abordar v. tr. e intr. Chocar una embarcación con otra. || Acercarse a alguien para hablarle.

aborigen adj. Originario del suelo en que vive.

aborrecer v. tr. Tener aversión.

abortar v. tr. e intr. Parir antes de tiempo. || v. intr. Fracasar.

abotonar v. tr. y prnl. Abrochar.

abovedar v. tr. Cubrir con bóveda.

abrasar v. tr. y prnl. Reducir a brasa, quemar. || Estar muy exaltado por una pasión.

abrazar v. tr. y prnl. Rodear con los brazos. || v. tr. Aceptar.

abrevar v. tr. Dar de beber al ganado.

abreviar v. tr. Reducir el tiempo o el espacio.

abreviatura f. Representación abreviada de una palabra.

abrigar v. tr. y prnl. Resguardar del frío, la lluvia o el viento.

abril m. Cuarto mes del año.

abrir v. tr. Descorrer el cerrojo. || Inaugurar, comenzar.

abrochar v. tr. y prnl. Cerrar o sujetar con broches, botones o corchetes.

abroncar v. tr. Reprender. || Abuchear.

abrumar v. tr. Agobiar con una carga excesiva.

abrupto -ta adj. Escarpado.

absentismo m. Abandono de unas obligaciones.

ábside f. Parte abovedada que sobresale de la fachada posterior de un templo.

absoluto -ta adj. Que excluye toda relación. || Sin restricción.

absolver v. tr. Liberar de algún cargo u obligación. || Perdonar.

absorber v. tr. Chupar, sorber.

absorto -ta adj. Admirado, pasmado.

abstenerse v. prnl. Privarse de algo.

abstracto -ta adj. Genérico.

abstraer v. tr. Considerar aisladamente un objeto o sus cualidades. || v. prnl. Concentrarse en el propio pensamiento.

absurdo -da adj. Contrario a la razón.

abuchear v. tr. Manifestar protesta con silbidos y voces.

abuelo -la m. y f. Padre o madre del padre o de la madre.

abulia f. Falta de voluntad.

abultar v. tr. y prnl. Aumentar el volumen, etc. || Exagerar.

abundar v. intr. Haber en gran cantidad una cosa.

aburrimiento m. Tedio, fastidio.

abusar v. intr. Hacer uso excesivo o indebido de una cosa. || Violar.

acá adv. l. Indica lugar cercano.

acabar v. tr. y prnl. Dar fin a una cosa. || v. intr. Rematar.

acacia f. Árbol leguminoso, de ramas espinosas.

academia f. Sociedad científica o literaria. || Centro docente.

acaecer v. intr. Suceder, ocurrir.

acallar v. tr. Hacer callar. || Aplacar, sosegar.

acalorar v. tr. Dar o causar calor. || v. tr. y prnl. Sofocarse.

acampar v. tr. e intr. Establecer un campamento.

acanalar v. tr. Dar forma de canal o estría.

acantilado m. Escarpe muy pronunciado en un terreno.

acaparar v. tr. Adquirir mercancías en gran cantidad.

acápite m. *AMÉR*. Párrafo aparte.

acarrear v. tr. Transportar. || Causar, ocasionar.
acaso adv. m. Por casualidad.
acatar v. tr. Mostrar sumisión.
acaudalar v. tr. Reunir caudal.
acaudillar v. tr. Mandar gente armada. || Guiar.
acceder v. intr. Conceder a otro lo que solicita. || Llegar a un lugar o a un cargo.
accésit m. Recompensa inferior al premio.
acceso m. Entrada o paso. || Golpe de tos.
accidentado -da adj. Agitado.
accidental adj. No esencial. || Casual.
accidente m. Suceso imprevisto, especialmente si produce daños.
acción f. Ejercicio de la facultad de obrar. || Parte del capital de una sociedad anónima
accionar v. intr. Gesticular.
accionista n. com. El que posee acciones de una sociedad mercantil.
acechar v. tr. Vigilar, aguardar.
acéfalo -la adj. Falto de cabeza.
aceite m. Líquido graso que se extrae de la aceituna y otros vegetales y de algunos animales.
aceituna f. Fruto del olivo.
acelerar v. tr. Aumentar la velocidad.
acelga f. Planta quenopodiácea, de hojas comestibles.
acémila f. Mula o macho de carga.
acento m. Rasgo de la pronunciación que distingue, por la intensidad, un elemento de una sílaba. || Tilde.
acentuar v. tr. Pronunciar con acento prosódico o poner el acento ortográfico.
acepción f. Significados que puede tener una palabra o frase.
aceptar v. tr. Recibir voluntariamente algo que se da u ofrece.

acequia f. Zanja para conducir agua.
acera f. Orilla pavimentada de la vía pública, destinada a los peatones.
acerbo -ba adj. Áspero al gusto.
acercar v. tr. y prnl. Poner cerca.
acero m. Aleación de hierro y carbono.
acérrimo -ma adj. Muy fuerte. || Fanático.
acertar v. tr. Dar en el punto propuesto.
acertijo m. Adivinanza para entretenerse en acertarla.
acervo m. Conjunto de cosas pequeñas.
acético -ca adj. Relativo al vinagre.
acetona f. Líquido incoloro inflamable y volátil.
achacar v. tr. Atribuir, imputar.
achaque m. Indisposición o enfermedad habitual.
achatar v. tr. y prnl. Poner chata una cosa.
achicar v. tr. y prnl. Humillar. || Extraer el agua.
achicharrar v. tr. y prnl. Tostar o asar algo hasta quemarlo. || v. prnl. Abrasarse.
achicoria f. Planta de hojas amargas que se consumen en ensalada.
achispar v. tr. y prnl. Poner casi ebria a una persona.
acholar v. tr. y prnl. *AMÉR.* Avergonzar.
achuchar v. tr. Estrujar.
aciago -ga adj. Infausto, desgraciado.
acicalar v. tr. Limpiar, bruñir.
acicate m. Incentivo.
ácido -da adj. De sabor agrio.
acierto m. Habilidad, cordura.
aclamar v. tr. Dar voces en honor de alguien.
aclarar v. tr. y prnl. Explicar, poner en claro. || v. tr., intr. y prnl. Clarear el tiempo.

aclimatar

aclimatar v. tr. y prnl. Adaptar a un clima inhabitual.
acobardar v. tr. y prnl. Quitar el ánimo.
acoger v. tr. Admitir en la propia casa o compañía.
acolchar v. tr. Poner algodón o lana entre dos telas.
acólito m. Clérigo o laico que ayuda al sacerdote o al diácono.
acomedirse v. prnl. *AMÉR.* Prestarse a hacer un servicio.
acometer v. tr. Arremeter contra algo. || Emprender, intentar.
acomodar v. tr. Ajustar una cosa con otra. || Disponer de modo conveniente.
acompañar v. tr. y prnl. Ir o estar con alguien.
acondicionar v. tr. Climatizar.
acongojar v. tr. y prnl. Angustiar, afligir.
acontecer v. intr. Suceder, ocurrir.
acopiar v. tr. Reunir, almacenar en gran cantidad.
acoplar v. tr. y prnl. Unir o ajustar dos piezas.
acorazado m. Buque de guerra blindado.
acorazar v. tr. Revestir con planchas de hierro o acero.
acorchar v. tr. Cubrir o revestir de corcho. || v. prnl. Ponerse una cosa como el corcho.
acordar v. tr. Determinar o resolver algo entre varias personas.
acorde adj. En armonía.
acordeón m. Instrumento músico de viento.
acordonar v. tr. Ceñir con un cordón.
acorralar v. tr. y prnl. Encerrar, dejar sin escape.
acortar v. tr. y prnl. Reducir las dimensiones, la duración, la cantidad.

acosar v. tr. Perseguir sin tregua ni descanso.
acostar v. tr. y prnl. Echar o tender a uno para que duerma o descanse. || Arrimar.
acostumbrar v. tr. y prnl. Habituar, hacer adquirir costumbre.
acotar v. tr. Reservar con cotos. || Poner límites.
acre adj. Áspero y picante.
acrecentar v. tr. y prnl. Aumentar.
acreditar v. tr. y prnl. Dar crédito o reputación.
acribillar v. tr. Abrir muchos agujeros. || Molestar mucho.
acrisolar v. tr. Depurar o purificar los metales.
acróbata n. com. Persona que hace habilidades sobre la cuerda floja, en el trapecio, etc.
acrónimo m. Siglas constituidas por las iniciales, y a veces con otras letras, con las que se obtiene un nombre.
acta f. Relación escrita de lo tratado o acordado en una junta.
actitud f. Postura. || Disposición de ánimo.
activar v. tr. Avivar, dar mayor rapidez.
activo -va adj. Que obra o tiene facultad de obrar. || Diligente y eficaz.
acto m. Acción, hecho. || Partes de una obra de teatro.
actor -triz m. y f. Persona que representa uno de los personajes en una obra teatral, cinematográfica, radiofónica o televisiva.
actual adj. Presente. || Que existe o sucede ahora.
actuar v. tr. y prnl. Poner en acción.
acuarela f. Pintura con colores diluidos en agua.
acuario m. Depósito de agua donde se mantienen vivos animales y vegetales acuáticos.

adolescencia

acuartelamiento m. Cuartel.
acuático -ca adj. Que vive en el agua.
acuchillar v. tr. y prnl. Herir o matar con el cuchillo.
acuciar v. tr. Estimular, apremiar.
acudir v. intr. Ir uno a un sitio. || Atender o socorrer a alguien. || Recurrir a una persona o cosa.
acueducto m. Conducto artificial para transportar agua.
acuerdo m. Resolución de una o varias personas.
acumular v. tr. Juntar, amontonar.
acunar v. tr. Mecer en la cuna.
acuñar v. tr. Imprimir y sellar monedas, medallas, etc.
acuoso -sa adj. Abundante en agua.
acurrucarse v. prnl. Encogerse.
acusado -da adj. Destacado.
acusar v. tr. Imputar un delito, culpa o falta. || Notificar.
acuse m. Acción y efecto de acusar recibo.
acústica f. Parte de la física que estudia el sonido.
adagio m. Sentencia breve de carácter moralizante.
adalid m. Caudillo de gente de guerra.
adaptar v. tr. y prnl. Acomodar o acoplar una cosa a otra.
adecentar v. tr. y prnl. Poner decente y limpio algo o a alguien.
adecuar v. tr. y prnl. Acomodar.
adefesio m. Persona fea o extravagante.
adelantar v. tr. y prnl. Mover o llevar hacia delante. || v. tr., intr. y prnl. Acelerar, anticipar. || Progresar.
adelante adv. l. Más allá. || adv. t. Tiempo futuro.
adelgazar v. tr. y prnl. Poner delgado.
ademán m. Actitud con que se manifiesta un sentimiento o una intención.
además adv. c. A más de.

adentrarse v. prnl. Penetrar en el interior de una cosa.
adepto -ta adj. y n. Iniciado en una secta o doctrina.
aderezar v. tr. y prnl. Componer, adornar. || Disponer, preparar.
adeudar v. tr. y prnl. Deber dinero.
adherir v. tr., intr. y prnl. Pegar una cosa a otra.
adicción f. Hábito del individuo que no puede abandonar una conducta, un producto, etc.
adición f. Acción y efecto de sumar.
adicto -ta adj. y n. Dedicado, apegado. || Partidario.
adiestrar v. tr. y prnl. Enseñar.
adinerado -da adj. Rico.
¡adiós! interj. Despedida.
adiposo -sa adj. Grasiento, gordo.
aditivo -va adj. Que puede o debe añadirse.
adivinanza f. Acertijo.
adivinar v. tr. Predecir el futuro o descubrir las cosas ocultas.
adjetivo m. Parte variable de la oración que califica o determina al nombre.
adjudicar v. tr. y prnl. Declarar que una cosa corresponde a alguien. || v. prnl. Apropiarse.
adjuntar v. tr. Acompañar o remitir una cosa con otra.
administrar v. tr. Gobernar.
admirar v. tr. Causar sorpresa, placer o entusiasmo.
admitir v. tr. Recibir. || Aceptar.
adobe m. Ladrillo de barro mezclado con paja o heno y secado al aire.
adobo m. Caldo o salsa para conservar y sazonar las carnes.
adoctrinar v. tr. Instruir.
adolecer v. intr. Caer enfermo o padecer una enfermedad.
adolescencia f. Edad que sigue a la niñez.

adonde

adonde adv. l. A qué parte, a la parte que.

adoptar v. tr. Prohijar, recibir como hijo. || Tomar como propia una opinión o doctrina.

adoquín m. Piedra en forma de prisma para pavimentar.

adorar v. tr. Honrar con culto religioso. || Amar extremadamente.

adormecer v. tr. y prnl. Dar o causar sueño. || v. tr. Calmar.

adorno m. Lo que sirve para hermosear o embellecer.

adosar v. tr. y prnl. Arrimar una cosa a otra por su espalda.

adquirir v. tr. Ganar, empezar a poseer.

adrede adv. m. De propósito.

adscribir v. tr. Atribuir o asignar.

aduana f. Oficina para el control del comercio de mercancías.

aducir v. tr. Presentar o alegar pruebas.

adueñarse v. prnl. Apropiarse de una cosa.

adular v. tr. Halagar servilmente por interés.

adulterar v. tr. Falsificar una cosa.

adulterio m. Unión sexual voluntaria de una persona casada con otra que no es su cónyuge.

adulto -ta adj. y n. Llegado a la plenitud de su desarrollo.

adusto -ta adj. Seco, desabrido en el trato.

advenedizo -za adj. y n. Extranjero o forastero.

advenimiento m. Venida o llegada.

adverbio m. Parte invariable de la oración que modifica la significación del verbo, del adjetivo o de otro adverbio.

adversario -ria m. y f. Rival, contrario.

adversidad f. Situación desgraciada.

advertir v. tr. e intr. Fijar en algo la atención, reparar, observar.

adviento m. Tiempo litúrgico que precede a la Navidad.

adyacente adj. Contiguo, próximo.

aéreo -a adj. De aire. || Muy ligero, de poco peso.

aeródromo m. Terreno llano y despejado, dispuesto para el despegue y aterrizaje de aviones.

aeronáutica f. Navegación aérea.

aeroplano m. Avión.

aeropuerto m. Aeródromo para el tráfico aéreo regular.

afable adj. Amable.

afán m. Trabajo intenso o penoso. || Anhelo vehemente.

afanar v. intr. y prnl. Entregarse al trabajo con afán.

afear v. tr. y prnl. Poner feo. || v. tr. Vituperar.

afección f. Enfermedad.

afectación f. Extravagancia.

afectar v. tr. Poner demasiado cuidado en algo. || Fingir.

afecto m. Pasión, cariño.

afeitar v. tr. y prnl. Raer el pelo.

afeminado -da adj. y m. Que en su persona, modales, etc. se parece a las mujeres.

aferrar v. tr. e intr. Agarrar fuertemente. || v. intr. y prnl. Insistir tenazmente.

afianzar v. tr. y prnl. Sostener, asegurar, fijar.

afición f. Inclinación hacia una persona o cosa.

afilar v. tr. Sacar filo o punta.

afiliar v. tr. y prnl. Entrar en una sociedad, grupo o partido.

afín adj. Próximo, contiguo. || Análogo.

afinar v. tr. y prnl. Hacer más fina una cosa. || v. tr. Poner en tono justo los instrumentos de música.

afinidad f. Analogía.
afirmar v. tr. y prnl. Poner firme. || v. tr. Dar por cierta una cosa.
aflicción f. Pena, dolor.
afligir v. tr. y prnl. Causar molestia o sufrimiento.
aflojar v. tr. y prnl. Disminuir la presión o la tirantez. || v. intr. Ceder.
aflorar v. intr. Asomar a la superficie de un terreno.
afluente m. Río que se une a otro más importante.
afluir v. intr. Acudir en gran número a un sitio determinado.
afonía f. Falta de voz.
aforismo m. Sentencia breve.
aforo m. Número total de localidades de un recinto o local.
afortunado -da adj. Feliz.
afrenta f. Vergüenza y deshonor que resulta de un hecho o dicho.
afrodisíaco -ca o **afrodisiaco -ca** adj. y m. Se dice de la sustancia que estimula el apetito sexual.
afrontar v. tr. Hacer frente a peligros, dificultades, etc.
afuera adv. l. Fuera del sitio en que uno está.
agacharse v. tr. Inclinarse.
agalla f. Branquia de los peces. || f. pl. Valentía y fortaleza.
ágape m. Banquete.
agarrada f. Riña, altercado.
agarrado -da adj. Avaro, tacaño.
agarrar v. tr. y prnl. Asir fuertemente.
agarrotar v. tr. Apretar fuertemente.
agasajar v. tr. Tratar con atención cariñosa. || Halagar.
agazaparse v. prnl. Agacharse para ocultarse.
agencia f. Empresa que gestiona asuntos y servicios.
agenciar v. tr. y prnl. Procurar o conseguir algo con diligencia.

agenda f. Cuaderno en que se anotan las cosas que han de hacerse.
agente adj. Que obra o tiene virtud de obrar. || n. com. Policía.
ágil adj. Ligero, pronto, expedito.
agitar v. tr. y prnl. Mover violentamente una cosa. || Inquietar, turbar.
aglomerar v. tr. y prnl. Amontonar, juntar.
aglutinar v. tr. y prnl. Unir, pegar.
agobiar v. tr. y prnl. Causar molestia o fatiga.
agolpar v. tr. Juntar de golpe en un lugar.
agonía f. Angustia del moribundo.
agorar v. tr. Predecir el futuro.
agosto m. Octavo mes del año.
agotar v. tr. y prnl. Extraer todo el líquido de un sitio. || Gastar del todo. || Cansar extremadamente.
agraciar v. tr. Dar gracia y buen parecer. || Conceder alguna gracia.
agradar v. intr. y prnl. Complacer, gustar.
agradecer v. tr. Sentir gratitud.
agrario -ria adj. Relativo al campo.
agravar v. tr. Oprimir con gravámenes o tributos.
agravio m. Ofensa que se hace con algún dicho o hecho.
agredir v. tr. Cometer agresión.
agregar v. tr. y prnl. Unir personas o cosas a otras.
agresión f. Acto contrario al derecho de otro.
agresivo -va adj. Propenso a atacar, ofender o provocar.
agreste adj. Campesino. || Áspero. || Rudo.
agriar v. tr. y prnl. Poner agrio. || Exasperar.
agricultura f. Arte de cultivar la tierra.
agrietar v. tr. y prnl. Abrir grietas.
agrio -gria adj. Ácido.

agrupar

agrupar v. tr. y prnl. Reunir en grupo.
agua f. Líquido compuesto de hidrógeno y de oxígeno. Es incoloro, inodoro e insípido.
aguacate m. Árbol de fruto comestible en forma de pera.
aguacero m. Lluvia repentina, intensa y de poca duración.
aguafiestas n. com. Persona que turba cualquier fiesta o reunión.
aguantar v. tr. Sostener o resistir pesos, impulsos o esfuerzos. || Tolerar.
aguante m. Sufrimiento, paciencia. || Fuerza, vigor.
aguar v. tr. y prnl. Mezclar agua con vino u otro licor. || Turbar, frustrar.
aguardar v. tr. e intr. Esperar.
agudeza f. Perspicacia de los sentidos o viveza de ingenio.
agudizarse v. prnl. Agravarse una enfermedad o un problema.
agudo -da adj. Sutil, delgado.
agüero m. Presagio. || Pronóstico.
aguerrido -da adj. Ejercitado en las luchas y trabajos.
aguijón m. Punta con que pican algunos insectos.
aguijonear v. tr. Incitar, estimular.
águila f. Ave rapaz diurna de pico corvo y vuelo rapidísimo.
aguililla adj. *AMÉR*. Se dice del caballo veloz en el paso.
aguinaldo m. Regalo que se da en las fiestas de Navidad.
agüita f. *CHILE* y *ECU*. Infusión.
aguja f. Barrita puntiaguda con un ojo para coser, bordar o tejer. || Tubito metálico unido a una jeringuilla, que se emplea para inyectar.
agujero m. Abertura en una cosa.
agujetas f. pl. Molestias dolorosas después de realizar un esfuerzo físico.
agutí m. Roedor herbívoro de América Latina.

aguzar v. tr. Sacar punta. || Estimular.
ahí adv. l. En ese lugar, a ese lugar. || En esto.
ahijado -da m. y f. Persona respecto de sus padrinos.
ahínco m. Empeño grande.
ahíto -ta adj. Saciado de comer. || Fastidiado.
ahogar v. tr. y prnl. Matar a alguien impidiéndole la respiración.
ahogo m. Opresión y fatiga en el pecho. || Aprieto, congoja.
ahondar v. tr. Hacer más honda una cavidad o agujero. || v. tr. e intr. Profundizar en un tema.
ahora adv. t. En este momento, en el tiempo actual o presente.
ahorcar v. tr. y prnl. Colgar a uno por el cuello.
ahorrar v. tr. Economizar, guardar o reservar una parte del dinero.
ahuevado -da adj. *AMÉR*. Acobardado.
ahumar v. tr. Poner al humo.
ahuyentar v. tr. Hacer huir.
airar v. tr. y prnl. Irritar.
aire m. Mezcla gaseosa que constituye la atmósfera terrestre.
airear v. tr. Poner al aire o ventilar.
airoso -sa adj. Garboso o gallardo.
aislante adj. y m. Se dice del cuerpo que impide la transmisión del calor, la electricidad, etc.
aislar v. tr. y prnl. Dejar solo, incomunicar.
ajar v. tr. y prnl. Maltratar, deslucir.
ajedrez m. Juego de tablero con 16 piezas y 64 casillas.
ajeno -na adj. Perteneciente a otro.
ajetreo m. Actividad muy intensa.
ají m. Variedad de pimiento muy picante.
ajiaco m. Salsa que se usa mucho en América, a base de ají.

ajo m. Planta hortense cuyo bulbo se emplea como condimento.
ajuar m. Conjunto de muebles y ropas de uso común en la casa.
ajustar v. tr. y prnl. Conformar, acomodar.
ajusticiar v. tr. Ejecutar la pena de muerte en el reo.
al Contracción de la prep. *a* y del artíc. *el*.
ala f. Parte del cuerpo de las aves, insectos, etc., que les sirve para volar. || Hilera o fila. || Plano que sustenta los aviones.
alabar v. tr. y prnl. Elogiar, celebrar con palabras.
alabastro m. Variedad de mármol traslúcido.
alabear v. tr. Dar a una superficie forma combada.
alacena f. Hueco en la pared, que se usa como armario.
alacrán m. Escorpión.
álaga f. Variedad de trigo de grano largo y amarillento.
alambique m. Aparato para destilar.
alambrada f. Red de alambre de espino.
alambre m. Hilo metálico.
álamo m. Árbol salicáceo de tronco erecto.
alar m. Alero del tejado.
alarde m. Ostentación y gala que se hace de una cosa.
alargar v. tr. y prnl. Dar más longitud a una cosa. || Prolongar.
alarido m. Grito desgarrado.
alarma f. Aviso o señal que llama a tomar las armas. || Inquietud, sobresalto repentino. || Aviso, en general.
alarmar v. tr. Dar la alarma. || v. tr. y prnl. Asustar.
alba f. Primera luz del día antes de salir el Sol.

albacea n. com. Persona encargada de cumplir la última voluntad del finado.
albahaca f. Planta aromática de flores blancas.
albañilería f. Arte de la construcción de edificios.
albarán m. Nota de entrega que firma la persona que recibe una mercancía.
albaricoquero m. Árbol rosáceo de ramas sin espinas, cuyo fruto es el albaricoque.
albedrío m. Facultad de elegir.
alberca f. Depósito artificial de agua.
albergar v. tr. Dar hospedaje.
albergue m. Edificio o lugar en que uno halla hospedaje o resguardo.
albo -ba adj. Blanco.
albóndiga f. Bolita de carne o pescado, picados.
albor m. Luz del alba.
alborada f. Tiempo de amanecer.
alborear v. intr. Amanecer el día.
albornoz m. Bata amplia y larga de tejido de toalla.
alborotar v. tr. e intr. Inquietar, alterar. || v. tr. y prnl. Causar alboroto.
alboroto m. Vocerío o estrépito. || Desorden, tumulto.
alborozar v. tr. y prnl. Causar gran regocijo, alegría o placer.
albufera f. Laguna de agua salada que se forma en la costa.
álbum m. Libro para coleccionar fotografías, sellos, autógrafos, etc.
albumen m. Tejido que envuelve el embrión de algunas plantas.
albúmina f. Proteína soluble en agua, que se encuentra, principalmente, en la clara de huevo.
alcachofa f. Planta hortense con cabezuelas comestibles.
alcahuete -ta m. y f. Persona que encubre relaciones amorosas o sexuales.

alcaide

alcaide m. Persona encargada de dirigir una cárcel.

alcalde m. Presidente del Ayuntamiento de cada municipio.

alcance m. Seguimiento, persecución. || Distancia a que llega una cosa.

alcancía f. Vasija cerrada, con una hendidura estrecha para guardar dinero.

alcantarilla f. Acueducto subterráneo o sumidero.

alcanzar v. tr. Llegar a juntarse con una persona o cosa que va delante. || Llegar a tocar o coger algo.

alcatraz m. Pelícano americano.

alcayata f. Clavo en codo.

alcazaba f. Recinto fortificado.

alcázar m. Fortaleza. || Palacio real.

alce m. Mamífero rumiante parecido al ciervo.

alcoba f. Aposento para dormir.

alcohol m. Compuesto derivado de un hidrocarburo por sustitución de uno o varios átomos de hidrógeno por grupos.

alcoholismo m. Enfermedad ocasionada por abuso de las bebidas alcohólicas.

alcornoque m. Árbol fagáceo cuya corteza constituye el corcho.

alcurnia f. Ascendencia, linaje.

alcuza f. Vasija para el aceite.

aldaba f. Pieza de hierro o bronce para llamar a las puertas.

aldea f. Pueblo de escaso vecindario.

aldeano -na adj. y n. Inculto, rústico.

aleación f. Producto de propiedades metálicas, compuesto de dos o más elementos.

aleatorio -ria adj. Que depende de la suerte o del azar.

aleccionar v. tr. y prnl. Instruir, enseñar.

aledaño -ña adj. Confinante.

alegar v. tr. Citar hechos, razones, etc., en apoyo de algo.

alegoría f. Ficción por la cual una cosa representa otra diferente.

alegre adj. Que siente o manifiesta alegría. || De color vivo.

alegría f. Sentimiento de placer originado por una viva satisfacción.

alejar v. tr. y prnl. Poner más lejos.

alelar v. tr. y prnl. Atontar.

alentar v. intr. Respirar. || v. tr. y prnl. Animar.

alero m. Parte inferior del tejado.

alerta adv. m. Con atención.

aleta f. Membrana que tienen los peces para nadar.

aletargar v. tr. y prnl. Causar letargo.

aletear v. intr. Mover las alas repetidamente sin levantar el vuelo.

alevín m. Cría de ciertos peces de agua dulce.

alevosía f. Perfidia, traición.

alfabetizar v. tr. Enseñar a leer y escribir.

alfalfa f. Planta forrajera.

alfarería f. Arte de fabricar vasijas de barro.

alféizar m. Vuelta de la pared en el corte de una puerta o ventana.

alférez m. El grado más bajo de oficial en la carrera militar.

alfil m. Pieza del ajedrez que se mueve diagonalmente.

alfiler m. Clavillo de metal muy fino que sirve para sujetar.

alfombra f. Tejido con que se cubre el suelo.

alforja f. Banda de tela fuerte con dos bolsas en sus extremos, que se lleva sobre las caballerías.

alga f. Planta talofita unicelular o pluricelular, generalmente acuática.

algarabía f. Griterío y alboroto.

algarada f. Vocerío grande.

algarrobo m. Árbol cesalpináceo de gran tamaño, cuyo fruto es la algarroba.

álgebra f. Parte de la matemática que trata de las cantidades empleando letras o signos.
álgido -da adj. Muy frío.
algo pron. indef. Cantidad indeterminada. || adv. c. Un poco.
algodón m. Planta malvácea cuyo fruto es una cápsula que contiene semillas envueltas por filamentos amarillentos.
alguacil m. Oficial de justicia, que ejecuta las órdenes de un tribunal.
alguien pron. indef. Persona cualquiera, sin determinación.
algún adj. Apócope de *alguno*.
alguno -na adj. Se aplica a persona, animal o cosa indeterminados.
alhaja f. Joya, adorno precioso.
aliado -da adj. y n. Persona o país unido con otro u otros.
alianza f. Pacto o convención.
alias adv. Por otro nombre. || m. Apodo.
alicaído -da adj. Débil, falto de fuerzas.
alicates m. pl. Tenacilla de acero con brazos curvos y puntas cuadrangulares o cónicas.
aliciente m. Atractivo o incentivo.
alienar v. tr. y prnl. Enajenar.
aliento m. Respiración.
aligerar v. tr. y prnl. Hacer ligero o menos pesado. || Abreviar, acelerar.
alijo m. Conjunto de géneros o efectos de contrabando.
alimaña f. Animal perjudicial para la caza menor o para el ganado.
alimento m. Comida y bebida que se toman para nutrir.
alinear v. tr. y prnl. Poner en línea recta. || v. tr. Incluir a un jugador en un equipo deportivo.
aliñar v. tr. Condimentar un manjar.
alioli m. Salsa hecha con aceite y ajos.
alisar v. tr. y prnl. Poner liso.
alistar v. tr. y prnl. Inscribir en lista a uno.

aliviar v. tr. Aligerar, hacer menos pesado.
aljaba f. Caja portátil para flechas.
aljibe m. Cisterna.
allá adv. l. En aquel lugar. || adv. t. Indica un pasado más o menos remoto.
allanar v. tr., intr. y prnl. Poner llana o igual la superficie de algo.
allegado -da adj. Cercano, próximo. || adj. y n. Pariente. || Partidario.
allí adv. l. En aquel lugar. || A aquel lugar. || adv. t. Entonces.
alma f. Principio espiritual del ser humano cuyo atributo principal es la conciencia.
almacén m. Casa o edificio donde se guardan géneros.
almanaque m. Calendario en hojas o en forma de libro.
almeja f. Molusco lamelibranquio comestible.
almena f. Prisma que corona los muros de las antiguas fortalezas.
almendro m. Árbol rosáceo cuyo fruto es la almendra.
almíbar m. Azúcar disuelto en agua y cocido al fuego.
almibarado -da adj. Meloso.
almidón m. Fécula, en especial la de la semilla de los cereales.
almidonar v. tr. Planchar la ropa blanca con almidón desleído en agua.
almirante m. Jefe que en la armada desempeña el cargo superior.
almirez m. Mortero de metal.
almizcle m. Sustancia odorífera, untuosa, de color pardo rojizo y sabor amargo.
almohada f. Colchoncillo para reclinar sobre él la cabeza.
almohadilla f. Cojincillo sobre el cual cosen las mujeres.
almohadón m. Almohada grande para sentarse, recostarse o apoyar los pies en él.

almoneda

almoneda f. Venta pública de bienes muebles con licitación y puja.
almorrana f. Hemorroide.
almorzar v. intr. Tomar el almuerzo. || v. tr. Comer en el almuerzo una u otra cosa.
almuerzo m. Comida que se toma por la mañana o al mediodía.
alojamiento m. Lugar donde alguien está alojado.
alojar v. tr. y prnl. Hospedar o aposentar.
alondra f. Ave insectívora que anida en las mieses.
alopecia f. Caída o pérdida del cabello.
alpaca f. Mamífero camélido, rumiante que vive en los Andes.
alpargata f. Calzado rústico con suela de cáñamo o esparto trenzado.
alpinismo m. Deporte que consiste en la ascensión a altas montañas.
alpiste m. Planta gramínea cuyas semillas se dan como alimento a los pájaros.
alquería f. Casa de labranza.
alquilar v. tr. Ceder a otro el uso de alguna cosa, con ciertas condiciones y por un precio convenido.
alquimia f. Conjunto de técnicas anteriores a la química que pretendía la transmutación de los metales.
alquitrán m. Sustancia viscosa que se obtiene de la destilación de la madera o la hulla.
alrededor adv. l. Indica la situación de personas o cosas que rodean a otras. || m. pl. Inmediaciones de un lugar.
alta f. Ingreso de una persona en una asociación, profesión, etc. || Declaración del médico haciendo constar la curación de un enfermo.
altanería f. Soberbia.
altar m. Monumento destinado a ofrecer ofrendas y sacrificios. || Piedra sobre la que se celebra la misa.
altavoz m. Aparato que reproduce en voz alta los sonidos.
alterar v. tr. y prnl. Cambiar la esencia o forma de una cosa.
altercar v. intr. Disputar.
alternar v. tr. Realizar cosas diversas por turnos y sucesivamente. || v. intr. Sucederse unas cosas a otras.
alternativa f. Opción entre dos cosas y cada una de estas cosas.
alteza f. Tratamiento dado a los príncipes.
altibajo m. Desigualdades o altos y bajos de un terreno. || Alternativa de sucesos prósperos y adversos.
altillo m. Habitación, en la parte más alta de la casa, por lo general aislada.
altiplanicie o **altiplano** f. o m. Meseta de mucha extensión y a gran altitud.
altisonante adj. Se dice del lenguaje o estilo afectado.
altitud f. Altura de un punto de la Tierra con relación al nivel del mar.
altivez f. Orgullo, soberbia.
alto -ta adj. Levantado, elevado sobre la tierra.
altozano m. Monte de poca altura en terreno llano. || *AMÉR.* Atrio de una iglesia.
altruismo m. Disposición a procurar el bien ajeno aun a costa del propio.
altura f. Elevación de un cuerpo sobre la superficie de la Tierra. || Dimensión de los cuerpos perpendicular a su base.
alubia f. Judía, planta leguminosa.
alucinar v. tr. y prnl. Producir sensaciones o percepciones imaginarias.
alucinógeno -na adj. y m. Que produce alucinación; se dice de algunas drogas.
alud m. Gran masa de nieve que se desprende de los montes con violencia.

aludir v. tr. Referirse a una persona o cosa sin nombrarla.
alumbrar v. tr. e intr. Llenar de luz y claridad. || v. intr. Parir la mujer.
aluminio m. Metal trivalente, blanco y ligero, muy maleable y dúctil.
alumno -na m. y f. Discípulo, persona que recibe una enseñanza de un maestro.
aluvión m. Avenida fuerte de agua, inundación.
alzado m. Diseño de un edificio, máquina o aparato, en proyección geométrica vertical.
alzamiento m. Levantamiento o rebelión.
alzar v. tr. Levantar. || Aumentar, subir.
ama f. Señora de la casa o familia. || Dueña de alguna cosa.
amable adj. Afable, complaciente, afectuoso.
amaestrar v. tr. y prnl. Enseñar, adiestrar, domar.
amagar v. tr. e intr. Dejar ver la intención de ejecutar algo. || v. tr. Fingir que se va a hacer o decir algo. || v. prnl. Esconderse.
amainar v. intr. Perder fuerza el viento, la lluvia, etc.
amamantar v. tr. Dar de mamar.
amancebarse v. prnl. Unirse un hombre y una mujer fuera del matrimonio.
amanecer[1] v. intr. Nacer el día.
amanecer[2] m. Tiempo durante el cual amanece.
amanerar v. tr. y prnl. Dar cierta afectación al lenguaje, las obras, los ademanes, etc. || v. prnl. Afeminarse.
amansar v. tr. y prnl. Hacer manso a un animal, domesticarlo.
amante n. com. Persona con la que se mantienen relaciones sexuales.
amañar v. tr. Componer mañosamente alguna cosa. || v. prnl. Darse maña.

amapola f. Planta papaverácea de flores rojas.
amar v. tr. Tener amor a personas, animales o cosas.
amarar v. intr. Posarse en el agua una aeronave o una astronave.
amargar v. intr. y prnl. Tener alguna cosa sabor o gusto amargo. || v. tr. y prnl. Causar disgusto.
amargo -ga adj. Se dice de lo que tiene el sabor de la hiel, el acíbar, etc.
amarillo -lla adj. y m. Se dice del color semejante al del oro.
amarra f. Cable para asegurar la embarcación cuando se ancla.
amarrar v. tr. Atar y asegurar por medio de cuerdas, cadenas, etc.
amasar v. tr. Formar una masa.
amasijo m. Mezcla de cosas muy heterogéneas.
ambición f. Deseo ardiente de conseguir poder, riquezas o fama.
ambidextro -tra o **ambidiestro -tra** adj. Que usa con igual soltura la mano izquierda que la derecha.
ambiente m. Condiciones de un lugar que son favorables para las personas, animales o cosas que están en él.
ambiguo -gua adj. Que puede admitir distintas interpretaciones.
ámbito m. Espacio comprendido dentro de unos límites determinados.
ambos -bas adj. pl. El uno y el otro; los dos.
ambulancia f. Vehículo destinado al transporte de heridos o enfermos.
ambulante adj. Que va de un lugar a otro, sin tener asiento fijo.
ambulatorio -ria m. Dispensario.
amedrentar v. tr. y prnl. Infundir miedo.
amenazar v. tr. Dar a entender a alguien con actos o palabras que se quiere hacerle algún daño.

ameno -na adj. Grato, placentero.
americana f. Chaqueta de hombre.
ametralladora f. Arma de fuego que dispara tiros continuos.
amianto m. Mineral que se presenta en forma de fibras textiles.
amígdala f. Glándula situada en las vías respiratorias altas.
amigo -ga adj. y n. Que tiene amistad.
amilanar v. tr. Causar tal miedo a una persona, que quede aturdida y sin acción. ‖ v. prnl. Acobardarse.
aminorar v. tr. Disminuir.
amistad f. Afecto desinteresado y recíproco entre amigos.
amnesia f. Pérdida o disminución de la memoria.
amnistía f. Derogación de una ley penal o de las penas por determinados delitos.
amo m. Cabeza de la casa o familia. ‖ Dueño, propietario.
amodorrarse v. prnl. Caer en modorra.
amoldar v. tr. y prnl. Ajustar una cosa al molde. ‖ Adaptar.
amonestar v. tr. Reprender, reñir.
amoníaco o **amoniaco** m. Gas incoloro, compuesto de nitrógeno e hidrógeno.
amontonar v. tr. y prnl. Hacer o formar un montón.
amor m. Afecto o inclinación hacia una persona o cosa. ‖ Suavidad, comprensión.
amordazar v. tr. Poner mordaza.
amorfo -fa adj. Sin forma determinada.
amorío m. Relación amorosa superficial y pasajera.
amortajar v. tr. Poner la mortaja al difunto.
amortiguar v. tr. y prnl. Moderar, hacer menos violento algo.

amortizar v. tr. Extinguir o reducir el capital de una deuda.
amotinar v. tr. y prnl. Alzar motín.
amparar v. tr. Favorecer, proteger.
amparo m. Abrigo o defensa.
ampliar v. tr. Extender, dilatar. ‖ Reproducir en tamaño mayor que el original.
amplificar v. tr. Ampliar.
amplio -plia adj. Extenso, espacioso.
amplitud f. Extensión, dilatación.
ampolla f. Vejiga formada por la elevación de la epidermis.
ampuloso -sa adj. Henchido y redundante.
amputar v. tr. Cortar y separar enteramente del cuerpo un miembro o porción de él.
amueblar v. tr. Dotar de muebles.
amuleto m. Objeto portátil al que se atribuyen virtudes o poderes sobrenaturales.
amurallar v. tr. Rodear de murallas.
anaconda f. Serpiente americana de la familia de las boas, acuática y arborícola.
anacoreta n. com. Persona que vive en lugar retirado, entregada a la oración y a la penitencia.
ánade m. Pato.
anagrama m. Transformación de una palabra o sentencia en otra por la trasposición de sus letras.
anales m. pl. Relaciones de sucesos por años.
analfabeto -ta adj. y n. Que no sabe leer ni escribir.
analgesia f. Falta o abolición de la sensibilidad al dolor.
análisis m. Distinción y separación de las partes de un todo.
analizar v. tr. Hacer el análisis de una cosa.
analogía f. Relación de semejanza que existe entre cosas distintas.

ananá o **ananás** m. Planta tropical de fruto carnoso en forma de piña.
anaquel m. Estante. Tabla puesta horizontalmente en un muro, armario, alacena, etc.
anarquía f. Ausencia de autoridad. || Desorden, confusión.
anatema n. amb. Excomunión. || Maldición, imprecación.
anatomía f. Ciencia que estudia la estructura y forma de los seres orgánicos.
anca f. Mitad lateral de la parte posterior de algunos animales.
ancestral adj. Perteneciente o relativo a los antepasados. || Tradicional, de origen muy remoto.
ancho -cha adj. Holgado, amplio.
anchoa f. Boquerón en salmuera.
anchura f. Latitud. || Holgura.
anciano -na adj. y n. Se dice de la persona que tiene muchos años.
ancla f. Instrumento que se echa al mar y se aferra al fondo para sujetar la embarcación.
áncora f. Ancla de la nave.
andamio m. Estructura con tablones horizontales para trabajar en la construcción.
andanza f. Caso, suceso. || pl. Vicisitudes, peripecias.
andar v. intr. y prnl. Ir de un lugar a otro dando pasos.
andarín -na adj. y n. Persona andadora.
andas f. pl. Tablero sostenido por dos barras paralelas y horizontales, que sirve para llevar personas o cosas.
andén m. Plataforma elevada a los lados de las vías en las estaciones de ferrocarril o metro, a lo largo de un muelle, etc.
andrajo m. Pedazo o jirón de ropa muy usada.
andullo m. *CUBA.* Tabaco para mascar.
andurrial m. Paraje fuera de camino.
anea f. Planta tifácea cuyas hojas se emplean para hacer asientos de silla.
anécdota f. Relato breve de algún hecho particular y curioso.
anegar v. tr. y prnl. Ahogar en el agua. || Inundar.
anejo -ja adj. Unido o agregado.
anemia f. Disminución de la cantidad total de sangre.
anestesia f. Falta o privación parcial o total de la sensibilidad.
anexar o **anexionar** v. tr. Unir o agregar una cosa a otra, de la cual pasa a depender.
anfibio -bia adj. y n. Se aplica a los organismos, animales y plantas que pueden vivir dentro y fuera del agua.
anfiteatro m. Edificio oval o redondo con gradas alrededor.
anfitrión -na m. y f. Persona que tiene convidados a su mesa.
ánfora f. Vasija alta, de cuello largo, con dos asas y fondo estrecho, usada por los antiguos griegos y romanos.
ángel m. Espíritu celestial. || Gracia, simpatía. || Persona bondadosa y afable.
ángelus m. Oración en honor del misterio de la Encarnación.
angina f. Inflamación de las amígdalas.
angosto -ta adj. Estrecho o reducido.
anguila f. Pez de cuerpo serpentiforme, viscoso, con una larga aleta dorsal.
angula f. Cría de la anguila.
ángulo m. Abertura limitada por dos rectas o dos planos que se cortan.
angustia f. Aflicción, congoja.
anhelar v. tr. Tener deseo vehemente de conseguir alguna cosa.
anhelo m. Deseo vehemente.
anidar v. intr. y prnl. Hacer nido las aves o vivir en él.

anilla f. Argolla.
anillo m. Aro pequeño.
ánima f. Alma. || Alma que pena en el purgatorio.
animación f. Viveza en las acciones, palabras o movimientos.
animadversión f. Antipatía.
animal m. Ser orgánico dotado de movimiento voluntario.
animar v. tr. Infundir energía moral.
ánimo m. Valor, brío, energía.
animosidad f. Antipatía.
aniquilar v. tr. y prnl. Reducir a la nada.
anís m. Planta de pequeñas semillas aromáticas.
aniversario m. Día en que se cumplen años de algún suceso.
ano m. Orificio externo del recto.
anoche adv. t. En la noche de ayer.
anochecer[1] v. intr. Venir la noche.
anochecer[2] m. Tiempo durante el cual anochece.
anodino -na adj. Insignificante, insustancial.
anómalo -la adj. Irregular, anormal.
anonadar v. tr. y prnl. Aniquilar, reducir a la nada. || Humillar.
anónimo -ma adj. y m. Que no lleva el nombre de su autor.
anorak m. Chaqueta impermeable.
anorexia f. Falta de apetito, de origen psíquico o fisiológico.
anormal adj. No normal.
anotar v. tr. Poner notas en un escrito. || Apuntar.
ansia f. Congoja, angustia. || Anhelo.
ansiar v. tr. Anhelar.
ansiedad f. Estado de inquietud del ánimo.
antagonista n. com. Persona o cosa opuesta o contraria a otra.
antaño adv. t. En el año pasado.
antártico -ca adj. Relativo al polo Sur.

ante[1] m. Alce. || Piel de ante adobada y curtida.
ante[2] prep. En presencia de, delante de.
anteanoche adv. t. En la noche de anteayer.
anteayer adv. t. En el día que precedió inmediatamente al de ayer.
antecesor -ra m. y f. Persona que precedió a otra en algo.
antediluviano -na adj. Antiquísimo.
antelación f. Anticipación en el tiempo.
antena f. Dispositivo para asegurar la emisión o captación de ondas electromagnéticas.
anteojos pl. Instrumento óptico que sirve para observar objetos lejanos.
antepasado -da adj. Se dice del tiempo anterior a otro ya pasado. || m. y f. Ascendiente.
antepenúltimo -ma adj. Inmediatamente anterior al penúltimo.
anteponer v. tr. y prnl. Poner delante. || Preferir.
anteportada f. Hoja que precede a la portada de un libro.
anterior adj. Que antecede en lugar o tiempo.
antes adv. t. y l. Indica prioridad en el espacio o en el tiempo.
antibiótico -ca adj. y m. Se dice del medicamento que destruye los microorganismos patógenos.
anticiclón m. Zona o masa atmosférica de alta presión.
anticipar v. tr. Hacer que ocurra una cosa antes de su tiempo.
anticipo m. Dinero que se da por adelantado.
anticonceptivo -va adj. y m. Sustancia o método que impide la fecundación.
anticonstitucional adj. Contrario a la Constitución.

anticuario -ria m. y f. Persona que colecciona antigüedades o comercia con ellas.
antídoto m. Contraveneno.
antifaz m. Careta, velo o máscara con que se cubre la cara.
antigüedad f. Época de las civilizaciones más antiguas.
antiguo -gua adj. Que existe desde hace mucho tiempo.
antílope m. Mamífero rumiante, de cuerpo esbelto.
antinomia f. Contradicción entre dos principios, normas o leyes.
antipatía f. Repugnancia o aversión hacia alguien o algo.
antipirético -ca adj. y m. Que disminuye o suprime la fiebre.
antípoda adj. y n. com. Se dice de un habitante de la Tierra, con respecto a otro que habita en el lugar diametralmente opuesto.
antirrobo adj. y m. Se dice del dispositivo que protege contra el robo.
antisocial adj. y n. com. Contrario a la sociedad, a la convivencia social.
antítesis f. Oposición en el sentido de dos términos o juicios.
antojarse v. prnl. Hacerse una cosa objeto de deseo caprichoso.
antojo m. Deseo pasajero o caprichoso de algo.
antología f. Colección de trozos escogidos de poesía o prosa.
antónimo -ma adj. y m. Se dice de las palabras de significado contrario.
antorcha f. Hacha o tea para alumbrar.
antracita f. Carbón de piedra.
antro m. Caverna, cueva, gruta.
antropofagia f. Práctica de comer carne humana.
antropología f. Ciencia que trata del hombre en su aspecto físico y moral.
antropomorfo -fa adj. De forma o apariencia humana.
anual adj. Que sucede o se repite cada año. || Que dura un año.
anuario m. Publicación anual.
anudar v. tr. y prnl. Hacer nudos.
anular[1] adj. De figura de anillo. || adj. y m. Se dice del cuarto dedo de la mano.
anular[2] v. tr. Dar por nulo.
anunciar v. tr. Dar noticia de una cosa.
anuncio m. Pronóstico.
anverso m. Cara de una moneda o medalla.
anzuelo m. Gancho pequeño que se usa para pescar.
añadir tr. Agregar una cosa a otra. || Aumentar, ampliar.
añagaza f. Ardid para atraer con engaño.
añejo -ja adj. Se dice de lo que tiene uno o más años.
añicos m. pl. Pedazos pequeños en que se divide alguna cosa al romperse.
año m. Período de 12 meses.
añoranza f. Nostalgia.
añorar v. tr. e intr. Recordar con pena la falta de una persona o cosa.
aorta f. La arteria principal del cuerpo.
aovado -da adj. Oval, ovoide.
apabullar v. tr. Dejar a uno confuso.
apacible adj. Dulce, tranquilo.
apaciguar v. tr. y prnl. Calmar.
apagado -da adj. De genio muy sosegado y apocado.
apagar v. tr. y prnl. Extinguir el fuego o la luz. || Desconectar un aparato.
apaisado -da adj. Se dice de lo que es más ancho que alto.
apalabrar v. tr. Concertar algo de palabra dos o más personas.
apalear v. tr. Dar golpes con un palo.
apangarse v. prnl. *AMÉR. CENT.* Agazaparse, agacharse.

apañado

apañado -da adj. Hábil, mañoso.
apaño m. Compostura, remiendo.
aparador m. Mueble donde se guarda lo necesario para el servicio de mesa.
aparato m. Útil o instrumento necesario para ciertos experimentos u operaciones.
aparcar v. tr. Colocar un vehículo en un lugar indicado.
aparear v. tr. Juntar las hembras con los machos para que críen.
aparecer v. intr. y prnl. Manifestarse, dejarse ver.
aparejo m. Conjunto de palos, vergas, jarcias y velas de un buque.
aparentar v. tr. Fingir, simular.
aparente adj. Que parece y no es.
aparición f. Visión de un ser irreal o sobrenatural.
apariencia f. Aspecto exterior de una persona o cosa.
apartado -da adj. Retirado, distante.
apartamento m. Vivienda reducida.
apartar v. tr. y prnl. Separar de un todo una o varias partes. || v. prnl. Alejarse, retirarse.
aparte adv. l. En otro lugar. || A distancia, desde lejos.
apasionar v. tr. y prnl. Causar o provocar alguna pasión.
apatía f. Indiferencia, impasibilidad del ánimo. || Dejadez.
apátrida adj. y n. com. Se dice de la persona que carece de nacionalidad.
apeadero m. En los ferrocarriles, estación secundaria.
apear v. tr. y prnl. Bajar o desmontar de una caballería o un vehículo.
apechugar v. intr. Aceptar algo.
apedrear v. tr. Tirar piedras.
apego m. Afición, inclinación o cariño hacia una persona o cosa.
apelar v. intr. Recurrir una sentencia.
apelativo adj. y m. Apodo.

apellido m. Nombre de familia con que se distinguen las personas.
apelmazar v. tr. y prnl. Hacer más compacta y apretada una cosa.
apenar v. tr. y prnl. Causar pena.
apenas adv. m. Casi no. || adv. t. Luego que.
apéndice m. Parte secundaria de una cosa, de la cual es prolongación.
apercibir v. tr. y prnl. Disponer lo necesario para una cosa. || v. tr. Amonestar.
aperitivo adj. y m. Que abre el apetito.
apero m. Conjunto de instrumentos para la labranza.
apertura f. Acto con que se reanudan las tareas o actividades.
apesadumbrar v. tr. y prnl. Causar pesadumbre, afligir.
apestar v. tr. e intr. Arrojar mal olor.
apetecer v. tr. y prnl. Tener gana de alguna cosa, desearla.
apetito m. Gana de comer.
apetitoso -sa adj. Sabroso.
apiadar v. tr. Causar piedad. || v. prnl. Tener piedad.
ápice m. Extremo superior o punta. || Parte pequeñísima de algo.
apicultura f. Arte de criar abejas.
apilar v. tr. Amontonar.
apiñar v. tr. y prnl. Juntar o agrupar estrechamente.
apio m. Planta hortense umbelífera de tallo fistuloso.
apisonar v. tr. Aplanar y comprimir con pisón un pavimento.
aplacar v. tr. y prnl. Apaciguar.
aplanar v. tr. Allanar.
aplastar v. tr. y prnl. Deformar una cosa disminuyendo su grueso.
aplaudir v. tr. Dar palmadas de aprobación o entusiasmo.
aplazar v. tr. Diferir, retardar.
aplicar v. tr. Poner una cosa sobre otra

apuntar

o en contacto con otra. || v. prnl. Poner esmero en una tarea.
aplomo m. Serenidad en el obrar.
apocado -da adj. De poco ánimo.
apócope f. Supresión de algún sonido o sílaba al final de una palabra.
apócrifo -fa adj. Supuesto, falsificado.
apoderar v. tr. Delegar sus poderes una persona en otra para que la represente. || v. prnl. Adueñarse ilícitamente de algo.
apodo m. Sobrenombre, alusivo a una cualidad o circunstancia, que se da a una persona.
apogeo m. Punto de la órbita de un astro más distante de la Tierra.
apolillar v. tr. y prnl. Roer o destruir la polilla.
apología f. Discurso o escrito de defensa o alabanza.
apólogo m. Fábula.
aporrear v. tr. y prnl. Golpear.
aportar v. tr. Contribuir cada cual con la parte que le corresponde.
aposento m. Cuarto o pieza de una casa. || Hospedaje.
aposición f. Yuxtaposición de dos nombres o frases sin conjunción.
apósito m. Remedio que se aplica exteriormente.
aposta adv. m. Adrede.
apostar v. tr. Pactar entre sí dos o más personas. || v. intr. Competir.
apostilla f. Acotación que interpreta, o completa un texto.
apóstol m. Cada uno de los doce discípulos de Jesús. || Propagador de una doctrina.
apostrofar v. tr. Increpar.
apóstrofo m. Signo ortográfico (') que indica la elisión de una vocal.
apostura f. Gentileza, gallardía.
apoteosis f. Glorificación de una persona por una muchedumbre.

apoyar v. tr. y prnl. Hacer que una cosa descanse sobre otra.
apreciar v. tr. Reconocer y estimar el mérito de personas o cosas.
aprehender v. tr. Coger, asir. || Percibir, comprender.
apremiar v. tr. Dar prisa.
aprender v. tr. Adquirir un conocimiento por el estudio, la práctica o la experiencia.
aprendiz -za m. y f. Persona que aprende algún arte u oficio.
aprensión f. Opinión infundada. || Miramiento, reparo.
aprensivo -va adj. y n. Que imagina dolencias o las exagera.
apresar v. tr. Capturar, aprisionar.
apresto m. Preparación para una cosa.
apresurar v. tr. y prnl. Dar prisa.
apretar v. tr. Estrechar con fuerza.
aprieto m. Conflicto.
aprisco m. Paraje donde se recoge el ganado lanar.
aprisionar tr. Poner en prisión. || Sujetar, asir.
aprobar v. tr. Juzgar algo bueno o válido.
apropiado -da adj. Adecuado.
apropiar v. tr. Hacer propia o propiedad de alguno una cosa.
aprovechar v. tr. prnl. Sacar utilidad de alguna cosa.
aprovisionar v. tr. y prnl. Abastecer.
aproximar v. tr. y prnl. Acercar.
aptitud f. Disposición y capacidad.
apto -ta adj. Hábil, capaz.
apuesto -ta adj. Gallardo, elegante. || f. Acción y efecto de apostar.
apuntador -ra m. y f. Persona que apunta a los actores la letra de sus papeles.
apuntalar v. tr. Poner puntales.
apuntar v. tr. Orientar hacia el blanco un arma. || Señalar con el dedo, con un

objeto o con un gesto. ‖ Tomar nota por escrito.
apuñalar v. tr. Dar de puñaladas.
apurar v. tr. Acabar, agotar.
apuro m. Escasez grande. ‖ Conflicto.
aquel -lla -llo pron. dem. y adj. dem. Designa lo que está lejos de la persona que habla y de aquella a quien se habla.
aquelarre m. Reunión nocturna de brujos y brujas.
aquí adv. l. En este lugar.
aquiescencia f. Conformidad.
aquietar v. tr. y prnl. Sosegar.
ara f. Altar.
arácnido -da adj. y n. Dícese de los artrópodos, con seis pares de patas, y abdomen ápodo.
arado m. Instrumento o máquina para arar.
arancel m. Tarifa oficial que establece los derechos o impuestos que se han de pagar.
arandela f. Anillo metálico usado en las máquinas para evitar el roce entre dos piezas.
araña f. Nombre común de los arácnidos del orden araneidos. ‖ Lámpara de varios brazos.
arañar v. tr. y prnl. Herir superficialmente la piel con las uñas, un alfiler u otra cosa.
arar v. tr. Abrir surcos en la tierra con el arado.
arbitrar v. tr. Juzgar o actuar como árbitro.
arbitrariedad f. Acto caprichoso contrario a la justicia, la razón o las leyes.
arbitrio m. Facultad humana de decidir.
árbitro -tra adj. y n. Que puede decidir por sí solo, con plena independencia.

árbol m. Planta perenne, con tallo simple y leñoso que empieza a ramificarse a cierta altura del suelo.
arboladura f. Conjunto de palos y vergas de un buque.
arboleda f. Sitio poblado de árboles.
arborescente adj. Que parece un árbol o presenta sus características.
arbotante m. Arco que soporta el empuje de algún arco o bóveda.
arbusto m. Planta leñosa ramificada desde la base y de poca altura.
arca f. Caja grande de madera sin forrar.
arcada f. Serie de arcos. ‖ Ojo del arco de un puente. ‖ Contracción del estómago que suele preceder al vómito.
arcaísmo m. Palabra o frase anticuadas.
arcángel m. Espíritu angélico de dignidad superior a la de los ángeles.
arcano -na adj. Secreto, recóndito.
archipiélago m. Conjunto de islas.
archivo m. Lugar en que se guardan documentos.
arcilla f. Roca compuesta por silicato alumínico hidratado.
arcipreste m. Dignidad en el cabildo catedralicio. ‖ Presbítero que tiene atribuciones sobre varias parroquias.
arco m. Porción de curva. ‖ Arma que sirve para disparar flechas.
arder v. intr. Estar encendido.
ardid m. Artificio para el logro de algún intento.
ardilla f. Mamífero roedor, de pequeño tamaño y cola cubierta de pelos.
ardor m. Calor intenso. ‖ Enardecimiento de las pasiones.
área f. Espacio de tierra comprendido entre ciertos límites.
arena f. Conjunto de partículas disgregadas de las rocas.
arenga f. Discurso de tono elevado.
arenque m. Pez osteíctio, que se come fresco, salado o ahumado.

arepa f. *AMÉR*. Torta de maíz.
argamasa f. Mezcla de cal, arena y agua.
argolla f. Aro grueso de metal.
argot m. Jerga. || Lenguaje especial de un mismo oficio, actividad o grupo cultural.
argucia f. Argumento falso que se esgrime ingeniosamente.
argumentar v. tr. Deducir o probar algo. || v. intr. y prnl. Disputar.
argumento m. Razonamiento que se emplea para demostrar algo.
aria f. Composición musical para una sola voz.
árido -da adj. Seco, estéril.
arisco -ca adj. Áspero, huidizo.
arista f. Línea de intersección de dos planos.
aristocracia f. Conjunto de la clase noble de un país.
aritmética f. Parte de las matemáticas que estudia los números y las relaciones que con ellos pueden establecerse.
arlequín m. Personaje cómico que vestía traje de rombos de distintos colores.
arma f. Instrumento que sirve para atacar y defenderse.
armada f. Conjunto de fuerzas navales de un Estado. || Conjunto de buques de guerra.
armadura f. Conjunto de piezas de hierro para proteger el cuerpo.
armamento m. Conjunto del material necesario para la guerra.
armar v. tr. y prnl. Proveer de armas. || Juntar y montar un objeto que se tiene en forma de elementos separados.
armario m. Mueble con puertas y anaqueles.
armazón n. amb. Conjunto de piezas sobre las que se arma algo.

armiño m. Mamífero carnívoro mustélido, de pelo suave y delicado.
armisticio m. Suspensión de hostilidades.
armonía f. Combinación de sonidos simultáneos y acordes. || Amistad y buena convivencia.
armonio m. Órgano pequeño.
armonizar v. tr. Poner en armonía unas cosas con otras.
arnés m. Conjunto de armas defensivas para proteger el cuerpo. || pl. Arreos, guarniciones de las caballerías.
aro m. Pieza en figura de circunferencia.
aroma m. Perfume.
aromatizar v. tr. Dar aroma a alguna cosa.
arpa f. Instrumento musical de cuerdas verticales.
arpía f. Mujer perversa.
arpón m. Instrumento para capturar peces de gran tamaño.
arquear v. tr. y prnl. Dar figura de arco.
arqueología f. Ciencia que estudia las culturas antiguas.
arquero m. Tirador de arco.
arquetipo m. Modelo, canon o prototipo ideal.
arquitectura f. Arte y técnica de proyectar y construir edificios.
arrabal m. Barrio periférico o afueras de una población.
arracada f. Arete con adorno colgante.
arracimarse v. prnl. Unirse en forma de racimo.
arraigar v. intr. y prnl. Echar raíces. || Afianzarse o hacerse muy firme.
arrancar v. tr. Sacar de raíz. || Separar con violencia alguna cosa.
arranque m. Arrebato, impulso. || Ocurrencia.
arras f. pl. Monedas que, en el matri-

arrasar

monio, entrega el desposado a la desposada.

arrasar v. tr. Allanar una superficie. || Destruir por entero.

arrastrar v. tr. Llevar a una persona o cosa por el suelo, tirando de ella. || v. prnl. Humillarse.

arrear v. tr. Estimular a las caballerías, para que echen a andar. || Dar prisa.

arrebatamiento m. Furor. || Éxtasis.

arrebatar v. tr. Quitar alguna cosa con violencia. || v. prnl. Enfurecerse.

arrebato m. Éxtasis. || Enajenamiento.

arrebolar v. prnl. *COL.* y *P. RICO.* Excitarse, alarmarse. || *VEN.* Acicalarse.

arrechucho m. Indisposición repentina y pasajera.

arreciar v. tr. intr. y prnl. Aumentar en fuerza, vigor o volumen.

arrecife m. Escollo formado en el mar.

arredrar v. tr. y prnl. Hacer volver atrás, retraer.

arreglar v. tr. y prnl. Ajustar o conformar a reglas. || Ordenar. || Componer, reparar.

arremangar v. tr. y prnl. Recoger hacia arriba las mangas o la ropa.

arremeter v. intr. Acometer con ímpetu.

arremolinarse v. prnl. Amontonarse desordenadamente.

arrendar v. tr. Ceder o adquirir, por cierto precio, el uso o aprovechamiento temporal de una cosa.

arreo m. *AMÉR.* Recua. || m. pl. Guarniciones de las caballerías.

arrepentirse v. prnl. Pesarle a uno haber hecho o dejado de hacer algo.

arrestar v. tr. Detener, poner preso.

arriar v. tr. Bajar una vela o bandera que estaba izada.

arriate m. Era estrecha de los jardines y patios para plantas.

arriba adv. l. A lo alto, hacia lo alto. || En lo alto, en la parte alta.

arribar v. intr. Llegar la nave a puerto.

arriero m. El que tiene por oficio trajinar con bestias de carga.

arriesgado -da adj. Aventurado, peligroso. || Osado.

arriesgar v. tr. y prnl. Poner a riesgo.

arrimado -da m. y f. *AMÉR.* Persona que vive en casa ajena, a costa del dueño de ésta. || *AMÉR.* Persona que vive amancebada.

arrimar v. tr. y prnl. Acercar o poner una cosa junto a otra.

arrinconar v. tr. Poner una cosa en un rincón, o sitio retirado.

arritmia f. Falta de ritmo regular.

arrodillar v. tr. Hacer que uno hinque una rodilla o ambas.

arrogante adj. Altanero, soberbio. || Valiente. || Apuesto, gallardo.

arrojar v. tr. Lanzar con violencia una cosa. || Echar, despedir de sí.

arrojo m. Osadía, intrepidez.

arrollar v. tr. Envolver en forma de rollo. || Atropellar.

arropar v. tr. y prnl. Cubrir y abrigar con ropa.

arrostrar v. tr. e intr. Resistir, afrontar. || Acometer empresas arriesgadas.

arroyo m. Corriente de agua de escaso caudal y su cauce.

arroz m. Planta gramínea, de flores en espiga y por fruto un grano comestible.

arruga f. Pliegue que se hace en la piel. || Pliegue irregular en la ropa o en cualquier cosa flexible.

arruinar v. tr. y prnl. Causar ruina. || Destruir, ocasionar grave daño.

arrullo m. Canto con que se atraen las palomas y tórtolas. || Cantinela para adormecer a los niños.

arrumaco m. Demostración de cariño.

24

arrumbar v. tr. Desechar o arrinconar una cosa.
arsenal m. Depósito de material bélico.
arsénico m. Metaloide sólido. Es un tóxico muy activo.
arte n. amb. Obra o actividad humana a través de la cual el hombre puede expresar lo inmaterial, crear belleza y suscitar emociones.
artefacto m. Dispositivo mecánico, máquina.
arteria f. Cada uno de los vasos que llevan la sangre desde el corazón a las demás partes del cuerpo.
artero -ra adj. Astuto, mañoso.
artesa f. Cajón para amasar o para otros usos.
artesano -na m. y f. Persona que ejerce un arte u oficio manual.
articulación f. Unión móvil de dos piezas o partes de una máquina. ‖ Zona de unión entre dos o más huesos.
articular v. tr. y prnl. Unir, enlazar. ‖ Pronunciar clara y distintamente.
artículo m. Morfema independiente y determinante que acompaña a nombres y palabras, con función sustantiva. ‖ Escrto de cierta extensión e importancia. ‖ Mercancía, cosa con que se comercia.
artífice n. com. Persona que ejerce un arte manual. ‖ Artista.
artificial adj. Hecho por mano del hombre. ‖ No natural, falso.
artificio m. Habilidad con que está hecha una cosa.
artillería f. Arte de la construcción y manejo de armas, máquinas y municiones de guerra.
artimaña f. Artificio, astucia.
artista n. com. Persona que cultiva alguna de las bellas artes.
arzobispo m. Obispo de una iglesia metropolitana.
as m. Naipe de la baraja que lleva el número uno. ‖ En los dados, la cara que tiene un solo punto.
asa f. Parte que sobresale de un objeto y que sirve para asirlo.
asado m. Carne asada.
asadura f. Conjunto de las vísceras o entrañas de la res.
asalariar v. tr. y prnl. Pagar salario a una persona.
asaltar v. tr. Acometer por sorpresa.
asamblea f. Reunión de personas convocadas para un fin.
asar v. tr. Preparar un manjar cociéndolo directamente al fuego.
ascender v. intr. Subir. ‖ Prosperar en un empleo o categoría.
ascendiente n. com. Padre, abuelo o antepasado.
ascenso m. Subida. ‖ Mejora en una dignidad o empleo.
ascensor m. Aparato eléctrico para subir personas o cosas.
asco m. Sensación de repugnancia que provoca náuseas o vómitos.
ascua f. Cualquier fragmento de materia que está ardiendo sin llama.
asear v. tr. y prnl. Lavar, arreglar.
asechanza f. Engaño, trampa.
asediar v. tr. Cercar un lugar aislando a los que están en él. ‖ Importunar a uno sin descanso.
asegurar v. tr. Establecer, fijar sólidamente. ‖ Afirmar o sostener con seguridad una cosa.
asemejar v. tr. Hacer una cosa con semejanza a otra.
asentar v. tr. y prnl. Sentar (hablando de personas). ‖ v. tr. Fundar pueblos, edificios, etc.
asentir v. intr. Admitir algo como cierto o conveniente.
aseo m. Limpieza, pulcritud.
aserción f. Frase o enunciado en que se afirma.

asesinar v. tr. Matar con alevosía.
asesorar v. tr. Dar consejo o dictamen. || v. prnl. Tomar consejo.
asestar v. tr. Dirigir o apuntar un arma. || Dar un golpe.
aseverar v. tr. Asegurar lo que se dice.
asexual adj. Sin sexo, ambiguo.
asfalto m. Hidrocarburo, natural o artificial, que se usa en pavimentación y para recubrimientos.
asfixia f. Suspensión o alteración de la función respiratoria.
así adv. m. De esta o de esa manera.
asidero m. Ocasión, pretexto.
asiduo -dua adj. y n. Frecuente, puntual, perseverante.
asiento m. Cualquier mueble destinado para sentarse en él.
asignar v. tr. Señalar, fijar.
asignatura f. Cada materia que forma un plan académico de estudios.
asilo m. Establecimiento benéfico en el que se recogen personas sin hogar. || Amparo, protección.
asimilar v. tr. y prnl. Hacer similar, comparar.
asimismo adv. m. Del mismo modo.
asir v. tr. Tomar, coger, agarrar.
asistente -ta m. y f. Persona que se dedica a ayudar en las labores domésticas o auxiliares.
asistir v. intr. Acudir a un lugar. || Estar o hallarse presente. || v. tr. Socorrer, ayudar.
asma f. Enfermedad de los bronquios.
asno m. Mamífero équido que se emplea como caballería y como animal de carga.
asociar v. tr. Dar o tomar un compañero que ayude. || Juntar cosas o personas para algún fin.
asolar v. tr. Destruir, arrasar.
asomar v. intr. Empezar a mostrarse. || v. tr. y prnl. Sacar o mostrar alguna cosa por una abertura.
asombro m. Susto, espanto. || Gran admiración.
asomo m. Amago, indicio o señal.
aspa f. Figura o signo en forma de X. || Aparato exterior del molino de viento.
aspaviento m. Demostración excesiva o afectada de algún sentimiento.
aspecto m. Manera de aparecer a la vista.
áspero -ra adj. Insuave al tacto.
aspersor m. Mecanismo del riego que transforma el agua a presión en una lluvia fina.
áspid m. Víbora muy venenosa.
aspirar v. tr. Introducir aire en los pulmones. || Atraer el polvo una máquina aspiradora.
aspirina f. Preparado farmacéutico, empleado como analgésico y antipirético.
asquear v. tr., intr. y prnl. Sentir asco. || Aburrir.
asta f. Pala de la lanza, pica, flecha. || Palo en que se iza la bandera. || Cuerno.
asterisco m. Signo ortográfico (*) empleado para la llamada de las notas.
asteroide adj. De figura de estrella. || m. Pequeños planetas.
astilla f. Fragmento irregular que se desprende de la madera.
astillero m. Factoría donde se construyen y reparan buques. || Depósito de maderos.
astracán m. Piel de cordero recién nacido.
astro m. Cuerpo celeste. El Sol y las estrellas son astros con luz propia.
astrología f. Arte adivinatoria basada en la influencia de los astros.
astronomía f. Ciencia que estudia el universo y las leyes que lo rigen.

astucia f. Ardid para lograr un intento.
asueto m. Vacación corta. ‖ Descanso breve.
asumir v. tr. Atraer, tomar para sí.
asunto m. Materia de que se trata. ‖ Tema o argumento de una obra.
asustar v. tr. y prnl. Dar o causar susto.
atacar v. tr. Acometer, embestir. ‖ Impugnar, combatir.
atadura f. Cosa con que se ata algo.
atajo m. Senda que acorta el camino.
atalaya f. Torre de vigilancia construida generalmente en lugar alto.
atañer v. intr. Tocar, concernir.
ataque m. Crisis de una enfermedad. ‖ Altercado, pendencia.
atar v. tr. Unir con ligaduras.
atardecer m. Último período de la tarde.
atarear v. tr. Poner o señalar tarea.
atascar v. tr. Tapar las aberturas o grietas. ‖ v. prnl. Quedarse detenido.
atasco m. Impedimento que no permite el paso.
ataúd m. Caja en que se deposita el cadáver para enterrarlo.
ataviar v. tr. y prnl. Componer, adornar.
atemorizar v. tr. y prnl. Causar temor.
atenazar v. tr. Sujetar fuertemente. ‖ Inmovilizar.
atender v. tr. Aguardar, esperar. ‖ v. tr. e intr. Aplicar el entendimiento a la comprensión de algo. ‖ v. intr. Tener en cuenta o en consideración.
ateneo m. Institución científica o literaria.
atenerse v. prnl. Acogerse o adherirse a la protección de una persona o cosa.
atentado m. Agresión contra la vida, la integridad física, los bienes o los derechos de una persona.
atenuar v. tr. Poner tenue. ‖ v. tr. y prnl. Disminuir.

ateo -a adj. y n. Que niega la existencia de Dios.
aterir v. tr. y prnl. Paralizarse por el frío.
aterrar v. tr. y prnl. Aterrorizar.
aterrizar v. intr. Posarse una aeronave sobre la superficie terrestre.
aterrorizar v. tr. y prnl. Causar terror.
atesorar v. tr. Reunir y guardar dinero o cosas de valor.
atestado m. Documento oficial en que se hace constar alguna cosa.
atestiguar v. tr. Declarar o afirmar como testigo.
atiborrar v. tr. Llenar algo de cosas.
ático -ca m. Último piso de un edificio.
atinar v. intr. Acertar una cosa por conjeturas.
atisbo m. Indicio, sospecha.
¡atiza! interj. Denota sorpresa.
atizar v. tr. Remover el fuego.
atlas m. Colección de mapas geográficos.
atletismo m. Conjunto de prácticas deportivas basadas en la repetición competitiva de movimientos corporales básicos.
atmósfera f. Capa gaseosa que envuelve la Tierra.
atolladero m. Situación de difícil salida.
atolondrar v. tr. y prnl. Aturdir.
átomo m. La partícula más pequeña de un elemento o cuerpo simple que conserva las propiedades químicas del mismo.
atónito -ta adj. Estupefacto.
átono -na adj. Que carece de acento prosódico.
atontar v. tr. y prnl. Aturdir. ‖ Entontecer.
atormentar v. tr. y prnl. Causar dolor. ‖ Causar aflicción, disgusto.
atosigar v. tr. y prnl. Apremiar, abrumar.

atracar v. tr. Asaltar con armas para robar. || v. tr. e intr. Arrimar una embarcación a otra o a tierra. || v. tr. y prnl. Hartar.
atracción f. Fuerza para atraer.
atraer v. tr. Traer hacia sí alguna cosa. || Captar la voluntad o la atención de alguien.
atragantar v. tr. y prnl. No poder tragar algo que se ha atravesado en la garganta. || v. prnl. Cortarse en la conversación.
atrancar v. tr. Asegurar la puerta o ventana con una tranca.
atrapar v. tr. Coger al que huye. || Coger una cosa.
atrás adv. l. Hacia la parte posterior.
atrasar v. tr. y prnl. Retardar. || v. prnl. Quedarse atrás.
atravesar v. tr. Poner una cosa de modo que pase de una parte a otra. || v. prnl. Ponerse una cosa entremedias de otras.
atreverse v. prnl. Determinarse a hacer algo arriesgado.
atribuir v. tr. y prnl. Asignar hechos o cualidades basándose en conjeturas. || Asignar una cosa a alguien como de su competencia. || Achacar, imputar.
atribular v. tr. Causar tribulación. || v. prnl. Padecerla.
atributo m. Cada una de las propiedades de un ser.
atril m. Mueble para sostener libros o papeles abiertos.
atrincherar v. tr. Fortificar con trincheras.
atrio m. Espacio cubierto y con columnas que sirve de acceso a algunos edificios.
atrocidad f. Crueldad grande. || Disparate, temeridad.
atrofia f. Falta de desarrollo o de funcionalidad normal de un órgano.
atronar v. tr. Asordar o aturdir con gran ruido.

atropellar v. tr. Pasar precipitadamente por encima de alguien o de algo. || v. tr., intr. y prnl. Derribar o empujar para abrirse paso.
atroz adj. Fiero, inhumano. || Muy grande, exagerado.
atuendo m. Atavío, vestido.
atún m. Pez teleósteo comestible.
aturdimiento m. Perturbación de los sentidos. || Perturbación moral. || Torpeza.
aturdir v. tr. y prnl. Causar aturdimiento. || Desconcertar.
aturullar v. tr. y prnl. Confundir, turbar.
audacia f. Osadía, atrevimiento.
audiencia f. Tribunal de justicia y edificio en que se reúne.
audiovisual m. Programa informativo que abarca el sonido y la imagen.
auditor m. Persona que realiza supervisiones contables.
auditorio m. Sala para conciertos.
auge m. Punto culminante de un proceso.
augurar v. tr. Presagiar, predecir.
aula f. Sala donde se imparten cursos o clases.
aullido m. Voz triste y prolongada del lobo, el perro y otros animales.
aumentar v. tr., intr. y prnl. Dar mayor extensión, número o materia a una cosa.
aumento m. Acrecentamiento de una cosa.
aun adv. m. Incluso, hasta, también.
aún adv. t. Todavía.
aunar v. tr. y prnl. Unir para algún fin.
aunque conj. conces. Indica una objeción a pesar de la cual puede ser u ocurrir una cosa.
aupar v. tr. y prnl. Levantar o subir a una persona.
aureola f. Disco o círculo luminoso

que suele representarse detrás de la cabeza de las imágenes sagradas.
aurora f. Luz que precede inmediatamente a la salida del Sol.
auscultar v. tr. Escuchar el médico los sonidos que se producen en el interior del organismo del paciente.
ausentar v. tr. y prnl. Hacer que alguno se aleje de un lugar.
ausente adj. y n. com. Que está separado de una persona o lugar. || Distraído.
auspiciar v. tr. Predecir, adivinar. || AMÉR. Proteger, apadrinar.
austero -ra adj. Sobrio, sencillo.
auténtico -ca adj. Cierto, verdadero.
auto m. Forma de resolución judicial.
autobiografía f. Vida de una persona escrita por ella misma.
autobús m. Automóvil de servicio público, para muchos pasajeros.
autocar m. Autobús de servicio discrecional.
autóctono -na adj. Originario del mismo país en que vive.
autogiro m. Especie de helicóptero.
autógrafo m. Firma de un personaje famoso.
autómata n. com. Máquina que imita la figura y los movimientos de un ser animado.
automático -ca adj. Maquinal.
automóvil adj. y m. Vehículo con motor que se desplaza sobre ruedas.
autonomía f. Potestad de que pueden gozar dentro del Estado municipios, regiones u otras entidades, para gobernarse por sus propias leyes.
autopista f. Carretera de circulación rápida, sin cruces.
autopsia f. Examen anatómico de un cadáver.
autor -ra m. y f. Persona que es causa de alguna cosa.

autoridad f. Derecho de poder mandar, gobernar, etc.
autorizar v. tr. Dar facultad a uno para hacer alguna cosa.
autorretrato m. Retrato de una persona hecho por ella misma.
auxiliar[1] adj. y n. com. Subalterno, subordinado. || adj. y m. Se dice del verbo que sirve para formar los tiempos compuestos.
auxiliar[2] v. tr. Socorrer.
aval m. Firma que garantiza un documento de crédito.
avance m. Anticipo, adelanto.
avanzar v. tr. Adelantar, mover o prolongar hacia delante.
avaricia f. Afán desordenado de adquirir y atesorar riquezas.
avasallar v. tr. Someter, oprimir.
ave f. Animal vertebrado ovíparo, de respiración pulmonar, con plumas y pico.
avecinar v. tr. y prnl. Acercar.
avejentar v. tr. y prnl. Hacer que uno parezca más viejo.
avellano m. Arbusto alto, con hojas acorazonadas cuyo fruto es la avellana.
avemaría f. Oración dedicada a la Virgen María.
avena f. Planta gramínea anual para alimentación del ganado.
avenencia f. Convenio. || Conformidad.
avenida f. Crecida impetuosa de un río o arroyo. || Calle ancha con árboles.
avenir v. tr. y prnl. Concordar, ajustar las partes discordes.
aventajar v. tr. y prnl. Adelantar, coger ventaja. || Superar.
aventura f. Suceso o lance extraño. || Casualidad.
aventurar v. tr. y prnl. Arriesgar.
avergonzar v. tr. Causar vergüenza.
avería f. Daño sufrido por las mercaderías o por una máquina.

averiar v. tr. y prnl. Producir avería. ‖ v. prnl. Echarse a perder una cosa.
averiguar v. tr. Inquirir o indagar la verdad.
aversión f. Odio, antipatía.
avestruz m. Ave africana corredora, de gran tamaño.
aviación f. Locomoción aérea mediante aparatos más pesados que el aire.
aviar v. tr. Proveerse. ‖ v. tr. y prnl. Arreglar, componer.
ávido -da adj. Ansioso, codicioso.
avieso -sa adj. Torcido, irregular.
avinagrar v. tr. y prnl. Poner agria una cosa. ‖ v. prnl. Volverse áspero el carácter de uno.
avío m. Apresto, preparativo.
avión m. Vehículo de transporte aéreo.
avioneta f. Avión pequeño.
avisar v. tr. Dar noticia de algún hecho. ‖ Advertir.
avispa f. Himenóptero, amarillo con franjas negras, con un aguijón conectado a glándulas venenosas.
avispado -da adj. Vivo, agudo.
avituallar v. tr. Proveer de vituallas.
avivar v. tr. Dar viveza, excitar.
avizorar v. tr. Acechar.
axila f. Concavidad que forma el arranque del brazo con el tórax.
axioma m. Principio evidente.
ayer adv. t. En el día anterior al de hoy. ‖ m. Tiempo pasado.
ayo -ya m. y f. Persona encargada de la custodia o la crianza de un niño.
ayudar v. tr. Auxiliar, socorrer.
ayunar v. intr. Abstenerse total o parcialmente de comer o beber.
ayuntamiento m. Corporación constituida por un alcalde y varios concejales, que administra un municipio.
azada f. Instrumento de labranza.
azadón m. Azada de pala algo curva y ancha.
azafata f. Empleada que en los aviones atiende a los viajeros o al público en ferias y congresos.
azafrán m. Planta iridácea usada como tinte y para condimentar.
azahar m. Flor del naranjo y otros cítricos.
azar m. Casualidad.
azorar v. tr. y prnl. Turbar.
azotaina f. Paliza.
azotar v. tr. y prnl. Dar azotes.
azote m. Instrumento con que se azota. ‖ Golpe dado con él. ‖ Golpe dado con la mano en las nalgas. ‖ Calamidad.
azotea f. Cubierta llana de un edificio.
azúcar n. amb. Sustancia sólida cristalizable, de color blanco, soluble y de sabor muy dulce.
azucarillo m. Terrón de azúcar.
azucena f. Planta liliácea, de flores blancas olorosas.
azul adj. y m. Se dice del color del cielo sin nubes.
azulejo m. Baldosín vidriado de varios colores.
azuzar v. tr. Incitar a los perros para que ataquen. ‖ Irritar.

Bb

b f. Segunda letra del alfabeto español y primera de sus consomantes.
baba f. Saliva espesa que fluye de la boca.
babero m. Prenda que se pone a los niños en el pecho, para evitar que se manchen.
babor m. Lado izquierdo de una embarcación.
babosa f. Molusco gasterópodo terrestre, sin concha. Vive en lugares húmedos.
babucha f. Calzado ligero y sin tacón.
baca f. Portaequipajes en la parte superior de los coches.
bacalao m. Pez osteíctio, cuya carne se consume fresca, en salazón y en conserva.
bacanal f. Orgía.
bachata f. *AMÉR. CENT.* Juerga.
bache m. Hoyo en el pavimento. || Abatimiento súbito y pasajero.
bachiller -ra m. y f. Persona que ha concluido los estudios de la enseñanza media.
bacteria f. Microorganismo unicelular carente de clorofila.
báculo m. Cayado para apoyarse.
badajo m. Pieza para hacer sonar las campanas.
badén m. Zanja que forma en el terreno el paso del agua de lluvia.
bafle m. Pantalla acústica. || Por extensión, altavoz.
bagaje m. Equipaje. || Conjunto de conocimientos.
bagatela f. Cosa de poca importancia.
bahía f. Entrada de mar en la costa.
bailar v. tr. e intr. Mover los pies, el cuerpo y los brazos a compás.
baja f. Disminución del precio de una cosa. || Muerte de una persona. || Cese temporal de una industria, o de una persona en el trabajo.
bajamar f. Fin del reflujo del agua del mar.
bajar v. tr., intr. y prnl. Ir de un lugar a otro más bajo. || Disminuir. || Apear.
bajel m. Buque, barco.
bajeza f. Acción indigna.
bajo -ja adj. De poca altura. || Despreciable. || m. Lugar hondo. || adv. l. Abajo. || adv. m. En voz baja. || prep. Debajo de.
bala f. Proyectil de las armas de fuego.
balada f. Composición poética.
baladí adj. De escasa importancia.
balance m. Movimiento que hace un cuerpo inclinándose a un lado y a otro. || Confrontación del activo y del pasivo en un negocio.
balancín m. Mecedora.
balandro m. Pequeña embarcación de vela.
balanza f. Instrumento para medir masas y pesos.
balar v. intr. Dar balidos.
balaustre m. Columnitas que forman las barandillas.
balay m. *AMÉR.* Cesta de mimbre.
balbucir v. def. Hablar con pronunciación dificultosa.

balcón m. Hueco abierto al exterior desde el suelo de la habitación, con barandilla.
baldarse v. prnl. Fatigarse mucho.
balde m. Cubo.
baldío -a adj. y n. Se dice del terreno sin cultivar. || adj. Sin fundamento.
baldosa f. Ladrillo para solar.
balido m. Voz del ganado lanar.
baliza f. Señal fija o flotante.
ballena f. Mamífero cetáceo, el mayor de todos los animales conocidos.
ballet m. Espectáculo que combina danza y música.
balneario m. Establecimiento de baños medicinales.
balón m. Pelota grande, hinchada de aire, que se usa en varios deportes.
baloncesto m. Deporte entre dos equipos cuyos jugadores, valiéndose de las manos, tratan de introducir un balón por una red suspendida de un aro.
balonmano m. Deporte entre dos equipos de siete jugadores, los cuales tratan de introducir un balón en la portería contraria, empleando sólo las manos.
balonvolea m. Voleibol.
balsa f. Conjunto de maderas que forman una plataforma flotante.
bálsamo m. Sustancia aromática que se obtiene de algunos árboles. || Medicamento con esta sustancia.
baluarte m. Fortificación pentagonal. || Amparo y defensa.
bambú m. Planta gramínea de tallos flexibles.
banal adj. Trivial, común.
banano m. Plátano.
banca f. Asiento de madera sin respaldo. || Conjunto de organismos financieros y de crédito.
bancal m. Rellano de tierra que se aprovecha para cultivo.

bancarrota f. Quiebra comercial grave.
banco m. Asiento estrecho y largo. || Mesa para labores artesanales. || Establecimiento público de crédito. || Grupo de peces.
banda f. Cinta ancha que se lleva atravesada al hombro. || Grupo de gente armada.
bandada f. Número crecido de aves que vuelan juntas.
bandeja f. Fuente plana o cóncava para servir o depositar cosas.
bandera f. Pieza de tela, que sujeta a un asta, se emplea como insignia.
banderilla f. Palo con una lengüeta de hierro, que se le clava al toro en la cerviz.
banderín m. Bandera pequeña.
bandido -da m. Salteador de caminos.
bando m. Edicto.
bandolera f. Correa que cruza el pecho.
bandolero -ra m. y f. Bandido.
bandurria f. Instrumento de cuerda parecido a la guitarra.
banquero m. Jefe o propietario de un negocio de banca.
banqueta f. Asiento bajo y sin respaldo.
banquete m. Comida espléndida.
banquillo m. Asiento del reo procesado ante el tribunal.
bañador -ra m. Traje de baño.
bañar v. tr. y prnl. Sumergir el cuerpo o parte de él en agua o en otro líquido. || v. tr. Sumergir alguna cosa en un líquido.
baño m. Pila para bañarse. || Cuarto de aseo.
baobab m. Árbol tropical.
baquetear v. tr. Castigar, incomodar.
bar m. Local con mostrador en que se sirven bebidas.
baraja f. Conjunto de naipes.

barajar v. tr. Mezclar los naipes. || Calibrar las diferentes posibilidades.
baranda f. Barandilla.
barandilla f. Antepecho de balcones y escaleras.
baratija f. Cosa de poco valor.
barato -ta adj. Que se vende a bajo precio.
barba f. Parte de la cara que está debajo de la boca. || Pelo que nace en la cara.
barbacoa f. Parrilla para asar carne o pescado al aire libre.
barbaridad f. Necedad o imprudencia. || Atrocidad.
barbarie f. Fiereza, crueldad.
barbarismo m. Palabra o expresión tomada de una lengua extranjera.
bárbaro -ra adj. y n. Fiero. || Inculto.
barbecho m. Tierra labrantía que no se siembra durante uno o más años.
barbería f. Peluquería masculina.
barbilampiño adj. Se dice del que no tiene barba o tiene poca.
barbilla f. Punta de la barba.
barca f. Embarcación pequeña.
barco m. Construcción cóncava, dispuesta para flotar y apta para el transporte acuático.
baremo m. Conjunto de normas para evaluar.
barítono m. Voz media entre las del tenor y bajo.
barman m. Camarero.
barniz m. Disolución a base de resinas y aceite para dar lustre.
barómetro m. Instrumento para medir la presión atmosférica.
barón m. Título nobiliario.
barra f. Pieza rígida, mucho más larga que gruesa.
barrabás m. Persona mala o muy traviesa.
barraca f. Caseta construida toscamente.

barranco m. Despeñadero, precipicio.
barrena f. Instrumento para taladrar.
barreno m. Barrena grande.
barreño m. Vasija grande para la limpieza doméstica.
barrer v. tr. Limpiar el suelo con la escoba.
barrera f. Valla con que se impide el paso.
barriada f. Barrio.
barrica f. Tonel mediano.
barricada f. Parapeto que se improvisa para impedir el paso del enemigo.
barriga f. Vientre, abdomen.
barril m. Recipiente que sirve para transportar o conservar líquidos.
barrillo m. Granillo.
barrio m. Zona de una ciudad o pueblo grande. || Afueras de una población.
barrizal m. Lugar lleno de barro.
barro m. Masa formada por la mezcla de tierra y agua.
barrote m. Barra gruesa.
barruntar v. tr. Prever.
bártulos m. pl. Enseres de uso corriente.
barullo m. Confusión, desorden.
basa f. Pieza inferior de la columna.
basamento m. Conjunto formado por la basa y el pedestal de la columna.
basar v. tr. Asentar algo sobre una base.
basca f. Ansia, desazón.
báscula f. Aparato para medir pesos grandes.
bascular v. intr. Tener movimiento de vaivén.
base f. Fundamento o apoyo.
básico -ca adj. Fundamental.
basílica f. Iglesia importante.
bastante adv. c. Ni mucho ni poco. || adv. t. Largo tiempo.
bastar v. intr. y prnl. Ser suficiente.

bastardo

bastardo -da adj. Que degenera de su origen o naturaleza.
bastidor m. Armazón para fijar la tela de la pintura, para bordar, etc.
basto -ta adj. Tosco, ‖ m. Palo de la baraja española.
bastón m. Vara para apoyarse al andar.
basura f. Inmundicia, desechos.
bata f. Prenda de vestir holgada, abierta por delante, para estar por casa.
batacazo m. Golpe fuerte que se da uno al caerse o chocar.
batalla f. Combate entre dos ejércitos.
batallar v. intr. Pelear con armas. ‖ Disputar.
batallón m. Unidad táctica militar.
batata f. Planta de tallo rastrero y tubérculos comestibles.
bate m. Bastón usado en el juego del béisbol.
batería f. Conjunto de piezas de artillería. ‖ Conjunto de instrumentos de percusión.
batida f. Reconocimiento de un paraje en busca de algo o alguien.
batido m. Bebida a base de leche y frutas mezcladas con una batidora.
batín m. Bata corta.
batir v. tr. Dar golpes. ‖ Mover una cosa con rapidez y fuerza.
batracio adj. y n. Se dice de los vertebrados de la clase anfibios.
batuta f. Varita con la que el director de orquesta marca el compás.
baúl m. Cofre.
bautismo m. Primero de los sacramentos de la Iglesia cristiana.
bautizar v. tr. Administrar el bautismo. ‖ Poner nombre a una cosa.
bayeta f. Tela de lana floja y poco tupida. ‖ Paño para fregar el suelo.
bayoneta f. Arma blanca que se adapta al extremo del fusil.

baza f. Conjunto de naipes que recoge el que gana la mano.
bazar m. Tienda en que se venden productos diversos.
bazofia f. Mezcla de sobras o desechos de comida.
beatificar v. tr. Declarar el Papa digno de culto a un difunto de virtudes probadas.
beato -ta adj. Bienaventurado. ‖ adj. y n. Muy devoto.
bebé m. Nene, rorro.
beber v. tr. e intr. Ingerir un líquido.
bebida f. Líquido que se bebe.
bebido -da adj. Casi borracho.
beca f. Ayuda económica que se concede a un estudiante, investigador, etc.
becerro -rra m. y f. Cría de la vaca hasta que cumple uno o dos años.
bedel -la m. y f. Empleado subalterno de los centros docentes y dependencias administrativas.
beige adj. y m. De color café con leche.
béisbol m. Deporte en el que dos equipos juegan alternativamente al ataque y la defensa.
bejuco m. Planta tropical, sarmentosa.
beldad f. Belleza. ‖ Mujer hermosa.
belén m. Nacimiento.
bélico -ca adj. Perteneciente o relativo a la guerra.
belicoso -sa adj. Agresivo, pendenciero.
beligerante adj. y n. Que está en guerra.
bellaco -ca adj. y n. Malo, pícaro.
belleza f. Conjunto armónico de cualidades, de carácter físico o espiritual, que despierta deleite y admiración.
bello -lla adj. Que tiene belleza.
bellota f. Fruto de la encina y del roble.
bencina f. Gasolina.

bendecir v. tr. Alabar. || Invocar la protección divina sobre una persona o una cosa.

bendito -ta adj. y n. Santo o bienaventurado. || Dichoso, feliz.

benefactor -ra adj. y n. Bienhechor.

beneficencia f. Práctica de la caridad y otras obras buenas.

beneficiar v. tr. y prnl. Hacer bien. || Sacar provecho de algo.

beneplácito m. Aprobación, permiso.

benevolencia f. Simpatía y buena voluntad hacia las personas.

bengala f. Fuego artificial de muchos colores.

benigno -na adj. Afable, benévolo. || Se dice de la enfermedad no grave.

benjamín -na adj. y n. Hijo menor.

beodo -da adj. y n. Embriagado.

berberecho m. Molusco lamelibranquio comestible.

berbiquí m. Instrumento para taladrar.

berenjena f. Planta anual solanácea de fruto comestible.

bergante m. Pícaro, sinvergüenza.

bergantín m. Buque de dos palos y vela cuadrada o redonda.

berlina f. Carruaje cerrado de cuatro ruedas.

bermejo -ja adj. De color rubio rojizo.

berrear v. intr. Llorar o gritar desaforadamente un niño.

berrido m. Voz del becerro y otros animales. || Grito desaforado.

berrinche m. Enojo grande.

berro m. Planta crucífera, cuyas hojas se consumen crudas en ensalada.

berza f. Col.

besar v. tr. Aplicar los labios a alguien o algo, en señal de afecto.

bestia f. Animal cuadrúpedo. || Persona ruda e ignorante.

besugo m. Pez teleósteo, de carne blanca, muy apreciada.

betún m. Sustancia para untar el calzado.

biberón m. Frasco con una tetina para la lactancia artificial.

biblia f. Volumen que contiene los libros de la Sagrada Escritura.

bibliografía f. Historia o descripción de libros y manuscritos.

biblioteca f. Local en que se guardan libros, para su consulta o lectura. || Conjunto de libros. || Mueble donde se colocan.

bíceps adj. y n. Se dice de los músculos que presentan uno de sus extremos divididos en dos cabezas.

bicho m. Animal pequeño. || Persona de mal genio.

bicicleta f. Vehículo de dos ruedas que se mueve por pedales.

bicoca f. Cosa de poca estima y valor. || Ganga.

bidé m. Aparato sanitario para la higiene de los genitales.

bidón m. Recipiente para transporte de líquidos.

bien m. Todo aquello que es útil, deseable o perfecto dentro de su género. || Caudal, hacienda. || adv. m. Según es debido. || Con buena salud.

bienaventurado -da adj. y n. Que goza de Dios en el cielo. || Feliz.

bienestar m. Conjunto de las cosas necesarias para vivir bien.

bienhechor -ra adj. y n. Que hace bien a otros.

bienio m. Tiempo de dos años.

bienvenida f. Parabién que se da a alguien por su feliz llegada.

bifurcarse v. prnl. Dividirse en dos.

bigardía f. Burla, fingimiento.

bigamia f. Estado de la persona casada a la vez con dos cónyuges.

bigote m. Pelo que nace sobre el labio superior.

bilingüe

bilingüe adj. Que habla dos lenguas. || Que está escrito en dos idiomas.

bilis f. Líquido viscoso, secretado por el hígado.

billar m. Juego que se ejecuta impulsando con tacos bolas de marfil.

billete m. Tarjeta que da derecho a ocupar una localidad en un espectáculo, un asiento en un vehículo, etc., o a participar en juegos de azar. || Papel moneda.

billetero -ra m. y f. Cartera de bolsillo.

billón m. Un millón de millones.

bingo m. Juego de azar a modo de lotería.

biografía f. Historia de la vida de una persona.

biología f. Ciencia que estudia los seres vivos.

biombo m. Mampara plegable.

bípedo -da adj. y n. De dos pies.

biquini m. Traje de baño femenino de dos piezas.

birlar v. tr. Hurtar.

birrete m. Bonete que usan los clérigos, profesores, jueces, etc.

birria f. Cosa grotesca, adefesio.

bis adv. c. Indica repetición.

bisabuelo -la m. y f. Respecto de una persona, el padre o la madre de su abuelo o de su abuela.

bisagra f. Herraje de dos piezas unidas o combinadas.

bisel m. Corte oblicuo en el borde.

bisiesto adj. y m. Se dice del año de 366.

bisnieto -ta m. y f. Respecto de una persona, hijo o hija de su nieto o de su nieta.

bisonte m. Mamífero rumiante bóvido, de cuerpo robusto.

bisoñé m. Peluca que cubre sólo la parte anterior de la cabeza.

bistec m. Filete de carne de vacuno.

bisturí m. Instrumento quirúrgico para seccionar tejidos blandos.

bisutería f. Joyería hecha con materiales no preciosos.

bizarría f. Gallardía, valor. || Generosidad.

bizco -ca adj. y n. Estrábico.

bizcocho m. Masa de harina, huevos y azúcar, cocida al horno. Se emplean para tartas.

blanco -ca adj. y m. Del color de la nieve. || m. Espacio que en los escritos se deja sin llenar.

blandir v. tr. Mover un arma u otra cosa con aire amenazador.

blando -da adj. Tierno, suave al tacto. || Suave, dulce, benigno.

blasfemia f. Palabra injuriosa contra Dios o personas y cosas santas. || Injuria grave contra una persona.

blasón m. Escudo de armas.

blindar v. tr. Proteger con planchas metálicas.

bloc m. Cuaderno, taco de hojas de papel.

bloque m. Trozo grande de piedra sin labrar. || Bloc. || Manzana de casas.

bloquear v. tr. Interceptar o impedir cualquier proceso.

blues m. Canto del folclore popular afroamericano.

blusa f. Prenda femenina de medio cuerpo, de tela fina.

blusón m. Blusa larga.

boa f. Serpiente boida, no venenosa.

boato m. Ostentación en el porte exterior.

bobina f. Carrete o cilindro.

bobo -ba adj. y n. De muy corto entendimiento. || Muy cándido.

boca f. Cavidad con abertura exterior que constituye la entrada del tubo digestivo. || Entrada o salida.

bocacalle f. Entrada de una calle. || Calle secundaria que afluye a otra.

bocadillo m. Rebanadas de pan rellenas con algún alimento.

bocado m. Porción de comida que cabe de una vez en la boca.

bocajarro, a loc. adv. De muy cerca, a quemarropa.

bocanada f. Lo que cabe en la boca de una vez.

bocazas n. com. Persona que habla más de lo aconsejable.

boceto m. Esbozo o apunte que hace el artista antes de empezar la obra.

bochorno m. Calor sofocante.

bocina f. Claxon.

boda f. Casamiento y fiesta con que se solemniza.

bodega f. Lugar donde se guarda y cría el vino. || Almacén o tienda de vinos y licores.

bodrio m. Cosa mal hecha o de pésima calidad.

bofetada f. Golpe que se da en el carrillo con la mano abierta.

bogar v. intr. Remar.

boicotear v. tr. Presionar a una institución o persona, suspendiendo las relaciones o entorpeciendo sus actividades.

boina f. Gorra redonda y sin visera.

bol m. Taza grande y sin asas.

bola f. Cuerpo esférico. || Embuste, mentira.

bolero m. Modalidad de canción melódica.

boletín m. Publicación periódica sobre una materia determinada.

boleto m. Billete de participación en un sorteo. || Resguardo de una apuesta. || Billete de teatro, tren, etc.

bólido m. Vehículo que corre a gran velocidad.

bolígrafo m. Instrumento para escribir.

bollo m. Panecillo esponjoso de harina amasada con huevos, leche, etc. || Abolladura.

bolo m. Palo torneado que puede sostenerse en pie.

bolsa f. Saco de material flexible. || Edificio público para realizar operaciones financieras. || El conjunto de negocios que en ellas se tratan.

bolsillo m. Saquillo cosido en los vestidos.

bolso m. Bolsa de mano.

boludo -da adj. *vulg. AMÉR.* Tonto, inocentón. || *AMÉR.* Vago.

bomba f. Máquina para elevar, comprimir o impulsar fluidos. || Proyectil o carga explosiva. || Noticia inesperada.

bombardear v. tr. Atacar un objetivo con la artillería o bombas.

bombear v. tr. Extraer agua u otro líquido por medio de una bomba.

bombero m. Miembro del cuerpo que se ocupa de la extinción de incendios.

bombilla f. Globo de vidrio con un filamento que al paso de la corriente se pone incandescente.

bombo m. Tambor de grandes dimensiones.

bombón m. Especie de confite de chocolate.

bombona f. Recipiente metálico cilíndrico, de cierre con válvula.

bonanza f. Tiempo tranquilo y sereno en el mar.

bondad f. Calidad de bueno.

bonete m. Gorro de cuatro picos.

bongo m. Instrumento músico de percusión.

boniato m. Batata.

bonificar v. tr. Hacer buena o útil una cosa. || Aplicar un descuento.

bonito adj. Lindo, bello, agraciado. || m. Pez teleósteo de carne comestible.

bono m. Billete o vale canjeable por

boñiga

dinero o por efectos en especie. ‖ Título de deuda.

boñiga f. Excremento de ganado vacuno o caballar.

boom m. Éxito fulgurante y espectacular.

boquerón m. Pez osteíctio parecido a la sardina.

boquete m. Entrada o paso angosto.

boquilla f. Pieza de varios instrumentos de viento en la que el músico apoya los labios. ‖ Tubo pequeño para fumar cigarros.

borbotar v. intr. Hervir el agua.

bordado m. Labor de relieve, elaborada con aguja e hilo.

borde adj. Extremo, orilla.

bordillo m. Hilera que forma el borde de una acera o andén.

boreal adj. Septentrional.

borla f. Adorno colgante formado por hebras o cordoncillos.

borra f. Parte más grosera de la lana. ‖ Pelusa.

borracho -cha adj. y n. Ebrio.

borrador m. Primer esquema de un escrito. ‖ Lo que se emplea para borrar.

borrar v. tr. Hacer desaparecer lo que está escrito.

borrasca f. Tempestad.

borrego -ga m. y f. Cordero o cordera de uno a dos años.

borrico -ca m. y f. Asno. ‖ adj. y n. Persona necia.

borrón m. Mancha de tinta en el papel. ‖ Borrador, boceto.

borroso -sa adj. Confuso, difícil de leer.

bosque m. Extensión de terreno poblado de árboles y matas.

bosquejar v. tr. Trazar los primeros rasgos de una obra.

bosquejo m. Idea vaga de alguna cosa.

bostezar v. intr. Abrir la boca involuntariamente y hacer una inspiración y una espiración lenta.

bota f. Odre pequeño. ‖ Calzado que cubre el pie y parte de la pierna.

botar v. tr. Echar al agua el buque. ‖ v. intr. Saltar la pelota después de dar en el suelo.

bote m. Salto. ‖ Barco pequeño que se impulsa a remo o con un motor. ‖ Vasija pequeña.

botella f. Vasija de cuello angosto.

botica f. Farmacia.

botijo m. Vasija de barro, de vientre abultado, con asa y pitón.

botín m. Calzado que cubre la parte superior del pie y el tobillo. ‖ Despojo que los soldados tomaban del enemigo.

botiquín m. Mueble para medicinas.

botón m. Pieza pequeña para abrochar o adornar los vestidos.

botones m. Muchacho para recados y otras comisiones.

boutique f. Tienda de prendas de vestir de moda.

bóveda f. Obra de fábrica para cubrir el espacio comprendido entre dos muros.

bovino -na adj. Perteneciente o relativo en general a los rumiantes.

boxeo m. Deporte en que dos contendientes luchan golpeándose mutuamente con los puños.

boya f. Cuerpo flotante sujeto al fondo de un mar, un lago, etc., que sirve de señal.

bozal m. Pieza que se coloca en el hocico de los perros para que no muerdan.

bracear v. intr. Nadar volteando los brazos fuera del agua.

bracero m. Peón.

braga f. Prenda interior femenina, que cubre la parte inferior del tronco.

bragueta f. Abertura delantera del pantalón.

brutal

bramido m. Voz del toro y de otros animales salvajes.
branquia f. Órgano para la respiración de los animales acuáticos.
brasa f. Ascua de leña o carbón.
brasero m. Recipiente de metal que contiene brasas para caldear.
bravata f. Amenaza proferida con arrogancia.
bravo -va adj. Esforzado. || Bueno, excelente. || Bravío.
bravura f. Fiereza. || Valentía.
brazalete m. Aro que se lleva alrededor de la muñeca como adorno.
brazo m. Miembro del cuerpo humano que comprende desde el hombro hasta la extremidad de la mano.
brebaje m. Bebida, especialmente la de sabor o aspecto desagradable.
brecha f. Rotura o abertura en una muralla, muro o pared. || Herida.
bregar v. intr. Luchar, reñir.
brevedad f. Corta extensión o duración de una cosa, acción o suceso.
breviario m. Libro de rezos eclesiásticos.
bribón -na adj. y n. Pícaro, bellaco.
bricolaje m. Trabajo manual de carácter casero.
brida f. Freno del caballo, con las riendas y correaje.
brigada f. Unidad militar formada por varios regimientos.
brillante adj. Admirable, sobresaliente. || m. Diamante.
brillar v. intr. Resplandecer. || Sobresalir en alguna cosa.
brinco m. Movimiento que se hace levantando los pies del suelo con ligereza.
brindar v. intr. Formular un deseo o voto, al ir a beber vino o licor.
brío m. Espíritu decidido y resuelto. || Garbo.

brisa f. Viento suave que sopla en las costas.
brisca f. Juego de naipes.
brizna f. Filamento o parte muy delgada de una cosa.
broca f. Barrena sin manija.
brocado m. Tela de seda entretejida con oro y plata.
brocal m. Antepecho que rodea la boca de un pozo.
brocha f. Escobilla de cerda con mango.
broche m. Conjunto de dos piezas que enganchan entre sí. || Joya en forma de alfiler o imperdible.
broma f. Bulla, diversión. || Chanza, burla.
bronca f. Riña ruidosa. || Represión áspera.
bronce m. Aleación a base de cobre y estaño.
broncearse v. prnl. Tomar color moreno la piel.
bronco -ca adj. De genio y trato áspero. || De sonido desagradable.
bronquio m. Conducto en que se bifurca la tráquea.
brotar v. intr. Nacer la planta de la tierra. || Nacer renuevos, hojas y flores. || Manar el agua.
brote m. Tallos y hojas en desarrollo. || Primera manifestación de una cosa.
broza f. Maleza. || Desperdicios.
brujo -ja m. y f. Persona que tiene poder mágico por un pacto con el diablo.
brújula f. Aguja imanada que se orienta espontáneamente hacia los polos magnéticos de la Tierra.
bruma f. Niebla en el mar.
bruñir v. tr. Sacar lustre o brillo.
brusco -ca adj. Áspero, desapacible. || Súbito, repentino.
brutal adj. Enorme, colosal.

bruto

bruto -ta adj. y n. Necio, que obra como falto de razón. || Tosco. || m. Animal irracional.

bucanero m. Pirata que atacaba las naves y los establecimientos españoles en América en los ss. XVII y XVIII.

búcaro m. Florero o jarra alargada.

bucear v. intr. Nadar bajo el agua. || Investigar acerca de algún tema o asunto.

buche m. Bolsa en el esófago, que poseen algunas aves. || En algunos cuadrúpedos, estómago.

bucle m. Rizo de cabello.

bucólico -ca adj. Se dice del género de poesía amorosa en un entorno agreste o pastoril.

buen adj. Apócope de bueno.

buenaventura f. Buena suerte. || Adivinación supersticiosa del futuro de una persona, que hacen las gitanas leyendo las rayas de la mano.

bueno -na adj. Que posee las cualidades o características que corresponden a su naturaleza o función. || Útil, conveniente. || Gustoso.

buey m. Toro castrado.

búfalo -la m. y f. Rumiante bóvido, parecido al toro.

bufanda f. Pieza de tela con que se envuelve y abriga el cuello.

bufar v. intr. Resoplar con ira.

bufé o **bufet** m. En una fiesta, cena fría, etc., mesa donde se ponen los manjares y bebidas.

bufete m. Despacho de un abogado.

bufido m. Voz del animal que bufa. || *fig.* Expresión de enfado.

bufón -na adj. y n. Burlón, chocarrero. || m. y f. Persona deforme o grotesca, que divertía a los señores de la corte.

buganvilla o **buganvilia** f. Planta arbustiva, de hojas sencillas y alternas, y flores de color violeta.

buhardilla f. Ventana que sobresale en el tejado de una casa. || Desván.

búho m. Ave rapaz nocturna de cabeza voluminosa, con el pico comprimido, ojos grandes y dos mechones de plumas eréctiles.

buitre m. Ave falconiforme de gran tamaño, sin plumas en la cabeza y cuello. Se alimenta generalmente de carroña.

bujía f. Vela hecha con cera blanca, estearina o esperma de ballena. || Candelero en que se coloca.

bula f. Documento pontificio que concede ciertos privilegios.

bulbo m. Órgano subterráneo de reserva, formado por la base de un tallo y ciertas hojas transformadas y superpuestas, de ciertas plantas, como la cebolla o el ajo.

bulevar m. Avenida o calle ancha adornadas con árboles.

bulimia f. Sensación patológica de hambre intensa e insaciable.

bulla f. Alboroto, griterío o bullicio de personas. || Gentío.

bullicio m. Rumor o ruido que produce una gran concurrencia de gente. || Alboroto, tumulto.

bullir v. intr. Hervir el agua u otro líquido. || Agitarse una cosa de forma parecida al agua que hierve.

bulo m. Noticia falsa.

bulto m. Volumen de cualquier cosa. || Cuerpo que se distingue confusamente. || Fardo, maleta, caja, etc.

bumerán m. Arma arrojadiza que consiste en una lámina de madera estrecha, de forma angular, que al ser arrojada toma un movimiento giratorio y vuelve a su punto de partida.

bungalow m. Vivienda de un solo piso, de madera, generalmente rodeada por una galería.

búnker m. Fortín o casamata con cañones o ametralladoras. || Refugio para defenderse de los bombardeos.
buñuelo m. Masa que se hace de harina bien batida y frita en aceite. || *fig.* y *fam.* Chapuza, cosa mal hecha.
buque m. Casco de la nave. || Barco con cubierta, para grandes navegaciones.
buqué m. Aroma o sabor particular de los vinos.
burbuja f. Glóbulo de aire u otro gas que se forma en el interior de un líquido.
burdel m. Casa de prostitución.
burdo -da adj. Tosco, grosero, basto.
burgo m. Núcleo de población que depende de un pueblo o ciudad. || Fortificación medieval.
burgomaestre m. Alcalde o presidente del consejo municipal, en muchas ciudades.
burgués -sa m. y f. Persona acomodada o conservadora y acomodaticia.
burguesía f. Clase social que se originó a partir de los burgos medievales, formada en la act. por las personas acomodadas.
buril m. Punzón de acero para grabar los metales.
burla f. Acción o palabra con que se procura poner en ridículo a personas o cosas. || Chanza. || Engaño.
burladero m. Valla que en las plazas de toros se pone delante de las barreras, y tras el cual el lidiador puede protegerse.
burlar v. tr. Engañar, hacer creer lo que no es verdad. || Esquivar, evitar. || v. tr. y prnl. Chasquear, zumbar.
burlesco -ca adj. *fam.* Festivo, jocoso.
burlón -na adj. Que implica burla. || m. y f. Inclinado a decir o hacer burlas.

buró m. Escritorio o mueble para escribir, generalmente con tapa corredera.
burocracia f. Conjunto de las funciones públicas. || Administración pública. || Influencia excesiva del funcionariado en los asuntos y negocios del Estado.
burrada f. Manada de burros. || Enormidad, gran cantidad. || Dicho o hecho necio.
burro -rra m. y f. Asno. || adj. y n. *fig.* y *fam.* Persona de pocos alcances.
bursátil adj. Relativo a la bolsa, a las operaciones que en ella se hacen.
bus m. Autobús.
buscar v. tr. Hacer algo para hallar o por encontrar a alguna persona o cosa. || Provocar.
buscavidas n. com. *fam.* Persona muy curiosa en averiguar las vidas ajenas. || *fig.* Persona diligente en procurarse la subsistencia.
buscón -na adj. y n. Que busca. || Estafador, ratero. || f. Prostituta.
busto m. Parte superior del cuerpo humano. || Pecho femenino.
butaca f. Silla de brazos y con respaldo inclinado hacia atrás. || Asiento de los teatros.
butano m. Hidrocarburo gaseoso y presente en el petróleo y el gas natural. Se usa como combustible doméstico.
butifarra f. Embutido de carne de cerdo, que se hace principalmente en Cataluña, Baleares y Valencia.
buzar v. intr. Inclinarse hacia abajo los filones o las capas del terreno.
buzo m. Persona que realiza trabajos bajo el agua.
buzón m. Ranura o abertura por donde se echan las cartas y papeles para el correo. || Caja o receptáculo con abertura para el mismo fin.

Cc

c f. Tercera letra del alfabeto español y segunda de sus consonantes. Letra que tiene el valor de cien en la numeración romana.
cabal adj. Completo, exacto. ‖ Sensato y honrado.
cábala f. pl. Conjetura.
cabalgar v. intr. Andar a caballo.
cabalgata f. Desfile de jinetes y carrozas.
caballa f. Pez marino, comestible, semejante a la sardina.
caballería f. Animal que se emplea como montura. ‖ Cuerpo de ejército que utiliza caballos o vehículos a motor.
caballero m. Cierto grado de nobleza.
caballete m. Armazón de madera de tres pies.
caballo m. Mamífero herbívoro équido, de cabeza alargada, crin larga y cola peluda.
cabaña f. Casilla tosca y rústica.
cabecear v. intr. Mover la cabeza.
cabecera f. Parte principal de una cosa. ‖ Parte superior de la cama.
cabecilla n. com. Jefe de una banda.
cabello m. Cada uno de los pelos que nacen en la cabeza. ‖ Conjunto de ellos.
caber v. intr. Poder contenerse una cosa dentro de otra. ‖ Ser posible.
cabeza f. Parte superior del cuerpo del hombre y superior o anterior de muchos animales. ‖ Juicio.
cabezada f. Inclinación de la cabeza que hace una persona al adormilarse.
cabezota n. com. Persona terca y obstinada.
cabida f. Capacidad de una cosa para contener otra.
cabildo m. Corporación que rige un municipio. ‖ Capítulo de una catedral o colegiata.
cabina f. Recinto pequeño en el que se requiere aislamiento.
cable m. Conjunto de alambres retorcidos.
cablegrama m. Telegrama enviado por cable submarino.
cabo m. Extremo de algo. ‖ Lengua de tierra que penetra en el mar.
cabra f. Mamífero rumiante doméstico, con cuernos retorcidos.
cabrear v. tr. y prnl. Enfadar.
cabriola f. Salto cruzando los pies en el aire. ‖ Voltereta.
cabrón -na adj. y m. Que hace malas pasadas.
caca f. Excremento humano.
cacahuete m. Planta papilionácea, de semillas oleaginosas y comestibles.
cacao m. Árbol tropical, cuyas semillas son el ingrediente principal del chocolate.
cacarear v. intr. Dar voces repetidas el gallo o la gallina.
cacatúa f. Ave trepadora, de pico ganchudo, moño eréctil y plumaje blanco.
cacería f. Partida de caza.
cacerola f. Recipiente con mango para guisar.
cachalote m. Mamífero cetáceo.
cachar v. tr. *AMÉR.* Burlar.
cacharro m. Vasija tosca. ‖ Trasto.
cachaza f. Lentitud, flema.

42

cálculo

cachear v. tr. Registrar a alguien.
cachete m. Golpe dado con el puño en la cabeza o en la cara.
cachivache m. Utensilio sin valor.
cacho m. Pedazo pequeño de algunas cosas.
cachondearse v. prnl. Burlarse.
cachondo -da adj. Se dice de las personas sexualmente excitadas.
cachorro -rra m. y f. Perro pequeño. || Cría de otros mamíferos.
cacique m. Persona que ejerce excesiva influencia en asuntos políticos o administrativos.
caco m. Ladrón, ratero.
cacto o **cactus** m. Planta de las cactáceas, con grandes flores y espinas.
cada Pronombre en función adjetiva con valor distributivo.
cadalso m. Patíbulo.
cadáver m. Cuerpo muerto.
cadena f. Serie de eslabones, enlazados entre sí. || Serie de establecimientos de venta pertenecientes a la misma empresa. || Equipo de alta fidelidad.
cadencia f. Serie de sonidos que se suceden de un modo regular.
cadera f. Cada una de las dos partes salientes formadas a los lados del cuerpo por la pelvis.
cadete m. Alumno de una academia militar.
caducar v. intr. Extinguirse un derecho o una obligación.
caduco -ca adj. Perecedero. || Decrépito.
caer v. intr. y prnl. Venir un cuerpo de arriba abajo por su propio peso.
café m. Semilla del cafeto. || Bebida que se hace por infusión de esta semilla.
cafetería f. Establecimiento donde se sirve café y bebidas.
cafeto m. Árbol rubiáceo, con fruto en baya roja cuya semilla es el café.
cafre adj. Zafio y rústico.

cagar v. intr. y prnl. Evacuar el vientre.
caimán m. Reptil saurio, parecido al cocodrilo.
caja f. Recipiente hueco para guardar cosas.
cajero -ra m. y f. Persona encargada de los cobros y pagos en una entidad o establecimiento.
cajetilla f. Paquete de cigarrillos.
cajón m. Caja grande.
cajonero -ra m. y f. *AMÉR.* Dueño de una tienda de comestibles.
cal f. Óxido de calcio.
cala f. Ensenada pequeña.
calabacera f. Planta cucurbitácea, cuyo fruto es la calabaza.
calabacín m. Calabaza pequeña de corteza verde y carne blanca.
calabozo m. Lugar para encerrar a los presos.
caladero m. Profundidad de las aguas navegables.
calamar m. Molusco cefalópodo comestible.
calambre m. Contracción espasmódica, dolorosa de algunos músculos.
calamidad f. Desgracia, infortunio.
calaña f. Índole, calidad, naturaleza de una persona o cosa.
calar v. tr. Penetrar un líquido en un cuerpo permeable.
calavera f. Esqueleto de la cabeza.
calcar v. tr. Sacar copia exacta de un dibujo o escrito mediante papel.
calceta f. Media. || Tejido de punto.
calcetín m. Prenda de punto que cubre el pie y parte de la pierna.
calcio m. Metal blando y de color blanco.
calco m. Copia que se obtiene calcando. || Imitación o plagio.
calculador -ra adj. y n. Interesado, egoísta.
cálculo m. Cómputo de alguna cosa mediante operaciones matemáticas. || Conjetura.

caldear v. tr. y prnl. Calentar mucho.
caldera f. Recipiente metálico grande y redondo.
caldereta f. Guisado de pescado. || Guiso de cordero o de cabrito.
calderilla f. Moneda fraccionaria.
caldo m. Líquido que resulta de la cocción en agua de las viandas.
calé n. com. Gitano.
calefacción f. Conjunto de aparatos destinados a calentar.
calendario m. Almanaque.
calentar v. tr. y prnl. Comunicar calor a un cuerpo elevando su temperatura.
calibrar v. tr. Apreciar las cualidades de alguna persona o cosa.
calibre m. Diámetro interior de las armas de fuego. || Tamaño.
calidad f. Conjunto de propiedades de una cosa. || Superioridad. || Naturaleza de las personas.
cálido -da adj. Que da calor. || Acogedor.
caliente adj. Que tiene o produce calor. || Fogoso.
calificar v. tr. Determinar las cualidades de personas o cosas. || Poner nota en un examen.
caligrafía f. Arte de escribir con letra bella.
calina f. Neblina.
callar v. intr. y prnl. No hablar, guardar silencio. || Cesar de hablar.
calle f. Vía en una población. || Camino entre dos hileras de árboles o plantas.
callejón m. Paso estrecho y largo entre paredes, casas, etc.
callo m. Dureza que se forma en los pies, manos, etc.
calma f. Estado de la atmósfera cuando no hay viento. || Tranquilidad.
calmar v. tr. y prnl. Sosegar. || v. intr. Estar en calma.
calor m. Energía que pasa de un cuerpo a otro cuando están en contacto y es causa de que se equilibren sus temperaturas.
caloría f. Unidad de energía térmica.
calumnia f. Acusación falsa.
calvario m. Vía crucis. || Serie de padecimientos y adversidades.
calvo -va adj. y n. Que ha perdido el pelo de la cabeza.
calzada f. Parte de la calle comprendida entre dos aceras.
calzado m. Todo lo que cubre y protege el pie.
calzar v. tr. y prnl. Cubrir el pie con el calzado.
calzón m. Prenda de vestir que cubre desde la cintura hasta las rodillas.
calzoncillos m. pl. Prenda interior masculina.
calzonudo adj. *AMÉR.* Cobarde.
cama f. Armazón que sirve para dormir y descansar. || Plaza para enfermo en el hospital.
camada f. Conjunto de crías de un mamífero nacidas del mismo parto.
camaleón m. Reptil saurio, cuya piel cambia de color.
cámara f. Habitación. || Cada uno de los cuerpos colegisladores en los sistemas parlamentarios. || Máquina para fotografiar.
camarada n. com. Compañero.
camarero -ra m. y f. Persona que sirve a los clientes en bares, hoteles, etc. || f. Doncella, criada
camarote m. Cada una de las habitaciones de un barco.
camastro m. Lecho pobre e incómodo.
cambalache m. Trueque de objetos de poco valor.
cambiar v. tr., intr. y prnl. Tomar o hacer tomar una cosa por otra. || v. tr. y prnl. Mudar, alterar.
cambio m. Dinero menudo. || Valor relativo de las monedas de países diferentes o de las de distinta especie de un mismo país.

canela

camelar v. tr. Galantear. || Seducir, engañar adulando.
camello m. Rumiante artiodáctilo, de cuello largo y con dos gibas en el dorso.
camelo m. Burla. || Noticia falsa.
camerino m. Cuarto donde los actores se visten.
camilla f. Cama estrecha y portátil para transportar enfermos y heridos.
caminar v. tr. e intr. Andar.
caminata f. Paseo largo.
camino m. Tierra por donde se transita. || Medio para conseguir alguna cosa.
camión m. Vehículo automóvil de cuatro o más ruedas, para el transporte de mercancías.
camisa f. Prenda de vestir, abotonada por delante, que cubre el torso.
camiseta f. Prenda corta y ajustada, sin cuello, que se pone sobre el cuerpo.
camisón m. Camisa larga para dormir.
camorra f. Pendencia.
campamento m. Lugar al aire libre, para albergar viajeros, turistas, etc.
campana f. Instrumento de metal, en forma de copa invertida, que suena por percusión de un badajo.
campanilla f. Campana pequeña.
campaña f. Conjunto de esfuerzos que se aplican a un fin determinado.
campechano -na adj. Sencillo, cordial.
campeón -na m. y f. Persona que obtiene la primacía en una competición.
campesino -na m. y f. Labrador.
camping m. Terreno destinado a acampar.
campiña f. Espacio grande de tierra llana y de labranza.
campo m. Terreno extenso fuera de poblado. || Sembrados, árboles y demás cultivos.
campus m. Recinto de una universidad.
camuflar v. tr. y prnl. Disimular, disfrazar.
cana f. Pelo blanco.
canal n. amb. Cauce artificial por donde se conduce el agua.
canalla n. com. Persona vil y ruin.
canana f. Cinto para llevar cartuchos.
canapé m. Diván. || Bocado de pan con vianda encima.
canario m. Pájaro de plumaje amarillo, notable por su canto.
canasta f. Cesto que suele tener dos asas. || En baloncesto, tanto.
cancelar v. tr. Anular una obligación. || Abolir.
cáncer m. Tumor maligno.
cancha f. Local destinado a ciertos juegos de pelota, riñas de gallos, etc.
canción f. Composición en verso que se canta. || Música con que se canta.
candado m. Cerradura suelta, que cierra puertas, ventanas, etc.
candela f. Vela de encender.
candelabro m. Utensilio para velas, de varios brazos.
candelero -ra m. y f. Persona que hace o vende candelas. || *COL.* Velón, lámpara de aceite. || Fogonero. || f. *fig. COL.* Mujer casquivana.
candente adj. Se dice del metal cuando, por la acción del calor, se enrojece o blanquea. || Se aplica a la noticia o asunto que suscita interés.
candidato -ta m. y f. Persona que pretende algún cargo.
cándido -da adj. Sencillo y sin malicia.
candil m. Lámpara de aceite.
candilejas f. pl. Línea de luces en el proscenio del teatro.
candor m. Suma blancura. || Sencillez y pureza del ánimo.
canela f. Corteza de las ramas del canelo, de olor aromático y sabor dulce.

canelón m. Pasta de harina con la que se envuelven rellenos de carne o de pescado.
cangrejo m. Cualquiera de los artrópodos crustáceos de los decápodos.
canguro m. Mamífero marsupial y herbívoro, que anda a saltos.
caníbal adj. y n. com. Antropófago. || Salvaje.
canica f. Bolita de vidrio, barro u otra materia dura.
canícula f. Período del año en que son más fuertes los calores.
canijo -ja adj. y n. Débil y enfermizo.
canino -na adj. Relativo al perro. || m. Colmillo
canje m. Cambio, trueque.
canoa f. Embarcación de remo.
canon m. Regla o precepto.
canónigo m. Eclesiástico titular en una iglesia catedral.
canonizar v. tr. Declarar el Papa santo a un siervo de Dios ya beatificado.
cansancio m. Falta de fuerzas que resulta de haberse fatigado.
cansar v. tr. y prnl. Causar cansancio. || v. tr. Molestar.
cantar v. tr. e intr. Formar con la voz sonidos melodiosos.
cántaro m. Vasija grande de barro, angosta de boca.
cantautor -ra m. y f. Cantante que compone sus propias canciones.
cante m. Canto popular, y especialmente el flamenco.
cantera f. Sitio de donde se saca piedra.
cántico m. Canto de gracias o de alabanzas a Dios.
cantidad f. Propiedad de lo que se puede contar y medir. || Porción grande o abundancia de algo.
cantimplora f. Frasco aplanado para llevar la bebida.
cantina f. Local público en que se expenden bebidas y algunos comestibles.

canto m. Extremidad o lado de cualquier sitio o cosa. || Trozo de piedra.
canuto m. Tubo cerrado por un lado.
caña f. Tallo de las plantas gramíneas.
cañada f. Terreno entre dos alturas.
cáñamo m. Planta herbácea anual de las cannabáceas. || Filamento textil de esta planta.
cañería f. Conducto formado por una serie de tubos para la conducción del agua o del gas.
caño m. Tubo corto de metal.
cañón m. Tubo largo, a modo de caña.
caoba f. Árbol americano meliáceo, de tronco grueso.
caos m. Confusión.
capa f. Prenda de abrigo larga, suelta y sin mangas.
capacidad f. Espacio hueco de alguna cosa, suficiente para contener otra u otras. || Aptitud para alguna cosa.
capacitar v. tr. y prnl. Habilitar a alguien para una cosa.
capar v. tr. Extirpar o inutilizar los órganos genitales.
caparazón f. Cubierta dura que protege el cuerpo de algunos animales.
capataz -za m. y f. Encargado de dirigir una cuadrilla de obreros.
capaz m. Que tiene espacio para contener otra cosa. || Que tiene talento.
capazo m. Cesta grande.
capcioso -sa adj. Falaz, engañoso.
capear v. tr. Torear de capa a una res.
capellán m. Sacerdote que es titular de una capellanía.
caperuza f. Gorro con remate en punta.
capicúa m. Número que es igual leído de izquierda a derecha que de derecha a izquierda.
capilar adj. Relativo al cabello.
capilla f. Iglesia pequeña.
capital Principal o grave. || f. Población principal del Estado o de una

cargo

provincia. ‖ m. Hacienda de una persona o empresa.
capitán -na m. y f. Jefe de un grupo. ‖ m. Oficial del ejército de grado inmediatamente inferior al de comandante.
capitel m. Parte superior de la columna y de la pilastra.
capitulación f. Pacto. ‖ Pacto de rendición.
capítulo m. Divisiones de un libro, una ley, etc. ‖ Asamblea de una orden religiosa.
capón adj. y m. Castrado.
capota f. Cubierta plegable de coches y carruajes.
capote m. Capa con mangas. ‖ Capa corta de los toreros.
capricho m. Idea sin fundamento. ‖ Deseo vehemente.
cápsula f. Revestimiento soluble de ciertos medicamentos.
captar v. tr. Percibir ondas, sonidos o imágenes. ‖ Comprender.
capturar v. tr. Apresar.
capucha f. Gorro de tela.
capullo m. Envoltura en que se encierra el gusano de seda. ‖ Botón de las flores.
caqui m. Tela de color pardo amarillento.
cara f. Parte anterior de la cabeza. ‖ Semblante. ‖ Anverso de las monedas.
carabela f. Embarcación de vela con dos o tres palos.
carabina f. Fusil corto.
caracol m. Molusco gasterópodo provisto de concha.
caracola f. Concha grande de caracol marino.
carácter m. Conjunto de las cualidades que determinan la conducta de cada individuo.
característica f. Rasgo propio de una persona o cosa.
caramelo m. Golosina de pasta de azúcar con alguna esencia.

carantoña f. Zalamería.
carátula f. Portada de un libro, revista, etc.
caravana f. Grupo de personas, animales o vehículos que viajan juntos.
carbón m. Combustible sólido que resulta de la combustión incompleta de la leña o de otros cuerpos.
carbonizar v. tr. y prnl. Reducir a carbón un cuerpo orgánico.
carburante m. Mezcla de hidrocarburos que se usa en los motores de explosión y de combustión interna.
carcajada f. Risa impetuosa.
cárcel f. Edificio donde se custodia a los presos.
carcinoma m. Cáncer.
carcoma f. Insecto coleóptero de los anóbidos, que roe la madera.
carcomer v. tr. Roer algo la carcoma. ‖ Consumir poco a poco alguna cosa.
cardar v. tr. Preparar una fibra para su hilado.
cardenal m. Prelado del Sacro Colegio de la Iglesia católica.
cárdeno -na adj. De color morado.
cardiología f. Parte de la medicina que estudia el corazón.
cardo m. Planta compuesta, de hojas espinosas y pencas tiernas.
carear v. tr. Interrogar a la vez a dos o más personas.
carecer v. intr. Tener falta de algo.
carencia f. Falta o privación de algo.
carestía f. Escasez de alguna cosa. ‖ Precio alto de los artículos de uso corriente.
careta f. Máscara para tapar la cara.
carga f. Cosa que pesa sobre otra. ‖ Todo lo que grava fiscalmente.
cargamento m. Conjunto de mercancías que carga un vehículo.
cargar v. tr. Echar peso. ‖ Introducir el cartucho en un arma de fuego. ‖ Molestar.
cargo m. Carga o peso. ‖ Oficio. ‖ Imputación que se hace a alguien.

caricatura f. Retrato de una persona que deforma sus rasgos.
caricia f. Demostración cariñosa.
caridad f. Virtud que consiste en amar a Dios y al prójimo. || Sentimiento que induce a prestar ayuda.
caries f. Úlcera de los dientes y muelas.
cariño m. Inclinación amorosa o amistosa. || Cuidado con que se trata una cosa.
carisma m. Prestigio personal.
cariz m. Aspecto de algo.
carlanca f. Collar fuerte y erizado de púas de hierro con que se protege el cuello de los perros.
carmesí adj. y m. Se dice del color grana.
carmín m. Colorante de color rojo intenso.
carnada f. Cebo para pescar o cazar.
carnaval m. Los tres días que preceden al miércoles de ceniza.
carne f. Parte muscular del cuerpo de los animales. || Parte mollar de la fruta.
carné m. Tarjeta que acredita la personalidad de alguien.
carnero m. Rumiante, de cuernos huecos y de lana espesa.
carnívoro -ra m. pl. Orden de mamíferos terrestres que se alimentan de carne.
caro -ra adj. Que excede el valor corriente. || De precio elevado.
carpa f. Pez teleósteo comestible. || Toldo que cubre un recinto amplio.
carpeta f. Cartera grande donde se guardan papeles.
carpintero -ra m. y f. Persona que trabaja por oficio la madera.
carraspera f. Aspereza de la garganta.
carrera f. Acción de correr un cierto espacio. || Pugna de velocidad.
carreta f. Carro alargado.
carrete m. Rollo fotográfico.
carretera f. Camino pavimentado para el paso de vehículos.

carretilla f. Carro de mano.
carril m. Espacio de una calzada para el paso de vehículos. || Cada una de las vías sobre las que rueda un tren o un tranvía.
carrillo m. Parte carnosa de la mejilla.
carro m. Carruaje de dos ruedas. || *AMÉR.* Automóvil. || *AMÉR.* Vagón de ferrocarril.
carrocería f. Caja de un vehículo automóvil.
carroña f. Carne podrida.
carroza f. Coche adornado ricamente. || n. com. Persona anticuada.
carruaje m. Vehículo con un armazón que descansa sobre ruedas.
carta f. Papel escrito que una persona dirige a otra. || Cada uno de los naipes de la baraja. || Lista de platos y bebidas que ofrece un restaurante. || Mapa.
cartabón m. Instrumento en forma de triángulo rectángulo.
cartapacio m. Cuaderno para tomar apuntes. || Carpeta.
cartel m. Papel o cartón con texto y dibujos que se exhibe con fines publicitarios.
cartelera f. Sección de los periódicos donde aparece la lista de espectáculos.
cartera f. Funda para llevar dinero, documentos, libros, etc.
carterista n. com. Ladrón de carteras.
cartero -ra m. y f. Persona que reparte las cartas del correo.
cartilla f. Cuaderno pequeño.
cartón m. Lámina dura hecha con varias hojas de pasta de papel.
cartucho m. Carga de pólvora, correspondiente a cada tiro de un arma de fuego.
cartulina f. Cartón delgado.
casa f. Edificio para habitar. || Piso en que vive una persona o una familia. || Linaje.

casaca f. Vestidura que llegaba hasta la rodilla.

casar v. intr. y prnl. Contraer matrimonio.

cascabel m. Bola metálica y hueca, que lleva dentro un trocito de latón que produce sonido.

cascado -da adj. Muy gastado. || f. Caída de una corriente de agua por rápido desnivel del cauce.

cascar v. tr. y prnl. Quebrantar una cosa quebradiza.

cáscara f. Corteza exterior de una cosa o de un fruto.

cascarrabias n. com. Persona que fácilmente se enoja.

casco m. Cobertura para proteger la cabeza. || Cuerpo de un barco o de un avión. || Envase de un líquido. || Uña de las caballerías.

cascote m. Escombro.

caserío m. Conjunto de casas. || Casa en el campo.

caserón m. Casa grande y destartalada.

caseta f. Barraca de feria.

casete n. amb. Cajita con cinta magnética para el registro del sonido o de la imagen.

casi adv. c. Cerca de, por poco.

casilla f. Cada uno de los compartimientos de casilleros, ficheros, etc. || *AMÉR.* Apartado de correos.

casillero m. Mueble con varias divisiones.

casino m. Casa de juego.

caso m. Suceso, acontecimiento.

caspa f. Escamilla blanca que se forma en el cuero cabelludo.

casquivano -na adj. y n. Irreflexivo.

casta f. Ascendencia o linaje. || Especie o calidad de una cosa.

castaño m. Árbol fagáceo, con flores blancas y frutos que contienen la castaña.

castañuela f. Instrumento de percusión compuesto de dos mitades cóncavas a modo de concha.

catequesis

castellano m. Español, lengua hablada en España e Hispanoamérica.

castidad f. Virtud que se opone a los afectos carnales. || Abstinencia sexual.

castigar v. tr. Ejecutar un castigo.

castigo m. Pena por una falta o delito.

castillo m. Lugar fortificado, circundado de murallas, fosos y baluartes.

castizo -za adj. De buen origen y casta. || Se dice del lenguaje puro.

casto -ta adj. Puro, honesto.

castor m. Mamífero roedor de pelo castaño.

castrar v. tr. Extirpar los órganos genitales.

castrense adj. Relativo al ejército.

casualidad f. Suceso imprevisto.

cataclismo m. Desastre natural. || Suceso que provoca un gran trastorno.

catacumbas f. pl. Subterráneos en que los cristianos sepultaban a sus difuntos.

catadura f. Aspecto o semblante.

catalejo m. Anteojo.

catálogo m. Lista de personas o cosas puestas en orden.

catar v. tr. Probar alguna cosa.

catarata f. Salto grande de agua.

catarro m. Inflamación aguda de una mucosa.

catástrofe f. Suceso desgraciado de graves consecuencias.

catear v. tr. Suspender un examen.

catecismo m. Libro con una explicación elemental de la doctrina cristiana.

cátedra f. Cargo de catedrático.

catedral f. Templo cristiano que es cabeza de la diócesis.

catedrático -ca m. y f. Titular de una cátedra de enseñanza.

categoría f. Concepto general que puede decirse y afirmarse de toda cosa. || Grupo en que se puede clasificar distintos objetos.

catequesis f. Enseñanza elemental de las creencias religiosas.

cateto -ta m. y f. Palurdo.
catorce adj. Diez más cuatro.
catre m. Cama individual y ligera.
cauce m. Lecho de un río o arroyo. || Acequia.
caucho m. Sustancia impermeable y elástica que se encuentra en varias plantas tropicales.
caudal m. Cantidad de agua que pasa por un cauce. || Hacienda, dinero.
caudillo m. Adalid, jefe.
causa f. Lo que se considera origen o fundamento de algo.
cáustico -ca adj. Mordaz y agresivo.
cautela f. Precaución en el obrar.
cautivar v. tr. Hacer cautivo, apresar. || Influir en el ánimo de alguien ganándose su atención o afecto.
cautivo -va adj. y n. Prisionero.
cauto -ta adj. Que obra con precaución.
cava f. Almacén subterráneo para la cría del vino. || Vino espumoso del tipo del champaña.
cavar v. tr. Mover la tierra con azada o un instrumento parecido.
caverna f. Cueva subterránea o entre rocas.
caviar m. Manjar de huevas de esturión.
cavidad f. Espacio hueco en el interior de cualquier cuerpo.
cavilar v. tr. Reflexionar tenazmente.
cayado m. Bastón corvo por arriba. || Báculo de los obispos.
cazar v. tr. Perseguir y acosar animales para apresarlos o matarlos.
cazo m. Recipiente de cocina con mango y pico para verter.
cazoleta f. Cazuela pequeña.
cazuela f. Utensilio de cocina redondo y más ancho que hondo.
cebada f. Planta gramínea, que se cultiva para pienso.
cebo m. Comida que se da a los animales para su engorde o para atraerlos.
cebolla m. Hortaliza de las liliáceas, con un bulbo de olor fuerte y sabor picante.
cebolleta f. Hortaliza de las liliáceas, parecida a la cebolla común.
cebra f. Équido de pelo blanco amarillento con rayas oscuras.
cecear v. intr. Pronunciar la s con una articulación similar a la de c.
cecina f. Carne salada y seca.
cedazo m. Aro de madera al que se sujeta una malla tensa.
ceder v. tr. Traspasar a alguien algún derecho. || v. intr. Rendirse. || Disminuirse o cesar la resistencia.
cedro m. Árbol de las abietáceas, cuya madera es muy apreciada.
cédula f. Documento en que se reconoce una obligación. || *AMÉR.* Tarjeta de identidad.
cegar v. intr. Perder la visión por completo. || v. tr. y prnl. Ofuscar la razón.
ceguera f. Privación de la vista.
ceja f. Parte superior de la cuenca del ojo, cubierta de pelo.
cejar v. intr. Aflojar en un empeño.
celda f. Aposento individual de religiosos, estudiantes o presos.
celdilla f. Casilla de un panal.
celebrar v. tr. Alabar, aplaudir. || Con-memorar algún acontecimiento.
célebre adj. Famoso.
celeridad f. Diligencia, rapidez.
celeste adj. Perteneciente al cielo. || adj. y m. De color azul claro.
célibe adj. y n. com. Soltero.
celo m. Cuidado, solicitud. || Apetito de la generación en los irracionales y época en que lo tienen. || pl. Miedo a perder el cariño de la persona amada.
celofán m. Papel transparente y flexible.
celosía f. Enrejado de listones que se pone en las ventanas.
célula f. Elemento anatómico microscópico de los seres vivos.

cementerio m. Terreno destinado a enterrar cadáveres.
cemento m. Mezcla de arcilla y materias calcáreas, que mezclada con agua se endurece.
cena f. Comida que suele tomarse por la noche.
cenefa f. Franja que repite un motivo decorativo.
ceniciento -ta adj. Ce dolor ceniza o cubierto de ella.
cenit m. Punto del hemisferio celeste vertical a un lugar de la Tierra. || Momento de apogeo de algo.
ceniza f. Polvo grisáceo que queda de una combustión. || pl. Restos de un cadáver.
censo m. Padrón o lista de la población de un estado.
censura f. Vigilancia y corrección que se ejerce sobre la difusión de determinadas publicaciones. || Objeción o reparo.
centellear v. intr. Despedir rayos de luz intermitentes.
centena f. Conjunto de cien unidades.
centenario -ria m. Período de cien años.
centeno m. Planta de las gramíneas parecida al trigo.
centímetro m. Centésima parte de un metro.
centinela n. amb. Soldado de guardia.
centolla o **centollo** f. Crustáceo marino de carne muy apreciada.
central f. Casa matriz de una empresa. || Instalación que produce energía eléctrica.
centrar v. tr. Determinar el centro de una superficie o de un volumen.
centrifugar v. tr. Someter a la acción de la fuerza centrífuga.
centrífugo -ga adj. Que se aleja del centro.
centro m. Punto medio de una cosa.
centuria f. Siglo.
ceñir v. tr. Rodear una cosa a otra. || Ajustar a la cintura o al cuerpo.
ceño m. Gesto de enfado.
cepa f. Parte de una planta que está unida a las raíces. || Tronco de la vid.
cepillo m. Instrumento para quitar el polvo o para otros usos de limpieza. || Instrumento para alisar la madera.
cepo m. Trampa para cazar animales.
cera f. Sustancia sólida que segregan las abejas para hacer los panales.
cerámica f. Arte de fabricar vasijas y otros objetos de barro y porcelana.
cerca f. Vallado, tapia o muro. || adv. l. y t. Próxima o inmediatamente.
cercano -na adj. Próximo, inmediato.
cercar v. tr. Rodear un lugar con un muro o vallado. || Rodear a alguien.
cercenar v. tr. Cortar una cosa de raíz. || Disminuir o acortar.
cerciorar v. tr. y prnl. Asegurar la verdad de una cosa.
cerco m. Lo que ciñe o rodea. || Asedio.
cerda f. Hembra del cerdo. || Pelo grueso y duro de algunos animales.
cerdo m. Mamífero de cuerpo muy grueso y cabeza grande. Se cría y ceba para aprovechar su carne y grasa. || Persona sucia.
cerebro m. Uno de los centros nerviosos constitutivos del encéfalo.
ceremonia f. Acto que se celebra con solemnidad.
cerezo m. Árbol rosáceo, de hojas lanceoladas y cuyo fruto es la cereza.
cerilla f. Fósforo.
cero m. Signo sin valor propio, que en la numeración arábiga sirve para ocupar los lugares donde no hay cifra significativa.
cerradura f. Mecanismo metálico con que se cierran y abren puertas, tapas, etc.
cerrar v. tr. Tapar o aislar un recinto. || Juntar las partes de postigos, puertas, etc., echando la llave. || Ajustar las partes del cuerpo dobles o articuladas. || Poner término a algo.

cerril adj. Obstinado y tosco.
cerro m. Elevación del terreno aislada.
cerrojo m. Barra de hierro con manija, que cierra la puerta o ventana.
certamen m. Concurso literario, artístico o científico.
certero -ra adj. Dícese del tirador diestro. || Seguro, acertado.
certeza f. Convicción que excluye cualquier duda.
certificar v. tr. y prnl. Dar por cierta una cosa o reafirmarla. || v. tr. Hacer un envío por correo, obteniendo el resguardo.
cerveza f. Bebida alcohólica obtenida de la fermentación de la cebada.
cerviz f. Parte dorsal del cuello del hombre y de los animales.
cesar v. intr. Acabarse una cosa. || Dejar de hacer lo que se hacía.
cesárea f. Operación quirúrgica en la que se extrae el feto por vía abdominal.
cesión f. Transmisión de alguna cosa o derecho en favor de otro.
césped m. Hierba menuda y tupida.
cesta f. Recipiente tejido de mimbres, juncos o varillas.
cesto m. Cesta grande.
chabacanería f. Falta de arte y gusto. || Dicho bajo e insustancial.
chabola f. Vivienda de escasas proporciones y pobre construcción.
chacal m. Mamífero carnívoro de la familia de los cánidos.
cháchara f. Conversación frívola.
chacina f. Carne de puerco adobada, de la que se suelen hacer embutidos.
chacota f. Bulla y alegría ruidosa.
chafar v. tr. y prnl. Aplastar || Arrugar. || Deslucir a uno en la conversación o concurrencia.
chaflán m. Cara que resulta en un sólido de cortar por un plano una esquina.
chal m. Paño, mucho más largo que ancho, para cubrir los hombros.
chalado -da adj. Falto de juicio.

chalé o **chalet** m. Casa de recreo, generalmente con jardín.
chaleco m. Prenda sin mangas, que se pone encima de la camisa.
chalupa f. Embarcación pequeña con dos palos.
chamarilero -ra m. y f. Persona que compra y vende trastos viejos.
chamba f. Chiripa.
chamizo m. Choza cubierta de ramas o cañas.
champaña m. Vino espumoso de la región francesa de Champaña.
champiñón m. Hongo comestible.
champú m. Loción para el cabello.
chamuscar v. tr. Quemar por encima.
chancaca f. *AMÉR.* Masa de maíz o trigo preparada con azúcar o miel.
chancho -cha adj. *AMÉR.* Puerco, sucio. || m. y f. *AMÉR.* Cerdo.
chanchullo m. Manejo ilícito.
chancla f. Chancleta.
chancleta f. Chinela sin talón.
chanclo m. Zapato de madera o goma, que preserva de la humedad.
chándal m. Conjunto de ropa deportiva (jersey y pantalón).
chango -ga adj. y n. *AMÉR.* Bromista, guasón. || m. y f. *P. RICO.* Persona de modales afectados. || *AMÉR.* Niño, muchacho.
chanquete m. Pez pequeño comestible.
chantaje m. Amenaza de pública difamación o daño contra alguno, a fin de obtener de él dinero u otro provecho.
chanza f. Dicho o hecho festivo.
chapa f. Hoja o lámina de metal, madera u otra materia.
chapado -da adj. Recubierto con baño de metal.
chaparrón f. Lluvia recia de corta duración.
chapotear v. tr. e intr. Sonar el agua batida por los pies o manos.
chapucero -ra adj. Hecho tosca y groseramente.

chapulín m. *AMÉR.* Langosta.
chapurrear v. tr. Hablar con dificultad un idioma.
chapuza f. Obra poco importante o mal hecha.
chapuzar v. tr., intr. y prnl. Meter a uno de cabeza en el agua.
chaqué m. Especie de chaqueta que se abre hacia atrás en dos faldones.
chaqueta f. Prenda exterior, con mangas y sin faldones. || Americana.
chaquetilla f. Chaqueta corta.
chaquetón m. Prenda de abrigo, más larga que la chaqueta.
charanga f. Música realizada sólo con instrumentos de viento. || Bulla.
charca f. Charco grande.
charco m. Agua estancada en un hoyo o cavidad del terreno.
charcutería f. Tienda de embutidos.
charlar v. intr. Hablar mucho, sin sustancia. || Conversar.
charol m. Barniz muy lustroso y permanente. || Cuero con este barniz.
chárter adj. y n. Avión que realiza vuelos de tarifa reducida.
chasco m. Burla, engaño.
chasis m. Armazón.
chasquear v. tr. Dar chasco. || v. intr. Frustrarse la esperanza puesta en algo.
chasquido m. Sonido seco y súbito.
chatarra f. Escoria que deja el mineral de hierro.
chato -ta adj. y n. Que tiene la nariz poco prominente.
chaval -la m. y f. Niño o joven.
chavo m. Moneda de escaso valor.
chef m. Jefe de cocina.
chepa f. Corcova, joroba.
cheque m. Mandato escrito de pago, para cobrar en un banco.
chequear v. tr. Inspeccionar.
chequeo m. Reconocimiento médico.
chic m. Gracia, elegancia.
chicha f. Carne comestible. || *AMÉR.* Bebida alcohólica que resulta de la fermentación del maíz.

chicharrón m. Residuo de las pellas del cerdo, después de derretida la manteca.
chichón m. Bulto en la cabeza de resultas de un golpe.
chicle m. Masticatorio que se expende en pastillas o bolitas aromatizadas.
chico -ca adj. Pequeño o de poco tamaño. || adj. y n. Niño. || Muchacho. || f. Criada.
chiffonier m. Cómoda alta y estrecha.
chiflado -da adj. y n. Se dice del que tiene algo perturbada la razón.
chiflar v. intr. Silbar. || v. prnl. Perder el juicio.
chillido m. Sonido inarticulado de la voz, agudo y desapacible.
chimbo -ba adj. *AMÉR.* Dulce hecho con huevos, almendras y almíbar.
chimenea f. Conducto para dar salida al humo. || Hogar o fogón.
chimpancé m. Mono antropomorfo de brazos largos y cabeza grande.
chinchar v. tr. Molestar, fastidiar.
chinche f. Insecto hemíptero, de color rojo oscuro, parásito del hombre.
chincheta f. Clavito metálico de cabeza circular y punta acerada, para fijar papeles en un tablero, pared, etc.
chinchilla f. Mamífero roedor, de piel muy estimada.
chinchoso -sa adj. Persona molesta y pesada.
chinga f. *C. RICA.* Colilla de cigarro. || *HOND.* Chunga. || *VEN.* Borrachera.
chipirón m. Calamar pequeño.
chiquillo -lla adj. y n. Chico, niño.
chirigota f. Chanza, broma.
chirimoyo m. Árbol anonáceo, cuyo fruto es la chirimoya.
chiringuito m. Puesto de bebidas al aire libre.
chiripa f. Casualidad favorable.
chirona f. Cárcel, prisión.
chirriar v. intr. Dar sonido agudo una cosa.

chisme

chisme m. Noticia en descrédito de alguien. || Trasto pequeño.
chispa f. Partícula encendida que salta de la lumbre, etc. || Descarga eléctrica entre dos cuerpos.
chispear v. intr. Echar chispas. || Llover muy poco.
chistar v. intr. Hacer ademán de hablar.
chiste m. Dicho o suceso agudo y gracioso.
chistera f. Sombrero de copa alta.
chivar v. tr. y prnl. Acusar, delatar.
chivato m. Dispositivo de alarma.
chivo -va m. y f. Cría de la cabra. || f. AMÉR. CENT. Manta, colcha. || AMÉR. Perilla.
chocar v. intr. Encontrarse violentamente una cosa con otra. || Causar extrañeza.
chochear v. intr. Tener debilitadas las facultades mentales.
chocolate m. Pasta hecha con cacao y azúcar molidos. || Bebida que se hace de esta pasta.
chófer o **chofer** m. Conductor de un vehículo.
chollo m. Ganga.
chopo m. Nombre que designa varias especies de álamos.
choque m. Encuentro violento de una cosa con otra. || Contienda.
chorizar v. tr. Robar.
chorizo m. Pedazo corto de tripa, relleno de carne picada. || Ratero, ladrón.
chorrear v. intr. Caer un líquido formando chorro.
chorro m. Porción de líquido o de gas que sale por una parte estrecha. || Caída sucesiva de cosas iguales.
chotear v. prnl. Burlarse.
choto -ta m. y f. Cría de la cabra.
choza f. Cabaña formada por estacas y cubierta de ramas o paja.
chubasco m. Chaparrón con mucho viento.
chubasquero m. Impermeable.
chuchería f. Golosina.
chucho -cha m. y f. Perro.
chufa f. Planta vivaz, con cuyas raíces se preparan horchatas.
chulear v. tr. y prnl. Jactarse.
chuleta f. Costilla con carne. || Papelillo con apuntes que se lleva oculto para copiar en los exámenes. || adj. y n. com. Chulo.
chulo -la adj. y n. Presumido.
chumbera f. Nopal, higuera chumba.
chungo -ga adj. Malo. || f. Burla.
chupado -da adj. Persona muy flaca. || Fácil.
chupar v. tr. e intr. Sacar el jugo de una cosa. || v. tr. Absorber.
chupete m. Pieza de goma elástica que se da a chupar a los lactantes.
churrasco m. Carne asada a la plancha o a la parrilla.
churrete m. Mancha.
churro m. Fruta de sartén de forma cilíndrica estriada. || Chapuza.
chusco m. Mendrugo.
chusma f. Conjunto de gente soez.
chutar v. tr. e intr. Lanzar fuertemente el balón de un puntapié.
ciar v. intr. Remar o andar hacia atrás.
ciático -ca adj. Relativo a la cadera.
cicatero -ra adj. y n. Mezquino y tacaño.
cicatriz f. Señal que queda en los tejidos orgánicos después de curada una herida.
cicerone n. com. Persona que explica a los visitantes la historia o curiosidades de un lugar.
ciclismo m. Deporte de la bicicleta en sus distintas especialidades.
ciclo m. Cada uno de los períodos de tiempo en que se agrupan unos fenómenos de parecidas características.
ciclo-cross m. Modalidad de ciclismo sobre terreno accidentado.

circunferencia

ciclón m. Huracán que avanza en movimiento de rotación.
ciclostil m. Aparato para sacar copias de un escrito o dibujo.
cicuta f. Arbusto umbelífero, cuyo zumo es venenoso.
ciego -ga adj. y n. Privado de la vista. || Ofuscado, alucinado.
cielo m. Espacio exterior a la Tierra, en el que se mueven los astros. || Estado y lugar de bienaventuranza.
ciempiés m. Miriápodo de cuerpo prolongado.
cien adj. Apócope de ciento.
ciénaga f. Terreno cubierto de barro.
ciencia f. Conocimiento cierto de las cosas por sus principios y causas. || Saber, erudición.
cieno m. Lodo o barro.
ciento adj. Diez veces diez.
cierre m. Suspensión temporal de una actividad. || Lo que sirve para cerrar.
cierto -ta adj. Conocido como seguro y verdadero. || Uno, alguno.
ciervo m. Mamífero rumiante, esbelto.
cifra f. Número, y signo con que se representa gráficamente.
cifrar v. tr. Escribir en cifras. || v. tr. y prnl. Compendiar, resumir.
cigala f. Crustáceo marino, de caparazón duro.
cigarra f. Insecto hemíptero cuyos machos producen un sonido estridente y monótono.
cigarrillo m. Cigarro pequeño de picadura envuelta en papel de fumar.
cigarro m. Rollo de hojas de tabaco para fumar.
cigüeña f. Ave zancuda cicónida, de cuello y patas largas.
cilindro m. Sólido con una sección circular constante en toda su longitud.
cima f. Lo más alto de un monte, un árbol, etc.
cimbrar v. tr. y prnl. Contonear el cuerpo al andar.
cimiento m. Parte soterrada de un edificio que lo sustenta. || Principio en que se apoya algo.
cincel m. Herramienta de acero para labrar piedras y metales.
cinco adj. Cuatro más uno.
cincuenta adj. Cinco veces diez.
cincuentena f. Conjunto de cincuenta unidades.
cine m. Cinematógrafo. || Técnica, arte e industria de la cinematografía.
cineasta m. Persona vinculada profesionalmente con el cine.
cinematógrafo m. Aparato que registra y proyecta imágenes en movimiento. || Local en que se exhiben las películas cinematográficas.
cinismo m. Desvergüenza.
cinta f. Tejido estrecho y largo que sirve para atar o adornar.
cinto m. Tira con que se ciñen los vestidos a la cintura. || Cintura.
cintura f. Talle, parte estrecha del cuerpo por encima de las caderas. || Parte de los vestidos que corresponde a esa zona.
cinturón m. Cinto que sujeta una prenda de vestir a la cintura.
ciprés m. Árbol conífero, de hojas perennes y madera olorosa.
circo m. Recinto cubierto de una gran lona, donde actúan equilibristas, payasos, etc.
circuito m. Terreno comprendido dentro de un perímetro.
circulación f. Tránsito por carreteras y vías urbanas.
circular v. intr. Transitar. || Pasar alguna noticia de unas personas a otras.
círculo m. Superficie plana contenida dentro de la circunferencia. || Corro de gente. || Sector o ambiente social.
circuncidar v. tr. Cortar circularmente una porción del prepucio.
circundar v. tr. Cercar, rodear.
circunferencia f. Curva plana, cerrada, cuyos puntos son equidistantes de otro situado en el centro.

circunscribir

circunscribir v. tr. Reducir una cosa a ciertos límites. || Formar una figura que contenga a otra.
circunspección f. Prudencia y gravedad en dichos y hechos.
circunstancia f. Accidente de tiempo, lugar, modo, etc. || Calidad o requisito.
circunvalación f. Vía de comunicación que rodea un núcleo urbano.
cirio m. Vela de cera, larga y gruesa.
ciruelo m. Árbol frutal de las rosáceas, de flores blancas o rosadas y fruto en drupa.
cirugía f. Parte de la medicina que tiene por objeto la curación mediante operaciones.
cisma m. División entre los individuos de una comunidad religiosa.
cisne m. Ave palmípeda de cuello largo y flexible.
cisterna f. Depósito que recoge el agua.
cita f. Señalamiento de lugar, día y hora entre dos personas para verse.
citar v. tr. y prnl. Dar cita. || Referir o mencionar algún texto de otra persona. || Notificar el emplazamiento del juez.
cítara f. Instrumento músico de cuerda.
cítrico -ca adj. Relativo al limón.
ciudad f. Población importante.
ciudadela f. Recinto fortificado en el interior de una ciudad.
civil adj. Se dice de la persona que no es militar o eclesiástica.
civilización f. Conjunto de ideas, creencias, costumbres, etc., propias de un grupo o una época.
civilizar v. tr. y prnl. Sacar del estado salvaje. || Educar, refinar.
civismo m. Urbanidad.
cizaña f. Planta de las gramíneas, perjudicial, que crece en los sembrados.
clamor m. Grito. || Voz lastimera.
clan m. Grupo de parentesco unilateral. || Grupo de personas unidas por un interés común.

clandestino -na adj. Aplícase a lo dicho o hecho en secreto.
clara f. Sustancia blanca, líquida y transparente, que rodea la yema del huevo.
claraboya f. Ventana abierta en el techo o en la parte alta de las paredes.
clarear v. tr. Dar claridad. || v. intr. Empezar a amanecer.
clarificar v. tr. Aclarar alguna cosa.
clarín m. Instrumento músico de viento.
clarinete m. Instrumento músico de viento.
clarividencia f. Facultad de comprender claramente las cosas. || Perspicacia.
claro -ra adj. Bañado de luz. || Dícese del tiempo despejado. || Dícese del color no subido. || Evidente.
clase f. Conjunto de seres de una misma especie. || Aula. || Lección.
clásico -ca adj. y n. Dícese del autor o de la obra que se tiene por modelo digno de imitación.
clasificar v. tr. Ordenar o disponer por clases.
claudicar v. intr. Ceder, transigir, consentir.
claustro m. Galería que cerca un patio principal. || Junta de profesores.
cláusula f. Disposición de un contrato, tratado, etc. || Conjunto de palabras que encierran una proposición.
clausura f. En los conventos religiosos, recinto interior donde no pueden entrar seglares.
clausurar v. tr. Cerrar, poner fin a un congreso, un acto público, etc.
clavar v. tr. Introducir un clavo u otro objeto puntiagudo.
clave f. Noticia por la cual se hace comprensible algo.
clavel m. Planta cariofilácea, con flores terminales de olor agradable.
clavícula f. Hueso que une el esternón con el hombro.

clavija f. Trozo cilíndrico o cónico de madera o metal, que se encaja en un taladro.

clavo m. Pieza metálica, larga y delgada, con cabeza y punta, que sirve para fijarla en alguna parte o para asegurar una cosa a otra.

claxon m. Bocina de los automóviles.

clemencia f. Virtud que modera el rigor de la justicia.

cleptomanía f. Tendencia patológica al hurto.

clérigo m. El que ha recibido las órdenes sagradas.

clero m. Conjunto de los clérigos.

cliché m. Negativo fotográfico. || Idea o expresión demasiado repetida.

cliente -ta m. y f. Persona que acostumbra a comprar en una misma tienda.

clima m. Conjunto de condiciones atmosféricas que caracterizan una región o país.

clínica f. Hospital privado.

clip m. Especie de pinza para sujetar papeles. || Horquilla para el pelo.

clítoris m. Órgano genital externo de la mujer.

cloaca f. Conducto por donde circulan las aguas residuales de las poblaciones.

clorofila f. Materia colorante verde de los vegetales.

club m. Sociedad deportiva, política o de recreo.

coacción f. Fuerza o violencia para obligar a alguien a hacer o decir algo.

coagular v. tr. y prnl. Cuajar, solidificar lo líquido.

coágulo m. Grumo extraído de un líquido coagulado.

coalición f. Confederación.

coartada f. Argumento de inculpabilidad de un reo.

coba f. Halago fingido.

cobardía f. Falta de valor y ánimo.

cobertizo m. Sitio cubierto ligera o rústicamente.

cobertor m. Colcha. || Manta.

cobijar v. tr. y prnl. Cubrir o tapar. || Albergar, dar hospedaje.

cobra f. Reptil venenoso ofidio.

cobrar v. tr. Percibir alguien una cantidad adeudada. || Recuperar.

cobre m. Metal buen conductor del calor y de la electricidad.

cocear v. intr. Dar o tirar coces.

cocer v. tr. Hervir los alimentos. || Someter a la acción del calor ciertos alimentos y materias.

coche m. Carruaje de cuatro ruedas, con una caja, dentro de la cual hay asientos para dos o más personas. || Automóvil. || Vagón de ferrocarril.

cochinada f. *fig.* y *fam.* Porquería, suciedad. || *fig.* y *fam.* Acción indecorosa, ruin y grosera.

cochinilla f. Crustáceo terrestre, de patas cortas y color ceniciento, que vive en parajes húmedos y se emplea en medicina. || Insecto hemíptero, con cabeza cónica, antenas cortas y trompa filiforme.

cochinillo m. Cerdo de leche.

cochino -na m. y f. Cerdo. || adj. y n. Se dice de la persona muy sucia y desaseada.

cocido m. Guiso de carne, garbanzos y hortalizas que se cuecen juntos.

cociente m. Resultado de dividir una cantidad por otra.

cocina f. Pieza de la casa donde se preparan las comidas. || Aparato para cocinar.

cocinar v. tr. e intr. Guisar, aderezar los manjares.

coco m. Fruto del cocotero.

cocodrilo m. Reptil anfibio saurio, temible por su voracidad.

cocotero m. Árbol palmáceo, con flores en racimo.

cóctel o **coctel** m. Bebida compuesta de una mezcla de licores. || Reunión o fiesta donde se toman estas bebidas.

codera f. Pieza de adorno o de refuerzo que se pone en el codo.
códice m. Libro manuscrito de cierta antigüedad e importancia.
codicia f. Apetito desmedido de riquezas.
código m. Conjunto de reglas sobre cualquier materia.
codo m. Parte posterior de la articulación del brazo con el antebrazo.
codorniz f. Ave gallinácea, de carne comestible.
coeficiente adj. Que juntamente con otra cosa produce un efecto.
coetáneo -a adj. y n. De la misma edad. || Contemporáneo.
cofia f. Red para recoger el pelo.
cofradía f. Gremio, unión de gentes para un fin.
cofre m. Caja de metal o madera con tapa convexa y cerradura.
coger v. tr. Agarrar, asir. || Recibir en sí algo. || Tener capacidad para contener algo. || Encontrar. || Sorprender
cogollo m. La parte interior y más apretada de algunas verduras.
cogorza f. Borrachera.
cogote m. Parte posterior del cuello.
cohabitar v. intr. Habitar junto con otra persona.
coherencia f. Conexión, relación de unas cosas con otras.
cohesión f. Acción y efecto de reunirse o adherirse entre sí.
cohete m. Tubo cargado de pólvora que se eleva y estalla con gran estruendo.
cohibir v. tr. Refrenar, reprimir.
coincidir v. intr. Convenir una cosa con otra. || Ocurrir simultáneamente. || Concurrir en un mismo lugar.
coito m. Ayuntamiento carnal del hombre con la mujer.
cojear v. intr. Andar inclinando el cuerpo más a un lado que a otro.
cojín m. Almohadón
cojón m. Testículo.

cojonudo adj. Magnífico.
col f. Planta hortense crucífera.
cola f. Extremidad posterior del cuerpo de algunos animales. || Pasta para pegar.
colaborar v. intr. Trabajar con otra u otras personas en una tarea.
colada f. Ropa lavada.
colador m. Cedazo, vasija en que se cuela un líquido.
colapso m. Postración súbita de las fuerzas vitales.
colar v. tr. Pasar un líquido por un colador. || v. prnl. Introducirse a escondidas en alguna parte.
colcha f. Cobertura de cama.
colchón m. Especie de saco cuadrilongo relleno de alguna materia para dormir sobre él.
colchoneta f. Colchón delgado.
colección f. Conjunto de cosas de una misma clase.
colecta f. Recaudación de donativos con fines benéficos.
colectividad f. Conjunto de personas reunidas o concertadas para un fin.
colega n. com. Compañero.
colegio m. Establecimiento de enseñanza primaria o secundaria. || Asociación de personas de la misma profesión.
colegir v. tr. Deducir una cosa de otra.
cólera f. Ira, enojo, enfado.
coleta f. Mechón o trenza de pelo en la parte posterior de la cabeza.
colgar v. tr. Suspender una cosa en otra sin que llegue al suelo.
colibrí m. Pájaro tropical insectívoro americano, de tamaño muy pequeño.
cólico m. Acceso doloroso, que se localiza en los intestinos y se caracteriza por retortijones, diarrea y vómitos.
coliflor f. Variedad de col con varias cabezuelas o grumitos blancos.
colilla f. Punta del cigarro o cigarrillo que queda después de fumar.

colina f. Elevación natural de terreno, menor que una montaña.
colindar v. intr. Lindar o limitar entre sí dos o más fincas.
colisión f. Choque de dos cuerpos. || Pugna de ideas o intereses.
collado m. Cerro. || Depresión por donde se pasa de un lado a otro de una sierra.
collar m. Adorno que rodea el cuello.
collarín m. Sobrecuello angosto.
colmar v. tr. Llenar hasta el borde.
colmena f. Panal.
colmillo m. Diente agudo y fuerte, entre el último incisivo y el primer molar.
colmo m. Porción de materia que rebasa la medida.
colocar v. tr. y prnl. Poner en un determinado lugar. || Acomodar a uno en un empleo.
colofón m. Anotación al final de los libros.
colonia f. Conjunto de personas que van a otro país para establecerse en él. || Perfume.
colono m. Labrador que cultiva unas tierras arrendadas.
coloquial adj. Dícese de la palabra o giro propio de la conversación corriente.
coloquio m. Plática entre dos o más personas.
color m. Impresión que producen en el ojo los rayos de luz reflejados por un cuerpo. || Sustancia preparada para pintar o teñir.
colorado -da adj. De color rojo.
colorido m. Disposición y grado de los colores.
colosal adj. De estatura mayor que la normal. || Extraordinario.
columna f. Elemento arquitectónico vertical, generalmente cilíndrico, que sirve para sostener techos, arcos, etc. || Serie de cosas colocadas unas sobre otras.

columpio m. Cuerda atada en alto por ambos extremos, para mecerse.
coma f. Signo ortográfico (,) que indica una pausa entre dos períodos. || m. Estado de sopor profundo.
comadrón -na m. y f. Persona que asiste a la mujer en el parto.
comandante m. Jefe militar de categoría comprendida entre capitán y teniente coronel.
comando m. Mando militar.
comarca f. División territorial que comprende varias poblaciones.
comba f. Inflexión que toman algunos cuerpos sólidos cuando se encorvan. || Juego de niños en que se salta con una cuerda.
combate m. Pelea.
combatir v. intr. y prnl. Luchar.
combinado m. Cóctel.
combinar v. tr. Unir cosas diversas, para formar un conjunto.
combustible adj. Que puede arder.
comedia f. Obra dramática de enredo y desenlace feliz. || Fingimiento.
comedimiento m. Moderación.
comediógrafo -fa m. y f. Escritor de comedias.
comedor m. Aposento de la casa destinado para comer.
comensal n. com. Cualquiera de los que comen en la misma mesa.
comentario m. Explicación oral o escrita de alguna obra. || Conversación.
comenzar v. tr. Empezar, dar principio a una cosa.
comer v. tr. Tomar alimento.
comerciar v. intr. Hacer negocio comprando o vendiendo géneros.
comercio m. Establecimiento comercial.
comestible m. pl. Toda clase de alimentos.
cometa m. Astro formado por un núcleo y una atmósfera luminosa. || f. Armazón plana, sujeta por un hilo

cometer

largo, que se eleva por la presión del viento.

cometer v. tr. Incurrir en culpas.

cometido m. Encargo. || Deber, obligación.

comezón f. Picazón. || Desazón moral.

cómic m. Serie de historietas ilustradas en viñetas.

comicios m. pl. Elecciones.

cómico -ca adj. y n. Capaz de divertir o producir risa.

comida f. Alimento. || Alimento que se suele tomar en horas determinadas.

comienzo m. Principio, origen.

comillas f. pl. Signo ortográfico (" ", « ») que se pone en las citas o ejemplos.

comisario -ria m. y f. Persona que ejerce un cargo por delegación de una autoridad superior.

comisión f. Encargo. || Conjunto de personas delegadas para algún asunto. || Retribución que se cobra por mediar en algún negocio.

comisura f. Unión de ciertas partes similares del cuerpo.

comité m. Comisión de personas.

comitiva f. Séquito.

como adv. m. Del modo o manera. || Denota semejanza o equivalencia. || Con acento ortográfico *(cómo)* adquiere valores de interrogación o exclamación.

cómoda f. Mueble con tablero de mesa y cajones que ocupan todo el frente.

comodín m. Lo que se hace servir para todo.

cómodo -da adj. Conveniente, oportuno, fácil.

compacto -ta adj. De textura apretada.

compadecer v. tr. y prnl. Sentir lástima.

compaginar v. tr. Ordenar cosas que tienen una relación entre sí.

compañero -ra m. y f. Persona que se acompaña o que trabaja con otra.

compañía f. Persona o personas que acompañan a otras. || Sociedad comercial, industrial, etc. || Cuerpo de actores. || Unidad de infantería.

comparar v. tr. Establecer las diferencias o semejanzas existentes entre personas o cosas.

comparecer v. intr. Presentarse.

comparsa n. com. Conjunto de personas disfrazadas de una misma forma.

compartir v. tr. Distribuir en partes. || Dejar participar a otro en lo que es de uno.

compás m. Instrumento para trazar curvas regulares y para medirlas. || Ritmo de una pieza musical.

compasión f. Sentimiento de lástima que causan los males ajenos.

compatible adj. Que puede unirse o concurrir con otra persona o cosa.

compatriota n. com. Persona de la misma patria que otra.

compeler v. tr. Obligar a hacer lo que no se desea.

compendio m. Resumen de lo más sustancial.

compenetrarse v. prnl. Identificarse en ideas y sentimientos.

compensar v. tr., intr. y prnl. Contrarrestar los efectos de una cosa con otra. || Indemnizar.

competencia f. Oposición. || Aptitud, idoneidad. || Incumbencia.

competir v. tr. y prnl. Contender para lograr una misma cosa.

compilación f. Reunión de preceptos, leyes o textos.

compinche n. com. Compañero.

complacer v. tr. Causar satisfacción o placer. || Acceder a lo que otro desea. || v. prnl. Alegrarse.

complejo -ja adj. Dícese de lo formado por diversos elementos. || m. || Conjunto de establecimientos con una cierta unidad.

complemento m. Parte que completa una cosa.
completar v. tr. y prnl. Hacer cabal o perfecta una cosa.
complexión f. Constitución física de una persona o un animal.
complicación f. Dificultad.
cómplice n. com. Persona que coopera en un delito.
complot m. Confabulación.
componer v. tr. Formar de varias cosas una. || Adornar. || Crear, tratándose de obras musicales o literarias.
comportar v. tr. Implicar. || v. prnl. Conducirse, portarse.
compositor -ra adj. Que compone, y especialmente, música.
compostura f. Reparo de una cosa descompuesta o rota. || Adorno, aseo. || Circunspección.
compota f. Dulce de fruta cocida.
comprar v. tr. Adquirir algo por dinero.
compraventa f. Comercio de antigüedades o de cosas usadas.
comprender v. tr. y prnl. Abrazar, rodear. || Contener, incluir algo en sí. || Captar, entender.
compresa f. Gasa o tela esponjosa para empapar líquidos.
comprimir v. tr. y prnl. Apretar, reducir de volumen.
comprobar v. tr. Confirmar la exactitud de alguna cosa.
comprometer v. tr. y prnl. Hacer a uno responsable de alguna cosa.
compuerta f. Puerta movible en los diques y canales.
compuesto -ta adj. Que consta de varios elementos.
compulsar v. tr. Examinar dos o más documentos cotejándolos.
compungir v. prnl. Dolerse de las culpas propias o de la aflicción ajena.
computar v. tr. Contar o valorar una cosa por números.
cómputo m. Cuenta o cálculo.

comulgar v. tr. Dar la comunión. || v. intr. Recibirla.
común adj. Que pertenece o se extiende a varios. || Corriente, admitido por todos. || Ordinario.
comunicación f. Trato entre dos o más personas. || Transmisión de un mensaje con un código común. || Unión que se establece mediante pasos, vías, canales, cables.
comunicar v. tr. Hacer saber. || v. tr. y prnl. Tratar con alguien de palabra o por escrito. || v. intr. Dar un teléfono la señal de línea ocupada.
comunidad f. Reunión de personas que viven juntas y bajo ciertas reglas.
comunión f. En la Iglesia católica, acto de recibir la eucaristía.
con prep. Por medio de. || Juntamente. || En compañía de.
conato m. Intento frustrado.
concebir v. tr. e intr. Quedar preñada la hembra. || Formar idea de algo.
conceder v. tr. Otorgar alguna cosa.
concejo m. Ayuntamiento de un pueblo. || Sesión celebrada por los miembros del ayuntamiento.
concentrar v. tr. y prnl. Reunir en un punto lo que está separado. || Fijar la atención.
concepto m. Idea. || Opinión, juicio.
concernir v. intr. Atañer.
concertar v. tr. Componer, arreglar. || v. tr. y prnl. Pactar, acordar.
concha f. Cubierta, caparazón de algunos animales que protege el cuerpo.
conciencia f. Propiedad del espíritu humano de reconocerse en sus atributos esenciales. || Conocimiento interior del bien y del mal.
concierto m. Buen orden de las cosas. || Convenio sobre alguna cosa. || Sesión musical.
conciliar v. tr. y prnl. Ajustar los ánimos que estaban opuestos.
concilio m. Junta o congreso.
concisión f. Brevedad y precisión.

cónclave

cónclave m. Junta de cardenales para elegir Papa.
concluir v. tr. y prnl. Acabar. || v. tr. Resolver algo. || Deducir una verdad.
concordancia f. Correspondencia de una cosa con otra. || Conformidad de accidentes entre dos o más palabras variables.
concordia f. Conformidad, unión.
concretar v. tr. Reducir a lo esencial.
concreto -ta adj. Determinado, específico. || Particular.
concubina f. Mujer que hace vida marital con un hombre sin ser éste su marido.
concupiscencia f. Apetito y deseo de bienes materiales o placeres sensuales.
concurrir v. intr. Juntarse en un mismo lugar o tiempo. || Contribuir para determinado fin.
concurso m. Certamen. || Reunión simultánea de sucesos. || Oposición para cubrir una plaza.
conde m. Título de nobleza.
condecoración f. Distintivo honorífico.
condenar v. tr. Pronunciar el juez una sentencia condenatoria. || Reprobar.
condensar v. tr. y prnl. Convertir un gas en líquido o en sólido. || Reducir una cosa a menor volumen.
condescender v. intr. Acomodarse a la voluntad de otro.
condición f. Índole, naturaleza.
condicionar v. tr. Hacer depender una cosa de alguna condición.
condimentar v. tr. Sazonar los manjares.
condimento m. Lo que sirve para sazonar la comida y darle buen sabor.
condolerse v. prnl. Compadecerse.
condón m. Preservativo masculino.
conducir v. tr. Llevar de un sitio a otro. || Guiar un vehículo. || Dirigir.
conducta f. Modo de comportarse.

conducto m. Canal, tubo. || Intermediario.
conectar v. tr. Poner en contacto.
conejo -ja m. f. Mamífero roedor fácil de domesticar.
conexión f. Enlace.
confabular v. prnl. Ponerse de acuerdo secretamente dos o más personas en perjuicio de terceros.
confeccionar v. tr. Componer cosas de cierta complejidad.
confederación f. Unión o alianza.
conferencia f. Plática entre dos o más personas. || Disertación en público sobre algún tema. || Reunión de representantes de gobiernos o Estados.
conferir v. tr. Otorgar a alguien una dignidad, cargo o empleo.
confesar v. tr. Declarar ante el juez. || v. tr. y prnl. Manifestar ideas o sentimientos.
confesor m. Sacerdote autorizado a confesar a los penitentes.
confianza f. Esperanza firme en alguien o en algo. || Seguridad que uno tiene en sí mismo.
confiar v. tr. Encargar a otro algún asunto o negocio.
confidencia f. Revelación secreta.
confidente -ta adj. Fiel, de confianza.
configurar v. tr. y prnl. Dar o presentar una determinada figura una cosa.
confinar v. tr. Desterrar. || v. intr. Lindar.
confirmar v. tr. y prnl. Corroborar la verdad de una cosa.
confiscar v. tr. Embargar el fisco los bienes de alguien.
confitar v. tr. Cubrir con baño de azúcar. || Cocer las frutas en almíbar.
confite m. Pasta de azúcar y otros ingredientes, en forma de bolilla.
conflagración f. Perturbación repentina y violenta entre naciones.

conflicto m. Lo más recio de un combate. ‖ Situación de difícil salida.
confluir v. intr. Juntarse en un paraje dos o más caminos, ríos, etc.
conforme adj. Igual, proporcionado. ‖ De acuerdo con otro en una opinión. ‖ Resignado.
conformidad f. Semejanza. ‖ Proporción entre las partes.
confort m. Bienestar.
confortar v. tr. y prnl. Dar vigor y fuerza. ‖ Animar, consolar.
confraternizar v. intr. Establecer vínculos de amistad y camaradería.
confrontar v. tr. Cotejar. ‖ Carear una persona con otra.
confundir v. tr. y prnl. Mezclar. ‖ Cometer un equívoco, engañarse.
confuso -sa adj. Desordenado. ‖ Oscuro, borroso. ‖ Turbado.
congelar v. tr. y prnl. Helar. ‖ Pasar de líquido a sólido.
congénere adj. y n. com. Del mismo género.
congeniar v. intr. Avenirse dos o más personas.
congénito -ta adj. Connatural.
congestión f. Acumulación excesiva de sangre en alguna parte del cuerpo. ‖ Aglomeración.
congoja f. Angustia, aflicción del ánimo.
congraciar v. tr. y prnl. Conseguir la benevolencia de alguien.
congratular v. tr. y prnl. Manifestar alegría por la felicidad o éxitos de otros.
congregación f. Junta. ‖ Cofradía de devotos.
congreso m. Junta para deliberar sobre algún asunto. ‖ En algunos países, Asamblea Nacional.
congrio m. Pez osteíctio de carne blanca y comestible. Vive en los fondos rocosos.
congruencia f. Oportunidad.
conjeturar v. tr. Formar juicio probable de una cosa por indicios.

conjugar v. tr. Combinar varias cosas entre sí. ‖ Poner en serie ordenada las palabras con que expresa el verbo sus modos, tiempos, números y personas.
conjunción f. Unión ‖ Parte invariable de la oración que enlaza dos oraciones o dos elementos de la misma oración.
conjurar v. tr. Exorcizar. ‖ v. intr. Conspirar las personas o cosas contra alguien.
conllevar v. tr. Soportar con paciencia las adversidades.
conmemorar v. tr. Hacer memoria.
conmigo Forma especial del pronombre personal *mí*, cuando va precedido de la preposición *con*.
conminar v. tr. Amenazar el que tiene potestad de hacerlo.
conmiseración f. Compasión.
conmover v. tr. y prnl. Inquietar fuertemente, perturbar. ‖ Enternecer.
conmutar v. tr. Cambiar una cosa por otra.
connotar v. tr. Hacer relación.
cono m. Cuerpo limitado por una superficie curva y un plano que forma su base.
conocer v. tr. Captar la realidad de las cosas mediante el entendimiento. ‖ Tener trato con una persona.
conocimiento m. Entendimiento, inteligencia.
conque conj. ilat. Expresa una consecuencia natural de lo que ha sido dicho.
conquistar v. tr. Adquirir por la fuerza. ‖ Ganarse la voluntad de una persona.
consabido -da adj. Conocido, habitual.
consagrar v. tr. Hacer o declarar sagrada a una persona o cosa.
consanguinidad f. Parentesco de las personas que descienden de una misma raíz o tronco.
consciente adj. Que siente, piensa, quiere y obra con pleno conocimiento.

consecuencia f. Proposición que se deduce de otra.
consecuente adj. Se dice de la persona coherente con sus principios.
conseguir v. tr. Lograr lo que se desea.
consejo m. Parecer o dictamen. || Cuerpo consultivo y administrativo.
consenso m. Consentimiento.
consentir v. tr. Mimar. || v. tr. e intr. Permitir o condescender.
conserje n. com. Persona encargada de la custodia de un edificio.
conserva f. Alimento preparado y envasado para ser conservado durante mucho tiempo.
conservar v. tr. y prnl. Mantener una cosa.
conservatorio m. Establecimiento oficial donde se enseñan ciertas artes.
considerable adj. Grande, cuantioso.
considerar v. tr. Meditar algo con atención. || v. tr. y prnl. Juzgar.
consigna f. Orden. || Depósito de equipaje.
consigo Forma especial del pronombre personal *sí*, cuando va precedido de la preposición *con*.
consistencia f. Duración, estabilidad.
consistir v. intr. Estar fundada una cosa en otra.
consistorio m. Ayuntamiento, cabildo.
consola f. Mesa adosada a la pared.
consolar v. tr. y prnl. Aliviar la pena o aflicción de uno.
consolidar v. tr. Dar firmeza y solidez.
consomé m. Caldo de carne.
consonante f. Dícese de la letra que se pronuncia cerrando total o parcialmente los órganos de la articulación.
consorcio m. Participación de una misma suerte con uno o varios.
consorte n. com. Cónyuge.
conspicuo -cua adj. Ilustre.

conspirar v. intr. Unirse algunos contra su superior.
constancia f. Firmeza de ánimo. || Certeza de algún hecho o dicho.
constar v. intr. Ser cierta una cosa. || Tener un todo determinadas partes.
constatar v. tr. Comprobar.
constelación f. Conjunto de varias estrellas fijas contenidas en una determinada figura.
consternar v. tr. y prnl. Causar o sentir una gran pena.
constiparse v. prnl. Acatarrarse.
constitución f. Forma de gobierno de cada estado.
constituir v. tr. Formar, componer.
construir v. tr. Hacer o edificar con los elementos necesarios una cosa.
consuelo m. Alivio de una pena.
consuetudinario -ria adj. Que es de costumbre.
cónsul n. com. Funcionario diplomático en el extranjero.
consultar v. tr. Tratar con alguien sobre algún asunto. || Pedir consejo.
consultorio m. Establecimiento donde el médico recibe a los pacientes.
consumar v. tr. y prnl. Llevar totalmente a cabo una cosa.
consumición f. Gasto que se hace en un bar o establecimiento público.
consumo m. Gasto de lo que con el uso se extingue o destruye.
contabilizar v. tr. Apuntar una partida en los libros de cuentas.
contacto m. Acción de tocarse dos o más cosas. || Relación entre personas o entidades. || Conexión.
contagiar v. tr. y prnl. Adquirir o transmitir una enfermedad. || Pervertir con mal ejemplo.
contaminar v. tr. y prnl. Penetrar la inmundicia un cuerpo.
contante adj. Aplícase al dinero efectivo.
contar v. tr. Enumerar. || Narrar un suceso. || v. intr. Calcular.

contemplar v. tr. Examinar algo con atención. || Considerar un asunto. || Complacer a alguien.

contemporáneo adj. y n. Existente al mismo tiempo que otra persona o cosa.

contemporizar v. intr. Acomodarse uno al gusto o dictamen ajeno.

contener v. tr. y prnl. Llevar dentro de sí una cosa a otra. || Reprimir, moderar.

contentar v. tr. Satisfacer. || v. prnl. Alegrar.

contestar v. tr. Responder a lo que se pregunta, se habla o se escribe.

contexto m. Orden de composición o tejido de ciertas obras. || Circunstancias.

contienda f. Pelea, riña.

contigo Forma especial del pronombre personal *ti* cuando va precedido de la preposición *con*.

contiguo -gua adj. Que está inmediato o junto a otra cosa.

continencia f. Sobriedad.

continente Gran extensión terrestre separada por los océanos.

contingencia f. Posibilidad de que una cosa suceda o no.

continuar v. tr. Proseguir lo comenzado. || v. intr. Durar, permanecer.

continuo -nua adj. Que dura, se hace o se extiende sin interrupción.

contonearse v. prnl. Hacer movimientos afectados al andar.

contorno m. Conjunto de parajes que rodean un lugar. || Conjunto de líneas que limitan una figura.

contorsión f. Movimiento forzado del cuerpo.

contra Preposición que denota oposición y contrariedad.

contrabajo m. Instrumento músico de cuatro cuerdas y arco.

contrabando m. Introducción de mercancías sin pagar derechos de aduana.

contracción f. Fusión de dos palabras en una sola.

contradecir v. tr. y prnl. Decir lo contrario de lo que otro afirma.

contradicción f. Afirmación y negación que se oponen entre sí.

contraer v. tr. y prnl. Estrechar, encoger. || Adquirir enfermedades, obligaciones, costumbres, etc.

contraluz m. Aspecto de las cosas desde el lado contrario a la luz.

contraponer v. tr. Comparar. || v. tr. y prnl. Oponer una cosa a otra.

contraproducente adj. Dícese de lo que produce efectos opuestos a los deseados.

contrariar v. tr. Contradecir, oponerse a los propósitos de alguien.

contrariedad f. Accidente que retarda o impide el logro de un deseo.

contrario -ria adj. y n. Opuesto a una cosa. || Perjudicial, dañino. || m. y f. Persona que contiende o lucha con otra.

contrarrestar v. tr. Resistir, hacer frente y oposición.

contrasentido m. Despropósito.

contraseña f. Seña o palabra reservada para reconocerse.

contrastar v. tr. Hacer frente. || v. intr. Mostrar sus diferencias dos cosas que se comparan.

contratiempo m. Accidente perjudicial.

contrato m. Pacto o convenio, entre partes, por el que se obligan a ciertos derechos.

contribuir v. tr. e intr. Pagar un impuesto. || Dar voluntariamente una cantidad para un fin determinado. || Concurrir con otros al logro de algún fin.

contrición f. Dolor y pesar por haber ofendido a Dios.

contrincante n. com. Adversario, rival.

control m. Comprobación, inspección. || Dominio que se ejerce sobre una persona o cosa.

controvertir v. tr. e intr. Discutir extensamente.
contundente adj. Que produce contusión. || Convincente, concluyente.
contusión f. Daño producido por un golpe que no causa herida.
convalecer v. intr. Recobrar las fuerzas perdidas por enfermedad.
convencer v. tr. y prnl. Lograr con razones eficaces que alguien reconozca una cosa o mude de parecer.
convención f. Ajuste o pacto entre varias personas o entidades. || Práctica admitida tácitamente por costumbre. || Asamblea.
conveniente adj. Oportuno, provechoso. || Adecuado.
convenio m. Ajuste, convención.
convenir v. intr. Ser de un mismo parecer. || Ser conveniente.
convento m. Comunidad y casa de religiosos.
conversar v. intr. Hablar entre sí dos o más personas.
convertir v. tr. y prnl. Mudar, transformar. || Ganar a alguien para una causa.
convicción f. Convencimiento.
convicto -ta adj. Dícese del reo al que legalmente se le ha probado su delito.
convidar v. tr. Rogar una persona a otra que la acompañe a comer o a una fiesta o espectáculo. || Incitar.
convite m. Comida, banquete.
convivir v. intr. Vivir en compañía de otro u otros.
convocar v. tr. Citar a varias personas. || Anunciar un concurso.
convulsión f. Movimiento de contracción y estiramiento muscular violento e involuntario.
cónyuge n. com. Cualquiera de los dos esposos respecto del otro.
coña f. Burla, guasa.
cooperar v. intr. Trabajar junto con otro u otros para un mismo fin.

cooperativa f. Sociedad de productores o consumidores, para operar en común.
coordinar v. tr. Disponer cosas metódicamente.
copa f. Vaso con pie para beber. || Conjunto de ramas y hojas de un árbol.
copar v. tr. Conseguir en una elección todos los puestos.
copia f. Abundancia de algo. || Reproducción.
copiar v. tr. Reproducir un escrito, un dibujo, una obra de arte. || Imitar.
copla f. Canción popular.
copo m. Cada una de las porciones de nieve que cae en una nevada.
cópula f. Ligamento de una cosa con otra. || Coito. || Término que une el predicado con el sujeto.
coquetear v. intr. Tratar de agradar con medios estudiados. || Cortejar.
coquetón -na adj. Atractivo.
coraje m. Esfuerzo del ánimo, valor. || Enojo.
coraza f. Armadura que cubría el cuerpo.
corazón m. Órgano muscular impulsor de la circulación de la sangre.
corazonada f. Impulso espontáneo. || Presentimiento.
corbata f. Trozo de seda, lienzo fino, etc., que se anuda alrededor del cuello de la camisa.
corbeta f. Embarcación de guerra, parecida a la fragata pero más pequeña.
corcel m. Caballo ligero de mucha alzada.
corchea f. Nota musical que vale la mitad de una negra.
corchete m. Especie de broche, compuesto de macho y hembra. || Signo gráfico ([]) que abraza dos o más guarismos, palabras, etc.
corcho m. Parte exterior de la corteza del alcornoque. || Tapón de corcho.
corcova f. Corva, chepa, joroba.

66

cordaje m. Jarcia de una embarcación.
cordal m. Pieza, situada en la tapa de los instrumentos de cuerda, que sirve para atar éstas por la parte opuesta a la que sujeta las clavijas.
cordel m. Cuerda delgada.
cordero -ra m. y f. Hijo de la oveja, que no pasa de un año.
cordial adj. Afectuoso, cariñoso.
cordillera f. Serie de montañas enlazadas entre sí.
cordón m. Cuerda redonda. ‖ Conjunto de personas colocadas a intervalos para impedir el paso.
cordura f. Prudencia, sensatez.
corear v. tr. Acompañar con coros una composición musical. ‖ Componer música para ser cantada con acompañamiento de coros. ‖ *fig.* Asentir, aclamar.
corista n. com. Persona que canta en el coro.
cornamenta f. Cuernos de algunos cuadrúpedos.
corneta f. Instrumento de viento, parecido al clarín.
cornetín m. Instrumento músico de viento, de extensión análoga al clarín.
cornisa f. Cuerpo voladizo que sirve de remate a otro.
coro m. Conjunto de personas reunidas para cantar, regocijarse o celebrar alguna cosa.
corola f. Parte de la flor que rodea el pistilo y los estambres.
corona f. Cerco con que se ciñe la cabeza. ‖ Monarquía.
coronar v. tr. y prnl. Poner la corona en la cabeza. ‖ Perfeccionar o completar una obra.
coronel m. Jefe militar que manda un regimiento.
coronilla f. Parte más eminente de la cabeza.
corpiño m. Especie de chaleco ceñido al cuerpo.

corporación f. Cuerpo, comunidad.
corporal adj. Del cuerpo, en oposición a intelectual, espiritual, etc.
corpulento -a adj. Que tiene el cuerpo grande y voluminoso.
corral m. Sitio cercado y descubierto, destinado generalmente a guardar animales.
correa f. Tira de cuero.
correctivo m. Castigo leve.
correcto -ta adj. Libre de errores o defectos.
corredor m. Pasillo, pieza de paso de un edificio.
corregir v. tr. y prnl. Enmendar lo errado. ‖ Amonestar, reprender.
correlación f. Relación recíproca entre dos o más cosas.
correligionario -ria adj. y n. De la misma religión, mismas ideas o del mismo partido político.
correo m. Transporte de correspondencia. ‖ Conjunto de cartas que se reciben o expiden.
correr v. intr. Ir de prisa. ‖ Hablando del tiempo, transcurrir.
correspondencia f. Comunicación escrita. ‖ Correo, conjunto de cartas que se reciben o expiden.
corresponder v. tr. e intr. Pagar con igualdad afectos, agasajos o beneficios. ‖ v. intr. Tocar, pertenecer.
corresponsal adj. y n. com. Se dice del periodista que informa desde otra población o desde el extranjero.
corretear v. intr. Correr de un lado a otro por entretenimiento.
correveidile n. com. *fig.* y *fam.* Persona que lleva y trae chismes y cuentos.
corriente adj. Admitido, autorizado por la costumbre.
corro m. Círculo que forma la gente para hablar. ‖ Espacio circular.
corroborar v. tr. y prnl. Reforzar con nuevos datos o razonamientos.
corroer v. tr. y prnl. Desgastar una cosa lentamente.

corromper v. tr. y prnl. Alterar y trastocar la forma de alguna cosa. || Sobornar. || Pervertir.
corsario m. Pirata.
cortadura f. Incisión o herida hecha con un instrumento cortante.
cortafuego m. Vereda en montes y sembrados para evitar la propagación de los incendios.
cortapisa f. Restricción con que se concede algo.
cortar v. tr. Dividir una cosa mediante un instrumento afilado. || Recortar. || Atajar, detener.
corte[1] m. Filo del instrumento con que se corta. || Cantidad de tela o cuero necesaria para hacer un vestido.
corte[2] f. Lugar donde habitualmente reside el soberano.
cortedad f. Falta o escasez de talento.
cortejar v. tr. Galantear. || Acompañar.
cortesía f. Prueba de atención y respeto a una persona. || Urbanidad.
corteza f. Parte externa de las raíces y tallos de las plantas. || Parte exterior y dura de algunas frutas y otros alimentos.
cortijo m. Tierra y casa de labor.
cortina f. Tela con que se cubren y adornan las ventanas, puertas, etc.
corto -ta adj. De poca extensión, duración o entidad. || Escaso. || De escaso talento. || Apocado, tímido.
corvo -va adj. Arqueado.
cosa f. Todo lo que tiene entidad. || Objeto inanimado.
coscorrón m. Golpe en la cabeza.
cosecha f. Conjunto de frutos que se recogen de la tierra.
cosechar v. tr. e intr. Recoger, obtener.
coser v. tr. Unir con hilo pedazos de tela o cualquier material semejante. || Hacer labores de aguja.
cosmético -ca adj. y n. Preparado químico para la higiene y belleza.

cosmopolita adj. y n. com. Que considera todo el mundo como su patria. || Que es común a la mayoría de países.
cosmos m. Mundo, universo.
coso m. Lugar cercado, donde se lidian toros. || Calle principal.
cosquillas f. pl. Sensación de hormigueo, producida en ciertas partes del cuerpo por toques repetidos.
costa f. Orilla del mar y tierra que está junto a ella.
costado m. Parte lateral del cuerpo humano. || Lado.
costar v. intr. Ser adquirida una cosa por determinado precio. || Causar una cosa dificultad, perjuicio, etc.
coste m. Cantidad que se paga por la adquisición de una cosa.
costilla f. Hueso largo y arqueado que sale del espinazo y va hacia el pecho.
costra f. Cubierta exterior endurecida y seca, sobre una cosa húmeda y blanda.
costumbre f. Modo habitual de proceder o conducirse. || Práctica muy usada que adquiere fuerza de precepto.
costura f. Acción y efecto de coser. || Unión hecha con puntadas.
cotejar v. tr. Confrontar dos o más cosas.
cotidiano -na adj. Diario, de cada día.
cotilla n. com. Persona chismosa.
cotizar v. tr. Pagar una cuota. || Publicar en la bolsa el precio de los valores.
coto m. Terreno acotado. || Término, límite.
cotorra f. Papagayo pequeño. || Persona muy habladora.
coyote m. Mamífero depredador, cánido, del tamaño de un perro mastín.
coyuntura f. Articulación movible de un hueso con otro. || Oportunidad para alguna cosa.
coz f. Sacudida violenta que hacen las bestias con alguna de sus patas.

crac m. Hundimiento financiero de graves repercusiones.

cráneo m. Caja ósea en que está contenido el encéfalo.

cráter m. Boca de volcán.

creación f. El mundo, como conjunto de todo lo creado.

crear v. tr. Producir algo de la nada. || Establecer, fundar.

crecer v. intr. Aumentar de tamaño. || Aumentar cualquier cosa por añadírsele nueva materia.

credencial adj. Que acredita.

crédito m. Reputación, fama. || Derecho a percibir alguna cosa. || Apoyo, comprobación.

credo m. Símbolo de la fe. || Conjunto de doctrinas de una colectividad.

crédulo -la adj. Que se lo cree todo.

creer v. tr. e intr. Tener fe. || v. tr., intr. y prnl. Dar por cierta una cosa no demostrada. || v. tr. y prnl. Opinar, estimar.

creído -da adj. Orgulloso, vanidoso.

crema f. Nata de la leche. || Natillas espesas tostadas. || Sopa espesa. || Cosmético.

cremallera f. Sistema de cierre formado por dos tiras dentadas que se engranan.

crematorio -ria adj. Perteneciente a la incineración de cadáveres.

crepitar v. intr. Dar chasquidos.

crepúsculo m. Claridad a la salida y al ocaso del Sol. || Declive, decadencia.

cresta f. Carnosidad roja sobre la cabeza de algunas aves. || Cumbre peñascosa.

cretino -na adj. || Estúpido, necio.

cría f. Niño o animal mientras se está criando.

criado -da m. y f. Persona que sirve por un salario.

crianza f. Época de la lactancia.

criar v. tr. Crear. || Nutrir, alimentar las crías. || Instruir, educar.

crónico

criatura f. Toda cosa criada. || Niño de poca edad.

criba f. Plancha metálica o de cualquier otro material agujereada y fija a un aro de madera.

cribar v. tr. Pasar una materia por la criba. || Seleccionar.

crimen m. Delito grave.

criminal adj. y n. com. Que ha cometido un crimen.

crin f. Conjunto de cerdas que tienen algunos animales en la parte superior del cuello.

crío -a m. y f. Niño o niña pequeño.

cripta f. Lugar subterráneo.

crisálida f. Ninfa, insecto.

crisis f. Cambio importante. || Situación difícil.

crisma f. Cabeza.

crispar v. tr. y prnl. Tensar con contracciones violentas y repentinas los músculos y nervios. || Exasperar.

cristal m. Vidrio incoloro y muy transparente. || Pieza de vidrio que cubre un hueco en una ventana, vitrina, etc. || Espejo.

cristianar v. tr. Bautizar.

cristiano -na adj. Perteneciente a la doctrina de Jesucristo. || adj. y n. Que profesa la fe de Cristo.

criterio m. Norma para conocer la verdad de una cosa. || Capacidad de discernimiento.

criticar v. tr. Juzgar las cosas según ciertas normas. || Censurar.

crítico -ca adj. Perteneciente a la crítica o a la crisis. || m. y f. Persona que ejerce la crítica de obras literarias o artísticas.

croar v. intr. Cantar la rana y el sapo.

croché m. Ganchillo.

crónico -ca adj. Aplícase a las enfermedades largas y habituales y vicios inveterados. || f. Artículo periodístico en que se comenta algún suceso de actualidad.

cronología f. Serie de personas o sucesos históricos por orden de fechas.
cronómetro m. Reloj de alta precisión.
croqueta f. Fritura ovalada o redonda, que se hace de una masa de carne o pescado, rebozada y frita.
croquis m. Apunte o boceto.
cross m. Carrera campo a través.
cruce m. Punto de intersección de dos líneas. || Paso destinado a los peatones.
crucero m. Viaje de recreo en barco.
crucial adj. Decisivo, culminante.
crucificar v. tr. Fijar o clavar en una cruz a una persona.
crucifijo m. Efigie o imagen de Cristo crucificado.
crucigrama m. Pasatiempo que consiste en formar palabras cruzando sus letras.
crudo -da adj. Que no está cocido. || Cruel, áspero.
cruel adj. Que se complace en hacer mal, o en los padecimientos ajenos. || Duro, violento.
cruento -ta adj. Sangriento.
crujir v. intr. Hacer cierto ruido algunos cuerpos al rozarse, chocar o romperse.
cruz f. Figura formada por dos líneas que se cortan perpendicularmente. || Símbolo del cristianismo.
cruzar v. tr. Atravesar. || Mejorar las castas apareando animales de distintas procedencias.
cuaderno m. Conjunto de varios pliegos de papel en forma de libro.
cuadrado m. Rectángulo de lados iguales. || Resultado de multiplicar una cantidad por sí misma.
cuadragésimo -ma adj. Que ocupa el lugar 40 en una serie ordenada.
cuadrar v. tr. e intr. Coincidir en una cuenta o balance la suma del debe con la del haber.
cuadrilátero m. Polígono de cuatro lados.
cuadrilla f. Conjunto o reunión de personas de un mismo oficio.
cuadro -dra adj. y n. Cuadrado. || m. Rectángulo. || Lienzo, lámina de pintura. || Caballeriza.
cuadrúpedo -da adj. y n. Dícese del animal de cuatro patas.
cuajada f. Parte coagulada, para elaborar queso, de la leche. || Requesón.
cuajar v. tr. y prnl. Unir y trabar un líquido para convertirlo en sólido. || Lograr una cosa.
cual pron. rel. Con el artículo determinado equivale al pronombre *que*. || Lleva acento prosódico y ortográfico en su acepción interrogativa. || adv. m. Denota comparación.
cualidad f. Cada uno de los caracteres que distinguen a las personas o cosas. || Calidad.
cualquier adj. y pron. Apócope de *cualquiera*.
cualquiera adj. y pron. Denota una persona o cosa indeterminada.
cuan adv. c. Apócope de *cuanto*.
cuán adv. c. Apócope de *cuánto*.
cuando adv. En sentido interrogativo y exclamativo, y con acento ortográfico, equivale a *en qué tiempo*. || conj. En caso de que, o si. Como conj. adversativa *aunque*. Como conj. continuativa *puesto que*.
cuantía f. Cantidad.
cuanto -ta pron. Tiene función relativa *(todo el que)*. || Tiene función interrogativa y ponderativa, y lleva acento, aludiendo a la cantidad o intensidad.
cuarenta adj. Cuatro veces diez.
cuarentena f. Conjunto de cuarenta unidades. || Período de observación de una enfermedad.
cuaresma f. Tiempo que se extiende desde el miércoles de ceniza hasta la festividad de Pascua.
cuartel m. Cuarta parte de una cosa.

culinario

|| Edificio destinado para alojamiento de la tropa.
cuarto -ta adj. y n. Que ocupa el lugar número cuatro en una serie ordenada. || m. Cada una de las cuatro partes en que se divide una hora. || Habitación.
cuatrero adj. y n. Ladrón de ganado.
cuatro adj. Tres y uno.
cuatrocientos -tas adj. Cuatro veces ciento.
cuba f. Recipiente para contener líquidos.
cubertería f. Conjunto de cubiertos para el servicio de la mesa.
cubículo m. Aposento, alcoba.
cubierto -ta adj. Tapado. || m. Servicio completo de mesa.
cubil m. Lugar donde los animales se recogen para dormir.
cubilete m. Vaso angosto y hondo.
cubo m. Recipiente en forma de cono truncado, con asa y fondo. || Poliedro regular limitado por seis cuadrados iguales.
cubrir v. tr. Ocultar o tapar enteramente una cosa. || Disponer de personal para desempeñar un servicio.
cucaracha f. Insecto ortóptero de color negro y cuerpo aplanado.
cuchara f. Instrumento consistente en una pieza cóncava con mango.
cucharón m. Cacillo para repartir ciertos manjares en los platos.
cuchichear v. intr. Hablar en voz baja.
cuchilla f. Instrumento compuesto de una hoja ancha, de un solo corte, con mango.
cuchillo m. Instrumento formado por una hoja de un solo corte sujeta a un mango.
cuco -ca adj. Bonito, mono. || adj. y n. Astuto.
cucurucho m. Papel o cartón enrollado en forma cónica.

cuello m. Parte del cuerpo comprendida entre el tronco y la cabeza. || La parte de una prenda de vestir que rodea el cuello.
cuenca f. Territorio cuyas aguas afluyen a un mismo río, lago o mar.
cuenco m. Vaso hondo y ancho de barro y sin pie.
cuenta f. Cálculo, operación aritmética. || Razón de alguna cosa.
cuentista adj. y n. com. Exagerado.
cuento m. Relación, oral o escrita, de un suceso real o imaginario. || Chisme.
cuerda f. Conjunto de hilos u otra materia, que torcidos forman un solo cuerpo.
cuerdo -da adj. y n. Que está en su sano juicio. || Prudente.
cuerno m. Prolongación ósea del frontal de algunos animales.
cuero m. Pellejo que cubre la carne de los animales.
cuerpo m. Lo que tiene extensión limitada y produce impresión en nuestros sentidos. || Tronco humano o de cualquier animal.
cuervo m. Ave paseriforme de los córvidos, de plumaje negro.
cuesta f. Terreno en pendiente.
cuestión f. Pregunta. || Asunto o materia en general. || Punto o materia discutibles.
cueva f. Cavidad subterránea.
cuidado m. Solicitud para hacer bien alguna cosa. || Lo que está a cargo de uno. || Recelo, temor.
cuidar v. tr. e intr. Poner atención. || Asistir. || v. prnl. Preocuparse por la propia salud.
cuita f. Aflicción.
culata f. Parte posterior de ciertas armas de fuego.
culebra f. Reptil, de cuerpo cilíndrico y muy alargado.
culebrón m. Serial televisivo.
culinario -ria adj. Relativo al arte de cocinar o a la cocina.

culminar

culminar v. intr. Llegar una cosa a su grado más elevado. ‖ v. tr. Terminar una tarea.
culo m. Nalgas, asentaderas. ‖ Ano. ‖ Parte interior o posterior de una cosa.
culpa f. Falta, más o menos grave, cometida voluntariamente.
cultivar v. tr. Dar a la tierra y a las plantas las labores necesarias para que produzcan. ‖ Ejercitar el talento. ‖ Mantener el trato.
culto m. Conjunto de ritos religiosos.
cultura f. Conjunto de conocimientos humanos.
cumbre f. Parte superior de un monte.
cumpleaños m. Aniversario del nacimiento de una persona.
cumplimentar v. tr. Ejecutar una orden. ‖ Visitar por cortesía.
cumplir v. tr. Ejecutar, llevar a efecto. ‖ v. intr. Hacer uno aquello que debe. ‖ Terminar un plazo. ‖ v. prnl. Verificarse.
cúmulo m. Montón de cosas.
cuna f. Cama para niños. ‖ Patria o lugar de nacimiento.
cundir v. intr. Extenderse, propagarse. ‖ Aumentar de volumen. ‖ Avanzar o progresar un trabajo.
cuneta f. Zanja de desagüe a los lados del camino.
cuña f. Pieza para calzar cuerpos sólidos.
cuñado -da m. y f. Hermano o hermana de un cónyuge, respecto del otro.
cuota f. Parte que corresponde a cada uno en un repartimiento.
cupo m. Parte asignada o repartida a un particular o una comunidad.
cupón m. Vale, bono.
cúpula f. Bóveda semiesférica que cubre un edificio o parte de él. ‖ Dirección de un organismo.
cura m. Sacerdote. ‖ f. Curación.
curandero -ra m. y f. Persona que ejerce la medicina sin título.

curar v. tr. Disponer lo necesario para la curación de un enfermo. ‖ Preparar las carnes y pescados para que se conserven. ‖ v. intr. Sanar.
curda f. Borrachera.
curia f. Tribunal de lo contencioso. ‖ Conjunto de abogados y funcionarios judiciales. ‖ Una de las divisiones del antiguo pueblo romano.
curiosear v. intr. Ocuparse en cosas ajenas.
curiosidad f. Deseo de saber alguna cosa. ‖ Aseo, limpieza. ‖ Cosa rara.
curriculum vitae loc. lat. Relación de los datos, títulos y trabajos realizados que presenta el aspirante a un cargo o empleo.
cursar v. tr. Estudiar en algún centro docente. ‖ Dar curso a una instancia, solicitud, etc.
cursi adj. y n. com. Dícese de la persona que, sin serlo, presume de fina y elegante.
cursillo m. Curso de poca duración. ‖ Breves conferencias monográficas.
curso m. Dirección o rumbo. ‖ Año escolar. ‖ Materias que se enseñan en un año escolar.
curtir v. tr. Aderezar las pieles. ‖ v. tr. y prnl. Endurecer el sol la piel.
curva f. Línea cuyos puntos cambian constantemente de dirección.
curvo -va adj. Que se aparta de la dirección recta sin formar ángulos.
cúspide f. Cumbre puntiaguda de los montes. ‖ Remate de algo que acaba en punta.
custodiar tr. Guardar con cuidado.
cutáneo -a adj. Perteneciente al cutis.
cutícula f. Epidermis. ‖ Piel delgada, película.
cutis m. Piel del rostro.
cutre adj. Sórdido. ‖ Miserable.
cuyo -ya pron. Tiene carácter de relativo y de posesivo y concierta no con el poseedor, sino con la persona o cosa poseída.

Dd

d f. Cuarta letra del alfabeto español, y tercera de sus consonantes. || Letra numeral romana que equivalía a 500.
dactilar adj. Digital.
dádiva f. Cosa que se da graciosamente.
dado m. Pieza cúbica, usada en juegos de azar.
daga f. Arma blanca de hoja corta.
dama f. Mujer noble o distinguida.
damnificar v. tr. Perjudicar.
danzar v. tr. e intr. Bailar.
dañar v. tr. y prnl. Causar perjuicio, dolor o molestia. || Echar a perder.
dar v. tr. Donar, entregar.
dardo m. Arma arrojadiza. || Dicho satírico o agresivo.
dársena f. Parte más resguardada de un puerto.
data f. Indicación del lugar y tiempo en que se hace o sucede una cosa.
dátil m. Fruto de la palmera datilera, carnoso, blanquecino y comestible.
dato m. Antecedente necesario para conocer o deducir una cosa. || Documento, testimonio.
de prep. Denota posesión o pertenencia.
deambular v. intr. Caminar sin dirección determinada.
deán m. El que preside el cabildo después del prelado.
debajo adv. l. En lugar o puesto inferior.
debatir v. tr. y prnl. Altercar, discutir sobre una cosa.
debe m. Lugar de una cuenta en que se registran las cantidades que se cargan en ella.
deber v. tr. y prnl. Estar obligado a algo.
debilitar v. tr. y prnl. Disminuir la fuerza de una persona o cosa.
debut m. Presentación en público de una compañía teatral, un artista, etc.
década f. Serie de diez cosas. || Período de diez años o de diez días.
decadencia f. Declinación, menoscabo, principio de debilidad o de ruina.
decaer v. intr. Ir a menos; perder una persona o cosa una parte de las condiciones o propiedades que constituían su fuerza, bondad, importancia o valor.
decálogo m. Conjunto de diez preceptos.
decano -na m. y f. Miembro más antiguo de una comunidad, junta, etc.
decantar v. tr. Inclinar suavemente una vasija para trasegar el líquido. || v. prnl. Inclinarse por, preferir.
decapitar v. tr. Cortar la cabeza.
decena f. Conjunto de diez unidades.
decencia f. Aseo, compostura. || Recato, honestidad.
decenio m. Período de diez años.
decepción f. Engaño.
decidir v. tr. Formar juicio definitivo sobre algo dudoso. || v. tr. y prnl. Resolver.
decimal adj. Aplícase a cada una de las diez partes iguales en que se divide una cantidad. || Se dice del sistema de numeración que tiene como base el diez.

decir

decir v. tr. y prnl. Manifestar con palabras el pensamiento. ‖ v. tr. Nombrar o llamar.
decisión f. Resolución que se toma ante una cosa dudosa.
declamar v. intr. Hablar en público. ‖ v. tr. e intr. Recitar.
declarar v. tr. Explicar. ‖ v. tr. y prnl. Responder ante un juez.
declinación f. Caída, descenso. ‖ Serie de todos los casos gramaticales.
declinar v. intr. Inclinarse hacia abajo o hacia un lado u otro. ‖ Decaer, debilitar.
declive m. Pendiente, cuesta.
decomisar v. tr. Apoderarse la autoridad de algún objeto de contrabando.
decorar v. tr. Adornar o embellecer un objeto o un lugar.
decoro m. Honor, respeto que se debe a una persona. ‖ Circunspección, gravedad. ‖ Honestidad.
decrecer v. intr. Disminuir.
decrépito -ta adj. Se aplica a la persona que por su vejez tiene menguadas sus facultades.
decreto m. Resolución de una autoridad competente.
decurso m. Sucesión del tiempo.
dedal m. Utensilio pequeño, que se coloca en la punta del dedo al coser.
dedicar v. tr. y prnl. Destinar una cosa a un fin o una persona.
dedicatoria f. Nota escrita con que se dedica algo a una persona.
dedo m. Cada uno de los cinco apéndices movibles en que terminan la mano y el pie.
deducir v. tr. Sacar consecuencias. ‖ Restar, descontar.
defecar v. tr. e intr. Expeler los excrementos.
defectivo -va adj. Dícese del verbo de conjugación incompleta.

defecto m. Carencia o falta de las cualidades propias de una cosa. ‖ Imperfección.
defender v. tr. y prnl. Amparar, proteger. ‖ v. tr. Mantener una teoría, idea, etc., contra el dictamen ajeno.
defensa f. Arma, instrumento u otra cosa que sirve para defender.
deferente adj. Respetuoso, cortés.
deficiencia f. Defecto.
déficit m. Deuda, pérdida económica.
definición f. Explicación de los vocablos de un diccionario.
definir v. tr. Resolver una cosa dudosa.
definitivo -va adj. Que decide, resuelve o concluye.
deforme adj. y n. com. Desproporcionado o irregular en la forma.
defraudar v. tr. Privar a alguien, con engaño, de lo que es suyo. ‖ Frustrar.
defunción f. Muerte de una persona.
degenerar v. intr. Decaer, declinar una persona o cosa respecto a su primitivo valor, estado o calidad.
deglución f. Acción de tragar los alimentos.
degollar v. tr. Cortar la garganta.
degradar tr. Privar a una persona de las dignidades, honores, etc. ‖ v. tr. y prnl. Humillar.
degustar v. tr. Probar o catar.
dehesa f. Tierra destinada a pastos.
deidad f. Ser divino. ‖ Dios o diosa de la mitología.
dejadez f. Pereza, abandono.
dejar v. tr. Soltar una cosa. ‖ Retirarse o apartarse. ‖ Omitir. ‖ Consentir.
del Contracción de la preposición *de* y el artículo *el*.
delación f. Acusación, denuncia.
delantal m. Prenda de vestir que sirve para proteger el traje o el vestido.
delante adv. l. Con prioridad de lugar, en la parte anterior o enfrente.

delatar v. tr. Revelar a la autoridad al autor de un delito. || v. prnl. Descubrirse uno mismo involuntariamente.

delegar v. tr. e intr. Transferir el poder o autoridad una persona a otra, para que la represente.

deleite m. Placer del ánimo o de los sentidos.

deletrear v. intr. y tr. Pronunciar separadamente las letras de una palabra.

delfín m. Cetáceo delfínido, de vientre blanquecino, dorso oscuro y hocico delgado.

delgado -da adj. Flaco, de pocas carnes. || Tenue, de poco espesor.

deliberado -da adj. Intencionado.

deliberar v. intr. Considerar los pro y los contra de algo. || v. tr. Resolver una cosa con premeditación.

delicadeza f. Finura.

delicado -da adj. Fino, suave, tierno. || Flaco, enfermizo. || Quebradizo.

delicia f. Placer intenso.

delimitar v. tr. Fijar con precisión los límites.

delincuencia f. Conjunto de delitos de un país, época, etc.

delineante n. com. Dibujante que traza planos.

delinear v. tr. Trazar las líneas principales de una figura.

delinquir v. intr. Cometer delito.

delirio m. Perturbación de la razón.

delito m. Culpa, quebrantamiento de la ley.

delta m. Acumulación de sedimentos, de forma triangular, en la desembocadura de un río.

demacrar v. tr. y prnl. Enflaquecer.

demanda f. Petición, solicitud. || Pregunta.

demarcar v. tr. Señalar los límites.

demás adj. y pron. El otro, la otra, los otros o los restantes, las otras.

demasía f. Exceso.

demencia f. Locura.

democracia f. Sistema político fundamentado en la elección de los gobernantes por el pueblo.

demoler v. tr. Deshacer, derribar.

demonio m. Diablo.

demorar v. tr. y prnl. Retardar. || v. intr. y prnl. Detenerse.

demostración f. Prueba de una cosa, partiendo de verdades universales. || Comprobación de un principio o de una teoría.

demostrar v. tr. Enseñar algo prácticamente.

demostrativo -va adj. y n. Se dice de los adjetivos y pronombres que designan una situación en el espacio o en el tiempo.

demudar v. tr. Mudar, variar. || Alterar, disfrazar.

denegar v. tr. No conceder lo que se pide o solicita.

denigrar v. tr. Desprestigiar. || Injuriar.

denominar v. tr. Señalar con un título particular a una persona o cosa.

denostar v. tr. Injuriar.

densidad f. Relación entre la masa y el volumen de un cuerpo.

denso -sa adj. Compacto, apretado. || Espeso.

dentadura f. Conjunto de dientes.

dentición f. Tiempo en que se echa la dentadura.

dentífrico -ca adj. y m. Se dice de las sustancias para limpiar la dentadura.

dentro adv. l. y t. A o en la parte interior de un espacio o término.

denuncia f. Noticia que se da a la autoridad de un delito o falta.

denunciar v. tr. Notificar. || Delatar.

deparar v. tr. Suministrar, proporcionar, conceder. || Presentar.

departamento m. Cada una de las partes en que se divide un territorio, un edificio, etc. || Ministerio o ramo de la administración pública.

departir v. intr. Hablar, conversar.

dependencia f. Subordinación a un poder mayor. || Oficina dependiente de otra superior.

dependiente -ta adj. m. y f. Empleado que se encarga de atender a los clientes en un comercio.

depilar v. tr. y prnl. Arrancar el pelo o el vello.

deplorar v. tr. Sentir vivamente un suceso.

deponer v. tr. Dejar, separar.

deportar v. tr. Desterrar.

deporte m. Ejercicio físico practicado individualmente o por equipos.

depositar v. tr. Poner bienes o cosas de valor bajo custodia de alguien. || Colocar algo en un sitio.

depreciar v. tr. y prnl. Disminuir o rebajar el valor o precio de una cosa.

depredación f. Robo con violencia.

depresión f. Concavidad en un terreno o superficie. || Tristeza profunda e inmotivada.

deprimir v. tr. Disminuir el volumen de un cuerpo por la presión. || v. tr. y prnl. Padecer un síndrome de depresión.

deprisa adv. m. Con celeridad.

depurar v. tr. y prnl. Limpiar, purificar.

derecho -cha adj. Recto. || Erguido, levantado. || Que cae o mira hacia la mano derecha.

derivar v. intr. y prnl. Traer su origen de alguna cosa.

dermis f. Capa de la piel situada bajo la epidermis.

derogar v. tr. Abolir, anular una ley o costumbre. || Destruir, suprimir.

derramar v. tr. y prnl. Verter. || v. prnl. Esparcirse con desorden.

derrame m. Acumulación anormal de un líquido en una cavidad o salida del mismo fuera del cuerpo.

derredor m. Contorno de una cosa.

derrengar v. tr. y prnl. Cansar.

derretir v. tr. y prnl. Disolver por medio del calor. || Consumir.

derribar v. tr. Demoler, echar a tierra casas, muros, etc. || Tirar al suelo.

derrocar v. tr. Echar por tierra un edificio. || Destituir.

derrochar v. tr. Malgastar.

derrota f. Camino, senda. || Vencimiento total.

derrotero m. Camino, rumbo.

derruir v. tr. y prnl. Derribar, destruir o arruinar un edificio.

derrumbar v. tr. y prnl. Precipitar, despeñar. || Derribar.

desabastecer v. tr. y pnrl. Desproveer, privar de abastecimiento.

desabrido -da adj. De poco o mal sabor. || Desapacible en el trato.

desabrochar v. tr. y prnl. Desasir los broches, botones, etc.

desacato m. Falta de respeto a los superiores.

desacertar v. intr. No tener acierto.

desaconsejar v. tr. Disuadir.

desacostumbrar v. tr. y prnl. Hacer perder una costumbre.

desacreditar v. tr. Disminuir o quitar la reputación o la estimación.

desacuerdo m. Discordia o disconformidad.

desafiar v. tr. Retar, provocar. || Competir, oponerse una cosa a otra.

desafinar v. intr. y prnl. Desviarse la voz o el sonido del tono debido.

desaforado -da adj. Que obra sin ley. || *fig.* Grande con exceso, desmedido.

desagradar v. intr. y prnl. Disgustar, fastidiar.
desagradecer v. tr. No corresponder debidamente al beneficio recibido.
desagraviar v. tr. y prnl. Reparar el agravio hecho.
desagüe m. Conducto por donde sale el agua.
desaguisado -da adj. Hecho contra la ley o la razón.
desahogar v. tr. Aliviar. || v. tr. y prnl. Exteriorizar una pasión. || v. prnl. Confiar a otro lo que se siente.
desahuciar v. tr. y prnl. Quitar a uno toda esperanza. || v. tr. Despedir a un inquilino.
desairar v. tr. Despreciar, desestimar.
desajustar v. tr. Desencajar una cosa de otra. || v. prnl. Desconvenirse.
desalentar v. tr. y prnl. Quitar el ánimo.
desaliño m. Desaseo.
desalmado -da adj. Falto de conciencia.
desalojar v. tr. Sacar de un lugar a una persona o cosa. || Abandonar un lugar.
desamparar v. tr. Dejar sin amparo.
desandar v. tr. Volver atrás en el camino ya andado.
desangrar v. tr. y prnl. Sacar o perder mucha sangre.
desanimar v. tr. y prnl. Quitar o perder los ánimos.
desapacible adj. Que causa disgusto o enfado.
desaparecer v. tr. y prnl. Ocultar, quitar de delante.
desapego m. Falta de afición.
desaprobar v. tr. Reprobar.
desaprovechar v. tr. Desperdiciar o emplear mal una cosa.
desarmar v. tr. Quitar las armas. || Separar las piezas de que se compone una cosa. || Templar.
desarraigar v. tr. y prnl. Extinguir una pasión, costumbre, etc.
desarreglar v. tr. y prnl. Desordenar.
desarrollar v. tr. y prnl. Acrecentar, incrementar. || Explicar una teoría, idea, etc.
desarticular v. tr. y prnl. Separar dos o más huesos articulados entre sí. || Quebrantar un plan, organización, etc.
desasear v. tr. Quitar el aseo.
desastrado -da adj. y n. Persona sucia y dejada.
desastre m. Desgracia, catástrofe.
desatar v. tr. y prnl. Soltar lo que está atado. || v. prnl. Proceder desordenadamente.
desatender v. tr. No prestar atención.
desatinar v. tr. Perder el tino.
desautorizar v. tr. y prnl. Quitar autoridad o poder.
desavenir v. tr. y prnl. Desconvenir.
desayuno m. Alimento ligero que se toma por la mañana.
desazón m. Picazón. || Disgusto.
desbancar v. tr. Suplantar.
desbandarse v. prnl. Huir en desorden.
desbarajuste m. Desorden.
desbaratar v. tr. Deshacer o arruinar una cosa. || Malgastar.
desbordar v. tr. Exceder.
descabalar v. tr. y prnl. Dejar incompleto.
descabalgar v. intr. Bajar de una caballería.
descalabrar v. tr. y prnl. Herir en la cabeza. || v. tr. Causar daño.
descalificar v. tr. Desacreditar, desautorizar o incapacitar.

descalzar

descalzar v. tr. y prnl. Quitar el calzado.
descampado -da adj. y n. Dícese del terreno o paraje descubierto.
descansar v. intr. Cesar en el trabajo. || Tener algún alivio en un dolor o inquietud. || Dormir.
descargar v. tr. Disparar las armas de fuego.
descaro m. Desvergüenza, atrevimiento.
descarriar v. tr. y prnl. Apartar a alguien del camino.
descartar v. tr. Desechar una posibilidad, una idea, etc.
descastado -da adj. y n. Que manifiesta poco cariño a su familia.
descendencia f. Conjunto de hijos, nietos y demás generaciones sucesivas.
descender v. intr. Bajar. || Proceder de un mismo tronco o linaje.
descentralizar v. tr. Hacer menos dependiente de la administración central ciertas funciones o atribuciones.
descifrar v. tr. Traducir un escrito cifrado. || Aclarar un misterio.
descocarse v. prnl. Manifestar demasiada libertad y desenvoltura.
descolgar v. tr. Bajar una cosa pendiente de cuerda, cadena, etc.
descolorido -da adj. De color pálido.
descomponer v. tr. y prnl. Desordenar y desbaratar.
descomposición f. Putrefacción. || Diarrea.
descomunal adj. Extraordinario, enorme.
desconcertar v. tr. y prnl. Turbar el orden, composición y concierto.
desconectar v. tr. Interrumpir o suprimir la conexión.
desconfiar v. intr. No tener confianza.
descongelar v. tr. y prnl. Hacer que cese la congelación de una cosa.
desconocer v. tr. No saber alguna cosa. || No conocer.
desconsuelo m. Angustia y aflicción profunda.
descontar v. tr. Rebajar una medida, una cantidad, etc.
descontentar v. tr. y prnl. Disgustar.
desconvenir v. intr. y prnl. Estar en desacuerdo.
descorchar v. tr. Sacar el corcho o tapón de una botella.
descorrer v. tr. Plegar una cortina, un lienzo, etc.
descortés adj. y n. com. Falto de cortesía.
descoser v. tr. y prnl. Deshacer una costura.
descoyuntar v. tr. y prnl. Desencajar un hueso.
descrédito m. Pérdida de la reputación.
describir v. tr. Explicar el aspecto, las cualidades, etc., de algo o alguien.
descuartizar v. tr. Despedazar.
descubierto -ta adj. Dícese del lugar despejado o espacioso. || m. Déficit.
descubrir v. tr. Hacer patente. || Destapar. || Hallar lo que estaba ignorado.
descuento m. Rebaja.
descuido m. Omisión, negligencia, falta de cuidado. || Olvido.
desde prep. Indica el tiempo o el lugar en que se inicia la acción de que se habla. || Después de.
desdecirse v. prnl. Retractarse.
desdén m. Indiferencia, menosprecio, desapego.
desdeñar v. tr. Tratar con desdén.
desdibujarse v. prnl. Perder la precisión de sus perfiles o contornos.
desdicha f. Desgracia, adversidad. || Pobreza, miseria.

desdoblar v. tr. y prnl. Extender una cosa que estaba doblada.
desear v. tr. Aspirar con vehemencia al conocimiento o posesión de algo. || Anhelar que acontezca o no un suceso.
desecar v. tr. y prnl. Extraer la humedad.
desechar v. tr. Excluir, reprobar, desestimar. || Apartar de sí un pesar, temor, sospecha, etc. || Dejar algo como inútil.
desecho m. Residuo, desperdicio.
desembalar v. tr. Deshacer el embalaje.
desembarazar v. tr. y prnl. Quitar un impedimento.
desembarcar v. tr. Descargar lo embarcado. || v. intr. y prnl. Salir de una embarcación.
desembocadura f. Lugar donde desemboca una corriente de agua.
desembolsar v. tr. Pagar una cantidad de dinero.
desempaquetar v. tr. Desenvolver paquetes.
desempeñar v. tr. Sacar lo que estaba empeñado. || Cumplir las obligaciones.
desempleo m. Paro forzoso.
desencadenar v. tr. Quitar la cadena. || Provocar.
desencajar v. tr. y prnl. Sacar una cosa de su lugar. || Descomponerse el semblante.
desencantar v. tr. y prnl. Desilusionar.
desenfado m. Desparpajo.
desenfrenarse v. prnl. Entregarse a vicios y pasiones.
desengañar v. tr. y prnl. Hacer reconocer el engaño. || Quitar ilusiones.
desenlace m. Final de una obra teatral, película, suceso, etc.

desenmascarar v. tr. y prnl. Dar a conocer los propósitos de alguien.
desenredar v. tr. y prnl. Deshacer el enredo. || v. prnl. Salir de una dificultad.
desentenderse v. prnl. Fingir que no se entiende una cosa. || Prescindir de un asunto o negocio.
desenterrar v. tr. y prnl. Exhumar. || Traer a la memoria lo olvidado.
desentonar v. intr. Desafinar. || Estar en contraste desagradable con lo que está alrededor.
desentrañar v. tr. Averiguar lo más recóndito de un asunto.
desentumecer v. tr. y prnl. Hacer que un miembro entorpecido recobre su agilidad.
desenvoltura f. Agilidad, desparpajo.
desequilibrio m. Alteración de la personalidad.
desertar v. intr. Abandonar el soldado su puesto.
desesperación f. Pérdida total de la esperanza.
desesperar v. tr., intr. y prnl. Desesperanzar. || v. tr. y prnl. Impacientar.
desestimar v. tr. Denegar, desechar.
desfachatez f. Descaro.
desfalcar v. tr. Sustraer una cantidad que se tenía bajo custodia.
desfallecer v. intr. Desmayarse.
desfavorable adj. Adverso.
desfigurar v. tr. y prnl. Afear el semblante. || Alterar.
desfiladero m. Paso estrecho entre montañas.
desfogar v. tr. Exteriorizar una pasión.
desgajar v. tr. y prnl. Despedazar.
desgana f. Inapetencia, falta de apetito. || Tedio, falta de interés.
desgañitarse v. prnl. Esforzarse mucho en gritar.

desgarbado -da adj. Falto de garbo.
desgarrar v. tr. y prnl. Rasgar.
desgastar v. tr. y prnl. Quitar o consumir poco a poco.
desglosar v. tr. Dividir un todo en partes, para estudiarlo por separado.
desgracia f. Suerte adversa. || Acontecimiento adverso o funesto.
desgraciar v. tr. y prnl. Echar a perder.
desgranar v. tr. Sacar el grano. || v. prnl. Soltarse las piezas ensartadas.
desguarnecer v. tr. Quitar la guarnición de adorno. || Quitar las piezas principales.
desguazar v. tr. Deshacer un buque, un automóvil, etc.
deshacer v. tr. y prnl. Destruir lo que estaba hecho.
desheredar v. tr. Excluir de una herencia.
deshidratar v. tr. y prnl. Privar del agua.
deshielo m. Fusión de la nieve y el hielo.
deshonesto -ta adj. Inmoral.
deshonor m. Pérdida de honor. || Deshonra.
desidia f. Negligencia, dejadez.
desierto -ta adj. Despoblado, solo. || m. Región despoblada por su esterilidad.
designar v. tr. Señalar o destinar para determinado fin.
designio m. Propósito.
desilusionar v. tr. y prnl. Desengañar.
desinencia f. Morfema que se añade a la raíz de una palabra, y que indica el número, el género, etc.
desinfectar v. tr. y prnl. Quitar a una cosa la infección.
desintegrar v. tr. y prnl. Separar los diversos elementos de un todo.

desinterés m. Desapego y desprendimiento de todo provecho personal. || Falta de interés.
desintoxicar v. tr. y prnl. Combatir la intoxicación o sus efectos.
desistir v. intr. Apartarse de una empresa o intento empezado a ejecutar.
desleír v. tr. y prnl. Disolver.
deslenguado -da adj. Desvergonzado, mal hablado.
desligar v. tr. y prnl. Desatar, soltar.
deslindar v. tr. Señalar los lindes.
desliz m. Equivocación, indiscreción, error.
deslizar v. intr. y prnl. Resbalar.
deslucir v. tr. y prnl. Quitar la gracia o lustre a una cosa. || Desacreditar.
deslumbrar v. tr. y prnl. Ofuscar la vista con demasiada luz.
desmadrarse v. prnl. Conducirse sin medida.
desmán m. Exceso, desorden.
desmantelar v. tr. Desmontar, desarmar.
desmayo m. Desaliento. || Síncope, pérdida del conocimiento.
desmedirse v. prnl. Desmandarse.
desmejorar v. tr. Ajar, deslucir. || v. intr. y prnl. Ir perdiendo la salud.
desmentir v. tr. Decir a uno que miente. || Demostrar la falsedad de un dicho o hecho.
desmenuzar v. tr. Dividir en partes menudas.
desmerecer v. intr. Perder parte de su mérito o valor.
desmontar v. tr. Desarmar las piezas de una cosa. || v. tr., intr. y prnl. Bajar de una caballería.
desmoralizar v. tr. y prnl. Desanimar.
desmoronar v. tr. y prnl. Deshacer y arruinar poco a poco. || v. prnl. *fig.* Venir a menos, decaer.

desnaturalizar v. tr. y prnl. Pervertir, alterar.

desnivel m. Diferencia de alturas.

desnucar v. tr. y prnl. Sacar de su lugar los huesos de la nuca.

desnudar v. tr. y prnl. Quitar todo el vestido o parte de él.

desnudo -da adj. Sin vestido. || Sin adornos.

desobedecer v. tr. No obedecer.

desocupar v. tr. Dejar libre un lugar. || Sacar lo que hay dentro de alguna cosa.

desodorante adj. y n. com. Que destruye los olores molestos.

desoír v. tr. Desatender.

desolar v. tr. Asolar, destruir. || v. prnl. Afligirse.

desorden m. Confusión, falta de orden. || Demasía, exceso.

desorientar v. tr. y prnl. Confundir, ofuscar.

despabilar v. tr. Acabar con presteza. || v. tr. y prnl. Avivar el entendimiento.

despachar v. tr. Concluir algo. || Enviar. || Atender a los compradores. || Despedir.

despacho m. Habitación o local para negocios o para estudiar.

despacio adv. m. Poco a poco.

desparpajo m. Desenvoltura.

desparramar v. tr. y prnl. Esparcir, extender.

despecho m. Malquerencia causada por un desengaño.

despectivo -va adj. Despreciativo.

despedir v. tr. Arrojar una cosa. || Prescindir de los servicios de alguien.

despegar v. tr. y prnl. Desprender una cosa de otra a la que estaba pegada o junta. || v. intr. Iniciar el vuelo un aparato volador.

despejar v. tr. Desocupar un lugar. || Aclarar, poner en claro. || Separar por medio del cálculo una incógnita.

despensa f. Lugar donde se guardan las cosas comestibles.

despeñar v. tr. y prnl. Arrojar desde un lugar alto.

desperdiciar v. tr. y prnl. Malgastar o desaprovechar.

desperdicio m. Residuo de lo que no se aprovecha.

desperdigar v. tr. y prnl. Esparcir.

desperezarse v. prnl. Estirar los miembros para sacudir la pereza.

desperfecto m. Leve deterioro.

despertador -ra m. Reloj provisto de alarma.

despertar v. tr. y prnl. Interrumpir el sueño al que está durmiendo. || Traer algo a la memoria.

despiadado -da adj. Inhumano.

despilfarrar v. tr. Malgastar.

despistar v. tr. y prnl. Hacer perder la pista. || Disimular.

desplante m. Dicho o acto lleno de descaro o desabrimiento.

desplazar v. tr. y prnl. Mover una persona o cosa del lugar en que está.

desplegar v. tr. y prnl. Desdoblar, extender.

desplomar v. tr. y prnl. Hacer que algo pierda la posición vertical.

desplumar v. tr. Dejar a alguien sin dinero.

despoblar v. tr. y prnl. Reducir a desierto lo que estaba habitado, o hacer que disminuya la población.

despojar v. tr. Privar a uno de lo que goza y tiene.

despojo m. Presa, botín del vencedor. || pl. Vientre, asadura, cabeza y manos de las reses muertas. || Sobras.

desposar v. tr. prnl. Casar.

desposeer v. tr. Privar a uno de lo que posee.

déspota

déspota m. Persona que abusa de su poder o autoridad.
despotricar v. intr. y prnl. Hablar sin consideración ni reparo.
desprecio m. Desaire, desdén.
desprender v. tr. Desunir, desatar.
despreocuparse v. prnl. Salir o librarse de una preocupación.
desprestigiar v. tr. Desacreditar.
desprevenido -da adj. Desapercibido, falto de lo necesario.
despropósito m. Dicho o hecho fuera de sentido o de conveniencia.
desproveer v. tr. y prnl. Despojar de lo necesario.
después adv. t. y l. Denota posterioridad.
despuntar v. intr. Empezar a brotar las plantas.
desquiciar v. tr. y prnl. Turbar.
desquitar v. tr. y prnl. Restaurar una pérdida. || Vengarse.
destacar v. tr. y prnl. Separar del cuerpo principal una porción de tropa. || v. tr., intr. y prnl. Poner de relieve las cualidades de una persona o cosa.
destartalado -da adj. y n. Deteriorado.
destello m. Chispazo de luz vivo y efímero.
destemplar v. tr. Alterar la armonía, el buen orden o concierto de una cosa.
desterrar v. tr. Echar a uno de un territorio o lugar.
destilar v. tr. e intr. Filtrar. || Refinar un líquido calentándolo y enfriándolo.
destinar v. tr. Señalar o determinar para algún fin. || Designar a una persona para una ocupación o empleo.
destino m. Hado. Consignación de una cosa para un determinado fin.
destituir v. tr. Separar a uno de un cargo como corrección o castigo.
destreza f. Habilidad, arte.

destronar v. tr. Deponer a un rey.
destrozar v. tr. y prnl. Despedazar, hacer trozos.
destrucción f. Ruina, asolamiento.
desunir v. tr. y prnl. Apartar, separar.
desvaído -da adj. Dícese del color bajo y como disipado.
desvalido -da adj. y n. Desamparado.
desvalijar v. tr. Despojar a uno de su dinero o de sus bienes mediante robo, engaño, juego, etc.
desván m. Parte más alta de una casa, inmediatamente debajo del tejado.
desvanecer v. tr. y prnl. Deshacer o anular. || v. prnl. Desmayarse.
desvariar v. intr. Decir locuras.
desvelar v. tr. y prnl. Quitar, impedir el sueño. || v. prnl. Poner gran cuidado y atención.
desventaja f. Mengua o perjuicio que se nota por comparación.
desvergüenza f. Dicho o hecho impúdico o insolente.
desviar v. tr. y prnl. Apartar de su lugar o camino una cosa. || Disuadir.
desvirtuar v. tr. y prnl. Quitar la virtud, sustancia o vigor.
desvivirse v. prnl. Mostrar vivo interés por una persona o cosa.
detalle m. Pormenor o relación, cuenta o lista circunstanciada. || Finura.
detective n. com. Persona que se ocupa de llevar a cabo investigaciones privadas.
detener v. tr. y prnl. Suspender una cosa, estorbar que pase adelante. || v. tr. Arrestar.
detentar v. tr. Retener uno sin derecho lo que no le pertenece.
detergente m. Producto sintético jabonoso para limpiar.
deteriorar v. tr. y prnl. Estropear.
determinación f. Osadía, valor.

diente

determinar v. tr. Fijar los términos de una cosa.
detestar v. tr. Odiar.
detonar v. intr. Dar estampido o trueno. || v. tr. Iniciar una explosión.
detrás adv. l. En la parte posterior.
detrimento m. Destrucción leve o parcial.
deuda f. Obligación que uno tiene de pagar o satisfacer a otro una cosa.
devaluar v. tr. Rebajar el valor de una moneda o de otra cosa.
devanar v. tr. Enrollar un hilo, alambre, etc., alrededor de un carrete.
devaneo m. Amorío pasajero.
devastar v. tr. Arrasar.
devoción f. Amor, veneración y fervor religiosos.
devolver v. tr. Volver una cosa al estado que tenía. || Restituir. || v. prnl. *AMÉR.* Volverse.
devorar v. tr. Tragar con ansia.
día m. Tiempo que la Tierra emplea en dar la vuelta alrededor de su eje.
diablo m. Nombre general de los ángeles arrojados al abismo.
diablura f. Travesura infantil.
diácono m. Ministro eclesiástico y de grado inferior inmediato al sacerdocio.
diadema f. Adorno de cabeza.
diáfano -na adj. Transparente. || Claro, limpio.
diagnóstico m. Conocimiento de la naturaleza de una enfermedad.
diagonal adj. y f. Dícese de la línea recta que en un polígono va de un vértice a otro no inmediato.
diagrama m. Dibujo en que se muestra gráficamente una cosa.
dialecto m. Modalidad que presenta una lengua en un territorio o grupo social determinado.
dialogar v. intr. Sostener un diálogo.

diálogo m. Plática entre dos o más personas.
diamante m. Piedra preciosa, formada de carbono cristalizado.
diámetro m. Línea recta que pasa por el centro del círculo.
diana f. Toque militar para que la tropa se levante. || Punto central de un blanco de tiro.
diapositiva f. Fotografía positiva sobre soporte transparente.
diario -ria adj. Correspondiente a todos los días. || m. Relación de lo que ha ido sucediendo, día por día. || Periódico que se publica todos los días.
diarrea f. Evacuación de vientre líquida y frecuente.
dibujar v. tr. Representar figuras en una superficie por medio del lápiz, la pluma, etc. || Describir.
dicción f. Manera de hablar o escribir. || Manera de pronunciar.
diccionario m. Libro en que se contienen y explican, por orden comúnmente alfabético, las voces de uno o más idiomas.
dicha f. Felicidad.
dicho m. Ocurrencia chistosa y oportuna.
diciembre m. Duodécimo y último mes del calendario.
dictados pl. Preceptos de la razón o la conciencia.
dictador m. Persona que asume todos los poderes del Estado y no permite la oposición.
dictamen m. Opinión y juicio.
dictar v. tr. Decir uno algo con las pausas necesarias para que otro lo vaya escribiendo.
dictatorial adj. Arbitrario, no sujeto a las leyes.
didáctica f. Ciencia de la educación.
diente m. Cuerpo duro engastado en

diéresis

la mandíbula y que sirve como órgano de masticación o de defensa. || Punta de ciertos instrumentos o herramientas.

diéresis f. Signo ortográfico (¨) que se pone sobre la *u* de las sílabas *gue*, *gui*, para indicar que esta letra debe pronunciarse *(vergüenza, argüir)*.

diestro -tra adj. Derecho, lo que cae a mano derecha. || Hábil.

dieta f. Régimen alimenticio.

diez adj. Nueve y uno.

diezmar v. tr. Sacar de diez uno.

difamar v. tr. Desacreditar.

diferencia f. Cualidad o accidente por el cual una cosa se distingue de otra.

diferente adj. Diverso, distinto.

diferir v. tr. Retardar una acción. || v. intr. Distinguirse una cosa de otra.

difícil adj. Que no se logra, ejecuta o entiende sin mucho trabajo.

dificultad f. Inconveniente, contrariedad que impide conseguir, ejecutar o entender bien una cosa.

difundir Extender, propagar. || Divulgar noticias, modas, etc.

difunto -ta adj. y Dícese de la persona muerta.

digerir v. tr. Hacer la digestión.

dígito m. Número que puede expresarse con un solo guarismo.

dignarse v. prnl. Acceder a hacer algo.

dignificar v. tr. y prnl. Hacer digna a una persona o cosa.

dilapidar v. tr. Malgastar.

dilatar v. tr. prnl. Hacer una cosa más grande, o que ocupe mayor tiempo o espacio.

dilema m. Problema difícil y ambiguo.

diligencia f. Cuidado en la ejecución de algo. || Agilidad, prontitud.

dilucidar v. tr. Aclarar un asunto.

diluir Desleír.

diluviar v. intr. Llover fuertemente.

dimensión f. Magnitudes que sirven para definir un fenómeno. || Longitud, volumen o extensión.

diminutivo -va adj. Que tiene cualidad para reducir una cosa a menos.

dimitir v. tr. Renunciar a un cargo.

dinamita f. Mezcla explosiva de nitroglicerina.

dinastía f. Serie de príncipes soberanos de una misma familia.

dinero m. Moneda corriente. || Caudal, fortuna.

dintel m. Parte superior de las puertas, ventanas, etc.

diócesis f. Distrito o territorio en que tiene y ejerce jurisdicción un prelado.

dioptría f. Unidad de potencia de una lente.

dios m. Nombre del ser supremo, hacedor de todas las cosas, en las religiones monoteístas.

diosa f. Deidad femenina.

diploma m. Título que expide un centro educativo como certificado de haber cursado unos estudios.

diplomacia f. Ciencia de los intereses y relaciones internacionales.

diptongo m. Conjunto de dos vocales diferentes que se pronuncian en una sola sílaba.

diputado -da m. y f. Persona nombrada por elección popular como representante en una cámara legislativa.

dique m. Muro artificial para contener las aguas.

dirección f. Camino o rumbo que un cuerpo sigue en su movimiento.

director -ra m. y f. Persona a cuyo cargo está la dirección de un negocio, institución, etc.

dirigir v. tr. y prnl. Llevar rectamente

displicencia

una cosa hacia un lugar determinado. || v. tr. Guiar, mostrando las señas de un camino.

discar v. intr. *AMÉR.* Marcar un número en el disco telefónico.

discernir v. tr. Distinguir una cosa de otra.

disciplina f. Conjunto de normas para mantener el orden. || Materias de enseñanza.

discípulo -la m. y f. Alumno.

disc-jockey n. com. Persona que pone discos en programas de radio y discotecas.

disco m. Cuerpo cilíndrico cuya base es muy grande.

díscolo -la adj. y n. Indócil, rebelde.

disconformidad f. Oposición.

discontinuo -nua adj. Interrumpido.

discordancia f. Discrepancia, disconformidad.

discordia f. Desavenencia.

discoteca f. Local público para escuchar música grabada y bailar.

discreción f. Tacto para hablar u obrar.

discrepar v. intr. Disentir.

discreto -ta adj. y n. Dotado de discreción.

disculpar v. tr. y prnl. Dar razones o pruebas que descarguen de una culpa. || v. tr. Perdonar las faltas de otro.

discurrir v. intr. Andar, correr, fluir. || Reflexionar.

discurso m. Exposición sobre un tema determinado.

discutir v. tr. e intr. Alegar razones contra el parecer de otro.

disecar v. tr. Preparar un animal muerto para que conserve la apariencia de vivo.

diseminar v. tr. y prnl. Esparcir.

disentir v. intr. No ajustarse al sentir o parecer de otro.

diseño m. Traza, delineación de un edificio o de una figura.

disertar v. intr. Razonar, discurrir metódicamente.

disfraz m. Artificio para simular. || Vestido de máscara de carnaval.

disfrutar v. intr. y tr. Gozar los productos y utilidades de una cosa.

disgregar v. tr. y prnl. Separar.

disgusto m. Pesadumbre, inquietud. || Tedio, enfado.

disidencia f. Grave desacuerdo de opiniones.

disimular v. tr. Encubrir la intención o los sentimientos. || Desfigurar las cosas.

disipar v. tr. y prnl. Desvanecer las partes de un todo. || v. tr. Malgastar.

dislocar v. tr. y prnl. Sacar una cosa de su lugar, especialmente un hueso.

disminuir v. tr., intr. y prnl. Hacer menor la extensión, la intensidad o número de alguna cosa.

disociar v. tr. y prnl. Separar una cosa de otra.

disoluto -ta adj. y n. Licencioso.

disolver v. tr. y prnl. Separar lo que estaba unido. || Deshacer, aniquilar.

disonancia f. Sonido desagradable.

dispar adj. Desigual, diferente.

disparar v. tr. Lanzar un proyectil con un arma.

disparatar v. intr. Decir o hacer una cosa fuera de razón y regla.

dispendio m. Gasto excesivo.

dispensar v. tr. Dar, otorgar. || v. tr. y prnl. Eximir de una obligación.

dispensario m. Establecimiento destinado a prestar asistencia médica.

dispersar v. tr. y prnl. Separar y diseminar.

displicencia f. Indiferencia en el trato. || Desaliento en la ejecución de un hecho.

disponer v. tr. y prnl. Colocar, poner las cosas en orden. || Determinar lo que debe hacerse. || Prevenir.
dispositivo m. Mecanismo.
disputar v. tr. Debatir. || Pelear.
disquet o **disquete** m. En informática, disco en el que se almacena información.
disquisición f. Examen riguroso.
distancia f. Espacio de lugar o tiempo que media entre dos cosas o sucesos.
distar v. intr. Estar apartado.
distender v. tr. Aflojar, relajar.
distinción f. Diferencia entre una cosa y otra. || Honor, prerrogativa.
distinguir v. tr. Conocer la diferencia que hay entre las cosas.
distinto -ta adj. Que es diferente.
distorsionar v. tr. Deformar.
distraer v. tr. y prnl. Apartar la atención. || Divertir, entretener.
distribuir v. tr. y prnl. Repartir algo entre varios. || Dar a cada cosa su colocación o destino.
distrito m. Demarcación administrativa en que se subdivide un territorio.
disturbio m. Alteración de la tranquilidad y el orden público.
disuadir v. tr. Inducir a uno a mudar de opinión o a desistir de un propósito.
disyuntiva Alternativa entre dos cosas.
dita f. *AMÉR.* Deuda.
divagar v. intr. Hablar o escribir de forma imprecisa. || Vagar.
diván m. Especie de sofá sin respaldo y con cojines.
divergencia f. Diversidad de pareceres.
diversidad f. Variedad.
diversión f. Recreo, pasatiempo.
diverso -sa adj. De distinta naturaleza, especie, número.

divertir v. tr. y prnl. Entretener, recrear.
dividir v. tr. y prnl. Separar en partes. || Distribuir. || Averiguar cuántas veces una cantidad está contenida en otra.
divinidad f. Naturaleza y esencia de Dios.
divisa f. Moneda extranjera.
divisar v. tr. Ver, percibir.
división f. Operación de dividir.
divo -va adj. y n. Cantante lírico sobresaliente. || Engreído.
divorcio m. Separación judicial de los cónyuges.
divulgar v. tr. Publicar, hacer que el público conozca un hecho.
dobladillo m. Pliegue que se hace en el borde de la ropa.
doblar v. tr. Aumentar una cosa, duplicándola. || Plegar.
doblegar v. tr. y prnl. Doblar o torcer encorvando.
doblez m. Parte que se dobla. || n. amb. Falsedad, hipocresía.
doce adj. Diez y dos.
docena f. Conjunto de doce cosas.
docencia f. Ejercicio de la enseñanza.
dócil adj. Obediente, fácil de educar.
doctor -ra m. y f. Persona que ha recibido el más alto grado académico. || Médico.
doctrina f. Enseñanza que se da para instrucción de alguien. || Ciencia o sabiduría.
documental adj. y m. Película o programa de carácter informativo.
documento m. Cualquier cosa que sirve para comprobar algo.
dogal m. Soga con un nudo corredizo para atar las caballerías por el cuello.
dogma m. Proposición que se asienta por firme y cierta y como principio innegable de una ciencia.

dolencia f. Indisposición, enfermedad.

doler v. intr. Padecer dolor.

dolmen m. Monumento funerario megalítico.

dolor m. Sensación molesta de una parte del cuerpo. || Congoja.

doloso -sa adj. Fraudulento.

domar v. tr. Amansar un animal. || Sujetar, reprimir.

domesticar v. tr. Acostumbrar a un animal a la compañía del hombre.

doméstico -ca adj. Relativo al hogar.

domicilio m. Morada permanente. || Residencia oficial.

dominar v. tr. Tener dominio. || Sujetar, reprimir. || Conocer a fondo una ciencia o arte.

domingo m. Primer día de la semana.

dominio m. Poder que uno tiene de disponer de lo suyo o que se ejerce sobre otro.

dominó o **dómino** m. Juego con 28 fichas rectangulares.

don m. Dádiva, regalo. || Habilidad.

donaire m. Gracia, gentileza.

donativo m. Dádiva, regalo, limosna.

doncel -lla m. y f. Muchacho o muchacha virgen. || Adolescente.

donde adv. l. En el lugar en que sucede algo; en el sitio en que está. || Adonde. || Con verbos de movimiento equivale a *hacia*. || pron. rel. Equivale a: *en que*.

dondequiera adv. l. En cualquier parte.

donoso -sa adj. Que tiene donaire.

donosura f. Gracia, donaire.

dopar v. intr. y prnl. Drogar.

dorado -da adj. De color de oro o semejante a él. || Feliz.

dormir v. tr., intr. y prnl. Estar en el estado de reposo que consiste en la suspensión de los sentidos.

dormitorio m. Habitación destinada para dormir.

dorso m. Revés o espalda de una cosa.

dos adj. Uno y uno.

doscientos -tas adj. pl. Dos veces ciento.

dosel m. Mueble de adorno que resguarda un sitial, una cama, etc.

dosificar v. tr. Graduar las dosis.

dotar v. tr. Constituir dote a una mujer. || Donar bienes a una fundación, institución, etc. || Poseer cualidades.

dote n. amb. Caudal que lleva la mujer cuando se casa o profesa.

draga f. Máquina para extraer fango, piedras, arena, etc., de los puertos.

dragón m. Animal fabuloso con forma de serpiente, alado.

dragonear v. intr. *AMÉR.* Alardear. || *ARG.* Galantear a una mujer.

drama m. Género teatral entre la tragedia y la comedia.

drástico -ca adj. Riguroso, enérgico, radical.

drenaje m. Extracción de líquidos de una herida o absceso.

drenar v. tr. Desaguar.

droga f. Sustancia usada en medicina o en la industria. || Sustancia de efectos estimulantes, tranquilizantes o alucinógenos. || *AMÉR.* Medicamento. || *AMÉR.* Deuda, trampa.

droguería f. *AMÉR.* Farmacia.

dromedario m. Rumiante de los camélidos, con una sola giba.

dualidad f. Condición de reunir dos caracteres distintos.

ducado m. Título o dignidad de duque.

ducha f. Chorro de agua que se deja caer sobre el cuerpo para lavarlo o relajarlo.

ducho -cha adj. Experimentado.

dudar v. intr. No decidirse. || v. tr. Dar poco crédito a una cosa.

duela f. Cada una de las tablas que forman las paredes curvas de las cubas, barriles, etc.

duelo m. Combate o pelea entre dos, a causa de un reto o desafío. || Luto.

duende m. Espíritu que según la superstición habita en casas y bosques, de tamaño minúsculo.

dueño -ña m. y f. El que tiene dominio sobre algo o alguien.

dulce adj. Que causa cierta sensación suave y agradable al paladar. || *fig.* Naturalmente afable, dócil.

dulcificar v. tr. y prnl. Volver dulce. || *fig.* Mitigar la aspereza.

dulzaina f. Instrumento de viento.

duna f. Colina de arena en movimiento que en los desiertos y las playas forma y empuja el viento.

dúo m. Composición que se canta o interpreta entre dos.

duodeno -na m. Primera parte del intestino delgado. Comunica con el estómago y remata en el yeyuno.

dúplex m. Vivienda de dos pisos con una escalera interior.

duplicado -da adj. y m. Dícese de la copia de un escrito o documento.

duplicar v. tr. y prnl. Hacer doble, multiplicar por dos una cantidad.

duplo -pla adj. y m. Que contiene un número dos veces.

duque m. Hombre que posee el título de duque. || Título nobiliario.

duquesa f. Mujer del duque. || La que por sí misma posee un ducado.

duración f. Tiempo que transcurre entre el inicio y el fin de un proceso.

duramadre f. Meninge exterior que envuelve el encéfalo y la médula espinal.

duramen m. Parte interna del tronco de un árbol.

durante prep. Se usa con significado parecido al del adverbio *mientras*.

durar v. intr. Continuar siendo, obrando, etc. || Subsistir, permanecer.

dureza f. Calidad de duro. || Resistencia que opone un mineral a ser rayado.

duro -ra adj. Dícese del cuerpo que se resiste a ser labrado, rayado, comprimido, etc. || Severo. || Resistente. || m. Antigua moneda de cinco pesetas.

E

e¹ f. Quinta letra del alfabeto castellano, y segunda de sus vocales.
e² conj. cop. Sustituye a *y* ante palabras que empiezan por *i* o *hi*.
ebanista n. com. Persona que trabaja en maderas finas.
ebrio -bria adj. y n. Embriagado.
eccema m. Afección de la piel.
echar v. tr. Arrojar. || Hacer salir. || Destituir. || tr. y prnl. Tenderse.
eclesiástico m. Clérigo.
eclipse m. Ocultación de un astro, por interposición de otro.
eco m. Repetición de un sonido reflejado por un cuerpo duro. || Sonido débil.
economato m. Establecimiento donde se vende a precios baratos.
economía f. Recta administración de los bienes. || Riqueza pública.
economizar v. tr. Ahorrar.
ecuación f. Igualdad matemática que contiene una o más incógnitas.
ecuador m. Círculo máximo que equidista de los polos de la Tierra.
ecuestre adj. Perteneciente o relativo al caballero o al caballo.
ecuménico -ca adj. Universal.
edad f. Tiempo que una persona ha vivido desde que nació. || Duración de las cosas. || Período histórico.
edema m. Hinchazón blanda de una parte del cuerpo.
edén m. Paraíso terrenal.
edición f. Impresión de una obra, para su publicación.
edicto m. Decreto.
edificar v. tr. Construir.
edificio m. Construcción destinada a vivienda u otros usos.
edil -la m. y f. Concejal.
editar v. tr. Publicar libros, folletos, discos, etc.
editor -ra m. y f. Persona u organismo que edita un texto o disco.
editorial m. Artículo de fondo de un periódico. || f. Empresa editora.
edredón m. Cobertor relleno de plumón fino o de fibra artificial.
educación f. Crianza, enseñanza y doctrina que se da a los niños y a los jóvenes. || Cortesía, urbanidad.
educar v. tr. Desarrollar o perfeccionar las facultades de una persona.
edulcorar v. tr. Endulzar.
efectivo -va adj. Real, verdadero. || Eficaz. || m. Dinero disponible.
efecto m. Resultado de una causa.
efectuar v. tr. Ejecutar una cosa.
efeméride f. Conmemoración de un acontecimiento notable.
eficacia f. Virtud para obrar.
eficiente adj. Competente.
efigie f. Imagen de una persona.
efímero -ra adj. De corta duración.
efluvio m. Emisión de partículas sutilísimas.
efusión f. Expresión viva de sentimientos.
egoísmo m. Excesivo amor a sí mismo.
egolatría f. Culto de sí mismo.

egregio -gia adj. Insigne, ilustre.
eje m. Varilla que atraviesa un cuerpo giratorio y le sirve de sostén. || Parte esencial.
ejecutar v. tr. Hacer. || Ajusticiar.
ejecutivo -va m. y f. Persona que desempeña un cargo directivo.
ejemplar adj. Que da buen ejemplo. || m. Prototipo. || Copia impresa de un original.
ejemplificar v. tr. Demostrar con ejemplos.
ejemplo m. Caso, hecho o conducta dignos de ser imitados.
ejercer v. tr. e intr. Practicar un oficio, facultad, etc.
ejercicio m. Esfuerzo corporal para conservar la salud o recobrarla. || Tiempo durante el cual rige una actividad.
ejercitar v. tr. Practicar un arte, oficio o profesión. || Enseñar mediante la práctica.
ejército m. Conjunto de fuerzas aéreas o terrestres de una nación.
el Artículo determinado, masculino y singular.
él Pronombre personal de tercera persona, masculino y singular.
elaborar v. tr. Preparar un producto adecuadamente.
elección f. Votación para elegir un cargo. || Deliberación.
elector -ra adj. Que elige.
electricidad f. Forma de energía generada por el efecto de atracción y repulsión entre las cargas de los electrones y los protones.
electricista adj. y n. com. Perito en aplicaciones de la electricidad.
electrodoméstico m. Aparato eléctrico que se utiliza en el hogar.
electrólisis f. Descomposición de una sustancia por electricidad.
electrón m. Partícula elemental estable que forma parte de los átomos y que contiene la carga eléctrica negativa.
electrónica f. Parte de la física que estudia los fenómenos de los electrones libres.
elefante m. Mamífero con el cuerpo y cabeza de gran tamaño, orejas grandes, hocico en trompa y dos enormes colmillos.
elegancia f. Forma bella de expresar los pensamientos.
elegir v. tr. Escoger, preferir.
elemental adj. Básico. || Evidente.
elemento m. Cuerpo simple, que no puede descomponerse.
elevación f. Cima, altura.
elevar v. tr. y prnl. Alzar. || Ensalzar.
elidir v. tr. Frustrar, debilitar.
eliminar v. tr. Quitar, separar una cosa, prescindir de ella.
élite o **elite** f. Minoría selecta.
elixir m. Licor medicinal.
ella Pronombre personal de tercera persona, femenino y singular.
elocuencia f. Facultad de hablar o escribir de modo eficaz.
elogio m. Alabanza.
eludir v. tr. Hacer que no tenga efecto algo.
emanar v. intr. Desprenderse de algo.
emancipar v. tr. y prnl. Libertar de la patria potestad o de la tutela.
embadurnar v. tr. y prnl. Untar, embarrar, pintarrajear.
embajada f. Mensaje. || Conjunto de empleados que dependen del embajador.
embajador -ra m. y f. Agente diplomático, de un Estado en otro.
embalaje m. Caja o cubierta con que se resguardan las cosas.

emitir

embalar v. tr. Colocar dentro de cubiertas. || || v. tr. y prnl. Acelerar.
embalsamar v. tr. Preparar un cadáver para preservarlo de la putrefacción.
embalse m. Gran depósito artificial de aguas.
embarazo m. Preñez de la mujer. || Impedimento, dificultad.
embarcación f. Barco.
embarcadero m. Muelle destinado al embarque.
embarcar v. tr. y prnl. Dar ingreso a personas, mercancías, etc., en un barco, avión o tren.
embargar v. tr. Impedir. || Retener por mandato judicial.
embargo m. Retención de bienes por mandato judicial.
embarrancar v. intr. y prnl. Encallarse el buque en el fondo.
embarrar v. tr. y prnl. Untar o manchar con barro.
embastar v. tr. Hilvanar.
embaucar v. tr. Engañar.
embeber v. tr. Empapar.
embelesar v. tr. y prnl. Suspender, arrebatar, cautivar los sentidos.
embellecer v. tr. y prnl. Hacer o poner bella a una persona o cosa.
embestir v. tr. Acometer.
embobar v. tr. Entretener a uno; tenerle suspenso y admirado.
embocar v. tr. Meter por la boca.
embolado m. Artificio engañoso.
embolsar v. tr. Guardar algo en una bolsa. || v. tr. y prnl. Cobrar.
emborrachar v. tr. Causar embriaguez. || Atontar.
emborrascar v. prnl. Hacerse borrascoso el tiempo.
emborronar v. tr. Llenar de borrones o garabatos un papel.
emboscada f. Acción de ocultarse para atacar por sorpresa. || Asechanza, maquinación contra alguien.
embotellar v. tr. Echar un líquido en botellas.
embozo m. Parte de una prenda con que se cubre el rostro.
embrague m. Mecanismo que transmite el movimiento entre dos ejes giratorios.
embriagar v. tr. y prnl. Emborrachar.
embriaguez f. Turbación de las facultades por la ingestión excesiva de alcohol.
embrión m. Germen de un ser vivo desde el huevo hasta que adquiere las características de su especie.
embrollar v. tr. y prnl. Liar las cosas.
embromar v. tr. Meter broma y gresca. || *AMÉR.* Fastidiar.
embrujar v. tr. Hechizar.
embrutecer v. tr. y prnl. Entorpecer la razón.
embudo m. Instrumento para trasvasar líquidos.
embuste m. Mentira.
embutido m. Tripa rellena con carne picada y aderezada.
emergencia f. Accidente.
emerger v. intr. Salir de un líquido.
emigrante adj. y n. com. El que se traslada a otro país.
emigrar v. tr. Abandonar el propio país para establecerse en otro.
eminencia f. Título que se da a los cardenales.
emir m. Príncipe o caudillo árabe.
emisario -ria m. y f. Mensajero.
emisor m. Aparato que emite ondas electromagnéticas.
emitir v. tr. Arrojar. || Dictar sentencia. || v. tr. e intr. Hacer una emisión de radio o televisión.

emoción f. Alteración del ánimo.
emocionar v. tr. y prnl. Causar emoción.
emolumento m. Retribución.
emotivo -va adj. Sensible a las emociones.
empacar v. prnl. Empaquetar.
empachar v. tr. y prnl. Estorbar. || Causar indigestión.
empacho m. Indigestión de la comida. || Cortedad, turbación.
empadronar v. tr. y prnl. Inscribir a uno en el censo o padrón.
empalagar v. tr., intr. y prnl. Causar hastío un manjar. || Fastidiar.
empalizada f. Estacada.
empalmar v. tr. Juntar dos maderos, cables, etc. || v. intr. Suceder una cosa a otra, sin interrupción.
empanada f. Manjar cubierto con pan o masa.
empanar v. tr. Rebozar en pan.
empañar v. tr. Quitar la tersura o brillo. || Oscurecer el honor.
empapar v. tr. y prnl. Humedecer.
empapelar v. tr. Recubrir con papel.
empaque m. Distinción.
emparedado m. Bocadillo.
emparejar v. tr. y prnl. Formar pareja. || v. tr. Poner una cosa a nivel con otra.
emparentar v. intr. Contraer parentesco por vía de casamiento.
empastar v. tr. Rellenar de pasta el hueco producido por la caries en un diente.
empatar v. tr. y prnl. Obtener el mismo número de tantos.
empedernir v. tr. y prnl. Endurecer. || v. prnl. Hacerse insensible.
empedrar v. tr. Pavimentar un suelo con piedras.
empeine m. Parte superior del pie.
empellón m. Empujón fuerte.

empeñar v. tr. Dar o dejar en prenda. || v. prnl. Endeudarse.
empeorar v. tr., intr. y prnl. Agravar. || Poner o ponerse peor.
emperador, emperatriz m. y f. Soberano de un país.
emperrarse v. prnl. Obstinarse.
empezar v. tr. Dar principio a una cosa. || v. intr. Tener principio algo.
empinar v. tr. Levantar en alto. || v. prnl. Ponerse sobre la punta de los pies.
emplasto m. Preparado medicinal sólido de uso externo. || Pegote.
emplazar v. tr. Citar a una persona en determinado tiempo y lugar.
empleado -da m. y f. Persona que desempeña un trabajo.
emplear v. tr. Usar, hacer servir las cosas para algo. || v. tr. y prnl. Ocupar a uno, encargándole un trabajo.
empleo m. Destino, ocupación.
empobrecer v. tr. Hacer pobre.
empollar v. tr. y prnl. Incubar las aves sus huevos. || Estudiar.
empolvar v. tr. Echar polvo. || v. tr. y prnl. Llenarse de polvo.
emponzoñar v. tr. y prnl. Envenenar algo con ponzoña.
emporio m. Lugar notable por su actividad comercial.
empotrar v. tr. Meter una cosa en la pared.
emprender v. tr. Acometer una obra o negocio.
empresa f. Cosa que se emprende. || Sociedad industrial o mercantil.
empresario -ria m. y f. Propietario o director de una empresa.
empujar v. tr. Hacer fuerza contra una cosa para moverla.
empujón m. Impulso fuerte para apartar a una persona o cosa.
empuñadura f. Puño de espada.

encender

empuñar v. tr. Asir por el puño.

emulsión f. Líquido que tiene en suspensión pequeñísimas partículas de sustancia insolubles en agua.

en prep. Indica en qué lugar, tiempo o modo se determinan las acciones.

enagua f. Prenda de vestir femenina que se lleva debajo del vestido.

enajenar v. tr. Ceder a otro el dominio o derecho de algo. || v. tr. y prnl. Turbar la razón.

enaltecer v. tr. y prnl. Ensalzar.

enamorar v. tr. Excitar en uno la pasión amorosa. || v. prnl. Prendarse de una persona.

enano -na adj. Diminuto. || m. y f. Persona muy pequeña.

enarbolar v. tr. Levantar en alto un estandarte, bandera, etc.

enardecer v. tr. y prnl. Avivar una pasión o una disputa.

encabezamiento m. Fórmula al principio de un documento.

encabuyar v. tr. *AMÉR.* Liar.

encadenar v. tr. Atar con cadenas.

encajar v. tr. Meter una cosa dentro de otra ajustadamente.

encaje m. Tejido de calados.

encajonar v. tr. Meter en un cajón. || v. tr. y prnl. Meter en un sitio estrecho.

encalar v. tr. Blanquear con cal.

encallar v. intr. Varar en arena una embarcación quedando inmóvil.

encamarse v. prnl. Echarse en la cama por enfermedad.

encaminar v. tr. y prnl. Dirigir hacia un punto determinado.

encanecer v. intr. Ponerse cano.

encantar v. tr. Obrar maravillas por medio de poderes mágicos.

encañizada f. Enrejado de cañas.

encapotar v. prnl. Cubrirse el cielo de nubarrones.

encapricharse v. prnl. Empeñarse en un capricho.

encaramar v. tr. y prnl. Levantar o subir una cosa a un lugar dificultoso. || Colocar en puestos honoríficos.

encarar v. intr. y prnl. Ponerse uno enfrente de otro.

encarcelar v. tr. Poner a uno preso en la cárcel.

encarecer v. tr., intr. y prnl. Aumentar el precio. || v. tr. Recomendar.

encargar v. tr. y prnl. Encomendar una cosa al cuidado de uno.

encariñar v. tr. y prnl. Aficionar, despertar o excitar cariño.

encarnado -da adj. y n. De color de carne. || Colorado, rojo.

encarnar v. intr. y prnl. Tomar forma corporal. || v. tr. Personificar.

encarnizarse tr. y prnl. Mostrarse cruel.

encarrilar v. tr. Encaminar.

encasillar v. tr. Poner en casillas. || Clasificar personas o cosas.

encasquillar v. tr. *AMÉR.* Herrar caballerías o bueyes.

encastillar v. tr. Fortificar con castillos. || Obstinarse en una opinión.

encausar v. tr. Formar causa o proceder contra alguien.

encauzar v. tr. Abrir cauce a una corriente. || Encaminar.

encebollar v. tr. Echar cebolla en abundancia a un manjar.

encéfalo m. Órganos del sistema nervioso contenidos en el cráneo.

encelar v. tr. Dar celos.

encenagarse v. prnl. Meterse en el cieno. || Envilecerse.

encendedor m. Aparato que sirve para encender.

encender v. tr. Hacer que una cosa arda. || Conectar un circuito eléctrico. || Incendiar. || *fig.* Enardecer.

encerado m. Pizarra, cuadro para escribir.

encerrar v. tr. Meter en un lugar cerrado. || Incluir, contener.

encestar v. tr. Meter en cesto.

encharcar v. tr. y prnl. Cubrir de agua un terreno.

enchilar v. tr. *AMÉR.* Aderezar con chile cualquier alimento.

enchufar v. tr. e intr. Establecer una conexión eléctrica encajando las piezas del enchufe.

enchufe m. Dispositivo para conectar un aparato a la red eléctrica.

encía f. Carne que rodea el cuello de los dientes.

encíclica f. Carta que dirige el Papa a los obispos católicos.

enciclopedia f. Conjunto de todas las ciencias.

encima adv. l. En lugar superior respecto de otro. || Sobre la propia persona. || adv. c. Además.

encina f. Árbol de tronco grueso y abundantemente ramificado, cuyo fruto es la bellota.

encinta adj. Embarazada.

enclaustrar v. tr. y prnl. Encerrar en un claustro.

enclave m. Territorio incluido en otro de mayor extensión.

enclenque adj. y n. Raquítico.

encoger v. tr. y prnl. Apocar. || v. intr. Disminuir de tamaño.

encolar v. tr. Pegar con cola.

encolerizar v. tr. y prnl. Enfurecer.

encomendar v. tr. Encargar a uno que haga alguna cosa o que cuide de ella o de una persona.

encomiar v. tr. Alabar.

encomienda f. Encargo. || Elogio. || *AMÉR.* Paquete postal.

enconar v. tr. y prnl. Inflamarse una herida o llaga.

encontrar v. tr. y prnl. Dar con una persona o cosa.

encopetar v. tr. y prnl. Engreírse.

encorvar v. tr. y prnl. Doblar y torcer una cosa poniéndola corva.

encrespar v. tr. y prnl. Rizar. || Erizar. || Enfurecer.

encrucijada f. Cruce. || Situación difícil en que se ha de tomar una decisión.

encuadernar v. tr. Coser varios pliegos poniéndoles cubiertas.

encuadrar v. tr. Encerrar en un marco. || Encajar.

encubrir v. tr. Ocultar, no manifestar algo.

encuentro m. Coincidencia entre dos o más cosas. || Oposición.

encuesta f. Averiguación. || Cuestionario para conocer una opinión.

encurtir v. tr. Conservar en vinagre.

endeble adj. Débil.

endemoniar v. tr. Introducir los demonios en el cuerpo de una persona. || v. prnl. Encolerizar.

enderezar v. tr. y prnl. Poner derecho lo torcido. || Castigar.

endeudarse v. prnl. Llenarse de deudas. || Reconocerse obligado.

endibia f. Escarola.

endomingarse v. prnl. Vestirse con la ropa de fiesta.

endosar v. tr. Ceder a favor de otro un documento de crédito.

endosfera f. Núcleo central del globo terrestre.

endrino m. Ciruelo silvestre.

endrogarse v. prnl. *AMÉR.* Entramparse, contraer deudas.

endulzar v. tr. y prnl. Poner dulce una cosa. || Suavizar un trabajo.

endurecer v. tr. y prnl. Poner dura una cosa. || v. prnl. Volverse insensible.

enebro m. Arbusto de hojas rígidas, flores rojas y frutos en bayas.

enema m. Introducción de un líquido en el recto con fines alimenticios o para ayudar a evacuar.

enemigo -ga adj. Contrario. || m. y f. Que tiene mala voluntad a otro.

enemistad f. Aversión.

energía f. Eficacia para obrar. || Fuerza de voluntad. || Capacidad de producir trabajo.

energúmeno -na m. y f. Persona poseída del demonio. || Furioso.

enero m. Primer mes del año.

enervar v. tr. y prnl. Quitar las fuerzas. || Poner nervioso.

enfado m. Impresión desagradable. || Enojo contra una persona.

enfangar v. tr. y prnl. Cubrir de fango. || v. prnl. Mezclarse en negocios sucios.

énfasis m. Fuerza de expresión o de entonación con que se quiere realzar lo que se dice o se lee.

enfermar v. intr. Contraer enfermedad. || v. tr. Causar enfermedad.

enfermedad f. Alteración de la salud del cuerpo animal o vegetal.

enfermería f. Local destinado para enfermos o heridos.

enfermo -ma adj. y n. Que padece una enfermedad.

enfervorizar v. tr. y prnl. Infundir fervor, celo ardiente.

enfiestarse v. prnl. *AMÉR.* Divertirse.

enflaquecer v. tr., intr. y prnl. Poner o ponerse flaco.

enfocar v. tr. Ajustar el foco. || Dirigir la atención hacia un punto.

enfrentar v. tr., intr. Poner frente a frente. || v. tr. y prnl. Oponer.

enfrente adv. l. A la parte opuesta, delante de. || adv. m. En contra.

enfriar v. tr., intr. y prnl. Poner o hacer que se ponga fría una cosa. || *fig.* Entibiar afectos.

enfurecer v. tr. y prnl. Irritar a uno, ponerle furioso.

engalanar v. tr. y prnl. Adornar.

enganchar v. tr., intr. y prnl. Agarrar con un gancho o colgar de él. || Atraer.

engañar v. tr. Dar a la mentira apariencia de verdad. || Traicionar.

engarce m. Unión, conexión.

engarzar v. tr. Engastar.

engastar v. tr. Encajar una cosa en otra.

engaste m. Guarnición de metal que asegura lo que se engasta.

engatusar v. tr. Ganar la voluntad de uno con halagos.

engendrar v. tr. Procrear.

engendro m. Criatura deforme.

englobar v. tr. Incluir varias partidas en una sola.

engolosinar v. tr. Excitar el deseo de uno con algún atractivo.

engomar v. tr. Untar de goma.

engordar v. tr. Cebar. || v. intr. y prnl. Ponerse gordo.

engorrar v. tr. *AMÉR.* Molestar.

engranaje m. Conjunto de piezas que engranan. || Trabazón.

engranar v. intr. Encajar los dientes de una rueda. || Enlazar, trabar.

engrandecer v. tr. y prnl. Aumentar. || Alabar, exagerar.

engrasar v. tr. Untar con grasa.

engreír v. tr. y prnl. Envanecer. || *AMÉR.* Encariñar, aficionar.

engrosar v. tr. y prnl. Hacer gruesa. || Hacer más numeroso.

engrudo m. Masa de harina o almidón cocida en agua.

engullir v. tr. e intr. Tragar la comida sin masticarla.

enharinar v. tr. y prnl. Cubrir con harina una cosa.

enhebrar

enhebrar v. tr. Pasar la hebra por el ojo de la aguja.
enhorabuena f. Felicitación.
enigma m. Palabra o dicho de difícil interpretación.
enjabonar v. tr. Jabonar la ropa.
enjambre m. Conjunto de abejas de una colmena. || Muchedumbre.
enjaular v. tr. Meter en jaula.
enjoyar v. tr. y prnl. Adornar con joyas. || Adornar, enriquecer.
enjuagar v. tr. Aclarar con agua.
enjuiciar v. tr. Someter a juicio. || Sentenciar.
enjundia f. Gordura. || Lo más sustancioso de alguna cosa.
enjuto -ta adj. De pocas carnes.
enlace m. Conexión. || Casamiento.
enladrillar v. tr. Formar el pavimento de ladrillos.
enlazar v. tr. Coger o juntar con lazos. || Unir por casamiento.
enloquecer v. tr. Perder o hacer perder el juicio.
enlosar v. tr. Solar con losas.
enlucir v. tr. Dar una capa de yeso a las paredes. || Limpiar los metales.
enmarañar v. tr. y prnl. Enredar el pelo, una madeja, etc.
enmascarar v. tr. y prnl. Cubrir con máscara. || v. tr. Encubrir.
enmendar v. tr. y prnl. Corregir.
enmohecer v. tr. y prnl. Cubrir de moho.
enmudecer v. tr. Hacer callar. || v. intr. Perder el habla.
ennoblecer v. tr. y prnl. Hacer noble. || Dignificar.
enojo m. Alteración del ánimo que suscita ira contra una persona.
enorgullecer v. tr. y prnl. Henchir o llenar de orgullo.
enorme adj. Desmedido, excesivo.
enraizar v. intr. y prnl. Arraigar.

enramar v. tr. Colocar ramos entrelazados. || v. intr. Echar ramas un árbol.
enrarecer v. tr. y prnl. Dilatar un gas. || Escasear algo.
enredadera f. Planta de tallos largos y trepadores y flores en forma de campánulas.
enredar v. tr. Coger con red. || Meter discordia.
enredo m. Maraña. || Engaño.
enrejado m. Conjunto de rejas. || Labor en forma de celosía.
enrejar v. tr. Poner rejas.
enriquecer v. tr. y prnl. Hacer rico. || Adornar, engrandecer.
enrojecer v. tr. y prnl. Poner rojo. || v. intr. Ruborizarse.
enrolar v. tr. y prnl. Alistar.
enrollar v. tr. Envolver en forma de rollo. || v. prnl. Hablar mucho.
enroscar v. tr. y prnl. Poner en forma de rosca.
ensalada f. Hortalizas crudas aderezadas.
ensalivar v. tr. y prnl. Llenar de saliva.
ensalmo m. Modo supersticioso de curar.
ensalzar v. tr. Exaltar. || v. tr. y prnl. Alabar, elogiar.
ensamblar v. tr. Unir, juntar.
ensanchar v. tr. Aumentar la anchura de una cosa.
ensanche m. Dilatación. || Ampliación del casco urbano.
ensañar v. tr. Irritar. || v. prnl. Deleitarse en causar daño.
ensartar v. tr. Enhebrar.
ensayar v. tr. Probar una cosa. || Hacer la prueba de un espectáculo.
ensayo m. Prueba. || Escrito breve sobre un tema.
enseguida adv. m. En seguida.
ensenada f. Parte del mar que entra en la tierra.

96

enseña f. Insignia o estandarte.
enseñanza f. Sistema y método de dar instrucción.
enseñar v. tr. Instruir. ‖ Aleccionar.
enseres m. pl. Muebles, utensilios.
ensimismarse v. prnl. Abstraerse.
ensombrecer v. tr. y prnl. Oscurecer. Entristecer.
ensordecer v. tr. Causar sordera.
ensortijar v. tr. y prnl. Encrespar.
ensuciar v. tr. y prnl. Manchar.
ensueño m. Sueño. ‖ Ilusión.
entablar v. tr. Cubrir con tablas. ‖ Dar comienzo.
entablillar v. tr. Asegurar con tablillas y vendaje un hueso roto.
entallar v. tr. Ajustar al talle.
ente m. Lo que es, existe o puede existir.
enteco -ca adj. Enfermizo, débil.
entender v. tr. Comprender las cosas. ‖ v. prnl. Conocerse.
entendimiento m. Facultad para conocer, comprender y razonar.
enterar v. tr. y prnl. Informar, instruir. ‖ v. tr. *AMÉR.* Pagar.
entereza f. Integridad. ‖ Fortaleza.
enternecer v. tr. y prnl. Ablandar.
entero -ra adj. Íntegro.
enterramiento m. Entierro.
enterrar v. tr. Poner bajo tierra. ‖ Dar sepultura.
entibar v. tr. Apuntalar con maderos. ‖ v. intr. Estribar.
entidad f. Ente. ‖ Valor de algo.
entierro m. Acción de enterrar los cadáveres.
entonación f. Inflexión de la voz según el sentido de lo que se dice.
entonar v. tr. e intr. Cantar. ‖ Dar determinado tono a la voz.
entonces adv. t. En aquel tiempo u ocasión. ‖ adv. m. En tal caso.
entornar v. tr. Cerrar algo incompletamente, como puertas, ventanas, ojos, etc.
entorno m. Lo que rodea.
entorpecer v. tr. y prnl. Poner torpe. ‖ Turbar.
entrada f. Espacio por donde se entra. ‖ Billete para entrar.
entrampar v. tr. y prnl. Caer en la trampa. ‖ Contraer muchas deudas.
entraña f. Órgano contenido en el tórax y abdomen.
entrar v. intr. Pasar de fuera adentro. ‖ Encajar. ‖ v. tr. Introducir.
entre prep. En medio de dos o más cosas o acciones.
entreabrir v. tr. y prnl. Abrir un poco o a medias.
entreacto m. Intermedio en una representación dramática.
entrecejo m. Ceño, sobrecejo.
entrecortar v. tr. Cortar una cosa sin acabar de dividirla.
entrecruzar v. tr. y prnl. Cruzar dos o más cosas entre sí.
entredicho m. Prohibición de decir o hacer algo.
entregar v. tr. Poner en poder de otro. ‖ v. prnl. Dedicarse por entero.
entrelazar v. tr. Entretejer.
entremedias adv. t. y l. Entre uno y otro tiempo, espacio, etc.
entremés m. Manjar ligero que se sirve antes del plato fuerte. ‖ Pieza jocosa de un solo acto.
entremeter v. tr. Meter una cosa entre otras. ‖ v. prnl. Entrometerse.
entrenar v. tr. y prnl. Preparar, adiestrar.
entrepierna f. Parte interior de los muslos.
entrepiso m. Piso que se construye entre otros dos.
entresacar v. tr. Sacar unas cosas de entre otras.

entresijo m. Cosa oculta, interior.
entresuelo m. Habitación o piso entre el bajo y el principal.
entretanto adv. t. Entre tanto.
entretejer v. tr. Meter en la tela que se teje hilos diferentes.
entretener v. tr. y prnl. Divertir. || Dar largas a un asunto.
entretiempo m. Tiempo de primavera y otoño.
entrever v. tr. Ver confusamente una cosa. || Adivinarla.
entreverar v. tr. Mezclar.
entrevista f. Reunión concertada para tratar algún asunto.
entristecer v. tr. Causar tristeza.
entuerto m. Agravio.
entumecer v. tr. y prnl. Entorpecer el movimiento de un miembro.
enturbiar v. tr. y prnl. Poner turbia una cosa. || Alterar.
entusiasmar v. tr. y prnl. Infundir entusiasmo.
entusiasmo m. Adhesión fervorosa.
enumeración f. Expresión ordenada de las partes de un todo.
enunciar v. tr. Expresar breve y sencillamente una idea.
envainar v. tr. Meter en la vaina la espada u otra arma.
envanecer v. tr. y prnl. Infundir soberbia o vanidad.
envasar v. tr. Echar en vasos.
envejecer v. tr. Hacer vieja a una persona o cosa.
envenenar v. tr. Emponzoñar.
envergadura f. Distancia entre las puntas de las alas. || Importancia.
envés m. Revés.
enviar v. tr. Hacer que alguien o algo vaya o sea llevado a alguna parte.
enviciar v. tr. Corromper con algún vicio.
envidia f. Pesar del bien ajeno.
envidiar v. tr. Tener envidia.
envilecer v. tr. y prnl. Hacer vil.
envite m. Apuesta que se hace en algunos juegos.
enviudar v. intr. Quedar viudo o viuda.
envoltorio m. Aquello que sirve para envolver.
envolver v. tr. Cubrir un objeto de tela, papel, etc. || v. tr. y prnl. Arrollar un hilo, cinta, etc.
enyesar v. tr. Revestir de yeso.
enzarzar v. tr. Enemistar.
eólico -ca adj. Relativo al viento.
epicentro m. Centro superficial de un movimiento sísmico.
épico -ca adj. Grandioso.
epidemia f. Enfermedad infecciosa que afecta a la vez a un gran número de personas.
epidermis f. Membrana externa de la piel.
epifanía f. Fiesta que recuerda la visita de los Magos a Jesús.
epígrafe m. Inscripción.
epílogo m. Parte final de una obra literaria.
episcopado m. Dignidad de obispo. || Conjunto de obispos.
episodio m. Anécdota, suceso.
epístola f. Carta.
epitafio m. Inscripción sepulcral.
epíteto m. Adjetivo cuyo fin es caracterizar el nombre.
época f. Período de tiempo que se señala por los hechos históricos durante él acaecidos. || Temporada larga.
epopeya f. Poema que canta las gestas de un héroe o pueblo.
equidad f. Templanza. || Justicia.
equidistar v. intr. Hallarse a igual distancia.
equilátero -ra adj. Aplícase a las figuras cuyos lados son iguales.
equilibrio m. Estado de un cuerpo

escanciar

cuando las fuerzas que obran en él se compensan. || Armonía.
equino -na adj. Relativo al caballo.
equinoccio Época en que los días son iguales a las noches.
equipaje m. Conjunto de cosas que se llevan en los viajes.
equipar v. tr. Proveer de lo necesario.
equiparar v. tr. Comparar.
equipo m. Conjunto de enseres de uso personal. || Conjunto de jugadores.
equitación f. Arte de montar y manejar el caballo.
equivaler v. intr. Ser una cosa igual a otra en valor.
equivocar v. tr. y prnl. Tomar una cosa por otra.
equívoco -ca adj. Que puede entenderse en varios sentidos.
era f. Período largo. || Espacio donde se trilla.
erario m. Tesoro público.
erección f. Tensión. || Rigidez.
erguir v. tr. Levantar, poner derecho. || v. prnl. Levantarse.
erial adj. y m. Terreno sin cultivar.
erigir v. tr. Instituir o levantar.
erizar v. tr. y prnl. Poner rígida una cosa, especialmente el pelo.
ermita f. Capilla o santuario, situado por lo común en despoblado.
ermitaño -ña m. y f. Persona que vive en una ermita y cuida de ella.
erosión f. Desgaste producido por el roce.
erradicar v. tr. Arrancar de raíz.
errar v. tr. e intr. No acertar. || v. intr. Andar vagando.
errata f. Equivocación.
error m. Concepto equivocado. || Acción desacertada.
erubescencia f. Rubor, vergüenza.

eructar v. intr. Expeler por la boca y con ruido los gases estomacales.
erudición f. Instrucción vasta.
erupción f. Aparición en la piel de granos o manchas. || Emisión violenta de materiales sólidos, líquidos o gaseosos en los volcanes.
esbelto -ta adj. Delgado, alto.
esbirro m. El que por encargo ejecuta actos violentos.
esbozar v. tr. Bosquejar.
escabeche m. Salsa con aceite, vinagre, laurel y otras especias.
escabroso -sa adj. Desigual, lleno de tropiezos. || Áspero, duro.
escabullirse v. prnl. Irse, escaparse una cosa entre las manos.
escala f. Escalera de mano. || Relación entre las dimensiones de un mapa, plano, etc., y las del terreno que representa. || Sucesión de las notas musicales.
escalar v. tr. Entrar sirviéndose de escalas. || Subir a gran altura.
escaldar v. tr. Bañar con agua hirviendo.
escalera f. Serie de escalones, que permite subir y bajar.
escalfar v. tr. Cocer en agua hirviendo los huevos sin cáscara.
escalinata f. Escalera grande.
escalofrío m. Sensación brusca de frío que precede a un ataque de fiebre.
escalón m. Peldaño.
escalonar v. tr. Situar ordenadamente de trecho en trecho.
escalope m. Loncha delgada de carne de vaca o ternera empanada y frita.
escalpelo m. Bisturí pequeño.
escama f. Laminilla córnea que cubre la piel de peces y reptiles.
escamotear v. tr. Robar con astucia.
escampar v. intr. Dejar de llover.
escanciar v. tr. Echar el vino.

escandalizar

escandalizar v. tr. Causar escándalo. || v. prnl. Armar alboroto.
escándalo m. Alboroto, tumulto.
escaño m. Banco con respaldo.
escapar v. tr. Librar de peligro. || v. intr. y prnl. Salir de un encierro.
escaparate m. Vitrina donde se exponen las mercancías.
escapatoria f. Excusa, modo de evadirse.
escarabajo m. Insecto coleóptero.
escaramuza f. Refriega de poca importancia.
escarapela f. Divisa de cintas que se coloca en el sombrero.
escarbar v. tr. Remover la tierra, superficialmente.
escarceo m. Prueba antes de iniciar una acción.
escarcha f. Rocío congelado.
escarchar v. tr. Preparar confituras cristalizando el azúcar.
escardar v. tr. Arrancar hierbas nocivas de los sembrados.
escarlata adj. y f. Color carmesí.
escarlatina f. Enfermedad infecciosa, caracterizada por accesos de fiebre y erupción cutánea.
escarmentar v. tr. Corregir con rigor.
escarnio m. Burla, humillación.
escarola f. Planta hortense comestible de hojas rizadas.
escarpado -da adj. Abrupto, empinado.
escarpín m. Zapato descubierto.
escasez f. Falta de lo necesario.
escatimar v. tr. Disminuir, escasear lo que se ha de dar o hacer.
escayola f. Yeso cristalizado calcinado. || Estuco.
escena f. Parte del teatro en que se representa el espectáculo teatral. || *fig.* Suceso de la vida real que se considera como espectáculo digno de atención.

escenario m. Parte del teatro para representar espectáculos.
escenificar v. tr. Dramatizar una obra para ponerla en escena.
escisión f. Desavenencia.
esclarecer v. tr. Poner en claro.
esclavitud f. Estado de esclavo. || Sujeción excesiva.
esclavo -va adj. y n. Que carece de libertad.
esclusa f. Recinto con puertas para pasar de un tramo a otro de diferente nivel.
escoba f. Utensilio para barrer formado por un palo largo con un cepillo.
escocer v. intr. Producir escozor.
escoger v. tr. Elegir.
escolar adj. Relativo al estudiante o a la escuela.
escolaridad f. Cursos que un estudiante sigue en un establecimiento docente.
escollera f. Obra hecha con piedras echadas al fondo del agua para formar un dique.
escollo m. Peñasco. || Obstáculo.
escolta f. Tropa que escolta. || Acompañamiento en señal de honra y reverencia.
escombros m. pl. Materiales de desecho o de derribo.
esconder v. tr. y prnl. Ocultar.
escondite m. Lugar para esconderse. || Juego de muchachos.
escopeta f. Arma de fuego portátil, de cañón largo.
escoplo m. Herramienta en bisel.
escorar v. intr. Inclinarse lateralmente un buque.
escoria f. Materia que suelta el hierro candente al ser golpeado.
escorpión m. Alacrán.
escote m. Entrante en una prenda de vestir alrededor del cuello.

escotilla f. Abertura en la cubierta del buque.

escozor m. Sensación dolorosa semejante a la quemadura.

escribano -na m. y f. Empleado que escribe. || *AMÉR.* Notario.

escribir v. tr. Representar los sonidos con letras o grafías.

escrito m. Documento. || Obra literaria o científica.

escritor -ra m. y f. Autor de obras escritas o impresas.

escritorio m. Mueble para escribir y guardar papeles.

escritura f. Arte de escribir. || Documento escrito.

escrúpulo m. Duda. || Asco.

escrutar v. tr. Examinar cuidadosamente. || Contabilizar los votos.

escrutinio m. Recuento de votos.

escuadra f. Utensilio compuesto por dos reglas unidas en ángulo. || Conjunto de buques de guerra.

escuálido -da Flaco, macilento.

escuchar tr. Prestar atención a lo que se oye. || Atender a un aviso.

escudar v. tr. y prnl. Proteger.

escudero -ra m. Sirviente que llevaba el escudo del caballero.

escudo m. Arma defensiva. || Amparo, defensa.

escudriñar v. tr. Averiguar.

escuela f. Establecimiento de enseñanza. || Doctrina.

escueto -ta adj. Seco, estricto.

esculpir v. tr. Labrar una obra de escultura.

escultura f. Arte de modelar, tallar y esculpir una figura.

escupir v. intr. Arrojar saliva por la boca. || v. tr. Arrojar algo con violencia.

escupitajo m. Flema, esputo.

escurridor m. Colador para escurrir.

escurrir v. tr. Hacer que una cosa desprenda todo el líquido. || v. prnl. Deslizarse.

escusado -da m. Retrete.

ese, esa Pronombres y adjetivos demostrativos, en sus formas masculina y femenina. Designan lo que está cerca de la persona con quien se habla.

esencia f. Naturaleza de las cosas. || Lo que el ser es. || Lo más puro.

esencial adj. Sustancial, principal.

esfera f. Sólido limitado por una superficie curva cuyos puntos equidistan del centro.

esfinge f. Monstruo fabuloso, con busto humano y cuerpo de león.

esforzar v. tr. Dar fuerza. || Infundir ánimo.

esfuerzo m. Empleo enérgico de la fuerza física. || Ánimo, valor.

esfumarse v. prnl. Desvanecerse.

esgrima f. Arte de manejar la espada, el sable, el florete, etc.

esgrimir v. tr. Manejar la espada, sable, etc. || Usar de una cosa como arma para lograr algo.

esguince m. Distensión violenta de algún ligamento o articulación.

eslabón m. Pieza de una cadena.

eslip m. Calzoncillos sin perneras.

eslogan m. Frase publicitaria.

esmaltar v. tr. Cubrir algo con esmalte. || Adornar, hermosear.

esmalte m. Barniz que se adhiere a la porcelana, loza, etc.

esmeralda f. Piedra preciosa de color verde.

esmerarse v. prnl. Poner sumo cuidado en lo que se hace.

esmero m. Cuidado, diligencia.

esmoquin m. Chaqueta masculina de etiqueta.

espaciar v. tr. Poner espacio entre las cosas.

espacio m. Extensión indefinida que

espada

contiene todos los objetos sensibles. || Transcurso de tiempo.
espada f. Arma blanca, larga, recta, aguda y cortante.
espagueti m. Fideo largo.
espalda f. Parte posterior del tronco.
espantapájaros m. Figura para ahuyentar los pájaros.
espantar v. tr. Ahuyentar. || v. prnl. Asustarse.
espanto m. Terror, asombro. || pl. *AMÉR.* Fantasmas.
esparadrapo m. Tira adhesiva para sujetar vendajes.
esparcimiento m. Actividad de tiempo libre.
esparcir v. tr. y prnl. Extender lo que está amontonado. || Divulgar.
espárrago m. Vástago tierno y comestible de la esparraguera.
esparraguera f. Planta liliácea, de florecillas verdosas y raíz con yemas comestibles.
espasmo m. Contracción involuntaria de los músculos.
espátula f. Paleta de bordes afilados y mango largo.
especia f. Sustancia aromática para sazonar los manjares.
especialidad f. Particularidad.
especializar v. tr. y prnl. Cultivar una rama determinada de la ciencia o del arte.
especie f. Conjunto de cosas con caracteres comunes. || Clase.
espécimen m. Muestra, señal.
espectacular adj. Con caracteres propios de espectáculo público.
espectáculo m. Exhibición pública para divertir o entretener.
espejismo m. Ilusión óptica.
espejo m. Tabla de cristal azogada por la parte posterior para que se reflejen en él los objetos. || *fig.* Modelo.
espeluznar v. tr. y prnl. Erizar el pelo o las plumas. || Causar terror.
espera f. Calma.
esperanza f. Confianza en lograr una cosa.
esperar v. tr. Tener esperanza de conseguir lo que se desea. || Aguardar en un sitio. || Ser inminente algo.
esperma n. amb. Secreción de las glándulas genitales masculinas.
esperpento m. Persona o cosa notable por su fealdad o desaliño.
espesor m. Grosor. || Densidad.
espesura f. Paraje muy poblado de árboles y matorrales.
espía n. com. Persona que con disimulo observa o escucha lo que pasa, para comunicarlo a quien interesa.
espiar v. tr. Acechar, observar.
espiga f. Inflorescencia de flores situadas a lo largo de un eje.
espina f. Púa de algunas plantas. || Hueso del esqueleto de muchos peces.
espinaca f. Hortaliza cultivada por sus hojas comestibles.
espinazo m. Columna vertebral.
espinilla f. Parte anterior de la pierna. || Barrillo en la piel.
espino m. Arbusto rosáceo, de ramas espinosas y flores blancas.
espiral f. Curva plana que da indefinidamente vueltas alrededor de un punto, alejándose de él.
espirar v. intr. Expeler el aire aspirado. || v. intr. Tomar aliento.
espíritu m. Ser inmaterial y dotado de razón. || Alma racional.
espita f. Grifo pequeño.
espléndido -da adj. Resplandeciente. || Magnífico. || Liberal.
esplendor m. Resplandor.
espolear v. tr. Picar con la espuela. || Incitar, estimular.
espolón m. Apófisis ósea que tienen

estándar

en el tarso varias gallináceas. || Malecón de contención.

espolvorear v. tr. Esparcir polvo.

esponja f. Masa porosa y elástica que absorbe fácilmente los líquidos.

esponjar v. tr. Ahuecar un cuerpo.

esponsales m. pl. Compromiso público de matrimonio.

espontaneidad f. Expansión natural y fácil del pensamiento.

esporádico -ca adj. Casual, poco frecuente.

esposar v. tr. Sujetar con esposas.

esposo -sa m. y f. Persona casada. || f. pl. Manillas de hierro con que se sujeta a los presos.

espuela f. Espiga metálica para picar a la caballería. || *AMÉR.* Espolón de las aves.

espuerta f. Recipiente con asas.

espulgar v. tr. y prnl. Limpiar las pulgas o piojos. || Examinar.

espuma f. Conjunto de burbujas que flotan en un líquido.

espumar v. tr. Quitar la espuma. || v. intr. Hacer espuma.

esputo m. Secreción que se escupe en cada expectoración.

esquela f. Carta breve. || Notificación de un suceso.

esqueleto m. Estructura de sostén que presentan los vertebrados.

esquema m. Representación de una cosa atendiendo a sus caracteres más significativos.

esquematizar v. tr. Representar esquemáticamente.

esquí m. Patín muy largo que se usa para patinar sobre la nieve.

esquiar v. intr. Patinar con esquís.

esquila f. Cencerro pequeño.

esquilar v. tr. Cortar el pelo, vellón o lana de un animal.

esquina f. Arista.

esquirla f. Astilla desprendida de un hueso, piedra, cristal, etc.

esquirol n. com. Obrero que no sigue una huelga.

esquivar v. tr. Evitar, rehusar.

estabilizar v. tr. Equilibrar.

establecer v. tr. Fundar, instituir. || Ordenar. || v. prnl. Fijar residencia. || Abrir un negocio.

establecimiento m. Lugar donde se ejerce una industria o profesión.

establo m. Lugar cubierto en que se encierra el ganado.

estaca f. Palo con punta.

estación f. Cada uno de los cuatro períodos en que se divide el año. || Lugar donde paran los trenes.

estacionar v. tr. y prnl. Situar en un lugar. || v. prnl. Estancarse.

estadio m. Recinto destinado a competiciones deportivas.

estado m. Situación de una persona, animal o cosa. || Nación.

estafar v. tr. Robar con engaño.

estafeta f. Oficina de correos.

estalactita f. Concreción calcárea pendiente del techo de las cavernas.

estalagmita f. Estalactita invertida que se forma en el suelo.

estallar v. intr. Reventar una cosa de golpe. || Ocurrir violentamente.

estampa f. Figura trasladada al papel. || Papel con una figura.

estampar v. tr Sacar en estampas. || Imprimir.

estampido m. Ruido fuerte y seco.

estampilla f. Sello con la firma y rúbrica. || *AMÉR.* Sello de correos.

estancar v. tr y prnl. Detener el curso de una cosa.

estancia f. Mansión, habitación. || *AMÉR.* Hacienda ganadera.

estanco m. Tienda de tabaco y sellos.

estándar m. Tipo, modelo, patrón.

estandarte m. Insignia, bandera.
estanque m. Balsa construida para regar, criar peces, etc.
estante m. Mueble con anaqueles para colocar libros, papeles, etc. || *AMÉR.* Madero incorruptible que sirve de sostén al armazón de las casas tropicales.
estantería f. Conjunto de estantes.
estar v. intr. y prnl. Existir, hallarse en un lugar, situación, etc.
estatua f. Figura de bulto labrada a imitación del natural.
estatura f. Altura de una persona.
estatuto m. Ley constitucional de una comunidad autónoma.
estatuir v. tr. Establecer, ordenar.
este[1] m. Levante, oriente.
este[2], **esta** Pronombres y adjetivos demostrativos, en sus formas masculina y femenina. Designan lo próximo a quien habla.
estela f. Rastro o huella que deja una embarcación.
estepa f. Erial llano y extenso.
estera f. Tejido de esparto, juncos, palmas, etc., para cubrir el suelo.
estercolero m. Lugar donde se recoge el estiércol.
estereotipo m. Cliché de imprenta. || Modelo fijo.
estéril adj. Que no da fruto.
esterilizar v. tr. Hacer estéril. || Destruir los gérmenes patógenos.
esternón m. Hueso plano situado en la parte anterior del pecho.
estero m. *AMÉR.* Terreno bajo pantanoso.
estertor m. Respiración agitada y ronca de los moribundos.
estética f. Tratado de la belleza.
estibar v. tr. Apretar materiales para que ocupen el menor espacio posible.
estiércol m. Excremento animal.

estigma m. Marca o señal en el cuerpo. || Señal de esclavitud.
estilar v. tr., intr. Acostumbrar.
estilete m. Puñal de hoja estrecha. || Punzón para escribir.
estilizar v. tr. Resaltar los rasgos esenciales.
estilo m. Modo de escribir o de hablar propio de una persona.
estilográfica f. Pluma con tinta en un depósito interior.
estimar v. tr. Apreciar, evaluar las cosas. || Juzgar, creer.
estimular v. tr. Aguijonear, punzar. || Incitar, excitar.
estímulo m. Lo que incita a obrar.
estío m. Verano.
estipular v. tr. Convenir, concertar.
estirar v. tr. y prnl. Alargar, dilatar una cosa tirando de sus extremos.
estirón m. Crecimiento rápido en altura.
estirpe f. Raíz de una familia.
esto Pron. demostrativo neutro.
estofado -da adj. Guiso de carne o pescado, con poco caldo.
estola f. Ornamento litúrgico en forma de banda larga. || Banda larga de piel.
estómago m. Dilatación del tubo digestivo donde se produce la digestión de los alimentos.
estopa f. Parte basta de lino o cáñamo.
estoque m. Espada angosta.
estorbar v. tr. Obstaculizar.
estornudar v. intr. Inspirar y expulsar con estrépito y violencia el aire de los pulmones.
estrabismo m. Desviación de los ojos.
estrado m. Tarima en que se coloca el trono o la mesa presidencial. || pl. Salas de los tribunales de justicia.

estrafalario -ria adj. y n. Desaliñado. || Extravagante.
estrago m. Daño, asolamiento.
estrambótico -ca adj. Extravagante.
estrangular v. tr. y prnl. Ahogar oprimiendo el cuello.
estraperlo m. Mercado negro.
estratagema f. Ardid de guerra. || Astucia, fingimiento.
estrategia f. Arte de dirigir las operaciones militares. || Táctica.
estrato m. Masa mineral en forma de capa. || Clase social. || Nube en forma de faja.
estratosfera f. Parte superior de la atmósfera.
estrechar v. tr. Reducir a menor ancho o espacio una cosa.
estrechez f. Escasez de anchura. || Falta de lo necesario para vivir.
estrecho m. Paso angosto en el mar entre dos tierras.
estrella f. Astro que brilla con luz propia. || Persona que sobresale.
estrellar v. tr. y prnl. Arrojar con violencia una cosa contra otra. || v. prnl. Quedar malparado o matarse por efecto de un choque.
estremecer v. tr. Hacer temblar.
estrenar v. tr. Hacer por primera vez. || Representar por primera vez una obra.
estreñir v. tr. y prnl. Producir o padecer estreñimiento.
estrépito m. Ruido, estruendo.
estrés m. Estado de sobrecarga y tensión física o psíquica.
estría f. Raya, en hueco, que tienen algunos cuerpos.
estriar v. tr. Formar estrías.
estribar v. intr. Descansar el peso de una cosa en otra. || Fundarse.
estribillo m. Versos que se repiten en las estrofas.
estribo m. Pieza en que el jinete apoya el pie.
estricto -ta adj. Riguroso.
estrofa f. Parte de una composición poética.
estropajo m. Porción de esparto machacado para fregar.
estropear v. tr. y prnl. Echar a perder, malograr.
estropicio m. Destrozo.
estructurar v. tr. y prnl. Ordenar las partes de un todo.
estruendo m. Ruido grande.
estrujar v. tr. Apretar una cosa para sacarle el zumo. || Comprimir.
estuario m. Desembocadura de un río en que el mar penetra en la tierra.
estuche m. Caja para guardar objetos.
estuco m. Masa de yeso blanco.
estudiante adj. y n. Que cursa estudios.
estudiar v. tr. Ejercitar el entendimiento para comprender algo. || Cursar en centros de enseñanza.
estudio m. Habilidad, aplicación. || Obra en que se analiza algún tema. || Sala donde se estudia.
estufa f. Aparato para dar calor.
estupendo -da adj. Admirable.
estupidez f. Torpeza notable.
estupor m. Asombro.
esturión m. Pez de cuerpo alargado, revestido de placas óseas.
esvástica f. Cruz gamada.
etapa f. Cada trayecto en una marcha o carrera. || Cada uno de los lugares en que se hace noche.
éter m. Cielo. || Compuesto químico orgánico que resulta de la combinación de un alcohol consigo mismo, con un ácido o con otro alcohol.
eternidad f. Perpetuidad.
eternizar v. tr. Perpetuar la duración de una cosa.

eterno

eterno -na adj. Que no tiene principio ni fin. || Que no tendrá fin.
etiqueta f. Rótulo para identificar. || Ceremonial público.
eucalipto m. Árbol de hojas medicinales persistentes y olorosas.
eucaristía f. Sacramento instituido por Cristo en la Última Cena.
euforia f. Estado del ánimo propenso al optimismo.
eunuco m. Hombre castrado.
europeizar v. tr. Introducir en un pueblo y las costumbres europeas.
eutanasia f. Muerte sin sufrimientos físicos.
evacuar v. tr. Desocupar. || Expeler humores y excrementos.
evadir v. tr. prnl. Evitar, eludir. || v. prnl. Fugarse.
evaluar v. tr. Valorar.
evangelio m. Historia de la vida, milagros y doctrina de Jesucristo.
evaporar v. tr. y prnl. Convertir en vapor. || v. prnl. Fugarse.
evasión f. Fuga, huida.
evasiva f. Pretexto para eludir una dificultad.
evento m. Acaecimiento.
eventual adj. Sujeto a cualquier evento o contingencia.
evidencia f. Certeza absoluta.
evitar v. tr. Impedir que suceda algún daño. || Rehuir el trato.
evocar v. tr. Llamar a los espíritus. || Traer a la memoria.
evolución f. Desarrollo gradual.
exabrupto m. Salida de tono.
exacerbar v. tr. y prnl. Irritar. || Agravar una enfermedad.
exacto -ta adj. Puntual, fiel, cabal.
exagerar v. tr. Encarecer, dar proporciones excesivas a algo.
exaltar v. tr. Elevar a la mayor dignidad. || v. prnl. Perder la calma.

examen m. Indagación. || Prueba de idoneidad de un sujeto.
examinar v. tr. Investigar con diligencia. || v. tr. y prnl. Poner a prueba la aptitud de alguien.
exangüe adj. Desangrado. || Sin fuerzas.
exasperar v. tr. y prnl. Enfurecer.
excarcelar v. tr. Poner en libertad.
excavar v. tr. Practicar una cavidad o galería en el suelo.
exceder v. tr. Ser una persona o cosa más grande que otra. || v. intr. y prnl. Propasarse.
excelencia f. Superior calidad o bondad. || Tratamiento de respeto.
excelso -sa adj. Eminente.
excéntrico -ca adj. y n. De carácter raro, extravagante.
excepción f. Persona o cosa que se aparta de la regla común.
exceptuar v. tr. y prnl. Excluir de la regla común.
exceso m. Lo que excede de la medida o regla. || Abuso, delito.
excitar v. tr. y prnl. Estimular algún sentimiento.
exclamación f. Voz o frase que manifiesta una emoción del ánimo.
excluir v. tr. Descartar, rechazar.
exclusivo -va adj. Único. || f. Privilegio para hacer.
excombatiente adj. y n. com. Se dice del que peleó en una guerra.
excomulgar v. tr. Apartar del uso de los sacramentos.
excremento m. Residuos que el organismo expele por el ano.
excretar v. intr. Expeler los excrementos, el sudor, etc.
exculpar v. tr. Descargar de culpa.
excursión f. Viaje corto.
excusa f. Pretexto, disculpa.
excusar v. tr. y prnl. Alegar razones

106

para disculpar a alguien. || Rehusar hacer algo.

exención f. Privilegio que libra de alguna obligación.

exequias f. pl. Honras fúnebres.

exfoliar v. tr. y prnl. Dividir en láminas o escamas.

exhalar v. tr. Despedir gases, vapores u olores. || Suspirar.

exhausto -ta adj. Agotado.

exhibir v. tr. y prnl. Mostrar en público. || v. tr. Presentar pruebas.

exhortación f. Sermón breve.

exhortar v. tr. Inducir con razones o ruegos.

exhumar v. tr. Desenterrar un cadáver. || *fig.* Sacar a la luz lo olvidado.

exigir v. tr. Pedir con autoridad.

exiliar v. tr. Desterrar. || v. prnl. Expatriarse por razones políticas.

eximio -mia adj. Muy excelente.

eximir v. tr. y prnl. Librar de obligaciones.

existencia f. Vida del ser humano.

existir v. intr. Tener existencia real. || Tener vida. || Estar.

éxito m. Resultado feliz.

éxodo m. Emigración masiva.

exorcismo m. Conjuro contra el espíritu maligno.

exótico -ca adj. Originario de un país extranjero. || Extraño.

expandir v. tr. y prnl. Difundir.

expansión f. Manifestación efusiva de algún sentimiento.

expatriarse prnl. Abandonar uno su patria.

expectación f. Curiosidad con que se espera un hecho.

expectativa f. Esperanza de conseguir algo.

expectorar v. tr. Expulsar por la boca, mediante la tos o el carraspeo, las flemas de las vías respiratorias.

expedición f. Viaje para realizar una empresa.

expediente m. Conjunto de papeles correspondientes a un asunto.

expeler v. tr. Echar de sí o de alguna parte.

expensas f. pl. Gastos, costas.

experiencia f. Conocimiento que se adquiere con el uso.

experimentar v. tr. Notar en sí alguna cosa. || Probar.

experto -ta adj. Experimentado.

expiar v. tr. Purgar las culpas.

expirar v. intr. Morir. || Acabarse.

explanada f. Espacio.

explicación f. Revelación de la causa o motivo de alguna cosa.

explicar v. tr. Exponer una cosa de modo comprensible.

explícito -ta adj. Que expresa determinantemente una cosa.

explorar v. tr. Reconocer, registrar una cosa o un lugar.

explosión f. Estallido violento y ruidoso.

explotación f. Conjunto de elementos de una industria.

explotar v. tr. Sacar utilidad de un negocio. || v. intr. Explosionar.

expoliar v. tr. Despojar con violencia o con iniquidad.

exponer v. tr. Poner algo de manifiesto. || v. tr. y prnl. Aventurar.

exportar v. tr. Enviar o vender mercancías y bienes a otros países.

exprés adj. Rápido.

expresar v. tr. Manifestar con palabras. || v. prnl. Darse a entender.

expresión f. Modo de expresarse. || Palabra o locución.

expresivo -va adj. Cariñoso, afectuoso. || Característico, típico.

exprimir v. tr. Extraer el zumo o líquido de una cosa. || Estrujar.

expropiar v. tr. Desposeer legalmente de una cosa.

expuesto -ta adj. Peligroso.

expulsar v. tr. Arrojar, hacer salir.

exquisito -ta adj. De singular calidad, primor o gusto.

éxtasis m. Estado del alma embargada por un sentimiento de alegría.

extender v. tr. Hacer que una cosa ocupe más lugar.

extensión f. Capacidad para ocupar una parte del espacio.

extenuar v. tr. y prnl. Debilitar.

exterior adj. Que está por la parte de afuera.

exteriorizar v. tr. y prnl. Mostrar lo que se siente o piensa.

exterminar v. tr. Aniquilar.

externo -na adj. Exterior.

extinguir v. tr. y prnl. Hacer que cese poco a poco una cosa.

extintor m. Aparato para apagar incendios.

extirpar v. tr. Arrancar de raíz. || Acabar.

extorsión f. Chantaje.

extra adj. Extraordinario. || n. com. Actor secundario.

extracto m. Resumen. || Preparación obtenida por evaporación de alguna solución alcohólica o disolución acuosa.

extraer v. tr. Sacar una cosa de donde estaba.

extralimitarse v. prnl. Excederse en el uso de facultades.

extranjero -ra adj. y n. Que es o procede de otro país. || m. Toda nación que no es la propia.

extrañar v. tr. y prnl. Desterrar a un país extranjero. || Añorar.

extraño -ña adj. Raro, inexplicable.

extraordinario -ria adj. Fuera del orden o regla común.

extrarradio m. Zona que rodea el casco de la población.

extraterrestre n. com. Habitante de otro planeta.

extravagante adj. Fuera del común modo de obrar.

extraviar v. tr. Perder. || v. tr. y prnl. Hacer perder el camino.

extremar v. tr. Llevar una cosa al extremo.

extremidad f. Parte extrema o última de una cosa. || pl. Los brazos y piernas o las patas.

extremo -ma adj. Último. || m. Principio o fin de una cosa.

exuberancia f. Abundancia suma.

exultar v. tr. Saltar de alegría.

exvoto m. Ofrenda depositada en una iglesia para agradecer un favor.

eyacular v. tr. Lanzar con fuerza el contenido de un órgano.

Ff

f f. Sexta letra del alfabeto español, y cuarta de sus consonantes.
fa m. Cuarta nota de la escala musical.
fábrica f. Lugar en que se fabrica algo.
fabricar v. tr. Elaborar algo por procedimientos mecánicos.
fábula f. Relato de ficción que encierra una enseñanza.
fabuloso -sa adj. Extraordinario.
facción f. Grupo de gente en rebelión. || pl. Rasgos del rostro.
faceta f. Aspecto de un asunto.
facha f. Aspecto. || Fascista.
fachada f. Cara principal de un edificio.
fácil adj. Que se puede hacer sin mucho esfuerzo. || Posible.
facilitar v. tr. Hacer posible.
facineroso -sa adj. y n. Se aplica al delincuente habitual.
factible adj. Que se puede hacer.
factor m. Autor. || Cantidad que se multiplica para formar un producto.
factoría f. Complejo industrial.
factura f. Cuenta detallada de las mercancías servidas.
facultad f. Aptitud, potencia para hacer algo. || Centro universitario que coordina los estudios de una rama.
facultar v. tr. Conceder facultades.
facultativo -va adj. No obligatorio. || m. Médico.
faena f. Trabajo. || Mala pasada.
fagot m. Instrumento musical de viento, de la familia de los oboes.
faisán m. Ave gallinácea apreciada por su carne.
faja f. Tira de tela con que se rodea la cintura. || Pieza de tejido elástico para sostener el abdomen.
fajín m. Ceñidor de tela que usan ciertas autoridades.
fajo m. Haz o atado.
falacia f. Engaño, mentira.
falda f. Prenda de vestir que cae desde la cintura abajo. || Regazo. || Parte baja de un monte.
faldón m. Parte inferior de alguna ropa, colgadura, etc.
fallar v. tr. Decidir un litigio. || v. intr. Frustrarse una cosa.
fallecer v. intr. Morir.
fallido -da adj. Malogrado.
fallo m. Sentencia. || Error.
falo m. Miembro viril.
falsear v. tr. Adulterar, corromper.
falsedad f. Falta de verdad.
falsificación f. Imitación de un documento, obra de arte, etc.
falso -sa adj. Engañoso, simulado. || Dícese del que falsea o miente.
falta f. Carencia. || Defecto.
faltar v. intr. Caer en falta. || tr. Ofender.
falto -ta adj. Defectuoso. || Escaso, mezquino.
fama f. Opinión que la gente tiene de una persona. || Notoriedad.
famélico -ca adj. Hambriento.
familia f. Grupo de personas relacionadas por parentesco.

familiar adj. Lo habitual. ‖ Sin ceremonias. ‖ n. com. Pariente.
familiaridad f. Llaneza y confianza.
famoso -sa adj. Que tiene fama.
fanal m. Farol grande.
fanático -ca adj. y n. Que defiende sus creencias apasionadamente.
fanega f. Medida de capacidad para áridos.
fanfarria f. Bravata, jactancia.
fanfarrón -na adj. y n. Que alardea de lo que no es.
fango m. Lodo glutinoso.
fantasía f. Facultad de imaginar. ‖ Imagen ficticia.
fantasma m. Imagen quimérica.
fantástico -ca adj. Producto de la fantasía. ‖ Maravilloso.
fantoche n. com. Persona ridícula.
faquir m. Asceta hindú con gran control mental del dolor.
faraón m. Soberano del ant. Egipto.
fardel m. Saco o talego de mendigos y caminantes. ‖ Fardo.
fardo m. Lío grande y apretado.
farfullar v. tr. Hablar o hacer con atropello y confusión.
faringe f. Conducto que comunica la boca con el esófago.
fariseo m. Hipócrita.
farmacia f. Establecimiento donde se preparan y venden medicinas.
faro m. Torre alta con luz que guía a los navegantes. ‖ Luz delantera de un automóvil.
farol m. Caja transparente que contiene una luz para alumbrar. ‖ Fanfarronada.
farola f. Farol grande.
farruco -ca adj. y n. Terco.
farsa f. Composición teatral de contenido cómico. ‖ Engaño.
fascículo m. Entrega, cuaderno.
fascinar v. tr. Cautivar.
fase f. Cada uno de los estados sucesivos de un fenómeno. ‖ Período.
fastidiar v. tr. Molestar.
fastidio m. Enfado, cansancio.
fastuoso -sa adj. Ostentoso.
fatalidad f. Desgracia.
fatídico -ca adj. Nefasto.
fatigar v. tr. y prnl. Causar fatiga. ‖ Importunar, molestar.
fatuo -tua adj. y n. Presuntuoso.
fauces f. pl. Parte posterior de la boca de los mamíferos.
fauna f. Conjunto de animales de un territorio.
favor m. Ayuda que se concede a uno. ‖ Honra, beneficio.
favorecer v. tr. Ayudar, auxiliar. ‖ Hacer un favor.
favorito -ta adj. y n. Que es con preferencia estimado.
fax m. Telefax.
faz f. Rostro. ‖ Lado de una cosa.
fe m. Conjunto de creencias religiosas.
febrero m. Segundo mes del año.
fecal adj. Relativo a las heces.
fecha f. Indicación del tiempo en que sucede algo. ‖ Tiempo actual.
fechar v. tr. Poner fecha, datar.
fechoría f. Mala acción.
fécula f. Almidón que se encuentra en las semillas, tubérculos y raíces.
fecundar v. tr. Unirse el elemento reproductor masculino al femenino para dar origen a un nuevo ser. ‖ Fertilizar una cosa.
federar v. tr. y prnl. Hacer alianza, liga, unión o pacto entre varios.
felicidad f. Satisfacción, dicha.
felicitar v. tr. y prnl. Manifestar satisfacción con motivo de un hecho feliz. ‖ Expresar un deseo venturoso.
feligrés -sa m. y f. Persona que pertenece a una parroquia.
felino -na adj. Relativo al gato.

figura

feliz adj. Que comporta felicidad.
felpa f. Tejido aterciopelado en una de sus caras. || Paliza.
femenino -na adj. Propio de la mujer.
fémur m. Hueso del muslo.
fenecer v. intr. Morir, fallecer.
fénix m. Ave egipcia fabulosa que renacía de las cenizas.
fenómeno m. Toda manifestación de orden material o espiritual.
feo -a adj. Carente de belleza. || Que causa aversión. || m. Desaire.
féretro m. Ataúd.
feria f. Mercado anual más importante que el ordinario. || Exposición comercial.
feriar v. tr. Comerciar.
fermentar v. intr. Experimentar una sustancia la fermentación.
ferocidad f. Fiereza, crueldad.
férreo -a adj. De hierro o con sus propiedades. || Duro, tenaz.
ferretería f. Tienda de herramientas y objetos de hierro.
ferrocarril m. Vía férrea constituida por rieles. || Tren.
ferroviario -ria m. Empleado de ferrocarril.
ferry m. Transbordador.
fértil adj. Productivo, fecundo.
fertilizar v. tr. Abonar la tierra.
fervor m. Celo ardiente y afectuoso. || Eficacia en el obrar.
festejar v. tr. Hacer festejos. || Cortejar. || Golpear.
festín m. Banquete espléndido.
festival m. Conjunto de manifestaciones culturales, que se celebran periódicamente.
festividad f. Fiesta con que se celebra algo. || Día festivo.
fetiche m. Ídolo venerado en las culturas primitivas. || Objeto mágico.
fétido -da adj. Que huele mal.
feto m. Embrión de los vivíparos.
feudo m. Contrato por el que en la Edad Media se concedían tierras en usufructo a cambio de fidelidad.
fiador -ra m. y f. Persona que fía. || Persona que responde de otra.
fiambre adj. y m. Carne curada o cocinada para comerse fría.
fiambrera f. Recipiente para llevar comida fuera de casa.
fianza f. Obligación de responder por alguien en el caso de que éste incumpla lo estipulado.
fiar v. tr. Asegurar uno que otro cumplirá o pagará, obligándose, en caso de que no lo haga, a satisfacer por él. || Aplazar el cobro.
fibra f. Filamento que compone un tejido orgánico vegetal o animal, o la textura de algunos minerales.
fíbula f. Hebilla, imperdible.
ficción f. Invención literaria.
ficha f. Pieza pequeña de metal, plástico o madera, generalmente plana y delgada que se emplea en los juegos de mesa. || Cartulina en que se anotan datos.
fichar v. tr. Rellenar una ficha. || Contratar un jugador.
ficticio -cia adj. Fingido, irreal.
fidelidad f. Lealtad.
fideo m. Pasta de harina de trigo en forma de cordel.
fiebre f. Aumento de la temperatura del cuerpo.
fiel adj. Exacto. || Constante en su afección.
fieltro m. Paño de lana o pelo.
fiera f. Mamífero carnívoro salvaje.
fiero -ra adj. Feroz. || Intratable.
fiesta f. Vacación. || Día en que se celebra alguna solemnidad.
figura f. Forma exterior de un cuerpo. || Cara, rostro.

figurar

figurar v. tr. Aparentar, simular.
figurín m. Revista de modas.
fijar tr. Asegurar un cuerpo en otro. || Pegar con engrudo. || Precisar.
fijo -ja adj. Firme. || Permanente.
fila f. Orden de personas o cosas colocadas en línea.
filántropo -pa m. y f. Persona que se distingue por su amor al prójimo.
filarmonía f. Amor a la música.
filatelia f. Afición a coleccionar sellos de correos.
filete m. Lonja de carne o pescado.
filiación f. Datos personales. || Procedencia familiar.
filial adj. y n. Se dice del establecimiento dependiente de otro.
filigrana f. Obra hecha con hilos de oro o plata. || Cosa delicada.
filípica f. Invectiva, censura acre.
filmar v. tr. Impresionar un filme.
filme m. Película cinematográfica.
filo m. Borde.
filología f. Ciencia que estudia una lengua y su literatura.
filón m. Masa de mineral que rellena una grieta del terreno.
filosofar v. intr. Discurrir con razones filosóficas.
filosofía f. Ciencia que trata de la esencia, propiedades, causas y efectos de las cosas.
filtro m. Materia porosa a través de la cual se hace pasar un líquido.
fin n. amb. Término, consumación.
finado -da m. y f. Difunto.
final adj. Que concluye algo. || m. Fin y remate de una cosa.
finalidad f. Motivo; razón de ser.
finalista adj. y n. com. Persona que llega a la prueba final.
finalizar v. tr. Concluir algo.
financiar v. tr. Aportar capital.
finar v. intr. Morir.

finca f. Propiedad inmueble, rústica o urbana.
fingir v. tr. y prnl. Simular, dar a entender algo que no es cierto.
finiquitar v. tr. Saldar una cuenta.
finir v. intr. *AMÉR.* Finalizar.
fino -na adj. De buena calidad. || Delgado, sutil. || Hábil. || Educado.
fiordo m. Golfo profundo, de origen glaciar, entre montañas.
firma f. Nombre y apellido al pie de un escrito.
firmamento m. Bóveda celeste.
firme adj. Estable. || Constante.
firmeza f. Fortaleza. || Entereza.
fiscal n. com. Representante del ministerio público en los tribunales.
fisco m. Erario, tesoro público.
fisgar v. tr. Husmear, curiosear.
física f. Ciencia que estudia la materia, sus propiedades y las leyes a que está sometida.
fisonomía f. Aspecto peculiar del rostro de una persona.
fisura f. Grieta de un hueso.
fláccido -da adj. Blando, flojo.
flaco -ca adj. De pocas carnes.
flagelar v. tr. y prnl. Azotar.
flagelo m. Látigo.
flamante adj. Recién estrenado.
flamear v. intr. Despedir llamas. || Pasar por la llama. || Ondear una bandera.
flan m. Dulce de yema de huevo, leche y azúcar, cuajado en molde.
flanco m. Lado, costado.
flaquear v. intr. Perder energía.
flaqueza f. Falta de carnes. || Debilidad, poca fuerza moral.
flash m. Destello de luz intensa y brillante.
flato m. Acumulación de gases en el tubo digestivo. || *AMÉR.* Murria.
flauta f. Instrumento de viento, en forma de tubo con orificios.

flecha f. Saeta consistente en una varilla puntiaguda. || Signo de forma similar.
flema f. Mucosidad de las vías respiratorias. || Tranquilidad.
flemón m. Inflamación de las encías.
flequillo m. Cabello recortado que cae sobre la frente.
fletar v. tr. Alquilar un barco, coche o avión para transporte.
flexible adj. Fácil de doblar.
flexo m. Lámpara con brazo flexible.
flirteo m. Coqueteo, galanteo.
flojear v. intr. Flaquear.
flojedad o flojera f. Debilidad.
flojo -ja adj. Mal atado, poco apretado. || Falto de vigor.
flor f. Órgano de reproducción de las plantas fanerógamas.
flora f. Conjunto de las plantas de un territorio.
florecer v. tr. e intr. Echar flor.
florón m. Adorno en forma de flor.
flota f. Conjunto de barcos.
flotador -ra m. Cuerpo destinado a flotar en un líquido.
flotar v. intr. Sostenerse un cuerpo en la superficie de un líquido.
fluctuar v. intr. Vacilar, titubear.
fluido -da adj. y n. Se dice de los cuerpos cuyas moléculas tienen poca cohesión.
fluir v. intr. Correr un líquido o un gas. || Surgir con facilidad.
flujo m. Movimiento ascendente de la marea. || Abundancia.
fluvial adj. Relativo a los ríos.
foca f. Mamífero marino, con cuerpo en forma de huso, pelaje grisáceo y aletas.
foco m. Punto donde convergen los rayos reflejados por una fuente de energía. || Lugar desde donde se propaga o difunde algo.

fofo -fa adj. Poco consistente.
fogata f. Fuego que levanta llama.
fogón m. Lugar donde se hace lumbre en las cocinas para guisar.
fogonazo m. Llamarada instantánea que algunas materias producen al inflamarse.
foie-gras m. Pasta de hígado de ganso cebado.
folclor m. Manifestaciones colectivas de las costumbres de un pueblo.
folio m. Hoja de un libro.
follaje m. Conjunto de hojas de árboles y plantas.
follar v. tr. *vulg.* Practicar el coito.
folleto m. Impreso, prospecto.
follón m. Alboroto, jaleo.
fomentar v. tr. Promover, impulsar.
fonación f. Emisión de la voz.
fonda f. Establecimiento público donde se da hospedaje y comida.
fondear v. tr. Reconocer el fondo del agua.
fondo m. Parte inferior de una cosa hueca. || Lecho del mar o de un río. || *AMÉR.* Caldera.
fono m. *AMÉR.* Auricular.
fontanería f. Conjunto de conductos por donde se dirige y distribuye el agua.
forajido -da adj. y n. Bandido que huye de la justicia.
foráneo -a adj. y n. Forastero.
forastero -ra adj. Que es o viene de fuera del lugar. || Extraño.
forcejear v. intr. Hacer fuerza para vencer una resistencia.
forestal adj. Relativo a los bosques.
forja f. Fragua. || Argamasa, mezcla.
forjar v. tr. Dar forma con el martillo a un metal caliente. || v. tr. y prnl. Inventar, fabricar.
forma f. Aspecto externo de las cosas. || Modo de proceder.

formal adj. Que es consecuente, juicioso. || Expreso, preciso.
formalidad f. Requisito indispensable para solucionar un trámite. || Seriedad, compostura.
formalizar v. tr. Ultimar la forma de algo. || Legalizar. || Concretar.
formar v. tr. Dar forma a algo. || Poner en orden. || Educar.
formato m. Forma y dimensión de un libro. || Ancho de película.
formidable adj. Que infunde asombro. || Estupendo.
formón m. Instrumento de carpintero, parecido al escoplo.
fórmula f. Modelo establecido para resolver un asunto o para ejecutar algo. || Receta facultativa.
fornicar v. intr. y tr. Practicar el coito fuera del matrimonio.
fornido -da adj. Robusto, fuerte.
forraje m. Pasto herbáceo.
forro m. Material, cubierta, etc., con que se reviste una cosa.
fortalecer v. tr. y prnl. Hacer más fuerte o vigoroso.
fortaleza f. Fuerza y vigor. || Recinto fortificado, castillo.
fortificar v. tr. Dar vigor y fuerza. || v. tr. y prnl. Proteger con fortificaciones.
fortuito -ta adj. Casual.
fortuna f. Suerte favorable. || Destino inevitable. || Riqueza.
forzar v. tr. Conseguir algo mediante fuerza. || Violar.
forzoso -sa adj. Inevitable.
fosa f. Sepultura.
fósil adj. y m. Se dice del organismo petrificado, que se encuentra en las capas terrestres.
foso m. Hoyo. || Excavación que circunda una fortaleza.
foto f. Apócope de fotografía.

fotocopia f. Reproducción instantánea de un documento, por procedimiento fotográfico.
fotografía f. Arte de fijar y reproducir las imágenes recogidas en el fondo de una cámara oscura.
fotonovela f. Relato compuesto por una sucesión de escenas y textos dialogados.
fotosíntesis f. Reacción bioquímica producida en los vegetales por la acción de la luz.
frac m. Chaqueta masculina que por delante llega hasta la cintura, y por detrás tiene dos faldones.
fracasar v. intr. Tener un resultado adverso. || Frustrar.
fraccionar v. tr. Dividir en partes o fracciones una cosa.
fracturar v. tr. y prnl. Romper o quebrantar con esfuerzo.
fragancia f. Olor delicioso.
fragata f. Buque de guerra para servicios de escolta, enlace, etc.
frágil adj. Quebradizo. || Delicado, de fácil deterioro.
fragmentar v. tr. y prnl. Fraccionar, reducir a fragmentos.
fragmento m. Trozo de algo. || Parte de una obra.
fragor m. Ruido, estruendo.
fragua f. Fogón para forjar.
fraile m. Religioso.
frambueso m. Planta rosácea con tallos espinosos y fruto comestible.
franco -ca adj. Dadivoso. || Sincero. || Exento de contribución.
franela f. Tejido de lana o algodón con pelusa en una de sus caras.
frangollo m. Cereal triturado.
franja f. Faja o tira en general.
franquear tr. Librar de estorbos. || Abrirse paso. || Pagar en sellos el porte por correo.

franqueza f. Exención, libertad. || Sinceridad. || Generosidad.
frasco m. Recipiente pequeño y angosto, de cuello recogido.
frase f. Conjunto de palabras que basta para formar sentido.
fraternizar v. intr. Tratarse como hermanos. || Relacionarse.
fratricida adj. y n. com. Persona que mata a su hermano.
fraude m. Engaño. || Acción ilegal que perjudica a terceros.
frecuentar v. tr. Concurrir a menudo. || Repetir a menudo.
frecuente adj. Usual, común.
fregadero m. Pila de fregar.
fregar v. tr. Restregar con fuerza una cosa con otra.
fregón -na adj. y n. Persona que friega. || Utensilio para fregar suelos sin arrodillarse.
freír v. tr. y prnl. Guisar un alimento en aceite. || Importunar.
frenar v. tr. Moderar con el freno el movimiento de un vehículo.
frenesí m. Delirio furioso.
frenillo m. Membrana que limita el movimiento de la lengua.
freno m. Dispositivo para moderar el mecanismo de vehículos, máquinas, etc.
frente f. Parte superior de la cara.
fresa Planta rosácea de tallos rastreros y fruto rojo comestible.
fresco -ca adj. Algo frío. || Reciente. || Descansado. || Frío no excesivo. || *AMÉR.* Refresco.
frescor m. Fresco o frescura.
fresno m. Árbol de tronco grueso, hojas elípticas y dentadas.
fresón m. Variedad híbrida de fresa, de mayor tamaño.
frialdad f. Sensación de falta de calor. || Indiferencia.

fuente

friccionar v. tr. Dar friegas.
friega f. Fricción aplicada a alguna parte del cuerpo.
frigidez f. Frialdad en el trato.
frigorífico Electrodoméstico que conserva los alimentos.
frío -a adj. Que se halla a temperatura inferior a la ordinaria.
friolero -ra adj. Sensible al frío.
fritar v. tr. *AMÉR.* Freír.
frívolo -la adj. Ligero, veleidoso.
frondoso -sa adj. Abundante en hojas, ramas o árboles.
frontal adj. Relativo a la frente. || Que está al frente.
frontera f. Límite geográfico de un Estado.
frontón m. Pared contra la que se lanza la pelota.
frotar v. tr. y prnl. Pasar una cosa sobre otra con fuerza.
fructificar v. intr. Dar fruto.
frugal adj. Parco en comer y beber.
fruncir v. tr. Arrugar con un gesto la frente, cejas, labios, etc. || Recoger una tela, haciendo pliegues.
frustrar v. tr. Privar a uno de lo que esperaba. || v. tr. y prnl. Dejar sin efecto, malograr un intento.
fruta f. Fruto comestible.
frutal adj. y n. Que produce fruta.
fruto m. Producto del desarrollo del ovario fecundado de la flor. || Producto del trabajo humano.
fucsia adj. y m. De color rosa fuerte.
fuego m. Luz y calor desprendidos por la combustión.
fuel-oil m. Destilación del petróleo, que se usa como combustible.
fuelle m. Instrumento para inyectar aire.
fuente f. Manantial. || Artificio por el que sale el agua a través de un caño. || Plato grande.

fuera adv. l. y t. A o en la parte exterior.

fuerte adj. Que tiene fuerza y resistencia. || Duro, difícil de labrar.

fuerza f. Causa capaz de modificar el estado de reposo o movimiento de un cuerpo. || Energía.

fuga f. Huida, escapada.

fugarse v. prnl. Escaparse, huir.

fugaz adj. Poco duradero.

fugitivo -va adj. y n. Que huye.

fulano -na m. y f. Voz con que se alude a una persona indeterminada.

fulgor m. Resplandor, brillo.

fullería f. Trampa en el juego.

fulminar v. tr. Arrojar rayos. || Alcanzar o matar con un rayo. || Causar muerte repentina.

fumar v. intr. Aspirar y despedir el humo del tabaco.

fumigar v. tr. Desinfectar mediante humo, gas o vapores adecuados.

función f. Actividad propia de un ser vivo o de las máquinas e instrumentos. || Acto público concurrido.

funcionar v. intr. Ejecutar las funciones propias.

funcionario -ria m. y f. Empleado público.

funda f. Cubierta para proteger.

fundamento m. Principio de algo. || Razón con que se pretende afianzar algo. || Formalidad.

fundar v. tr. Establecer, crear. || v. tr. y prnl. Apoyar una cosa sobre otra. || Apoyar con razones eficaces.

fundición f. Lugar donde se funden metales.

fundir v. tr., intr., y prnl. Derretir los cuerpos sólidos.

fúnebre adj. Triste, luctuoso.

funeral adj. Relativo al entierro. || m. Honras fúnebres.

funeraria f. Empresa de pompas fúnebres.

funesto -ta adj. Desgraciado.

fungible adj. Que se consume con el uso.

funicular adj. y m. Vehículo que funciona por medio de cables.

furgón m. Vagón largo y cubierto, para el transporte de mercancías.

furgoneta f. Vehículo automóvil, para transportar mercancías.

furia f. Ira exaltada. || Prisa.

furibundo -da adj. Furioso.

furioso -sa adj. Poseído de furia.

furor m. Cólera, furia.

furtivo -va adj. Que se hace a escondidas.

fuselaje m. Estructura exterior de un avión.

fusil m. Arma de fuego, portátil, de cañón largo.

fusilar v. tr. Ejecutar mediante una descarga de fusilería.

fusta f. Látigo fino y flexible.

fustigar v. tr. Azotar. || Criticar.

fútbol m. Juego entre dos equipos que consiste en introducir el balón en la portería del equipo contrario.

futre m. *AMÉR*. Presumido.

futuro -ra adj. Que está por venir o suceder. || m. Tiempo verbal que expresa una acción que aún no ha sucedido. || Porvenir.

G g

g f. Séptima letra del alfabeto español y quinta de sus consonantes.
gabán m. Abrigo. || Capote.
gabardina f. Prenda de abrigo de tela impermeable.
gabinete m. Habitación donde se reciben visitas.
gacela f. Rumiante de cuerpo esbelto y patas largas y finas.
gaceta f. Periódico de noticias políticas, literarias y artísticas.
gacha f. Masa muy blanda, casi líquida, a base de harina.
gacho -cha adj. Encorvado.
gafa f. Grapa de metal. || Tenaza para suspender cosas pesadas. || f. pl. Lentes con una armadura que se sujeta en las orejas
gafete m. Corchete de metal.
gaita f. Flauta a modo de chirimía.
gaje m. Salario.
gajo m. Partes interiores de algunos frutos.
gala f. Vestido lujoso. || Fiesta extraordinaria.
galán m. Hombre bien parecido. || Novio. || Actor protagonista.
galantear v. tr. Cortejar a una mujer. || Ser galante.
galápago m. Tortuga lacustre con caparazón aplastado y osificado.
galardón m. Premio, recompensa.
galaxia f. Nebulosa que forma un sistema estelar.
galeón m. Navío grande de vela, que se usó para carga.
galeote m. Condenado a galeras.
galera f. Nave de guerra, de velas latinas y remos. || Carro grande, cubierto y de cuatro ruedas.
galería f. Habitación larga y espaciosa con muchas ventanas. || Corredor descubierto o con vidrieras. || Camino subterráneo.
galga f. Piedra grande que baja rodando desde lo alto.
galimatías m. Lenguaje oscuro y confuso. || Desorden, lío.
gallardete m. Bandera triangular que se pone como insignia.
gallardía f. Actitud gallarda.
gallardo -da adj. Bello, esbelto, ágil y gracioso. || Valiente y noble.
gallego -ga adj. y n. *AMÉR.* Se dice del inmigrante español.
gallero -ra adj. *AMÉR.* Aficionado a las riñas de gallos. || m. y f. *AMÉR.* Criador de gallos de pelea.
galleta f. Pasta de harina, azúcar y otros ingredientes cocida al horno. || *AMÉR.* Vasija para tomar mate.
gallina f. Hembra del gallo. || n. com. Persona cobarde.
gallo m. Ave doméstica con cresta y espolones.
galón m. Tejido estrecho a modo de cinta.
galope m. Marcha veloz del caballo.
galvanizar v. tr. Revestir un metal con una capa de cinc.
gama f. Escala. || Diferencias dentro de un conjunto.

gamberro -rra adj. y n. Incívico, que causa perjuicio a los demás.
gamo m. Rumiante de cornamenta con ramificaciones en el macho.
gana f. Deseo, apetito.
ganadería f. Conjunto de actividades relacionadas con la cría de ganado.
ganado m. Conjunto de animales domésticos.
ganancia f. Beneficio de una venta o negocio. || *AMÉR.* Propina.
ganar v. tr. e intr. Adquirir con trabajo o esfuerzo. || Percibir un sueldo.
ganchillo m. Varilla con punta en gancho para hacer labores.
gancho m. Instrumento con un extremo curvado y puntiagudo para agarrar o colgar algo.
gandul -la adj. y n. Holgazán.
ganga f. Cosa que se adquiere por poco precio o con poco esfuerzo.
ganglio m. Abultamiento que aparece en los nervios o en los vasos linfáticos.
gangrena f. Necrosis de un tejido o parte de un órgano.
gansada f. Sandez.
ganso -sa m. y f. Ave palmípeda doméstica de plumaje gris, apreciada por su carne e hígado.
ganzúa f. Garfio para abrir cerraduras, sin necesidad de llaves.
gañir v. intr. Aullar el perro u otro animal cuando los maltratan.
garabato m. Rasgo irregular hecho al escribir.
garaje m. Cochera para automóviles.
garantía f. Fianza, prenda.
garantizar v. tr. Dar garantía.
garbanzo m. Planta herbácea papilionácea, de tallo ramoso, hojas compuestas y fruto en legumbre.
garbear v. intr. Mostrar garbo.
garbo m. Gracia, desenvoltura.

gardenia f. Planta arbustiva, de flores blancas y olorosas.
garduña f. Mamífero carnívoro, parecido a la marta.
garfio m. Gancho de hierro.
gargajo m. Mucosidad, flema.
garganta f. Parte anterior del cuello. || Valle estrecho, de vertientes abruptas.
gargantilla f. Collar de adorno.
garita f. Caseta para el resguardo de centinelas y vigilantes.
garito m. Casa de juego.
garra f. Pata del animal con uñas afiladas. || pl. *AMÉR.* Harapos.
garrafa f. Vasija redonda de cuello largo y estrecho.
garrafal adj. Muy grande.
garrapata f. Ácaro parásito que chupa la sangre de los animales.
garrón m. Espolón de ave. || Extremo de la pata de un animal.
garrote m. Palo grueso y fuerte.
garza f. Ave zancuda, de cuello y patas largos, pico puntiagudo y plumaje blanco y gris.
gas m. Fluido sin forma ni volumen propios.
gasa f. Tela muy fina.
gaseoso -sa adj. Que está en estado de gas. || f. Bebida carbónica endulzada.
gasificar v. tr. Convertir en gas.
gasoil m. Producto líquido obtenido del petróleo crudo.
gasolina f. Mezcla de hidrocarburos obtenidos del petróleo crudo.
gastar v. tr. Emplear el dinero en algo. || Desgastar, estropear.
gasto m. Cantidad de lo que se gasta o se ha gastado.
gastronomía f. Arte de preparar buenas comidas.
gatear v. intr. Trepar como los gatos.

geognosia

|| Andar a gatas. || *AMÉR.* Tener aventuras amorosas.

gatillo m. Dispositivo de las armas de fuego, para disparar.

gato -ta m. y f. Mamífero carnívoro, con cabeza redondeada, lengua áspera y patas cortas.

gaveta f. Cajón corredizo.

gavilla f. Conjunto de sarmientos, mieses, ramas, etc.

gaviota f. Ave de alas largas y plumaje blanco, que se alimenta de peces.

gay adj. y m. Homosexual.

gazapo m. Cría del conejo.

gaznápiro -ra adj. y n. Palurdo.

gazpacho m. Sopa fría con pan, tomate, agua y sal, todo triturado.

gazuza f. Hambre.

géiser m. Surtidor de agua o vapor, de origen volcánico.

geisha f. Muchacha japonesa, educada para compañía.

gema f. Piedra preciosa.

gemelo -la adj. y n. Cada uno de los seres nacidos en un mismo parto.

gemir v. intr. Expresar pena con voz lastimera. || Aullar.

genciana f. Planta cuya raíz es tónica y febrífuga.

gendarme n. com. En Francia y otros países, agente de policía.

genealogía f. Serie de los ascendientes de cada individuo.

generación f. Sucesión de descendientes en línea recta. || Conjunto de los vivientes coetáneos.

general adj. Que es común y esencial a un conjunto o totalidad. || m. Oficial que pertenece a la jerarquía superior del ejército.

generalidad f. Mayoría de individuos u objetos de una clase o todo. || Falta de precisión.

generalizar v. tr. y prnl. Hacer común o general algo. || Extender.

generar v. tr. Engendrar.

generatriz adj. y f. Se dice de la máquina que transforma la energía mecánica en eléctrica. || f. Línea o plano que al moverse genera un cuerpo geométrico o una superficie.

genérico -ca adj. Común a muchas especies.

género m. Conjunto de seres o cosas con caracteres comunes. || Manera o modo de hacer algo. || Mercancía. || Categoría gramatical que sirve para distribuir los nombres en tres clases: masculino, femenino y neutro.

generoso -sa adj. y n. Magnánimo, noble. || Abundante.

génesis f. Origen o principio de algo.

genial adj. Propio del genio o carácter de alguien. || Singular. || Excelente.

genio m. Índole natural de las personas. || Habilidad para crear o realizar algo.

genital adj. Relativo al aparato reproductor y al sexo.

genitivo -va adj. Que puede engendrar. || m. Caso de la declinación que indica propiedad, posesión, pertenencia o materia de que está hecho algo.

gente f. Conjunto de personas.

gentil adj. Amable. || n. com. Pagano o idólatra.

gentilicio -cia adj. Relativo a las gentes o naciones. || Relativo al linaje o familia.

gentío m. Gran afluencia o concurrencia de personas.

gentuza f. Gente despreciable.

genuino -na adj. Auténtico, puro.

geodesia f. Ciencia que estudia la forma y dimensiones de la Tierra.

geognosia f. Parte de la geología que estudia la estructura y composición de los elementos que forman la Tierra.

geografía

geografía f. Ciencia que estudia la superficie terrestre en todos sus aspectos e interrelaciones.
geoide m. Forma teórica de la Tierra que resulta de la unión de los puntos donde la gravedad es constante.
geología f. Ciencia que estudia la composición de la corteza terrestre.
geometría f. Parte de las matemáticas que trata de las propiedades, medidas y relaciones de las figuras del espacio.
geórgica f. Poema sobre la vida del campo.
geranio m. Planta herbácea, de tallo carnoso y flores en umbela.
gerencia f. Cargo del gerente. || Tiempo que dura este cargo.
gerente n. com. Director de una empresa.
geriatría f. Parte de la medicina que estudia la vejez y su patología.
germen m. Principio orgánico. || Semilla.
germinar v. intr. Brotar las plantas.
gesta f. Hecho memorable.
gestación f. Embarazo.
gesticular v. intr. Hacer gestos.
gesto m. Expresión del rostro. || Cara, semblante. || Rasgo de generosidad.
giba f. Corcova, joroba.
gigante -ta adj. y n. Que exceden mucho del tamaño normal.
gimnasia f. Conjunto de ejercicios físicos que fortalecen el cuerpo.
gimotear v. intr. Gemir.
ginebra f. Bebida alcohólica elaborada con bayas de enebro.
gira f. Viaje por distintos lugares, con vuelta al punto de partida.
girar v. intr. Dar vueltas. || Desviarse de la dirección inicial. || tr. Enviar dinero por correo o telégrafo.
girasol m. Planta compuesta, de semillas oleaginosas.

gitano -na adj. y n. Se dice de un pueblo nómada procedente de la India, que se estableció en Europa y N de África.
glacial adj. Muy frío, helado.
glaciar m. Masa de hielo constante sobre tierra firme, procedente de una nueva cristalización de la nieve y sometida a un lento avance.
gladiador m. Luchador que combatía contra otros o contra animales feroces, en los circos romanos.
gladiolo m. Planta ornamental bulbosa, de flores en espigas unilaterales.
glándula f. Órgano cuyas células segregan y excretan humores.
glasé m. Tela de seda brillante.
glasear v. tr. Dar brillo a ciertas cosas, como papel, tela, etc.
glasto m. Planta crucífera, de cuyas hojas se extrae un colorante.
glauco -ca adj. Verde claro.
glaucoma m. Enfermedad del ojo.
gleba f. Terrón que se levanta con el arado.
glicerina f. Líquido incoloro, espeso y dulce, que se encuentra en los cuerpos grasos y se usa para preparar la nitroglicerina, en farmacia y en perfumería.
glíptica f. Arte de grabar en acero los cuños de monedas y medallas.
globo m. Esfera, cuerpo redondo.
glóbulo m. Cuerpo esférico pequeño. || Célula globosa contenida en la sangre.
gloria f. Cielo. || Fama, honor. || Persona célebre. || Esplendor, majestad.
glorieta f. Cenador de un jardín. || Encrucijada de calles o alamedas.
glorificar v. tr. Dar gloria. || Ensalzar al que es glorioso. || v. prnl. Gloriarse.
glorioso -sa adj. Digno de alabanza.

glosa f. Explicación o comentario de un texto difícil de entender.

glosario m. Catálogo de palabras dudosas o difíciles de un texto, con su explicación. || Colección de glosas de un mismo escritor.

glotis f. Abertura anterior de la laringe.

glotón -na adj. y n. Que come mucho.

gluten m. Sustancia proteica de la harina de los cereales.

glúteo adj. Músculo de las nalgas.

gnomo m. Ser fantástico o espíritu de los montes.

gobernador -ra m. y f. Máximo responsable de una provincia o de un territorio.

gobernar v. tr., intr. Mandar. || Guiar.

gobierno m. Manera de gobernar. || Conjunto de ministros.

gol m. En fútbol y otros deportes, suerte de introducir la pelota en la portería.

gola f. Garganta.

goleta f. Velero de dos o tres palos, con la borda poco elevada.

golf m. Deporte de origen escocés que consiste en introducir una pelota, en 18 hoyos sucesivos.

golfo -fa m. y f. Pillo. || m. Parte del mar que se adentra en la tierra.

gollete m. Cuello estrecho de algunas vasijas.

golondrina f. Pájaro de cuerpo negro en el dorso y blanco por debajo, alas puntiagudas y cola larga.

golosina f. Manjar delicado.

goloso -sa adj. y n. Aficionado a comer golosinas. || adj. Apetitoso.

golpe m. Encuentro brusco y violento de un cuerpo contra otro. || Desgracia. || Atraco.

golpear v. tr. e intr. Dar golpes.

goma f. Sustancia viscosa que sirve para pegar cosas. || Caucho. || Tira elástica.

gomina f. Fijador del cabello.

góndola f. Embarcación veneciana, de fondo plano movida por un remero que boga de pie.

gordo -da adj. Que tiene muchas carnes. || Que excede del volumen o grosor normal.

gordura f. Grasa del cuerpo.

gorgorito m. Quiebro que se hace con la voz en la garganta.

gorgoteo m. Ruido que hace un fluido al moverse en una cavidad.

gorila m. Mono de cuerpo robusto y pelaje denso.

gorjear v. intr. Hacer gorgoritos.

gorra f. Prenda para cubrir la cabeza, sin alas y con visera.

gorrino -na m. y f. Cerdo.

gorrión m. Pájaro de cuerpo robusto y pico corto y fuerte.

gorro m. Prenda de lana o tela para cubrir la cabeza.

gorrón -na adj. y n. Que suele comer o divertirse a costa ajena.

gota f. Mínima cantidad de un líquido.

gotear v. intr. Caer gota a gota.

gotera f. Grieta por donde se filtra el agua y señal que deja.

gozar v. tr. e intr. Poseer algo. || v. tr. Poseer carnalmente a una mujer. || v. tr. e intr. Experimentar placer.

gozo m. Alegría, placer.

grabar v. tr. Labrar sobre una superficie de piedra, metal, etc., un dibujo o letrero. || Registrar sonidos o imágenes.

gracia f. Don natural. || Atractivo especial de alguien.

grácil adj. Delicado, sutil.

gracioso -sa adj. De aspecto atractivo, que agrada a quien la mira. || Chistoso.

grada f. Peldaño. || Asiento escalonado en lugares públicos.

gradación

gradación f. Serie de cosas ordenadas gradualmente.
gradería m. Serie de gradas.
grado m. Estado, valor o calidad que puede tener algo. || Título que se da al que se gradúa en los estudios medios o superiores.
graduación f. Acción de graduar o graduarse. || Proporción de alcohol de una bebida. || Categoría.
gradual adj. Que va de grado en grado.
graduar v. tr. Dar a algo el grado o calidad que le corresponde.
grafía f. Representación escrita de una palabra o un enunciado.
gráfico -ca adj. y n. Se dice de la operación o demostración representada por figuras o signos.
gragea f. Píldora medicamentosa.
grama f. Planta, medicinal, de flores en espiga.
gramática f. Ciencia que estudia la lengua y marca sus normas.
gramo m. Unidad de masa.
gramófono m. Aparato con que se reproduce el sonido grabado en un disco.
gramola f. Gramófono de bocina.
gran adj. Apócope de grande.
grana f. Semilla menuda de algunos vegetales.
granada f. Fruto del granado. || Proyectil explosivo.
granado m. Árbol con flores rojas, cuyo fruto es la granada.
granar v. intr. Formarse el grano.
grande adj. Que supera a lo común y regular.
grandeza f. Calidad de grande. || Poder, majestad.
grandioso -sa adj. Sobresaliente.
granel, a loc. adv. Se dice del género sin envase, sin empaquetar.

granero m. Lugar donde se almacena el grano.
granito m. Roca compacta y dura usada en construcción.
granizar v. intr. Caer granizo.
granizo m. Agua congelada que cae de las nubes, en granos.
granja f. Finca rústica.
granjear v. tr. Adquirir, obtener.
grano m. Semilla y fruto de los cereales. || Bultito de la piel.
granuja n. com. Golfo, pillo.
grapa f. Pieza de metal para unir cosas. || Aguardiente.
graso -sa adj. Mantecoso, pingüe. || f. Manteca.
gratificación f. Recompensa de dinero por un servicio prestado.
gratificar v. tr. Recompensar con una gratificación. || Complacer.
gratinar v. tr. Dorar al horno la capa superior de un alimento.
gratis adv. m. De balde.
grato -ta adj. Agradable, gustoso.
grava f. Guijarros. || Piedra machacada para allanar y cubrir carreteras.
gravar v. tr. Cargar.
grave adj. Que pesa. || De gran importancia. || Que encierra peligro. || Serio.
gravedad f. Fuerza de atracción entre la Tierra y los cuerpos situados en sus proximidades.
graznar v. intr. Dar gritos algunas aves.
gremio m. Conjunto de personas que tienen una misma profesión.
greña f. Mechón de pelo desarreglado.
gres m. Cerámica dura, resistente y vitrificada.
gresca f. Alboroto, bulla.
grey f. Rebaño.
grieta f. Abertura larga y estrecha.
grifo m. Dispositivo que regula el

guasa

paso de un fluido. ‖ Animal fabuloso alado, con cabeza de águila y cuerpo de león.
grill m. Parrilla.
grillete m. Arco de hierro para fijar una cadena.
gringo -ga adj. y n. Extranjero. ‖ *AMÉR*. Estadounidense, yanqui.
gripe f. Enfermedad endémica, con fiebre y dolor general.
gris adj. y m. Del color que resulta de la mezcla de blanco y negro.
grito m. Voz muy elevada y fuerte.
grosero -ra adj. Basto, ordinario.
grosor m. Grueso de un cuerpo.
grotesco -ca adj. De mal gusto.
grúa f. Máquina para levantar y transportar pesos.
grueso -sa adj. Corpulento.
grulla f. Ave zancuda, de cuello largo, plumaje gris y cabeza negra.
grumete m. Marinero joven.
grumo m. Parte coagulada de un líquido.
gruñido m. Voz del cerdo. ‖ Sonido desagradable.
gruñir v. intr. Dar gruñidos.
grupa f. Ancas de una caballería.
grupo m. Pluralidad de seres o cosas que forman un conjunto.
gruta f. Cavidad en una roca.
guacamayo m. Ave parecida al papagayo, de plumaje vistoso.
guachinango -ga adj. *AMÉR*. Bromista, zalamero.
guacho -cha adj. *AMÉR*. Se dice del huérfano y de la cría sin madre.
guadaña f. Instrumento para segar a ras de suelo.
guagua f. Cosa sin importancia. ‖ *AMÉR*. Niño. ‖ Autobús.
guaira f. Vela triangular. ‖ *AMÉR. CENT*. Flauta indígena. ‖ *AMÉR*. Hornillo de barro para fundir metales.

gualdo -da adj. De color amarillo.
guanaco m. Rumiante con pelo sedoso, patas largas, y callos en pecho y rodillas.
guano m. Abono que resulta de los excrementos de aves marinas.
guante m. Prenda que abriga o protege la mano.
guapo -pa adj. y n. Bien parecido.
guarango -ga adj. *AMÉR*. Maleducado.
guarda n. com. Persona encargada de cuidar y conservar algo.
guardabarrera n. com. Persona que custodia un paso a nivel.
guardabarros m. Cubierta de las ruedas de los vehículos.
guardaespaldas n. com. Persona que protege a otra de posibles agresiones.
guardapolvo m. Resguardo para preservar del polvo.
guardar v. tr. Custodiar y cuidar algo o a alguien.
guardarropa m. Habitación donde se guardan abrigos y otros objetos personales.
guardería f. Establecimiento donde se atiende a niños pequeños.
guardia f. Custodia, defensa. ‖ Cuerpo especial de tropa.
guardián -na m. y f. Persona que guarda y cuida algo.
guarecer v. tr. Acoger, preservar.
guarida f. Cueva o paraje abrigado donde se refugian los animales.
guarismo m. Signo o cifra arábiga que expresa una cantidad.
guarnición f. Adorno en las prendas de vestir u otras ropas. ‖ Añadido que acompaña un plato. ‖ Tropa.
guaro m. *AMÉR*. Aguardiente.
guarro -rra adj. y n. Cochino.
guasa f. Burla, ironía.

guata f. Lámina gruesa de algodón para rellenar confecciones. || *AMÉR.* Barriga.
guayabear v. intr. *AMÉR.* Mentir.
guayabera f. Chaqueta o camisa suelta, de tela ligera.
gubia f. Formón de media caña.
guedeja f. Cabellera larga.
guepardo m. Mamífero carnívoro muy veloz.
guerra f. Lucha armada entre países. || Lucha, combate.
guerrear v. intr. Hacer guerra.
guerrero -ra adj. y n. Que guerrea. || Propenso a discutir. || m. Soldado. || f. Chaqueta militar.
guerrilla f. Partida de tropa ligera, encargada de misiones especiales.
guía n. com. Persona que conduce y enseña a otra.
guijarro m. Canto rodado.
guillotina f. Máquina para decapitar. || Máquina para cortar papel.
guindilla f. Pimiento muy picante.
guiñapo m. Andrajo, trapo.
guiñar v. tr. Abrir y cerrar un ojo dejando el otro abierto.
guion m. Escrito esquemático que sirve de guía. || Signo ortográfico representado por una raya horizontal (–).

guirigay m. Barullo, confusión.
guirnalda f. Corona o tira tejida de flores o ramas.
güiro m. *AMÉR.* Instrumento musical hecho de una calabaza.
guisa f. Modo, manera.
guisado m. Guiso preparado con salsa.
guisante m. Planta trepadora, de fruto en vaina con semillas esféricas.
guisar v. tr. Cocinar. || Preparar algo.
guiso m. Alimento guisado.
guita f. Cuerda. || Dinero.
guitarra f. Instrumento musical, compuesto de una caja de madera, con un agujero, por donde pasan seis cuerdas sujetas a un mástil.
gula f. Exceso en la comida y bebida.
guru o **gurú** m. En la India, maestro espiritual o jefe religioso.
gusano m. Animal invertebrado de cuerpo blando, sin patas.
gustar v. tr. Sentir el sabor de las cosas. || Probar.
gusto m. Sentido corporal con el que se perciben los sabores. || Sabor. || Placer.
gutapercha f. Sustancia análoga al caucho, que se extrae del látex de árboles de las islas de Malaysia.
gutural adj. Relativo a la garganta.

H h

h f. Octava letra del alfabeto español, y sexta de sus consonantes.
haba f. Planta herbácea, con fruto en vaina y semillas comestibles.
haber m. Conjunto de bienes y derechos de alguien. || Verbo auxiliar usado para conjugar otros verbos en tiempos compuestos. || v. impers. Acaecer.
habichuela f. Judía, planta.
hábil adj. Competente. || Apto.
habilitar v. tr. Hacer hábil.
habitación f. Aposento de una casa. || Dormitorio.
habitar v. intr. Vivir en un lugar.
hábito m. Vestido talar religioso. || Modo de proceder, costumbre.
habitual adj. Que se hace, posee o padece con frecuencia.
habituar v. tr. y prnl. Acostumbrar a hacer algo.
habla f. Facultad de hablar. || Lenguaje, idioma.
habladuría f. Rumor sin fundamento.
hablar v. intr. Comunicarse por palabras.
hacendoso -sa adj. Solícito y diligente en las faenas domésticas.
hacer v. tr. Producir una cosa. || Fabricar. || Ejecutar. || Ocasionar, causar. || Disponer, componer. || Habituar. || v. prnl. Crecer.
hacha f. Vela de cera grande. || Herramienta cortante, compuesta de una pala y un mango.
hachís m. Droga hecha con la resina de una variedad del cáñamo.
hacia prep. Determina dirección.
hacienda f. Finca rural. || Bienes.
hacinar v. tr. Amontonar.
hada f. Ser mágico representado en forma de mujer.
hado m. Destino, sino.
halagar v. tr. Dar muestras de afecto. || Adular.
halcón m. Ave rapaz, que se empleaba en cetrería.
hallar v. tr. Dar con una persona o cosa. || Descubrir algo. || Ver, notar.
hamaca f. Mecedora de red. || Lecho colgante.
hambre f. Gana de comer. || Deseo ardiente de una cosa.
hamburguesa f. Bistec de carne picada, con ajo, cebolla, etc.
hampa f. Género de vida de pícaros y maleantes. || Conjunto de maleantes.
handicap m. Desventaja, inconveniente.
hangar m. Cobertizo para resguardar los aviones.
haragán -na adj. y n. Holgazán.
harapo m. Andrajo.
harén m. Departamento de la casa árabe destinado a las mujeres.
harina f. Polvo que resulta de la molienda de algunas semillas.
hartar v. tr., intr. y prnl. Saciar el apetito de comer y beber.
hasta prep. Expresa término de lugar, acción y cantidad.
hastío m. Repugnancia a la comida. || Disgusto, tedio.

hato m. Porción de ganado. || *AMÉR.* Hacienda ganadera.

haya f. Árbol de hojas pecioladas y madera muy apreciada.

haz m. Porción atada de mieses, leña, etc. || Conjunto de rayos de luz.

hazaña f. Hecho ilustre y heroico.

hazmerreír m. Persona ridícula y extravagante.

hebilla f. Pieza de metal que sujeta una correa, cinta, etc.

hebra f. Porción de hilo u otra materia hilada.

hecatombe f. Catástrofe.

hechicero -ra adj. y n. Que realiza el arte de hechizar. || adj. Que atrae la voluntad de las gentes.

hechizar v. tr. Causar daño a través de maleficios. || Embelesar.

hechizo m. Práctica de los hechiceros.

hecho m. Acción u obra. || Hazaña. || Cosa que ocurre.

hectárea f. Medida de superficie que tiene cien áreas.

heder v. intr. Arrojar de sí un olor malo.

hediondo -da adj. Que desprende hedor. || Sucio, repugnante.

hedor m. Olor desagradable.

hegemonía f. Supremacía.

helado -da adj. Muy frío. || m. Refresco de zumos de frutas, nata, etc., ligeramente congelado.

helar v. tr. y prnl. Congelar.

helecho m. Planta criptógama, de rizoma carnoso.

hélice f. Conjunto de aletas que, al girar alrededor de un eje, empujan el fluido ambiente y producen una fuerza propulsora.

helicóptero m. Aeronave más pesada que el aire que se eleva gracias a una hélice vertical.

hematíe m. Célula roja de la sangre de los vertebrados.

hematoma m. Tumefacción causada por acumulación de sangre.

hembra f. Animal del sexo femenino. || Mujer.

hemeroteca f. Local donde se guardan periódicos y revistas.

hemiciclo m. Semicírculo.

hemisferio m. Mitad de la superficie de la esfera terrestre. || Semiesfera.

hemoglobina f. Pigmento que da color a la sangre.

hemorragia f. Flujo de sangre.

hemorroide f. Dilatación varicosa de las venas del ano o del recto.

henchir v. tr. Ocupar un espacio por completo. || v. prnl. Hartarse.

hender v. tr. y prnl. Abrir un cuerpo sin partirlo del todo.

heno m. Planta forrajera de las gramíneas.

heraldo m. Mensajero.

herbáceo -a adj. Que tiene la naturaleza o cualidades de la hierba.

herbario m. Colección de plantas para su estudio. || Herbolario.

herbívoro -ra adj. y n. Que se alimenta de vegetales.

herboristería f. Tienda donde se venden plantas medicinales.

heredad f. Terreno cultivado perteneciente a un mismo dueño.

heredar v. tr. Suceder por testamento o por ley en los bienes y acciones de una persona.

hereje n. com. Persona que en materia de fe profesa una herejía.

herejía f. Error en materia de fe.

herida f. Rotura hecha en las carnes con un instrumento, o por choque.

herir v. tr. Romper o abrir las carnes con un arma u otro instrumento.

hermanar v. tr. Hacer a uno hermano de otro.

hermanastro -tra m. y f. Hijo de

hermandad f. Parentesco entre hermanos. || Cofradía.

uno de los dos consortes con respecto al hijo del otro.

hermano -na m. y f. Persona que con respecto a otra tiene los mismos padres. || Lego. || Cofrade.

hermético -ca adj. Impenetrable.

hermosear v. tr. y prnl. Hacer o poner hermoso.

hermoso -sa adj. Dotado de hermosura.

hermosura f. Belleza.

hernia f. Salida de una víscera de la cavidad en la que se halla.

héroe m. Varón ilustre y famoso por sus hazañas o virtudes.

heroína f. Mujer ilustre por sus hazañas. || Droga obtenida de la morfina

herradura f. Hierro que se clava en los cascos de las caballerías.

herramienta f. Instrumento para realizar operaciones mecánicas.

herrar v. tr. Ajustar y clavar las herraduras a las caballerías.

herrero -ra m. y f. El que tiene por oficio labrar el hierro.

herrumbre f. Óxido del hierro.

hervir v. intr. Producir burbujas un líquido bajo el efecto del calor.

heterogéneo -a adj. Diferente.

hexaedro m. Sólido de seis caras.

hez f. Sedimento en las preparaciones líquidas. || pl. Excrementos.

híbrido -da adj. y n. Aplícase al animal o vegetal procreado por dos individuos de distinta especie.

hicaco m. *AMÉR.* Arbusto rosáceo, de fruto comestible.

hidalgo -ga m. y f. Persona de linaje noble.

hidalguía f. Nobleza.

hidratar v. tr. Combinar una sustancia con el agua.

hidráulica f. Ciencia que estudia las aguas y su aprovechamiento.

hidroavión m. Avión con flotadores para posarse sobre el agua.

hidrófilo -la adj. Que absorbe el agua fácilmente.

hidrógeno m. Gas inodoro e incoloro, más ligero que el aire.

hidrografía f. Estudio de los mares y las corrientes de agua.

hidrosfera f. Totalidad de las aguas del globo terráqueo.

hidroterapia f. Método curativo por medio del agua.

hiedra f. Planta trepadora araliácea, de tronco sarmentoso, raíces adventicias, hojas acorazonadas, flores en umbela y fruto en baya.

hiel f. Bilis. || Amargura.

hielo m. Agua convertida en sólida por un descenso de temperatura.

hierba f. Planta cuyo tallo no desarrolla tejido leñoso. || Marihuana. || pl. Infusión.

hierbabuena f. Planta aromática, de tallos erguidos y hojas vellosas.

hierro m. Metal dúctil, maleable, de color gris azulado.

hígado m. Víscera situada en la parte derecha del abdomen.

higiene f. Parte de la medicina que tiene por objeto la conservación de la salud. || Limpieza, aseo.

higo m. Fruto de la higuera.

higuera f. Árbol de madera blanca y fruto comestible.

hijastro -tra m. y f. Hijo o hija de uno de los cónyuges, respecto del otro que no los procreó.

hijo -ja m. y f. Persona o animal respecto de su padre o de su madre.

hilar v. tr. Reducir a hilo. || Discurrir, deducir.

hilaridad f. Risa ruidosa.

hilera

hilera f. Formación en línea de una serie de personas o cosas.
hilo m. Hebra larga y delgada que se forma retorciendo una materia flexible. || Alambre, cable.
hilván m. Costura con que se prepara lo que se ha de coser.
himno m. Composición poética en honor de dioses o héroes.
hincar v. tr. Introducir una cosa en otra. || v. prnl. Arrodillarse.
hincha n. com. Partidario entusiasta de un equipo deportivo.
hinchar v. tr. y prnl. Hacer que aumente de volumen un objeto, llenándolo de un fluido.
hinojo m. Planta aromática, de flores amarillas reunidas en umbela.
hipar v. intr. Sufrir reiteradamente el hipo. || Lloriquear.
hipermercado m. Supermercado de grandes dimensiones.
hípica f. Deporte sobre caballo.
hipnosis f. Estado artificial de sueño producido por sugestión.
hipo m. Espasmo respiratorio.
hipocampo m. Caballito de mar.
hipocresía f. Fingimiento de cualidades o sentimientos.
hipócrita adj. y n. com. Que finge lo que no es o lo que no siente.
hipódromo m. Lugar para carreras de caballos y carros.
hipopótamo m. Mamífero de piel gruesa, cabeza gorda, orejas, ojos pequeños y boca grande.
hipoteca f. Compromiso con que se garantiza el pago de un crédito.
hipotenusa f. Lado opuesto al ángulo recto en un triángulo rectángulo.
hipótesis f. Suposición de una cosa, para sacar una consecuencia.
histeria f. Neurosis que causa trastornos emocionales.
historia f. Ciencia que estudia los hechos del pasado relativos al hombre y a la humanidad.
historiar v. tr. Contar o escribir historias. || *AMÉR.* Complicar.
hito -ta adj. Firme. || m. Poste que señala los límites de un territorio.
hobby m. Afición favorita.
hocico m. Parte de la cabeza de algunos animales, en que están la boca y la nariz.
hockey m. Deporte que consiste en impulsar una bola o un disco hacia la portería contraria.
hogar m. Lugar donde se coloca la lumbre. || Casa o domicilio. || Vida de familia.
hogaza f. Pan grande.
hoguera f. Fuego con mucha llama.
hoja f. Órgano verde, plano y delgado, que nace en la extremidad de los tallos y en las ramas de los vegetales. || Lámina delgada de cualquier materia.
hojalata f. Lámina de metal estañada por las dos caras.
hojaldre n. amb. Masa de harina y mantequilla, que forma hojas superpuestas al cocerse en el horno.
hojarasca f. Conjunto de hojas que han caído de los árboles.
hojear v. tr. Leer o consultar superficialmente un libro.
holgar v. intr. Estar ocioso.
holgazanear v. intr. Estar voluntariamente ocioso.
holgura f. Anchura. || Vida sin estrecheces.
hollar v. tr. Pisar alguna cosa.
hollejo m. Piel delgada que cubre algunas frutas y legumbres.
hollín m. Sustancia negra que el humo deposita sobre los cuerpos.
holocausto m. Sacrificio.
hombre m. Ser animado racional. ||

hospital

Varón. || El que ha llegado a la edad viril.

hombrera f. Adorno de tela de ciertos vestidos en la parte correspondiente a los hombros.

hombro m. Parte superior y lateral del tronco, de donde nace el brazo.

homenaje m. Acto o actos en honor de una persona.

homicida n. com. y adj. Que ocasiona la muerte de una persona.

homicidio m. Muerte causada a una persona por otra.

homilía f. Plática religiosa.

homogéneo -a adj. Se dice de lo que es de un mismo género.

homónimo -ma adj. y n. Palabras de igual grafía y distinto significado.

homosexualidad f. Atracción sexual hacia personas del mismo sexo.

hondo -da adj. Que tiene profundidad. || Intenso. || f. Tira usada para lanzar piedras con violencia.

hondonada f. Terreno hondo.

honesto -ta adj. Decente, honrado.

hongo m. Planta talófita, sin clorofila y de reproducción preferentemente asexual.

honor m. Virtud. || Gloria, buena reputación.

honorario adj. Que sirve para honrar a uno. || m. pl. Retribución que se da a uno por su trabajo.

honrar v. tr. Respetar a una persona. || Enaltecer su mérito. || Dar celebridad.

hora f. Cada una de las veinticuatro divisiones de un día solar.

horadar v. tr. Agujerear.

horario m. Distribución de la jornada.

horca f. Patíbulo en el cual se ahorcaba a los reos. || Palo con púas para uso agrícola.

horchata f. Bebida preparada con chufas, almendras, etc., agua y azúcar.

horda f. Grupo de gente indisciplinada.

horizontal adj. Que está en el horizonte o paralelo a él.

horizonte m. Línea que limita la superficie terrestre visible.

horma f. Útil para dar forma a una cosa.

hormiga Insecto de tamaño variable y color negro o rojizo.

hormigón m. Material de construcción de piedras pequeñas y mortero de cemento y arena.

hormiguero m. Lugar donde se crían y habitan las hormigas.

hormona f. Sustancia endocrina que excita o regula la actividad de ciertos órganos.

hornacina f. Cavidad en forma de arco en una pared.

hornear v. intr. Meter algo en el horno.

horno m. Aparato o cavidad para conseguir temperaturas muy elevadas en su interior.

horóscopo m. Predicción del futuro, efectuada por los astrólogos.

horquilla f. Alfiler doblado para sujetar el pelo.

hórreo m. Granero sobre pilotes para guardar el grano.

horror m. Miedo intenso, causado por una cosa terrible. || Aversión.

hortaliza f. Planta comestible que se cultiva en las huertas.

hortelano -na m. y f. El que por oficio cultiva huertas.

hortera f. Cazuela de madera. || adj. y n. com. De mal gusto.

horticultura f. Cultivo de hortalizas.

hosco -ca adj. Arisco, huraño.

hospedar v. tr. Albergar a alguien.

hospedería f. Casa destinada al alojamiento de viajeros.

hospicio m. Asilo.

hospital m. Establecimiento donde se da asistencia médica.

hospitalizar

hospitalizar v. tr. Internar a un enfermo en un hospital.
hostal m. Hostería, mesón.
hostelería f. Conjunto de servicios para satisfacer las necesidades de alojamiento y alimentación.
hostia f. Hoja redonda y delgada de pan ácimo, usada en la misa.
hostigar v. tr. Fustigar. || Perseguir, molestar a uno.
hostil adj. Contrario, enemigo.
hostilidad f. Agresión armada.
hotel m. Establecimiento de hostelería de calidad superior.
hoy adv. t. En el día presente.
hoz f. Angostura de un valle profundo, o de un río que corre entre sierras. || Instrumento para segar.
hucha f. Recipiente con una hendidura, para guardar dinero.
hueco -ca adj. y n. Cóncavo o vacío. || adj. Presumido, vano.
huelga f. Cesación del trabajo, hecha voluntariamente, para manifestar una protesta.
huella f. Señal que deja en el suelo el pie. || Rastro.
huérfano -na adj. y n. Persona de menor edad a quien faltan su padre, su madre, o ambos.
huero -ra adj. Vacío.
huerta f. Terreno destinado al cultivo de frutales y hortalizas.
hueso m. Pieza que forma el esqueleto de los vertebrados.
huésped -da m. y f. Persona alojada en casa ajena, en un hotel, etc.
hueste f. Ejército en campaña.
hueva f. Masa que forman los huevecillos de ciertos peces.
huevo m. Célula formada por la unión del gameto masculino con el femenino, a partir de la cual se puede desarrollar un nuevo ser.

huir v. intr. y prnl. Apartarse deprisa de algo o alguien.
hule m. Caucho. || Tela recubierta de material impermeable.
hulla f. Combustible fósil de color negro y brillo mate.
humanidad f. Calidad de humano. || Género humano.
humanitario -ria adj. Que mira por el bien de la humanidad. || Bondadoso.
humanizar v. tr. Hacer humano.
humano -na adj. Del hombre. || Compasivo. || m. Persona.
humareda f. Abundancia de humo.
humear v. intr. y prnl. Echar, expulsar humo. || v. tr. *AMÉR*. Fumigar.
humedad f. Vapor de agua que impregna un cuerpo o que contiene el aire.
húmedo -da adj. Ligeramente mojado.
húmero m. Hueso del brazo entre el hombro y el codo.
humildad f. Virtud de reconocer los defectos propios.
humillar v. tr. y prnl. Inclinar el cuerpo, en señal de respeto.
humita f. *AMÉR*. Pasta de maíz tierno rallado, mezclado con hortalizas y queso.
humo m. Producto gaseoso de la combustión de una materia orgánica. || Presunción.
humor m. Cualquier líquido del cuerpo animal. || Estado de ánimo.
hundir v. tr. y prnl. Meter en lo hondo.
huracán m. Viento impetuoso.
huraño -ña adj. Que rehúsa el trato de la gente.
hurgar v. tr. y prnl. Remover.
hurón m. Mamífero carnívoro, usado en la caza del conejo.
hurtar v. tr. Robar a escondidas.
husmear v. tr. Rastrear con el olfato.
huso m. Instrumento manual, que sirve para devanar hilo, seda, etc.

I i

i f. Novena letra del alfabeto español, y tercera de las vocales.
iceberg m. Masa de hielo flotante en los mares.
icono m. Pintura religiosa de las iglesias cristianas orientales.
iconoclasta adj. y n. com. Que niega el culto a las imágenes sagradas.
ictericia f. Enfermedad producida por bilis en sangre.
ida f. Acción de ir hacia un lugar.
idea f. Representación mental del objeto percibido. || Opinión.
ideal adj. Perfecto, excelente, adecuado. || m. Modelo, prototipo.
ideario m. Ideología de un individuo o grupo.
ídem pron. lat. El mismo, lo mismo.
idéntico -ca adj. y n. Que es lo mismo que otra cosa.
identificar v. tr. y prnl. Presentar como idénticas cosas que son diferentes. || Reconocer.
ideología f. Tratado de las ideas.
idilio m. Episodio amoroso.
idioma m. Lengua de una comunidad.
idiota adj. y n. com. Falto de entendimiento.
idolatrar v. tr. Adorar ídolos.
ídolo m. Figura de un dios falso.
idóneo -na adj. Apto, hábil.
iglesia f. Institución religiosa fundada por Jesucristo. || Comunidad cristiana. || Templo cristiano.
iglú m. Construcción semiesférica hecha con bloques de hielo.

ígneo -a adj. De fuego.
ignominia f. Afrenta pública que uno padece, con causa o sin ella.
ignorancia f. Falta de ciencia, de conocimientos o de instrucción.
ignorar v. tr. No saber una cosa.
ignoto -ta adj. No conocido.
igual adj. De la misma clase o condición. || Muy semejante.
igualar v. tr. y prnl. Poner igual.
igualdad f. Conformidad de una cosa con otra. || Expresión de la equivalencia de dos cantidades.
iguana f. Reptil arborícola americano parecido a un lagarto grande.
ijada f. Cavidad situada entre las costillas falsas y las caderas.
ilación f. Enlace entre las ideas.
ilegal adj. Contrario a la ley.
ileso -sa adj. Que no ha sufrido daño.
ilícito -ta adj. No lícito.
iluminar v. tr. Alumbrar.
ilusión f. Esperanza poco fundada.
ilusionar v. tr. y prnl. Hacer que alguien conciba ilusiones.
iluso -sa adj. y n. Engañado con una ilusión. || Candoroso, soñador.
ilustración f. Estampa, grabado.
ilustrar v. tr. y prnl. Dar luz a la inteligencia. || Esclarecer algo.
ilustre adj. Insigne, célebre.
imagen f. Representación plástica o mental de una persona o cosa.
imaginación f. Facultad de imaginar.
imaginar v. tr. y prnl. Representar en la mente la imagen de algo.

imán m. Mineral que atrae el hierro y otros metales.
imantar v. tr. y prnl. Comunicar a un cuerpo la propiedad magnética.
imbécil adj. y n. com. Alelado, escaso de razón.
imberbe adj. Que no tiene barba.
imbricado -da adj. Dícese de las cosas sobrepuestas unas en otras.
imbuir v. tr. y prnl. Persuadir.
imitar v. tr. Ejecutar una cosa a ejemplo o semejanza de otra.
impacientar v. tr. Hacer perder la paciencia.
impacto m. Choque de un objeto con otro.
impar adj. Que no tiene par.
imparcialidad f. Falta de prevención en favor o en contra.
impartir v. tr. Repartir.
impasible adj. Indiferente.
impecable adj. Perfecto.
impedimento m. Obstáculo.
impedir v. tr. Estorbar, imposibilitar.
impeler v. tr. Empujar.
imperar v. intr. Mandar, dominar.
imperativo -va adj. Que manda.
imperdible m. Alfiler que no puede abrirse fácilmente.
imperecedero -ra adj. Inmortal.
imperfecto -ta adj. Inacabado.
imperio m. Dignidad de emperador y tiempo que dura su mandato.
imperioso -sa adj. Autoritario. || Que conlleva exigencia.
impermeable m. Prenda de abrigo que protege de la lluvia.
impersonal adj. Que no va dirigido a nadie en particular.
impertérrito -ta adj. Que no se altera.
impertinente adj. Falto de consideración o respeto.
ímpetu m. Movimiento acelerado y violento.

impío -a adj. y n. Falto de piedad.
implacable adj. Que no se ablanda en su rigor.
implantar v. tr. y prnl. Establecer, instaurar. || Injertar un tejido.
implicar v. tr. Enredar en algo.
implícito -ta adj. Que se sobreentiende.
implorar v. tr. Pedir con ruegos.
impoluto -ta adj. Sin mancha.
imponer v. tr. y prnl. Poner carga u obligación. || Infundir respeto.
importación f. Introducción de mercancías extranjeras en el país.
importancia f. Valor de una cosa.
importar v. intr. Convenir, interesar. || v. tr. Valer, sumar. || Introducir productos extranjeros.
importe m. Cuantía de un precio.
imposible adj. No posible.
imposición f. Carga, tributo.
impostor -ra adj. y n. Que engaña con apariencia de verdad. || Suplantador.
impotencia f. Falta de poder para realizar una cosa.
impregnar v. tr. y prnl. Empapar.
imprenta f. Arte de imprimir.
impresión f. Marca, señal que una cosa deja en otra.
impresionar v. tr. y prnl. Producir alteración en una placa fotográfica. || Conmover.
impreso m. Formulario.
imprimir v. tr. Fijar en una materia textos y material gráfico, mediante impresión.
ímprobo -ba adj. Malvado.
impronta f. Señal peculiar.
improperio m. Injuria grave.
impropio -pia adj. Falto de cualidades convenientes. || Ajeno.
improvisar v. tr. Hacer algo de repente, sin preparación previa.

impúber -ra adj. y n. Que no ha llegado aún a la pubertad.
impudicia f. Deshonestidad.
impuesto m. Tributo, carga.
impugnar v. tr. Combatir, refutar.
impulsar v. tr. Impeler.
impulsivo -va adj. Que habla o procede irreflexivamente.
impunidad f. Falta de castigo.
impureza f. Falta de pureza.
imputar v. tr. Atribuir a uno una culpa.
inadmisible adj. Que no se puede admitir, tolerar.
inadvertido -da adj. Que no advierte o repara lo que debiera.
inalámbrico -ca adj. Dícese del sistema de comunicación sin hilos.
inanición f. Debilidad extrema.
inapelable adj. Que no se puede apelar.
inapreciable adj. Que no se puede apreciar.
inaudito -ta adj. Nunca oído.
inaugurar v. tr. Celebrar el comienzo o el estreno de algo.
incalculable adj. Valioso.
incalificable adj. Vituperable.
incandescente adj. Candente.
incapacidad f. Falta de capacidad.
incapacitar v. tr. Inhabilitar.
incautarse v. prnl. Tomar posesión la autoridad de bienes o dinero.
incauto -ta adj. Falto de cautela.
incendio m. Fuego grande.
incentivo adj. y m. Estímulo.
incertidumbre f. Duda.
incesto m. Relación sexual entre parientes consanguíneos o afines.
incidencia f. Suceso.
incidir v. intr. Caer en un error.
incienso m. Gomorresina que al arder despide olor aromático.
incierto -ta adj. No cierto, falso. || No seguro. || Desconocido.
incinerar v. tr. Reducir a cenizas.

incipiente adj. Que empieza.
incisión f. Corte hecho en el cuerpo con un instrumento.
incisivo -va adj. Apto para cortar. || Punzante, mordaz.
inciso m. Intermedio, descanso.
incitar v. tr. Mover, estimular.
inclemencia f. Falta de clemencia. || Rigor del clima.
inclinación f. Tendencia.
inclinar v. tr. y prnl. Apartar una cosa de su posición. || Impulsar.
ínclito -ta adj. Ilustre, afamado.
incluir v. tr. Contener algo.
incógnita f. Magnitud desconocida que es preciso averiguar.
incombustible adj. Que no se puede quemar.
incomodidad f. Molestia, fatiga.
incompatibilidad f. Impedimento para desempeñar dos cargos a la vez.
incompetencia f. Ineptitud.
incomunicar v. tr. Privar de comunicación.
inconcebible adj. Inimaginable.
incondicional adj. Sin restricción.
inconsistente adj. Falto de consistencia lógica o física.
inconstante adj. No estable.
inconveniencia f. Grosería.
inconveniente m. Obstáculo.
incordiar v. tr. Importunar.
incorporar v. tr. y prnl. Juntar varias cosas para formar un todo. || Levantar un cuerpo echado.
incredulidad f. Dificultad en creer algo.
incrementar v. tr. Aumentar.
increpar v. tr. Reprender duramente.
incruento -ta adj. No sangriento.
incrustar v. tr. Embutir, taracear.
incubadora f. Cámara aséptica para el cuidado médico de los niños prematuros.

incubar

incubar v. tr. Empollar. || v. prnl. Estar latente una cosa.
inculcar v. tr. Imbuir en el ánimo de uno una idea.
inculpar v. tr. Culpar, acusar.
inculto -ta adj. No cultivado.
incumbencia f. Obligación.
incunable adj. y m. Se dice de los libros impresos antes del siglo XVI.
incurrir v. intr. Cometer una falta, error, delito, etc.
indagar v. tr. Inquirir, averiguar.
indebido -da adj. Ilícito, injusto.
indecencia f. Falta de decencia.
indecisión f. Irresolución.
indefenso -sa adj. Que carece de defensa.
indefinido -da adj. No definido.
indeleble adj. Que no se puede borrar.
indemnizar v. tr. y prnl. Resarcir de un daño o perjuicio.
independencia f. Libertad, autonomía.
indeseable adj. y n. com. Persona de trato no recomendable.
indeterminación f. Falta de determinación o de resolución.
indicar v. tr. Dar a entender con indicios, señales u observaciones.
índice adj. y m. Segundo dedo de la mano. || Lista ordenada.
indicio m. Acción o señal que da a conocer lo oculto.
indiferente adj. No determinado a una cosa más que a otra.
indígena adj. y n. com. Originario del país de que se trata.
indigestarse v. prnl. Sentar mal una comida.
indignación f. Enojo, ira, enfado.
indigno -na adj. Falto de mérito. || Impropio de uno. || Vil, ruin.
indirecto -ta adj. y n. Que no va rectamente a un fin.

indiscreto -ta adj. y n. Que obra sin discreción.
indisoluble adj. Que no se puede disolver ni desunir.
indispensable adj. Necesario.
indisponer v. tr. y prnl. Poner a mal a las personas, enemistar.
indisposición f. Falta de disposición. || Alteración pasajera de la salud.
indistinto -ta adj. Que no se distingue de otra cosa.
individual adj. Propio de una cosa.
individuo m. Cada ser organizado, respecto a su especie.
indocumentado -da adj. y n. Que carece, o no lleva, documentos de identificación.
índole f. Condición natural propia de cada uno.
indolente adj. Que no se conmueve. || Apático, perezoso.
indómito -ta adj. No domado.
inducir v. tr. Instigar, persuadir.
indulgencia f. Facilidad en perdonar.
indultar v. tr. Perdonar una pena.
indumentaria f. Vestido.
industria f. Conjunto de operaciones para la transformación de materias primas en bienes intermedios.
inédito -ta adj. Escrito y no publicado. || No conocido, nuevo.
inefable adj. Que no se puede explicar con palabras.
inepto -ta adj. No apto.
inequívoco -ca adj. Que no admite duda o confusión.
inercia f. Flojedad, pereza.
inerte adj. Inactivo, ineficaz.
inexorable adj. Que no se deja vencer por ruegos.
inexpugnable adj. Que no se deja vencer ni persuadir.
infalible adj. Que no puede fallar.
infamia f. Deshonra, descrédito.

infancia f. Período de la vida humana desde el nacimiento hasta la pubertad. || Conjunto de los niños.

infantería f. Tropa de a pie.

infectar v. tr. y pron. Transmitir a un organismo una enfermedad.

infeliz adj. y n. com. Desgraciado.

inferior adj. Que está colocado debajo o más bajo.

inferir v. tr. Inducir una cosa de otra. || Causar agravios u ofensas.

infestar v. tr. y prnl. Infectar.

infiel adj. Falto de fidelidad.

infierno m. Lugar de castigo eterno.

infiltrar v. tr. Introducir un líquido entre los poros de un sólido.

ínfimo -ma adj. Lo menor en una escala.

infinidad f. Gran número de cosas o personas.

infinito -ta adj. Que no tiene fin.

inflación f. Aumento generalizado de los precios.

inflamar v. tr. y prnl. Encender levantando llamas. || v. prnl. Producirse hinchazón.

inflar v. tr. y prnl. Hinchar.

inflexible adj. Incapaz de doblarse.

infligir v. tr. Imponer castigos.

inflorescencia f. Forma o disposición de las flores en las plantas.

influir v. tr. e intr. Ejercer una cosa sobre otras ciertos efectos.

influjo m. Influencia.

información f. Cualquier noticia hecha pública.

informal adj. y n. com. Que no se ajusta a las reglas sociales.

informar v. tr. y prnl. Dar noticia.

informática f. Tratamiento de la información mediante ordenadores.

informe m. Noticia sobre algo.

infortunio m. Desgracia.

infracción f. Transgresión de una ley.

infraestructura f. Conjunto de servicios básicos para el funcionamiento de una sociedad.

infructuoso -sa adj. Ineficaz.

infundado -da adj. Sin fundamento.

infundio m. Mentira, noticia falsa.

infundir v. tr. Causar en el ánimo un impulso moral o afectivo.

infusión f. Bebida obtenida por la decocción de hierbas.

ingeniería f. Conjunto de conocimientos que se aplican a la técnica industrial.

ingenio m. Facultad de inventar.

ingente adj. Muy grande, enorme.

ingenuidad f. Buena fe.

ingerir v. tr. Introducir por la boca la comida, bebida o medicamentos.

ingle f. Parte del cuerpo en que se juntan los muslos con el vientre.

ingrato -ta adj. Desagradecido.

ingrediente m. Cualquier cosa que entra en un compuesto.

ingresar v. intr. Entrar. || Pasar a formar parte de un grupo.

inhabilitar v. tr. Imposibilitar.

inhalar v. tr. Aspirar alguna sustancia por las vías respiratorias.

inherente adj. Permanente, esencial.

inhumano -na adj. Cruel.

inhumar v. tr. Dar sepultura.

inicial adj. Perteneciente al origen.

iniciar v. tr. y prnl. Instruir en algo. || v. tr. Comenzar una cosa.

iniciativa f. Derecho de hacer una propuesta y acto de ejercerlo.

iniquidad f. Injusticia, maldad.

injerir v. tr. Introducir una cosa en otra.

injertar v. tr. Injerir en una planta una parte de rama provista de yemas para que pueda brotar. || Aplicar tejido vivo.

injuriar v. tr. Ultrajar, agraviar.

injusticia f. Falta de justicia.
inmaculado -da adj. Sin mancha.
inmediato -ta adj. Cercano.
inmemorial adj. Tan antiguo que no hay memoria de su inicio.
inmenso -sa adj. Que no tiene medida. || Muy grande.
inmersión f. Acto de sumergir o sumergirse en un líquido.
inmigrar v. intr. Llegar a un país para establecerse en él.
inminente adj. Que está para suceder prontamente.
inmiscuir v. tr. Mezclar. || v. prnl. Entremeterse en algo.
inmobiliaria f. Empresa constructora de edificios.
inmolar v. tr. Sacrificar una víctima.
inmortal adj. Que no puede morir.
inmortalizar v. tr. y prnl. Perpetuar en la memoria de los hombres.
inmovilizar v. tr. Detener el movimiento de un cuerpo.
inmueble m. Edificio.
inmundicia f. Porquería.
inmune adj. Exento. || No atacable por ciertas enfermedades.
inmunizar v. tr. Hacer inmune.
inmutar v. tr. Alterar una cosa.
innato -ta adj. Congénito.
innoble adj. Vil, despreciable.
innovar v. tr. Introducir novedad.
innumerable adj. Incontable.
inocente adj. y n. com. Libre de culpa. || Cándido, fácil de engañar.
inodoro -ra adj. Falto de olor. || adj. y m. Retrete.
inofensivo -va adj. Incapaz de ofender.
inoportuno -na adj. Fuera de tiempo o de propósito.
inorgánico -ca adj. Desprovisto de órganos o de vida.
inquieto -ta adj. Que no está quieto. || Desasosegado.

inquilino -na m. y f. Persona que toma en alquiler una vivienda.
inquina f. Ojeriza, aversión.
inquirir v. tr. Indagar, averiguar.
insano -na adj. Malsano.
inscribir v. tr. Grabar. || v. tr. y prnl. Apuntar en una lista, registro, etc.
inscripción f. Escrito grabado.
insecticida adj. y m. Producto que sirve para matar insectos.
insecto m. Artrópodo traqueal, con un par de antenas y tres pares de patas.
insensato -ta f. y n. Sin sentido.
insepulto -ta adj. No sepultado.
insertar v. tr. Introducir, incluir.
insidia f. Asechanza.
insigne adj. Célebre, famoso.
insignia f. Señal. || Estandarte.
insignificante adj. Que carece de importancia.
insinuar v. tr. Dar a entender algo no haciendo más que indicarlo.
insistir v. intr. Instar reiteradamente.
insociable adj. Huraño.
insolación f. Trastorno producido por la prolongada exposición al Sol.
insolencia f. Descaro.
insólito -ta adj. No común.
insolvencia f. Incapacidad de pagar una deuda.
insomnio m. Vigilia, desvelo.
insonorizar v. tr. Aislar de ruidos.
insoportable adj. Insufrible.
inspeccionar v. tr. Examinar.
inspirar v. tr. Aspirar el aire. || Infundir ideas o afectos.
instalar v. tr. y prnl. Colocar correctamente. || v. prnl. Establecerse.
instancia f. Solicitud, memorial.
instante m. Momento.
instar v. tr. Insistir en algo.
instaurar v. tr. Establecer, fundar.
instigar v. tr. Incitar, inducir.

instinto m. Patrón de conducta innato en los animales.
institución f. Organismo que realiza una función de interés público.
instituir v. tr. Fundar. || Establecer.
instituto m. Establecimiento dedicado a investigación o enseñanza.
instrucción f. Caudal de conocimientos adquiridos.
instruir v. tr. Enseñar.
instrumento m. Aquello de que nos servimos para hacer algo. || Objeto con que se producen sonidos musicales.
insubordinar v. tr. y prnl. Provocar una rebelión.
insuflar v. tr. Soplar.
insulso -sa adj. Insípido, soso.
insultar v. tr. Ofender provocando.
insurrección f. Sublevación.
intacto -ta adj. No tocado. || Que no ha sufrido daño.
integrar v. tr. Formar las partes un todo. || v. tr. y prnl. Incorporar.
íntegro -gra adj. Entero. || Honrado.
intelecto m. Entendimiento.
inteligente adj. y n. com. Sabio, instruido. || Dotado de inteligencia.
inteligible adj. Que puede ser entendido.
intemperie f. Destemplanza del tiempo.
intención f. Voluntad hacia un fin.
intensidad f. Magnitud de una cualidad, una expresión, etc.
intentar v. tr. Tener ánimo de hacer una cosa. || Procurar.
intento m. Intención, propósito.
intercalar v. tr. Poner una cosa entre otras.
intercambio m. Reciprocidad de servicios. || Compra y venta.
interceder v. intr. Mediar.
interceptar v. tr. Detener algo en su camino.

interés m. Provecho, utilidad. || Valor intrínseco. || Inclinación hacia una persona o cosa.
interesar v. tr. Inspirar interés o afecto. || v. intr. y prnl. Tener interés en algo.
interferir v. tr. y prnl. Interponer algo en el camino de una cosa.
interino -na adj. Que suple temporalmente a una persona o cosa.
interior adj. Que está en la parte de adentro.
interjección f. Voz que expresa algún afecto del ánimo.
interlocutor -ra m. y f. Persona que toma parte en un diálogo.
intermediario -ria adj. y n. Que media entre dos o más personas.
intermedio m. Espacio entre dos tiempos.
intermitente adj. Que obra por intervalos.
internacional adj. Relativo a dos o más naciones.
internado m. Centro educativo donde los alumnos residen, comen y duermen.
internar v. tr. y prnl. Conducir tierra adentro. || Ingresar a alguien en un asilo, hospital, etc.
interno -na adj. Interior.
interpolar v. tr. Poner una cosa entre otras.
interpretar v. tr. Explicar el sentido de una cosa. || Representar o ejecutar el artista una obra.
interrogar v. tr. Preguntar.
interrumpir v. tr. Suspender la continuidad de algo.
intersticio m. Hueso pequeño.
intervalo m. Espacio entre dos lugares o tiempos.
intervenir v. intr. Tomar parte en un asunto. || Mediar.
interviu f. Entrevista.

intestino

intestino m. Conducto que va del estómago al ano.
intimar v. intr. Entablar estrecha amistad con alguien.
intimidad f. Zona espiritual íntima y reservada.
intimidar v. tr. y prnl. Causar miedo.
íntimo -ma adj. Más interior.
intoxicar v. tr. y prnl. Envenenar.
intransitable adj. Que es de paso difícil o imposible.
intransitivo -va adj. Que carece de complemento directo.
intratable adj. Insociable.
intrépido -da adj. Osado, irreflexivo.
intriga f. Maquinación secreta.
intrincar v. tr. y prnl. Embrollar.
intríngulis m. Dificultad.
intrínseco -ca adj. Esencial.
introducción f. Preparación para un fin. || Preámbulo.
introducir v. tr. y prnl. Dar entrada. || Meter una cosa en otra.
introspección f. Observación de los propios estados de conciencia.
intrusión f. Acción de introducirse indebidamente en un lugar, asunto, etc.
intuición f. Percepción clara, íntima e instantánea de una idea o verdad.
intumescente adj. Que se va hinchando.
inundar v. tr. y prnl. Cubrir el agua un lugar. || *fig.* Llenar con exceso.
inusitado -da adj. No habitual ni ordinario.
invadir v. tr. Entrar por la fuerza en una parte.
invalidar v. tr. Anular o dejar sin efecto una cosa.
inválido -da adj. y n. Persona con una minusvalía física o psíquica. || adj. Nulo, sin valor.
invectiva f. Discurso o escrito acre y violento.

inventar v. tr. Hallar o descubrir una cosa nueva. || Crear su obra el poeta o el artista. || Fingir hechos falsos.
inventario m. Lista o documento de los bienes de una persona o entidad.
inventiva f. Facultad de inventar.
invernáculo m. Invernadero.
invernada f. *AMÉR.* Lugar para el engorde del ganado.
invernadero m. Lugar para pasar el invierno. || Lugar cubierto para proteger las plantas del frío.
invernar v. intr. Pasar el invierno en un sitio.
inverosímil adj. Que no tiene apariencia de verdad.
inversión f. Homosexualidad.
inverso -sa adj. Alterado, trastornado.
invertebrado adj. y m. Dícese de los animales que no tienen columna vertebral.
invertir v. tr. y prnl. Alterar, trastornar las cosas o el orden de ellas. || Emplear dinero o tiempo.
investigar v. tr. Hacer diligencias para averiguar una cosa. || Estudiar.
inveterado -da adj. Antiguo, arraigado.
inviable adj. Sin posibilidades de llevarse a cabo.
invicto -ta adj. No vencido.
invierno m. Estación del año que va del solsticio del mismo nombre al equinoccio de primavera.
invitación f. Tarjeta con que se invita.
invitar v. tr. Llamar a uno para que acuda a un acto, fiesta, etc. || Incitar.
invocar v. tr. Llamar uno a otro en su auxilio. || Acogerse a una ley, costumbre o razón; alegarla.
involución f. Fase regresiva de un proceso.
involucrar v. tr. y prnl. Comprometer a alguien en un asunto.

invulnerable adj. Que no puede ser herido.
inyección f. Sustancia que se inyecta.
inyectar v. tr. Introducir un gas o un líquido a presión.
ion m. Átomo o agrupación de átomos que han perdido o ganado uno o más electrones.
ipso facto loc. lat. Inmediatamente.
ir v. intr. y prnl. Moverse de un lugar a otro. || v. intr. Venir, acomodarse una cosa con otra. || Caminar de acá para allá. || Extenderse una cosa de un punto a otro. || Obrar, proceder. || Apostar. || v. prnl. Estarse muriendo. || Gastarse, consumirse una cosa.
ira f. Pasión que mueve a enojo e indignación. || *fig.* Violencia de los elementos.
iracundo -da adj. y n. Poseído por la ira.
irascible adj. Propenso a la ira.
iridiscente adj. Que refleja los colores del iris.
iris m. Membrana circular pigmentada en cuyo centro está la pupila del ojo.
irisar v. intr. Presentar un cuerpo reflejos con los colores del arco iris.
ironía f. Figura que consiste en dar a entender lo contrario de lo que se dice. || Burla fina y disimulada.
irracional adj. y n. Contrario a la razón.
irradiar v. tr. Difundir un cuerpo rayos de luz en todas direcciones.
irreal adj. Falto de realidad.
irreconciliable adj. Que no quiere reconciliarse.

irredento -ta adj. Dícese del territorio que una nación pretende anexionarse por razones históricas, de lengua, etc.
irreducible adj. Que no se puede reducir, someter o conquistar.
irrefutable adj. Que no admite réplica.
irregular adj. Que no sigue la regla. || Que no sucede ordinariamente.
irregularidad f. *fig.* Inmoralidad en la administración pública o privada.
irrelevante adj. Sin importancia.
irremisible adj. Que no se puede perdonar.
irresoluto -ta adj. Falto de resolución.
irreverencia f. Falta de respeto.
irreversible adj. Que no vuelve atrás.
irrevocable adj. Definitivo.
irrigar v. tr. Rociar con líquido alguna parte o cavidad del cuerpo.
irrisorio -ria adj. Que mueve a risa o burla. || Insignificante.
irritar v. tr. y prnl. Hacer sentir ira. || v. tr. Causar escozor.
irrumpir v. intr. Entrar violentamente.
isla Porción de tierra rodeada de agua.
islote m. Isla pequeña.
isósceles adj. Dícese del triángulo que tiene dos lados iguales.
istmo m. Lengua de tierra que une una península con un continente.
itinerario -ria m. Descripción de un camino o viaje.
izar v. tr. Hacer subir algo tirando de la cuerda de que cuelga.
izquierdo -da adj. Que está situado del lado del corazón. || Zurdo.

J j

j f. Décima letra del alfabeto español, y séptima de sus consonantes.
jaba f. *AMÉR*. Cesta de juncos o yagua. || *AMÉR*. Cajón enrejado para transportar loza.
jabalí m. Mamífero artiodáctilo suido, de cabeza aguda y grandes colmillos afilados.
jabalina f. Vara con punta de hierro que el atleta lanza lo más lejos posible.
jabardillo m. Bandada de aves o de insectos. || *fam*. Multitud de gente.
jabardo m. Enjambre pequeño de una colmena.
jabato -ta adj. y n. *fam*. Valiente, osado. || m. y f. Cachorro de jabalí.
jabeque m. Embarcación costanera de tres palos, con velas latinas.
jabón m. Pasta soluble en agua y sirve para lavar.
jabonar v. tr. Lavar con agua y jabón. || Humedecer la barba con jabón para afeitarla.
jaboncillo m. Jabón de sastre.
jaca f. Caballo de poca alzada. || Yegua, hembra del caballo.
jacal m. *AMÉR*. Choza.
jácara f. Romance alegre. || Cierta música para cantar o bailar.
jacilla f. Huella que deja una cosa sobre la tierra.
jacinto m. Planta liliácea, que se cultiva como ornamental..
jactarse v. prnl. y tr. Pavonearse, ufanarse.

jaculatoria f. Oración breve y fervorosa.
jade m. Roca metamórfica, traslúcida y verdosa, que puede adquirir un bello pulido.
jadeo m. Respiración rítmica, superficial y entrecortada.
jaez m. Arreos de las caballerías. (Se usa más en plural.)
jaguar m. Mamífero carnívoro félido parecido al leopardo.
jaiba n. com. *AMÉR*. Persona lista y astuta.
jalar v. tr. *fam*. Comer con mucho apetito. || v. intr. *AMÉR*. Largarse, irse.
jalea f. Conserva gelatinosa, hecha de zumo de frutas.
jalear v. tr. Azuzar a los perros para que sigan la caza. || v. tr. y prnl. Animar a los que bailan o cantan.
jaleo m. Diversión bulliciosa.
jalonar v. tr. Servir como punto de referencia.
jamás adv. t. Nunca.
jamelgo m. Caballo flaco.
jamón m. Pierna curada del cerdo.
jaque m. Lance del ajedrez en que el rey está amenazado.
jaqueca f. Dolor intenso de cabeza.
jarabe m. Solución de azúcar en un líquido medicamentoso.
jarana f. Diversión, holgorio.
jarcia f. Aparejos de un buque.
jardín m. Terreno en donde se cultivan flores y plantas.

jarra f. Vasija con cuello y boca anchos y una o dos asas.
jarro m. Vasija con sólo un asa.
jarrón m. Vaso de adorno.
jaula f. Caja hecha con listones para encerrar animales.
jauría f. Grupo de perros de caza.
jazmín m. Arbusto de flores blancas muy olorosas.
jazz m. Forma de expresión musical afronorteamericana.
jefatura f. Cargo de jefe.
jefe -fa m. y f. Superior o cabeza de un cuerpo, oficio o corporación.
jeque m. Gobernador musulmán.
jerarquía f. Orden o graduación entre personas y cosas.
jerga f. Lenguaje especial de ciertas profesiones o grupos.
jergón m. Colchón de paja.
jerigonza f. Jerga.
jeringa f. Instrumento que se emplea para poner inyecciones.
jeroglífico -ca adj. Se dice de la escritura que se representa con figuras o símbolos.
jersey m. Prenda de punto que cubre de los hombros a la cintura.
jeta f. Hocico del cerdo. || Desvergüenza.
jibia f. Molusco cefalópodo. Es comestible.
jilguero m. Ave paseriforme. Muy apreciada por su canto.
jineta f. Mamífero carnívoro de cuerpo esbelto.
jinete m. El que cabalga.
jinetear v. tr. Domar caballos.
jipijapa f. Tira de paja que se usa en América para hacer sombreros.
jirafa f. Mamífero rumiante de cuello muy largo y pelaje leonado.
jirón m. Pedazo desgarrado del vestido u otra ropa.

jockey m. Jinete profesional.
jocoso -sa adj. Gracioso, festivo.
joder v. intr. y tr. Practicar el coito. || v. tr. y prnl. Molestar.
jofaina f. Vasija ancha y de poca profundidad.
jolgorio m. Diversión ruidosa.
jornada f. Camino recorrido en un día. || Duración del trabajo diario.
jornal m. Sueldo que se percibe por cada día de trabajo.
joroba f. Giba, corcova.
jorobar v. tr. y prnl. Molestar.
jota f. Nombre de la letra *j*. || Baile popular de Aragón, Navarra y otras regiones.
joven adj. y n. com. Que está en la juventud.
jovial adj. Alegre, de buen humor.
joya f. Adorno de metal precioso. || Cosa de gran valía.
jubilar v. tr. Relevar a alguien de su trabajo, por razón de edad, concediéndole una pensión.
júbilo m. Alegría ostensible.
judía f. Planta herbácea papilionácea, de fruto en legumbre, comestible.
judiada f. *fig.* Acción mala.
judicatura f. Ejercicio de juzgar. || Dignidad o empleo de juez.
judío -a adj. y n. Hebreo.
judo m. Yudo.
juego m. Ejercicio recreativo sometido a reglas.
juerga f. Jarana, jolgorio.
jueves m. Quinto día de la semana.
juez n. com. Persona con autoridad y potestad para juzgar, sentenciar y hacer observar las reglas.
jugada f. Cada una de las intervenciones de los jugadores en el juego. || Lance del juego. || *fig.* Acción mala contra uno.
jugar v. intr. Hacer algo con el solo

jugarreta

fin de entretenerse o divertirse. || Tomar parte en un juego.

jugarreta f. *fam.* Mala pasada.

juglar m. El que divertía al pueblo con poesías, cantos, juegos y habilidades. || En la Edad Media, trovador.

jugo m. Líquido contenido en las sustancias vegetales y animales. || Líquido orgánico secretado por una o varias glándulas. || Salsa de ciertos guisos. || *fig.* Lo sustancial y provechoso de algo.

juguete m. Objeto con que se entretienen los niños.

juguetón -na adj. Que juega y retoza a menudo.

juicio m. Facultad intelectiva del hombre por la que puede discernir lo verdadero de lo falso y el bien del mal. || Cordura, sensatez. || Opinión.

julepe m. Poción de aguas destiladas, jarabes y otras materias medicinales. || Cierto juego de naipes. || *AMÉR. MER.* Susto, miedo.

julio[1] m. Unidad de trabajo en el Sistema Internacional.

julio[2] m. Séptimo mes del año.

jumento -ta m. y f. Asno, burro.

junco m. Planta herbácea juncácea.

jungla f. Formación vegetal espesa y perenne, propia de las zonas monzónicas.

junio m. Sexto mes del año.

junquillo m. Planta amarilidácea. Es ornamental y muy olorosa.

junta f. Reunión de personas para tratar algún asunto. || Juntura.

juntar v. tr. Unir unas cosas con otras. || v. tr. y prnl. Reunir, congregar.

junto -ta adj. Unido, contiguo. || adv. l. Con *a*, cerca de.

juntura f. Punto en que se unen dos o más cosas.

jura f. Juramento.

jurado m. Tribunal popular que interviene en los procesos judiciales y determina la culpabilidad o inocencia del acusado. || Conjunto de expertos que otorgan los premios en certámenes, concursos o competiciones deportivas.

juramento m. Afirmación o negación de una cosa, poniendo a Dios por testigo.

jurar v. tr. Hacer un juramento. || Acatar solemnemente algo.

jurel m. Pez perciforme carángido; es comestible.

jurisconsulto -ta m. y f. Persona que profesa la ciencia del derecho.

jurisdicción f. Poder y autoridad para gobernar y hacer cumplir las leyes.

jurisprudencia f. Ciencia del derecho.

jurista n. com. Persona que estudia o profesa la ciencia del derecho.

justa f. Combate singular a caballo y con lanza.

justicia f. Virtud que inclina a dar a cada uno lo que le pertenece. || Derecho, razón, equidad. || Poder judicial.

justiciero -ra adj. Que hace observar estrictamente la justicia. || Vengador.

justificar v. tr. Rectificar una cosa. || v tr. y prnl. Probar una cosa plena y convincentemente.

justipreciar v. tr. Tasar una cosa.

justo -ta adj. y n. Que obra según justicia y razón.

juventud f. Período de la vida que se extiende entre la pubertad y la madurez. || Conjunto de jóvenes.

juzgado m. Conjunto de jueces que concurren a dar sentencia. || Sitio donde se juzga.

juzgar v. tr. Decidir en calidad de juez. || Opinar, creer, considerar.

K k

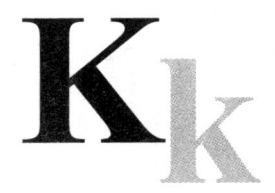

k f. Undécima letra del alfabeto español y octava de sus consonantes.
kamikaze m. Persona de conducta temeraria.
karate m. Modalidad de lucha japonesa.
karateka n. com. Que practica el karate.
karma m. En el hinduismo, principio fundamental en el que cada vida individual está condicionada por los actos de esta persona en sus existencias anteriores.
kart m. Vehículo automóvil monoplaza de pequeña cilindrada, desprovisto de carrocería.
kayak m. Canoa deportiva de madera y lona.
kéfir m. Leche fermentada artificialmente.
kendo m. Arte marcial japonés, que se practica con un sable de bambú.
kermés f. Fiesta popular al aire libre.
kilo m. Abreviatura de *kilogramo*.
kilogramo m. Unidad de masa y peso equivalente a mil gramos.
kilómetro m. Medida de longitud que tiene 1.000 metros.
kilt m. Falda corta de lana y a cuadros usada por los escoceses.
kimono m. Quimono.
kiosco m. Quiosco.
kit m. Conjunto de piezas y accesorios para el montaje de un aparato o equipo.
kiwi m. Arbusto trepador actinidáceo, de flores blancas o amarillas y fruto comestible.
knock-out m. En boxeo, caída de uno de los púgiles.
koala m. Mamífero marsupial falangérido, que vive en los bosques de Australia.
kung fu m. Arte marcial chino.

L

l f. Duodécima letra del abecedario español y novena de sus consonantes.
la Artículo determinado femenino singular. || Acusativo del pronombre personal de tercera persona femenino singular. || m. Nota musical.
laberinto m. Lugar formado por caminos que se entrecruzan, en el cual es difícil hallar la salida. || Parte interna del oído.
labia f. Locuacidad persuasiva.
labio m. Parte exterior, carnosa y movible de la boca.
labor f. Trabajo.
laboratorio m. Local para trabajos científicos o fotográficos.
laborioso -sa adj. Aficionado al trabajo. || Trabajoso, penoso.
labranza f. Cultivo del campo.
labrar v. tr. Cultivar la tierra. || Trabajar.
laca f. Sustancia resinosa que se forma en ciertos árboles.
lacayo m. Criado de librea.
lacerar v. tr. Lastimar, dañar.
lacio -cia adj. Marchito. || Sin vigor. || Dícese del cabello liso.
lacónico -ca adj. Breve, conciso.
lacra f. Defecto, vicio.
lacrimógeno -na adj. Que mueve a llanto o a lagrimeo.
lactancia f. Período de la vida durante el cual la criatura mama.
ladear v. tr., intr. y prnl. Inclinar hacia un lado.
ladera f. Declive de un monte.
ladino -na adj. Sagaz, taimado.
lado m. Lo que está a la derecha o a la izquierda de un todo.
ladrar v. intr. Dar ladridos.
ladrido m. Voz del perro.
ladrillo m. Masa de arcilla cocida, empleada en construcción.
ladrón -na adj. y n. Que roba.
lagar m. Lugar donde se pisa la uva, se prensa la aceituna o la manzana.
lagartija f. Lagarto pequeño.
lagarto m. Reptil con patas cortas y cabeza triangular.
lago m. Gran masa de agua depositada en hondonadas.
lágrima f. Gota secretada por la glándula lagrimal del ojo.
laguna f. Lago pequeño. || Fallo de memoria.
laico -ca adj. y n. Lego, que prescinde de la religión.
lamentación f. Queja dolorosa, con muestras de aflicción.
lamentar v. intr. y prnl. Sentir una cosa con aflicción.
lamer v. tr. y prnl. Pasar la lengua por una cosa.
lámina f. Plancha delgada de un metal. || Estampa, ilustración.
lámpara f. Utensilio para dar luz artificial.
lampiño -ña adj. Que no tiene barba. || Falto de pelo o vello.
lana f. Pelo de las ovejas y carneros que se hila y se teje.
lance m. Jugada. || Momento crítico.

leche

lancha f. Bote grande para servicios auxiliares.
langosta f. Insecto ortóptero. A veces forma grandes nubes que arrasan los cultivos. || Crustáceo decápodo de carne muy apreciada.
langostino m. Crustáceo decápodo de carne muy apreciada.
lánguido-da adj. Flaco, débil. || De poco espíritu y energía.
lanza f. Arma ofensiva compuesta de un asta con un hierro puntiagudo y cortante.
lanzallamas m. Arma para proyectar un chorro de llamas.
lanzar v. tr. y prnl. Arrojar, echar. || v. tr. Soltar, dejar libre.
lapa f. Molusco gasterópodo que vive adherido a las rocas.
lapicero m. Lápiz.
lápida f. Piedra con inscripción.
lapidar v. tr. Apedrear.
lápiz m. Sustancia mineral que se emplea para dibujar.
lapso m. Curso de un espacio de tiempo.
lapsus m. Omisión involuntaria.
largo -ga adj. Que tiene más o menos longitud. || Astuto.
larguero -ra m. Travesaño que se dispone longitudinalmente.
laringe f. Órgano que comunica la faringe con la tráquea.
las Forma del artículo determinado en femenino y plural. || Acusativo femenino plural del pronombre personal de tercera persona.
lascivia f. Propensión a la lujuria.
láser m. Dispositivo que produce una intensa radiación luminosa.
lástima f. Compasión.
lastimar v. tr. Agraviar, ofender. || v. tr. y prnl. Herir, dañar.
lastre m. Carga que se coloca en el fondo de la embarcación. || Rémora, traba.
lata f. Hojalata. || Molestia.
latente adj. Oculto y escondido.
lateral adj. Que está al lado de una cosa.
latifundio m. Finca rústica de gran extensión.
látigo m. Azote delgado y flexible.
latín m. Lengua hablada por los antiguos romanos.
latir v. intr. Dar latidos.
latitud f. La menor de las dos dimensiones que tienen las figuras planas. || Distancia de un lugar al ecuador.
latón m. Aleación de cobre y cinc.
laúd m. Instrumento músico de cuerda, de caja oval y prominente.
laurear v. tr. Premiar, honrar.
laurel m. Árbol lauráceo, de flores de color blanco verdoso.
lava f. Materia en fusión que arrojan los volcanes en erupción.
lavabo m. Pileta para el aseo personal. || Cuarto para aseo.
lavar v. tr. y prnl. Limpiar con agua u otro líquido.
laxante m. Medicamento para facilitar la evacuación intestinal.
lazada f. Lazo que se deshace tirando de uno de sus cabos.
lazarillo m. Guía de un ciego.
lazo m. Nudo de cintas.
le Dativo del pronombre personal de tercera persona, en masculino y femenino y singular.
leal adj. y n. com. Fiel.
lección f. Lectura. || Lo que el maestro enseña al discípulo que estudie.
lechal adj. y n. com. Dícese del animal que aún mama.
leche f. Secreción blanca de los pechos de las hembras de los mamíferos para alimentar a sus crías.

lecho

lecho m. Cama. || Terreno por donde corren las aguas de un río.
lechón m. Cochinillo que mama.
lechuga f. Planta herbácea, de hojas grandes comestibles.
lechuza f. Ave rapaz nocturna, de plumaje suave y ojos grandes.
lectura f. Obra leída.
leer v. tr. Entender, interpretar un texto.
legado m. Transmisión de bienes a los sucesores.
legajo m. Fajo de papeles.
legal adj. Prescrito por ley.
legalizar v. tr. Dar estado legal a una cosa. || Certificar la autenticidad de un documento.
legaña f. Humor que secretan las glándulas de los párpados.
legión f. Cuerpo de tropa compuesto de infantería y caballería.
legislación f. Conjunto de leyes por las que se rige una nación.
legitimar v. tr. Probar o justificar la verdad de una cosa.
legítimo -ma adj. Conforme a las leyes. || Genuino, verdadero.
lego -ga adj. y n. Seglar. || Ignorante.
legua Medida itineraria que en España equivale a 5.572 m.
legumbre f. Fruto o semilla que se cría en vainas.
lejano -na adj. Distante, apartado.
lejía f. Líquido que se emplea para desinfectar y lavar.
lejos adv. l. y t. A gran distancia.
lelo -la adj. y n. Pasmado, fatuo.
lema m. Título. || Consigna.
lencería f. Ropa blanca, especialmente ropa interior de mujer.
lengua f. Órgano muscular alargado, situado en la cavidad de la boca. || Lenguaje.
lenguado m. Pez comestible de cuerpo oblongo y casi plano.
lenguaje m. Conjunto de sonidos articulados con que el hombre se manifiesta. || Idioma.
lengüeta f. Laminilla movible de ciertos instrumentos músicos.
lente n. amb. Cristal con caras curvas, que se emplea en óptica.
lenteja f. Planta leguminosa, con semillas comestibles, muy nutritivas.
lentejuela f. Laminilla circular de metal para adornar la ropa.
lentilla f. Lente de contacto.
lento -ta adj. Pausado en el movimiento. || Poco vigoroso y eficaz.
leña f. Parte de los árboles que se destina para hacer fuego.
leño m. Trozo de árbol cortado y limpio de ramas.
león -na m. y f. Mamífero carnívoro, de cabeza grande y pelaje pardo amarillento.
leopardo m. Mamífero carnívoro, de pelaje rojizo con manchas negras.
lepra f. Enfermedad infecciosa crónica, caracterizada por manchas y ulceraciones en la piel.
les Dativo del pronombre personal de tercera persona en masculino y femenino, plural.
lesión f. Daño corporal.
letal adj. Mortífero.
letanía f. Serie de cortas invocaciones religiosas.
letargo m. Estado de somnolencia.
letra f. Signo con que se representa un sonido de un idioma. || Texto de una obra musical. || pl. Humanidades.
letrado -da adj. Instruido, docto. || m. y f. Abogado.
letrero m. Conjunto de palabras escritas para publicar algo.
letrina f. Lugar para verter las inmundicias y los excrementos.
leucemia f. Enfermedad que se ca-

lima

racteriza por el aumento permanente de leucocitos de la sangre.

leucocito m. Glóbulo blanco que se encuentra en la sangre y en la linfa.

levadura f. Sustancia que hace fermentar una mezcla.

levantar v. tr. y prnl. Mover de abajo arriba. || Poner en lugar más alto. || Enderezar.

levante m. Este, punto cardinal.

levar v. tr. Recoger las anclas.

leve adj. Ligero, de poco peso.

levita f. Prenda masculina con faldones que se cruzan por delante.

levitar v. intr. Elevarse en el aire.

léxico m. Vocabulario.

ley f. Regla invariable de los fenómenos naturales. || Precepto dictado por la autoridad en que se manda o prohíbe algo.

leyenda f. Relación de sucesos más fantásticos que históricos. || Inscripción que figura en medallas, monedas, etc.

lezna f. Instrumento con punta, empleado por los zapateros.

liar v. tr. Atar. || Comprometer.

libar v. tr. Chupar el jugo de una cosa. || Probar un licor.

libelo m. Escrito difamatorio.

liberal adj. Que obra con liberalidad o tolerancia.

liberalidad f. Generosidad.

liberalizar v. tr. Conferir mayor libertad.

liberar v. tr. y prnl. Libertar.

libertad f. Facultad del hombre, para obrar de una manera o de otra, por la que es responsable de sus actos. || Estado del que no está preso.

libertar v. tr. y prnl. Poner en libertad.

líbido f. Instinto sexual.

librar v. tr. y prnl. Sacar a uno de un mal, peligro, etc.

libre adj. Que goza de libertad.

librería f. Tienda de libros. || Mueble para colocar libros.

libreta f. Cuaderno para notas.

libreto m. Obra dramática escrita para ser puesta en música.

libro m. Conjunto de hojas de papel impresas, cubierto con tapas y que forma un volumen ordenado para la lectura.

licencia f. Permiso para hacer algo.

licenciado -da adj. m. y f. El que ha obtenido el grado de licenciatura en una universidad.

liceo m. Nombre de ciertas sociedades literarias o recreativas.

lícito -ta adj. Permitido por la ley.

licor m. Bebida espiritosa compuesta de alcohol y esencias.

licuar v. tr. Fundir, liquidar.

lid f. Combate. || Disputa.

líder n. com. Jefe de un grupo. || El que encabeza una clasificación.

lidiar v. tr. Torear.

liebre f. Mamífero parecido al conejo pero mayor que él.

liendre f. Huevo de piojo.

lienzo m. Tela de lino, algodón o cáñamo. || Pintura sobre esta tela.

liga f. Cinta elástica con que se aseguran las medias. || Mezcla. || Competición en que todos los equipos se enfrentan entre sí.

ligamento m. Cordón fibroso que liga los huesos de las articulaciones.

ligar v. tr. Atar. || Unir, enlazar.

ligero -ra adj. Que pesa poco. || Ágil, veloz. || Inconstante.

lignito m. Carbón de piedra.

lija f. Pez marino de piel áspera y dura.

lila f. Arbusto oleáceo, de flores pequeñas y grandes racimos.

lima f. Instrumento de acero para desgastar metales y otros materiales.

limitar

limitar v. tr. Poner límites. || v. tr. y prnl. Acotar, ceñir.
límite m. Término, confín.
limítrofe adj. Que confina o linda.
limo m. Lodo.
limón m. Fruto del limonero.
limonada f. Bebida compuesta de agua, azúcar y zumo de limón.
limonero m. Árbol de tronco ramoso, hojas dentadas y pulpa ácida.
limosna f. Dádiva.
limpiar v. tr. Quitar la suciedad.
limpieza f. Integridad, honradez.
limpio -pia adj. Que no tiene suciedad.
linaje m. Ascendencia o descendencia de una familia.
lince m. Mamífero carnicero semejante a un gato grande.
linchar v. tr. Ajusticiar sin proceso y de forma tumultuaria a un reo.
linde n. amb. Límite.
lindeza f. Hecho o dicho gracioso.
lindo -da adj. Hermoso, bello.
línea f. Extensión continua de una sola dimensión. || Raya. || Renglón. || Vía de transporte.
linfa Líquido orgánico que circula por los vasos linfáticos.
lingote m. Barra de metal en bruto.
lingüística f. Ciencia que estudia el lenguaje humano.
lino m. Planta herbácea textil.
linterna f. Farol portátil con una cara de vidrio y un asa.
lío m. Porción de cosas atadas. || Embrollo. || Relación amorosa no legal.
liquen m. Planta resultante de la simbiosis de un alga y un hongo.
liquidar v. tr. Hacer líquido un sólido. || Pagar una deuda.
líquido -da adj. y n. Dícese del cuerpo cuyas moléculas, se adaptan a la forma de la cavidad que lo contiene.

lira f. Instrumento musical compuesto de varias cuerdas tensas en un marco.
lírica f. Poesía en que predomina la expresión del sentimiento.
lirio m. Planta iridácea, de tallo ramoso y flores grandes.
liso -sa adj. Que no presenta asperezas ni adornos.
lisonja f. Alabanza afectada.
lista f. Tira, raya. || Enumeración, de palabras, personas o cosas.
listín m. Guía telefónica.
listo -ta adj. Inteligente. || Sagaz.
litera f. Cama superpuesta.
literal adj. Conforme al sentido exacto de las palabras.
literatura f. Arte de la palabra escrita. || Teoría de las composiciones literarias y conjunto de las mismas.
litigar v. tr. Pleitear.
litografía f. Arte de grabar en piedra para su reproducción.
litoral m. Costa de un mar o país.
litro m. Unidad de capacidad.
liturgia f. Conjunto de ritos que componen un determinado culto.
liviano -na adj. De poco peso.
lívido -da adj. Amoratado. || Pálido.
llaga f. Úlcera.
llama f. Mamífero camélido andino. || f. Masa gaseosa en combustión.
llamada f. Ademán para llamar la atención de alguien.
llamar v. tr. Dar voces a uno o hacer ademanes para que venga o atienda. || Dar nombre.
llamarada f. Llama momentánea.
llamear v. intr. Echar llamas.
llano -na adj. Igual, sin altos ni bajos. || Sencillo.
llanta f. Cerco metálico de las ruedas.
llanto m. Efusión de lágrimas.
llanura f. Terreno de poco relieve.
llave f. Instrumento para cerrar y abrir

las cerraduras. || Instrumento para ajustar tuercas, tornillos, etc.
llegar v. intr. Venir, arribar a un sitio. || Ascender a cierta cantidad.
llenar v. tr. y prnl. Hacer que algo ocupe un espacio vacío. || Colmar. || v. tr. Satisfacer. || v. prnl. Hartarse.
lleno -na adj. Que contiene todo lo que su capacidad permite.
llevar v. tr. Transportar de un lugar a otro. || Guiar. || Dirigir un negocio.
llorar v. tr. e intr. Derramar lágrimas.
llover v. intr. Caer agua de las nubes.
lloviznar v. intr. Llover gotas menudas.
lo Artículo determinado neutro. || Acusativo del pronombre de tercera persona, masculino o neutro y singular.
lobato m. Cachorro del lobo.
lobo m. Mamífero carnívoro, semejante al perro, de orejas tiesas y cola larga.
lóbrego -ga adj. Tenebroso.
lóbulo m. División de un órgano o del borde de algo. || Parte inferior de la oreja.
local adj. Municipal, provincial. || m. Sitio cerrado y cubierto.
localidad f. Lugar o pueblo. || Asiento en los locales públicos.
localizar v. tr. Averiguar el lugar donde se halla una persona o cosa.
loción f. Líquido para el cuidado de la piel o el cabello.
loco -ca adj. n. Que ha perdido la razón. || Imprudente.
locomoción f. Traslación de un punto a otro.
locuaz adj. Que habla mucho.
locución f. Frase hecha.
locura f. Privación de juicio.
locutor -ra m. y f. Persona que habla ante un micrófono, especialmente en emisoras de radio.

lodo m. Barro.
lógica f. Ciencia que expone las leyes del conocimiento humano.
logopedia f. Tratamiento de los trastornos del lenguaje oral.
lograr v. tr. Conseguir.
loma f. Altura pequeña y prolongada.
lombriz f. Gusano anélido de cuerpo cilíndrico y anillado.
lomo m. Parte inferior y central de la espalda. || Espinazo de los cuadrúpedos.
lona f. Tela fuerte que se usa para tiendas, velas, etc.
loncha Piedra plana y delgada.
longaniza f. Pedazo largo de tripa rellena de carne picada y adobada.
longevo -va adj. Muy anciano.
longitud f. Dimensión de una cosa de uno a otro extremo. || Distancia de un lugar al meridiano cero.
lonja f. Loncha. || Edificio público donde se realizan transacciones comerciales.
loro m. Papagayo.
los Forma masculina plural del artículo determinado *el* || Acusativo masculino plural del pronombre personal de tercera persona.
losa f. Piedra llana de poco grosor. || Sepulcro.
loseta f. Ladrillo fino, baldosa.
lote m. Parte en que se divide un todo para su distribución.
lotería f. Sorteo o rifa pública en que se premian diversos números sacados al azar. || Oficina autorizada para la venta de estos billetes.
loto m. Planta acuática ninfeácea, de hojas grandes, flores blancas, solitarias y olorosas.
loza f. Objeto de barro fino cocido y barnizado. || Conjunto de estos objetos.
lozanía f. Frondosidad en las plantas. || Vigor en personas y animales.

lubina

lubina f. Pez perciforme serránido, de carne muy apreciada.
lubricar v. tr. Engrasar.
lúbrico -ca adj. Resbaladizo. || *fig.* Lascivo.
lucerna f. Araña grande para alumbrar. || Abertura alta de una habitación que da ventilación y luz.
lucero m. Cualquier astro brillante.
lucha f. Pelea entre dos, en que cada contendiente pretende dar con el otro en tierra. || Lid, combate. || *fig.* Contienda, disputa.
luchar v. intr. Contender. || Pelear, combatir. || *fig.* Bregar para abrirse paso en la vida.
lúcido -da adj. Dícese de la persona clara en el razonamiento y en las expresiones.
luciérnaga f. Insecto coleóptero lampírido; los tres últimos anillos despiden una luz fosforescente.
lucir v. intr. Brillar, resplandecer. || Corresponder el provecho al trabajo en cualquier obra.
lucrar v. prnl. Sacar provecho de un negocio.
luctuoso -sa adj. Triste, digno de llanto.
ludibrio m. Escarnio, desprecio.
lúdico -ca adj. Perteneciente al juego.
luego adv. t. Pronto, sin dilación. || Después, más tarde.
lugar m. Espacio ocupado o que puede ser ocupado por un cuerpo. || Sitio o paraje. || Ciudad, villa o aldea. || Causa o motivo para hacer o no hacer una cosa.
lugarteniente n. com. El que está autorizado a suplir a otro en un cargo o empleo.
lúgubre adj. Triste, melancólico.
lujo m. Exceso en el adorno y la pompa.

lujuria f. Apetito sexual desmedido.
lumbago m. Dolor reumático en la región lumbar.
lumbar adj. Relativo a los lomos y caderas.
lumbre f. Materia combustible encendida.
lumbrera f. Cuerpo que despide luz. || Tronera, tragaluz. || *fig.* Persona de gran talento.
lumen m. Unidad de flujo luminoso en el Sistema Internacional. Símbolo lm.
luminaria f. Luz que se pone en ventanas y calles en señal de fiesta.
luminiscencia f. Propiedad de algunos cuerpos de emitir una luz de baja intensidad.
luminoso -sa adj. Que despide luz.
luna f. Satélite del espacio. || Lunación. || Espejo de un armario. || Cristal de los anteojos.
lunación f. Tiempo que media entre dos conjunciones de la Luna con el Sol.
lunar m. Pequeña mancha en la piel.
lunático -ca adj. y n. Que padece locura a intervalos o cuyo estado de ánimo es muy inestable.
lunch m. Almuerzo ligero que se ofrece en ciertos acontecimientos sociales.
lunes m. Segundo día de la semana.
luneta f. Cristal de los anteojos.
lupa f. Lente de aumento.
lustre m. Brillo de las cosas bruñidas. || *fig.* Esplendor, gloria.
lustro m. Espacio de cinco años.
luto m. Signo exterior de duelo por la muerte de una persona. || *fig.* Pena, aflicción.
luxación f. Dislocación de un hueso.
luz f. Agente físico que hace posible la visión de los objetos.

M m

m f. Decimotercera letra del abecedario castellano, y décima de sus consonantes.
maca f. Señal que queda en la fruta por algún daño o golpe.
macabro -bra adj. Tétrico, lúgubre.
macarra adj. y m. Proxeneta.
macarrón m. Pasta alimenticia de harina en forma de canutos largos.
macedonia f. Ensalada de frutas.
macerar v. tr. Ablandar una cosa estrujándola o manteniéndola en remojo.
maceta f. Vaso que lleno de tierra sirve para criar plantas.
machacar v. tr. Golpear una cosa para romperla o deformarla.
machete m. Especie de puñal de hoja ancha. || Cuchillo grande.
macho adj. y m. Animal del sexo masculino.
macilento -ta adj. Flaco, pálido.
macizo -za adj. y m. Lleno, sólido. || m. Conjunto de montañas.
macrobiótica f. Régimen alimenticio a base de cereales, legumbres y algas.
mácula f. Mancha.
macuto m. Saco largo y estrecho.
madeja f. Hilo enrollado sobre sí mismo, para poder ser devanado.
madera f. Sustancia dura y fibrosa de los árboles debajo de la corteza.
madero m. Pieza larga de madera.
madrastra f. Mujer del padre respecto de los hijos que éste lleva al matrimonio.
madre f. Mujer que ha tenido uno o varios hijos. || Hembra, de cualquier animal, que ha parido. || Título que se da a algunas religiosas.
madreperla m. Molusco que suele contener una perla y cuya concha proporciona nácar.
madriguera f. Guarida en que habitan ciertos animales.
madrina f. Mujer que presenta o asiste a una persona que recibe un sacramento.
madroño m. Arbusto de hojas elípticas, flores de color blanco rosado, y fruto comestible.
madrugada f. El alba, el amanecer.
madrugar v. intr. Levantarse muy temprano.
madurar v. tr. Dar sazón a los frutos. || Reflexionar. || Crecer.
madurez f. Sazón de los frutos. || Edad adulta.
maestría f. Arte, destreza.
maestro -tra m. y f. Persona que enseña. || Experto en una materia.
mafia f. Red de asociaciones secretas criminales.
magdalena f. Bollo pequeño a base de harina, aceite y huevo.
magia f. Supuesta ciencia que persigue el dominio de las fuerzas ocultas de la naturaleza.
magisterio m. Título y cargo o profesión de maestro.
magistrado m. Funcionario de la administración de justicia.
magistral adj. Hecho con maestría.

magistratura f. Dignidad o cargo del magistrado.
magma m. Masa en fusión del interior de la Tierra.
magnate m. Persona poderosa.
magnetismo m. Fuerza atractiva de un imán. || Atractivo.
magnetizar v. tr. Comunicar a un cuerpo propiedades magnéticas. || Atraer, seducir.
magnetófono m. Aparato que registra y reproduce sonidos por medio de una cinta magnética.
magnificar v. tr. Alabar. || Exagerar.
magnífico -ca adj. Excelente. || Generoso.
magnitud f. Tamaño. || Grandeza.
magno -na adj. Grande.
mago -ga adj. y n. Que practica la magia.
magro -gra adj. Sin grasa.
magullar v. tr. y prnl. Causar contusiones sin herida.
mahonesa f. Mayonesa.
maillot m. Bañador de una sola pieza. || Camiseta deportiva.
maíz m. Planta gramínea, de tallo grueso y flores que forman mazorcas o espigas.
majada f. Lugar donde se recogen el ganado y los pastores.
majadero -ra adj. y n. Necio.
majar v. tr. Machacar, triturar.
majareta adj. y n. com. Persona algo chiflada.
majestad f. Grandeza. || Título que se da a Dios, y a los reyes.
majo -ja adj. y n. Ataviado, lujoso. || Guapo. || Agradable.
mal adj. Apócope de malo. || m. Conjunto de las cosas que dañan. || Enfermedad. || Desgracia.
malacrianza f. Mala educación.
malaria f. Paludismo.
malbaratar v. tr. Vender a bajo precio.
malcriar v. tr. Educar a los hijos con exceso de mimo.
maldecir v. tr. Echar maldiciones.
maldición f. Imprecación.
maldito -ta adj. Perverso.
maleable adj. Se dice del metal que puede extenderse en láminas.
maleante adj. y n. com. Delincuente.
malear v. tr. y prnl. Echar a perder.
malecón m. Muro o terraplén para la defensa contra las aguas.
maleficio m. Daño causado por arte de hechicería.
malestar m. Incomodidad.
maleta f. Caja con asas y cerradura, para llevar el equipaje.
maletín m. Maleta pequeña.
malévolo -la adj. y n. Inclinado a hacer mal.
maleza f. Abundancia de malas hierbas. || Espesura de arbustos.
malicia f. Maldad. || Inclinación a hacer el mal.
maligno -na adj. Propenso a pensar o a obrar mal. || Pernicioso.
malla Abertura del tejido de la red. || *AMÉR.* Bañador.
malo -la adj. Falto de bondad. || Malvado. || Enfermo.
malograr v. tr. Perder, desaprovechar algo. || v. prnl. Frustrarse.
malparado -da adj. Que ha sufrido notable menoscabo.
malsano -na adj. Perjudicial para la salud.
malsonante adj. Se dice de las palabras, expresiones, etc., inconvenientes.
malta f. Cebada germinada y tostada, que se emplea en la elaboración de la cerveza. || Esa misma cebada, utilizada en infusión.

manía

maltratar v. tr. y prnl. Tratar mal a uno de palabra u obra.
maltrecho -cha adj. Maltratado, malparado.
malva f. Planta herbácea medicinal que se usa como pectoral.
malvado -da adj. y n. Muy malo, perverso.
malversar v. tr. Disponer de caudales públicos ilícitamente.
mama f. Teta de los mamíferos.
mamá f. Madre.
mamar v. tr. Chupar leche de las mamas.
mamarracho m. Figura ridícula. ‖ Persona extravagante.
mamífero -ra adj. y n. Dícese de los vertebrados que alimentan a sus crías con leche secretada por las mamas de las hembras.
mampara f. Tabique movible para aislar un espacio o formar compartimentos en una habitación.
mampostería f. Obra de albañilería de pequeña envergadura.
mamut m. Mamífero proboscidio fósil, mayor que el elefante actual.
maná m. Según la Biblia, alimento milagroso que Dios envió desde el cielo a los israelitas en el desierto.
manada f. Grupo de animales de una especie que andan juntos.
manager n. com. Representante.
manantial m. Afloramiento de agua subterránea a la superficie terrestre. ‖ Origen, principio.
manar v. intr. y tr. Brotar, salir un líquido de algún sitio.
manazas adj. y n. com. Torpe.
mancebo -ba adj. y n. Muchacho.
mancha f. Señal que una cosa hace en un cuerpo, ensuciándolo. ‖ *fig.* Deshonra, desdoro.
mancillar v. tr. y prnl. Manchar.

manco -ca adj. y n. Persona o animal a quien falta un brazo o una mano.
mandamás n. com. Jefe.
mandamiento m. Mandato, precepto, orden. ‖ Cada uno de los preceptos de la Iglesia.
mandar v. tr. Ordenar la realización de una cosa. ‖ Enviar. ‖ Gobernar.
mandato m. Orden o precepto.
mandíbula f. Pieza ósea de la boca de los vertebrados.
mandil m. Delantal.
mando m. Autoridad del superior. ‖ Dispositivo para el manejo de ciertos aparatos.
mandril m. Mamífero primate de cuerpo robusto.
manecilla f. Palanca para accionar manualmente ciertos mecanismos.
manejar v. tr. Traer entre las manos. ‖ Usar. ‖ Dirigir. ‖ *AMÉR.* Conducir un vehículo.
manejo m. Treta, intriga.
manera f. Forma particular de ser o de hacer una cosa. ‖ f. pl. Comportamiento, modales.
manga f. Parte del vestido en que se mete el brazo. ‖ Parte más ancha de un buque. ‖ Utensilio cónico que se usa en pastelería.
mangante adj. y n. com. Vividor, aprovechado, parásito.
mangar v. tr. Hurtar, robar.
mango m. Parte por donde se coge con la mano un utensilio.
mangonear v. intr. Entremeterse en lo que no le incumbe. ‖ Manipular a alguien.
manguera f. Manga de riego.
manguito m. Rollo de piel para abrigar las manos. ‖ Cilindro hueco para empalmar dos tubos o piezas.
manía f. Psicosis que se manifiesta con diversas formas de excitación psi-

maniatar

comotriz. || Idea fija. || Afición excesiva a algo. || *fam.* Ojeriza.

maniatar v. tr. Atar las manos.

manicomio m. Hospital para enfermos mentales.

manicura f. Cuidado de las manos y de las uñas.

manifestación f. Concentración para apoyar una protesta u opinión.

manifestar v. tr. y prnl. Declarar, dar a conocer. || Descubrir.

manifiesto -ta adj. Patente. || m. Escrito dirigido a la opinión pública.

manillar m. Pieza de la bicicleta o la motocicleta en la que se apoyan las manos, y sirve para guiarla.

maniobra f. Operación manual. || Movimiento de un vehículo.

manipular v. tr. Hacer algo con las manos. || Manejar negocios.

maniquí m. Armazón que se usa para probar, arreglar o exhibir prendas. || n. com. Modelo que exhibe prendas de vestir.

manirroto -ta adj. y n. Derrochador, malgastador. || Excesivamente generoso.

manivela f. Manubrio.

manjar m. Alimento condimentado, especialmente el exquisito.

mano f. Parte del cuerpo humano que comprende desde la muñeca hasta la punta de los dedos. || Lado. || Capa de cal, pintura, barniz, etc. || Lance de varios juegos y el que lo inicia. || Destreza.

manojo m. Conjunto de cosas que se puede coger con la mano.

manómetro m. Instrumento para medir la presión de los gases.

manopla f. Guante sin separaciones para los dedos, salvo el pulgar.

manosear v. tr. y prnl. Tocar repetidamente con las manos.

mansión f. Vivienda suntuosa.

manso -sa adj. Suave. || Apacible.

manta f. Pieza rectangular de tejido, que sirve para abrigarse.

manteca f. Grasa de los animales. || Sustancia grasa obtenida de la leche.

mantecado m. Bollo amasado con manteca. || Helado o sorbete.

mantel m. Tela con que se cubre la mesa para las comidas.

mantelería f. Juego de mantel y servilletas.

mantener v. tr. Conservar. || Proseguir lo que se está ejecutando. || Defender una opinión. || v. tr. y prnl. Proveer a uno del alimento necesario.

mantequilla f. Manteca, especialmente la de leche de vaca.

mantilla f. Prenda femenina que cubre la cabeza.

mantillo m. Humus, capa orgánica del suelo.

manto m. Prenda suelta que cubre todo el cuerpo. || Capa del globo terráqueo, entre la corteza y el núcleo.

mantón m. Pañuelo grande que se echa sobre los hombros.

manual adj. Que se hace con las manos. || m. Libro en que se recoge lo esencial de una materia.

manubrio m. Empuñadura de un instrumento.

manufactura f. Obra hecha a mano o con ayuda de máquina. || Fábrica, industria.

manuscrito -ta m. Escrito a mano.

manzana f. Fruto del manzano. || Espacio urbano delimitado por calles o vías públicas.

manzanilla f. Planta herbácea que se usa en infusiones.

manzano m. Árbol frutal, de flores rosadas, y fruto comestible.

maña f. Destreza. || Astucia.

mañana f. Tiempo desde que amanece hasta el mediodía. || m. Tiempo futuro. || adv. t. En el día después de hoy.

mapa m. Representación gráfica sobre un plano de la superficie de la Tierra o de una parte de ella.

mapache m. Mamífero carnívoro parecido al tejón.

maqueta f. Modelo reducido de un monumento, edificio, etc.

maquillaje m. Cosmético.

maquillar v. tr. y prnl. Componer el rostro con maquillajes.

máquina f. Conjunto de mecanismos dispuestos para recibir una forma de energía, transformarla y restituirla en otra.

maquinar v. tr. Tramar ocultamente.

maquinaria f. Conjunto de máquinas. || Mecanismo de una máquina.

mar n. amb. Agua salada que cubre parte de la superficie terrestre.

maraña f. Maleza. || Enredo.

maratón f. Carrera pedestre, que se corre en carretera a una distancia de 42,195 km.

maravilla f. Cosa extraordinaria, que causa admiración.

maravillar v. tr. Causar admiración.

marca f. Señal. || Huella. || El mejor resultado conseguido en el ejercicio de un deporte.

marcapasos m. Aparato que mantiene el ritmo cardíaco.

marcar v. tr. Señalar. || Conseguir un tanto un jugador o un equipo.

marcha f. Grado de celeridad de un movimiento. || Diversión.

marchar v. intr. y prnl. Caminar, hacer viaje, ir o partir de un lugar. || v. intr. Funcionar un artefacto. || *fig.* Funcionar o desenvolverse una cosa.

marchitar v. tr. y prnl. Ajar. || *fig.*
Enflaquecer, quitar el vigor o la hermosura.

marcial adj. Relativo a la guerra o a la milicia. || Varonil.

marco m. Cerco o recuadro que rodea o guarnece algo.

marea f. Movimiento cíclico de ascenso y descenso de las aguas del mar.

marear v. intr., tr. y prnl. Molestar. || v. prnl. Sentir náuseas.

marejada f. Movimiento de grandes olas.

maremagno, maremágnum Gentío, confusión.

maremoto m. Seísmo en el mar.

mareo m. Malestar general que se manifiesta con náuseas.

marfil m. Sustancia dura de los dientes de los mamíferos.

margarina f. Sustancia grasa comestible, de origen vegetal.

margarita f. Planta herbácea de flores en capítulo, con botón amarillo y corola blanca.

margen n. amb. Orilla. || Beneficio.

marginar v. tr. Dejar márgenes. || Dejar en condiciones sociales de inferioridad.

mariachi m. Música popular mexicana. || Conjunto instrumental que la ejecuta.

marica Homosexual.

marido m. Hombre casado, con respecto a su mujer.

marihuana f. Estupefaciente preparado con las hojas del cáñamo.

marimorena f. Pelea.

marina f. Conjunto de buques. || Pintura que representa el mar.

marinero m. Persona que presta servicio en una embarcación.

marioneta f. Títere.

mariposa f. Insecto adulto lepidópte-

mariposear

ro, con cuatro alas recubiertas de escamas microscópicas, de gran vistosidad por la forma y el colorido.
mariposear v. intr. *fig.* Variar con frecuencia de ocupaciones o aficiones. || *fig.* Andar insistentemente en torno de alguien.
mariscal m. En algunos países, grado máximo del ejército.
mariscar v. tr. Coger mariscos.
marisco m. Crustáceo comestible.
marisma f. Terreno pantanoso en las proximidades de la costa.
marjal m. Terreno bajo pantanoso.
marketing m. Conjunto de operaciones destinadas al desarrollo de las ventas de un producto.
marmita f. Olla de metal.
mármol m. Pieza caliza que se usa en escultura y como piedra ornamental.
marmota f. Mamífero roedor que pasa el invierno dormido.
marqués -sa m. y f. Título nobiliario intermedio entre los de conde y duque.
marquesina f. Porche que cubre una escalinata, terraza, etc.
marquetería f. Ebanistería.
marrano -na m. y f. Cerdo. || Persona sucia y desaseada.
marrar v. intr. y tr. Fallar, errar.
marrón adj. y m. De color castaño.
marrullería f. Halago que pretende embaucar.
marsupio m. Bolsa abdominal exterior de las hembras de los marsupiales.
marta f. Mamífero carnívoro de pelaje suave y espeso, muy apreciado.
martes m. Tercer día de la semana.
martillo m. Herramienta compuesta de una cabeza de acero engastada en un mango, que sirve para golpear. || Huesecillo del oído.

mártir n. com. Persona que padece martirio.
martirio m. Tormentos o muerte que alguien padece por sostener su creencia. || Sufrimiento largo.
marzo m. Tercer mes del año.
mas conj. ad. Pero.
más adv. Denota mayor cantidad o intensidad. || m. Signo de la suma (+).
masa f. Relación entre la fuerza y la aceleración.
masaje m. Fricción rítmica en la superficie del cuerpo.
mascar v. tr. Masticar.
máscara f. Pieza de madera, tela, etc., para cubrirse el rostro.
mascarilla f. Máscara que sólo cubre la parte superior del rostro.
mascota f. Persona, animal o cosa que trae suerte. || Figura que se adopta como emblema.
masculino -na adj. Se dice del ser que en la reproducción ejerce el papel fecundante. || Varonil. || adj. y m. Género gramatical atribuido a los nombres que designan seres del sexo masculino.
masivo -va adj. Relativo a un grupo muy numeroso.
masticar v. tr. Partir y desmenuzar con la dentadura los alimentos.
mástil m. Palo de un barco.
mastodonte m. Mamífero fósil parecido al mamut.
masturbación f. Manipulación de los órganos genitales con la finalidad de provocar el orgasmo.
mata f. Arbusto de tallo leñoso, muy ramificado.
matadero m. Sitio donde se sacrifica el ganado.
matanza f. Asesinato masivo. || Faena, y época, de matar los cerdos.
matar v. tr. y prnl. Quitar la vida. || Apagar el brillo o el color, etc.

matasellos m. Estampilla para inutilizar los sellos de las cartas.

matazón f. *AMÉR.* Mortandad.

mate m. Árbol originario de América del Sur, con cuyas hojas se prepara una infusión.

matemática f. Ciencia que estudia la cantidad.

materia f. Sustancia de la que están compuestos los cuerpos simples.

material adj. Relativo a la materia. || m. Materias necesarias para una obra.

materializar v. tr. Representar como material algo que no lo es.

maternidad f. Estado o calidad de madre. || Establecimiento para la asistencia de parturientas.

matinal adj. Matutino.

matiz m. Gradación de un color. || Rasgo que imprime a algo un carácter determinado.

matón -na m. y f. Pendenciero.

matorral m. Formación vegetal formada por matas leñosas.

matraz m. Vasija esférica de cristal, de cuello angosto y estrecho.

matricidio m. Acto y delito del que mata a su madre.

matrícula f. Registro de las personas que se inscriben para un fin. || Placa que indica el número de registro de los vehículos.

matrimonio m. Unión entre dos personas, legitimada por ciertos ritos o por contrato.

matriz f. Órgano de la hembra de los mamíferos donde se desarrolla el feto. || Molde.

matrona f. Mujer madura.

matutino -na adj. Relativo a las horas de la mañana.

maullido m. Voz del gato.

mausoleo m. Sepulcro monumental.

maxila m. Apéndice quitinoso de los artrópodos a continuación de las mandíbulas.

máxima f. Sentencia que resume un precepto moral. || Regla.

máximo -ma adj. Que es lo más grande posible, o mayor dentro de su especie. || m. Límite superior.

mayo m. Quinto mes del año.

mayonesa f. Salsa que se hace batiendo aceite y yema de huevo.

mayor adj. Que excede en cantidad o tamaño. || Anciano.

mayoral m. Capataz de una cuadrilla de trabajadores del campo.

mayorazgo m. Institución que perpetúa en la familia la propiedad de ciertos bienes.

mayordomo -ma m. y f. Criado encargado del gobierno de una casa.

mayorista n. com. Comerciante al por mayor.

mayúsculo -la adj. Mayor que lo ordinario.

mazapán m. Pasta de almendras molidas y azúcar, cocida al horno.

mazmorra f. Prisión subterránea.

mazo m. Martillo de madera. || Porción de cosas atadas.

mazorca f. Espiga densa y apretada del maíz y otras plantas.

me pron. Forma del dativo o acusativo del pronombre de primera persona, masculino o femenino, singular.

meandro m. Curva que describe el curso de un río.

mear v. intr. y prnl. Orinar.

mecánica f. Parte de la física que estudia el movimiento y las causas o fuerzas que lo producen.

mecanismo m. Conjunto de elementos engarzados para producir un determinado efecto.

mecanografía f. Escritura a máquina.

mecenas n. com. Protector de actividades artísticas y culturales.
mecer v. tr. Mover un líquido de un lado a otro, para mezclarlo. || v. tr. y prnl. Imprimir a un cuerpo un movimiento acompasado de vaivén.
mecha f. Hebra que arde. || Mechón. || *AMÉR.* Broca de un taladro.
mechar v. tr. Introducir lonjas de tocino en la carne.
mechero m. Encendedor.
mechón m. Porción de pelos, hebras o hilos.
medalla f. Pieza metálica grabada. || Distinción honorífica.
médano m. Duna costera.
media f. Prenda de seda, nylon, etc., que cubre el pie y la pierna. || Valor intermedio entre varios.
mediano -na adj. De calidad o tamaño intermedio.
medianoche f. Momento que señala el final de un día y el inicio de otro.
mediante prep. Por medio de.
mediar v. intr. Llegar a la mitad de algo. || Interceder.
mediatizar v. tr. Influir en la actividad que está ejerciendo otro.
medicamento m. Sustancia que actúa con efectos curativos.
medicina f. Ciencia que previene y cura las enfermedades del cuerpo humano. || Medicamento.
médico -ca m. y f. Profesional de la medicina.
medida f. Unidad usada para expresar una magnitud. || Cordura.
medievo m. Edad Media.
medio -dia adj. Igual a la mitad de una cosa. || Que está en el centro. || m. Lo que sirve para determinado fin.
mediocre adj. De escasa calidad.
mediodía f. Hora en que el Sol está en el punto más alto. || Sur.

medir v. intr. Tener determinada longitud, extensión, volumen, etc.
meditar v. tr. Reflexionar. || Discurrir.
medrar v. intr. Crecer. || Mejorar de fortuna.
medroso -sa adj. y n. Temeroso.
médula o **medula** f. Tejido interior de ciertos huesos. || Tejido interior del tallo y de la raíz.
medusa f. Animal marino de cuerpo gelatinoso, globoso, con numerosos tentáculos.
megáfono m. Aparato para amplificar la voz humana.
mejilla f. Parte lateral del rostro humano, que forma la pared de la boca.
mejillón m. Molusco marino, comestible, con dos valvas de color negro azulado.
mejor adj. Más bueno o superior que otra cosa. || Preferible. || adv. m. Comparativo de *bien*. Más bien.
mejorar v. tr. Pasar o hacer pasar a otro estado mejor.
mejunje m. Cosmético o medicamento de diversos ingredientes. || Brebaje.
melancolía f. Tristeza nostálgica.
melaza f. Jarabe residual en la cristalización del azúcar.
melena f. Cabellera larga y suelta. || Crin del león.
melifluo -flua adj. Que tiene miel o se parece a ella.
melindre m. Dulce hecho con masa de harina y miel frita. || Delicadeza afectada.
mellizo -za adj. y n. Gemelo.
melocotonero m. Árbol de pequeño tamaño, de flores rosadas y fruto en drupa.
melodía f. Dulzura de la voz o de un instrumento musical.

melodrama m. Obra teatral o cinematográfica de exagerado sentimentalismo. || Suceso patético.
melomanía f. Afición a la música.
melón m. Planta herbácea de fruto en pepónide.
meloso -sa adj. Blando, dulce.
membrana f. Tejido animal o vegetal laminar y blando.
membrete m. Epígrafe impreso en el papel de cartas.
membrillo m. Árbol rosáceo, de flores solitarias y fruto en pomo, y de carne áspera.
memo -ma adj. Necio, bobo.
memorándum m. Agenda. || Comunicación diplomática en la que se recapitulan hechos y argumentos.
memoria f. Facultad de recordar. || Recuerdo. || Disertación escrita.
memorial m. Libro o cuaderno en que se apunta una cosa.
mena f. Mineral apto para la extracción de algún metal.
menaje m. Muebles y accesorios de una casa.
mención f. Recuerdo, memoria.
mendicante adj. Que mendiga.
mendigar v. tr. Pedir limosna.
mendrugo m. Pedazo de pan duro. || adj. y m. Tonto, zoquete.
menear v. tr. Mover o agitar.
menester m. Necesidad de algo. || Ocupación, trabajo, tarea.
menestra f. Guisado de hortalizas y trocitos de carne.
menguar v. intr. Disminuir.
meninge f. Membrana que envuelve el encéfalo y la médula espinal.
menor adj. Que tiene menos cantidad. || Que es más pequeño.
menorragia f. Menstruación anormalmente excesiva.
menos adv. Indica disminución, falta, restricción en comparación expresa o sobreentendida. || adv. m. Excepto. || m. Signo de la resta (–).
menoscabar v. tr. y prnl. Mermar.
menospreciar v. tr. Tener en menos a alguien. || Desdeñar.
mensaje m. Recado oral o escrito que una persona manda a otra.
menstruación f. Flujo sanguíneo genital que producen periódicamente las mujeres y algunos animales hembra.
mensual adj. Que sucede cada mes. || Que dura un mes.
mensualidad f. Sueldo de un mes.
menta f. Hierbabuena.
mentalidad f. Modo de pensar.
mentalizar v. tr. y prnl. Hacer que se tome conciencia de un hecho.
mentar v. tr. Nombrar.
mente f. Entendimiento.
mentecato -ta adj. y n. Tonto, bobo, falto de sensatez.
mentir v. intr. Faltar a la verdad. || Fingir.
mentón m. Barbilla.
mentor m. Consejero, guía.
menú m. Minuta.
menudencia f. Cosa de poco tamaño, valor o importancia.
menudo -da adj. De tamaño muy pequeño. || Insignificante.
meñique adj. y m. Se dice del quinto dedo de la mano.
meollo m. Médula. || Parte esencial.
mequetrefe n. com. Persona entrometida y de poco juicio.
mercader -ra m. y f. Comerciante.
mercado m. Conjunto de operaciones públicas de compraventa en lugar y día establecidos. || Recinto o local destinado a estas actividades.
mercancía f. Cosa que es o puede ser objeto de comercio.
merced f. Gracia, favor.

mercenario -ria adj. y n. Soldado que combate por dinero.

mercería f. Tienda de cosas menudas, generalmente de costura.

merecer v. tr. Ser o hacerse alguien digno de premio o castigo.

merendar v. intr. Tomar la merienda. || v. prnl. *fig.* y *fam.* Derrotar o dominar a otras personas.

merengue m. Dulce de clara de huevo batida y azúcar, cocido al horno. || Baile dominicano.

meridiano m. Círculo máximo de la Tierra que pasa por los polos.

merienda f. Comida ligera que se toma a media tarde.

mérito m. Derecho a la recompensa. || Lo que da valor a una cosa.

merluza f. Pez de cuerpo alargado, de carne muy apreciada.

mermar v. intr. y prnl. Disminuir una cosa. || v. tr. Quitar una parte de lo que a alguien le corresponde.

mermelada f. Confitura de frutas.

mero -ra adj. Solo, puro, sin mezcla. || m. Pez marino de carne muy apreciada.

merodear v. intr. Vagar curioseando o buscando, con malos fines.

mes m. Una de las doce partes en que se divide el año.

mesa f. Mueble con un tablero horizontal sostenido por uno o varios pies. || Conjunto de personas que dirigen una asamblea.

mesar v. tr. y prnl. Arrancar o estrujar el pelo con las manos.

mesero -ra m. y f. *AMÉR.* Camarero de un restaurante.

meseta f. Terreno extenso, llano y elevado.

mesías m. Según el Antiguo Testamento, el Hijo de Dios identificado con Jesús por el cristianismo.

mesocarpo o **mesocarpio** m. Parte media del pericarpio de los frutos.

mesocracia f. Forma de gobierno en que predomina la clase media. || Burguesía.

mesón m. Establecimiento donde se alojaban huéspedes. || Restaurante típico.

mestizo -za adj. y n. Hijo de padres de raza diferente.

mesura f. Moderación.

meta f. Final de carrera. || Portería. || Finalidad.

metabolismo m. Sistema de asimilación de los alimentos ingeridos.

metáfora f. Figura retórica consistente en usar las palabras con otro sentido figurado por medio de una comparación tácita.

metal m. Cuerpo simple, sólido, conductor de la electricidad y el calor.

metálico -ca adj. De metal. || m. Dinero.

metalizar v. tr. Dar propiedades metálicas.

metalurgia f. Técnica de la obtención de los metales a partir de sus minerales.

metamorfosis f. Proceso de transformación de una cosa en otra.

meteorito m. Cuerpo sólido que llega a la superficie de la Tierra procedente del espacio exterior.

meteoro m. Cualquier fenómeno atmosférico. || Estrella fugaz.

meteorología f. Ciencia que estudia los meteoros.

meter v. tr. y prnl. Incluir algo o a alguien en un sitio. || Ingresar dinero en un banco.

meticuloso -sa adj. y n. Escrupuloso.

método m. Modo ordenado de actuar para lograr un fin determinado. || Libro para el aprendizaje.

metralla f. Munición menuda de las piezas de artillería y ciertos artefactos explosivos.

metralleta f. Arma de fuego automática, de repetición.

métrica f. Arte que trata de la medida o estructura de los versos y de sus combinaciones.

metro m. Unidad de longitud, base del sistema métrico decimal.

metrópoli o **metrópolis** f. Ciudad principal de un territorio, región o Estado.

metropolitano m. Ferrocarril urbano.

mezclar v. tr. y prnl. Juntar varias cosas. || v. tr. Desordenar.

mezquino -na adj. Avaro, agarrado. || Pequeño, escaso.

mezquita f. Templo islámico.

mi[1] m. Tercera nota de la escala musical.

mi[2], **mis** adj. Apócope de *mío*, *mía*, *míos*, *mías*. Sólo se emplea antepuesto al nombre.

mí Forma de genitivo, dativo y acusativo del pronombre de primera persona en masculino o femenino y singular.

mica f. Mineral constituido por silicatos que forma láminas delgadas y flexibles.

micción f. Acción de orinar.

mico -ca m. y f. Mono de cola larga. || Feo.

microbio m. Microorganismo.

microclima m. Conjunto de condiciones climáticas de un área restringida.

micrófono m. Aparato que transforma las ondas acústicas en ondas eléctricas.

microonda f. Onda electromagnética comprendida entre las ondas cortas y la radiación infrarroja.

microscopio m. Instrumento óptico para la observación de pequeños objetos.

miedo m. Perturbación angustiosa del ánimo por un peligro real o imaginario.

miel f. Sustancia viscosa y muy dulce que producen las abejas.

miembro m. Extremidad del hombre o los animales. || Órgano sexual masculino. || Parte de un todo.

mientras adv. t. Entre tanto, en tanto. || conj. Expresa simultaneidad entre las oraciones que une.

miércoles m. Cuarto día de la semana.

mierda f. Excremento. || Suciedad.

mies f. Cereal maduro. || Sembrados.

miga f. Parte más blanda del pan. || Parte esencial de algo.

migaja f. Porción pequeña de cualquier cosa.

migración f. Desplazamiento de de población.

mijo m. Planta gramínea, de tallos robustos y flores en panojas.

mil adj. Diez veces ciento.

milagro m. Hecho que se atribuye a la intervención divina. || Fenómeno extraordinario.

milenio m. Período de mil años.

milésimo -ma adj. y n. Se dice de cada una de las mil partes en que se divide un todo.

mili f. Servicio militar.

milicia f. Profesión militar.

militar v. intr. Servir en la milicia. || Ser miembro activo de una colectividad. || n. com. Miembro del ejército.

millar m. Conjunto de mil unidades.

millón m. Mil millares.

millonario -ria adj. y n. Muy rico.

milonga f. Canción popular bailable de origen sudamericano.

mimar v. tr. Hacer mimos. || Tratar con suma afabilidad.

mimbre

mimbre n. amb. Mimbrera. ‖ Varita de la mimbrera que se usa en cestería.
mimbrera f. Arbusto que proporciona unas varitas largas y flexibles.
mímica f. Expresión del pensamiento mediante el gesto.
mimo m. Cariño, halago.
mina f. Yacimiento de minerales. ‖ Galería subterránea, para diversos fines. ‖ Artefacto explosivo.
minar v. tr. Abrir minas. ‖ Colocar minas explosivas. ‖ Debilitar lentamente.
mineral m. Materia inorgánica que forma parte de la corteza de la Tierra.
minería f. Arte de explotar las minas. ‖ Conjunto de las minas de un país.
miniatura f. Pintura de pequeñas dimensiones. ‖ Cosa muy pequeña.
minifundio m. Finca rústica de extensión reducida.
mínimo -ma adj. Que es tan pequeño en su especie, que no hay otro igual o menor. ‖ m. Límite inferior.
ministerio m. Conjunto de los ministros de un gobierno. ‖ Cargo de un ministro. ‖ Edificio con las oficinas de cada departamento.
ministro -tra m. y f. Persona que ejerce un ministerio.
minoría f. Parte menor de los componentes de una colectividad.
minucia f. Menudencia.
minucioso -sa adj. Detallista.
minúsculo -la adj. De muy pequeñas dimensiones.
minuta f. Borrador de un documento. ‖ Cuenta de honorarios. ‖ Menú de una comida.
minutera f. Manecilla del reloj que señala los minutos.
minuto m. Sexagésima parte de una hora.
mío, mía, míos, mías Pronombres posesivos de primera persona en masculino y femenino y singular y plural.
miocardio m. Parte muscular del corazón.
mioceno -na adj. y n. Se dice del período de la era terciaria situado entre el oligoceno y el pleistoceno.
miología f. Parte de la anatomía que estudia la morfología del sistema muscular.
miopía f. Defecto de la visión en que la imagen se forma delante de la retina.
mira f. Pieza para dirigir la vista a un punto. ‖ Intención.
mirador m. Lugar para contemplar un paisaje.
miramiento m. Esmero.
mirar v. tr. y prnl. Fijar la vista. ‖ v. tr. Observar, inquirir. ‖ Considerar.
mirilla f. Abertura o ventanilla de una puerta, pared, etc.
mirlo m. Ave paseriforme, de plumaje oscuro y brillante.
mirra f. Gomorresina amarga y medicinal.
misa f. En la religión católica, celebración de la Eucaristía.
misal m. Libro litúrgico que contiene los textos de la misa.
misántropo -pa m. y f. El que siente aversión al trato humano.
misceláneo -a adj. Mixto, de cosas distintas.
miseria f. Extrema pobreza. ‖ Desgracia. ‖ Avaricia.
misericordia f. Virtud que inclina el ánimo a la compasión.
mísero -ra adj. Infeliz.
misil o **mísil** m. Proyectil autopropulsado.
misionero -ra m. y f. Persona dedicada a propagar una religión.
misiva f. Carta.
mismo -ma adj. dem. y pron. dem.

mojar

Expresa identidad, igualdad o semejanza.

misógino -na adj. y n. Que siente animadversión hacia las mujeres.

miss f. Ganadora de un concurso de belleza.

misterio m. En las religiones rito secreto. || En la católica, verdad objeto de fe.

mística f. Doctrina de la unión inefable del hombre con la divinidad.

mitad f. Cada una de las dos partes en que se divide un todo.

mitigar v. tr. y prnl. Aplacar.

mitin m. Reunión donde se pronuncian discursos políticos o sociales.

mito m. Fábula, fantasía.

mitología f. Conjunto de mitos propios de un pueblo o cultura.

mitote m. *AMÉR.* Fiesta casera.

mitra f. Especie de gorro puntiagudo usado por los prelados.

mixto -ta adj. y m. Formado por la reunión de elementos de distinta naturaleza. || m. Fósforo, cerilla.

mixtura f. Mezcla.

mobiliario m. Conjunto de muebles.

mocasín m. Calzado de piel sin curtir.

mocedad f. Época de la vida humana que comprende desde la pubertad hasta la edad adulta.

mochila f. Especie de bolsa sujeta a la espalda con correas.

mocho -cha adj. Falto de punta.

mochuelo m. Ave rapaz de cabeza y ojos grandes, frente chata y pico ganchudo.

moco m. Líquido pegajoso secretado por las membranas mucosas.

moda f. Uso que condiciona, durante algún tiempo, costumbres y tendencias en distintos aspectos.

modales m. pl. Formas de comportarse una persona.

modalidad f. Modo de ser o de manifestarse.

modelar v. tr. Dar forma a una materia plástica.

modelo m. Lo que se imita. || Vestido original. || n. com. Persona que exhibe prendas de vestir o interviene en anuncios publicitarios.

moderar v. tr. y prnl. Disminuir la intensidad.

modernizar v. tr. y prnl. Poner al día, especialmente en su aspecto.

moderno -na adj. Nuevo, actual.

modestia f. Sencillez. || Pobreza.

módico -ca adj. Moderado.

modificar v. tr. y prnl. Alterar las características de alguien o algo.

modisto -ta m. y f. Persona que confecciona o diseña vestidos.

modo m. Manera de hacer una cosa. || Cortesía || Categoría gramatical que expresa la manera como se concibe la acción verbal.

modorra f. Somnolencia pesada.

modoso -sa adj. Que tiene compostura.

modular v. intr. Variar de tono de voz en el habla o en el canto.

módulo m. Medida. || Cada pabellón, edificio o espacio de un conjunto.

mofa f. Burla y escarnio.

mofeta f. Mamífero carnívoro, con una glándula en la base de la cola que secreta un líquido pestilente.

moflete m. Carrillo grueso.

mohín m. Mueca o gesto.

moho m. Hongo que vive sobre materias orgánicas formando manchas blanquecinas. || Capa formada sobre un cuerpo metálico por alteración química.

mojama f. Cecina de atún.

mojar v. tr. y prnl. Humedecer, empapar.

mojigato

mojigato -ta adj. y n. Que afecta humildad o timidez. || Beato.
mojón m. Señal para marcar límites o distancias.
molar adj. y m. Se dice de los dientes situados al final de la arcada dental.
molde m. Pieza hueca que dará su figura a la materia fundida que en él se vacía.
moldear v. tr. Dar forma.
moldura f. Parte saliente de perfil uniforme que sirve de adorno.
mole f. Cuerpo de gran tamaño.
molécula f. La menor cantidad de un elemento compuesto que puede conservar las características químicas esenciales.
moler v. tr. Reducir a polvo un cuerpo o material. || Maltratar.
molestar v. tr. y prnl. Causar molestia. || Ofender.
molestia f. Perturbación del bienestar corporal o de la tranquilidad del ánimo. || Fatiga.
molicie f. Inclinación a la comodidad.
molino m. Máquina para moler. || Lugar donde está instalado.
mollar adj. Blando, fácil de partir.
molleja f. Estómago muscular de las aves.
mollera f. Parte más elevada del cráneo. || Seso, cacumen.
moluscos m. pl. Tipo de invertebrados de cuerpo blando protegido por una concha.
momento m. Instante. || Período de tiempo en que sucede algo.
momia f. Cadáver disecado para evitar la putrefacción.
monacato m. Estado del monje, vida monástica.
monaguillo -lla m. y f. Niño que asiste al sacerdote en la misa y en otras funciones litúrgicas.

monarca m. Soberano de una monarquía.
monarquía f. Forma de gobierno en que el poder es ejercido por un monarca. || Estado regido así.
monasterio m. Convento religioso.
mondadientes m. Palillo para limpiar los dientes.
mondadura f. Desperdicio de las cosas que se mondan.
mondar v. tr. Quitar la cáscara, la piel, etc., a los frutos.
mondo -da adj. Limpio de elementos superfluos. || Rapado.
moneda f. Pieza metálica, acuñada por la autoridad, que sirve de medida para el precio de las cosas. || Unidad monetaria de un país.
monedero m. Portamonedas, bolsa o cartera para llevar dinero.
mongolismo m. Enfermedad congénita infantil causada por una alteración cromosómica.
monigote m. Persona sin carácter. || Muñeco grotesco.
monitor -ra m. y f. Persona que dirige algunos deportes o actividades de tiempo libre. || m. Receptor de imágenes.
monje -ja m. y f. Religioso que vive en un monasterio.
mono -na m. y f. Primate.
monocotiledóneo -a adj. y n. Plantas cuyo embrión posee un cotiledón.
monocromo -ma adj. De un solo color.
monóculo m. Lente para un ojo.
monógamo -ma adj. y n. Que tiene sólo un cónyuge.
monoico -ca adj. Se dice de las plantas que tienen en un mismo pie flores masculinas y femeninas.
monolito m. Monumento de piedra de una sola pieza.

monólogo m. Soliloquio. || Obra dramática en que habla un solo personaje.
monopolio m. Privilegio exclusivo para la explotación comercial de algo.
monopolizar v. tr. Explotar algo en monopolio.
monoteísmo m. Creencia en un Dios único.
monotonía f. Igualdad de tono.
monseñor m. Trato dado a ciertas dignidades eclesiásticas.
monserga f. Lenguaje confuso y enredado.
monstruo m. Ser vivo producido contra el orden regular de la naturaleza. || Cosa excesivamente extraordinaria. || Ser fabuloso de cuentos y leyendas.
montacargas m. Ascensor para elevar pesos.
montaje m. Combinación de las distintas partes de un todo.
montante m. Soporte vertical.
montaña f. Elevación natural del terreno. || Escollo.
montar v. tr., intr. y prnl. Subir en un animal o vehículo. || v. tr. Armar las piezas de una máquina.
montaraz adj. Que se ha criado en el monte. || Agreste, salvaje.
monte m. Montaña. || Terreno inculto. || Dificultad.
montepío m. Fondo de dinero constituido con las aportaciones de los miembros de una colectividad, en previsión de futuras necesidades.
montera f. Gorro de los toreros.
montería f. Partida de caza mayor.
montés -sa adj. Que anda, está o se cría en el monte.
montículo m. Monte pequeño.
montón m. Conjunto de cosas puestas sin orden unas sobre otras.
montura f. Soporte o armadura.
monumental adj. Muy grande.

monumento m. Obra escultórica o arquitectónica de carácter conmemorativo. || Edificio notable.
monzón m. Viento periódico del SE de Asia.
moño m. Especie de atado que se hace con el cabello.
moqueta f. Tejido grueso para alfombrar.
mora f. Fruto del moral.
morado -da adj. y m. De color violeta. || m. Moradura.
moral m. Árbol moráceo, de hojas acorazonadas y fruto en drupas.
moraleja f. Enseñanza que se deduce de un cuento, fábula, etc.
moralidad f. Conformidad con los preceptos de la moral.
moralizar v. intr. Dar consejos morales.
morar v. intr. Residir en un lugar.
moratoria f. Plazo que se otorga para el pago de una deuda.
morcilla f. Embutido de sangre cocida, con cebolla, arroz, etc.
mordaz adj. Corrosivo. || Que critica maliciosamente.
mordaza f. Instrumento, que puesto en la boca impide hablar.
morder v. tr. y prnl. Asir una cosa con los dientes.
mordida f. *AMÉR.* Dinero obtenido ilícitamente por un funcionario.
mordisco m. Bocado que se saca de una cosa mordiéndola.
moreno -na adj. De color oscuro, que tira a negro.
morfina f. Alcaloide del opio, que se usa como analgésico.
morfología f. Forma exterior de las cosas. || Parte de la gramática que estudia la forma de las palabras.
moribundo -da adj. y n. Que está muriendo.

morir v. intr. y prnl. Acabar la vida. || Acabar.
morosidad f. Demora en el pago.
morral m. Talego que se cuelga del cuello de la caballería con el pienso. || Bolsa de cazador, pastor, etc.
morralla f. Boliche, pescado. || Cosas menudas y de poco valor.
morriña f. Nostalgia.
morro m. Hocico de los animales. || Labios. || Cara dura.
morsa f. Mamífero de piel gruesa y grandes colmillos.
mortadela f. Embutido grueso de carne de cerdo muy picada.
mortaja f. Sudario. || *AMÉR.* Hoja de papel de fumar.
mortal adj. y n. com. Que ha de morir. || adj. Que causa o puede causar la muerte.
mortalidad f. Porcentaje de defunciones.
mortandad f. Multitud de muertos por causas extraordinarias.
mortero m. Utensilio que sirve para machacar sustancias. || Pieza de artillería. || Argamasa.
mortificar v. tr. y prnl. Castigar el cuerpo con penitencias. || Afligir, humillar.
mortuorio -ria adj. Relativo al muerto o a las honras fúnebres.
mosaico -ca adj. y m. Obra hecha con teselas de mármoles, vidrios o piedras de colores. || Suelo de baldosas.
mosca f. Insecto díptero distribuido por todo el mundo.
moscardón m. Especie de mosca grande y zumbadora.
mosquear v. tr. Ahuyentar las moscas. || v. prnl. Irritarse.
mosquete m. Arma de fuego ant., más larga que el fusil.

mosquetón m. Carabina corta.
mosquito m. Insecto de pequeño tamaño, con boca chupadora.
mostacho m. Bigote poblado.
mostaza f. Planta con cuyas semillas se prepara una salsa picante.
mosto m. Zumo de la uva antes de fermentar.
mostrador m. Mueble para mostrar los géneros en una tienda.
mostrar v. tr. Exponer una cosa a la vista. || Enseñar.
mota f. Nudillo que se forma en el paño. || Partícula que se adhiere a cualquier superficie.
mote m. Apodo. || *AMÉR.* Maíz cocido.
motel m. Hotel situado junto a una autopista o carretera.
motín m. Levantamiento popular.
motivar v. tr. Dar motivo o causa. || Explicar el motivo de algo.
motivo m. Causa. || Tema de una composición.
motocicleta f. Vehículo automóvil de dos ruedas.
motocross m. Carrera de motocicletas en terreno muy accidentado.
motor -ra adj. y n. Que produce movimiento. || m. Máquina que transforma en movimiento útil diversas formas de energía. || f. Embarcación pequeña con motor.
motorista n. com. Persona que conduce una motocicleta.
motricidad f. Conjunto de fenómenos relacionados con el movimiento.
mover v. tr. y prnl. Trasladar de un lugar a otro. || v. tr. Agitar. || Incitar. || v. prnl. Darse prisa.
movida f. Se dice de la fotografía borrosa. || f. *fam.* Movimiento. || *AMÉR.* Tunda.
móvil adj. Movible. || m. Aquello que

municipio

mueve a una cosa. || Aparato portátil de telefonía sin hilos.
movilizar v. tr. Poner en movimiento. || Llamar a filas.
movimiento m. Cambio dentro de un orden. || Tráfico, animación. || Corriente en el campo intelectual.
mozalbete m. Mozo joven.
mozo -za adj. y n. Joven. || Soltero. || m. y f. Persona empleada en oficios modestos. || Camarero.
muchacho -cha m. y f. Niño que no ha llegado a la adolescencia.
muchedumbre f. Multitud.
mucho -cha adj. Abundante. || adv. c. Con abundancia.
mucosidad f. Moco. || Sustancia viscosa semejante al moco.
muda f. Conjunto de ropa que se muda de una vez.
mudanza f. Traslado del mobiliario de una vivienda a otra.
mudar v. tr. Cambiar de naturaleza, aspecto, etc. || Trasladar de lugar. || v. prnl. Cambiarse de ropa.
mudez f. Incapacidad de hablar, congénita o adquirida. || Silencio deliberado.
mudo -da adj. y n. Privado de la facultad de hablar. || adj. Callado.
mueble m. Objeto movible que sirve para los usos necesarios o para decorar.
mueca f. Contorsión del rostro.
muela f. Piedra de molino. || Diente molar.
muelle m. Pieza elástica de metal, en espiral, que tras ser comprimida recobra su posición inicial.
muerte f. Cesación de la vida. || Homicidio. || Exterminio.
muerto -ta adj. y n. Sin vida. || adj. Se dice del yeso o la cal apagados con agua. || Cansado, extenuado

muesca f. Hueco o entalladura en un objeto para encajar algo. || Incisión o corte que se hace como señal.
muestra f. Pequeña cantidad de un producto para darla a conocer. || Ejemplar que se ha de copiar.
mugido m. Voz del toro y de la vaca.
mugir v. intr. Dar mugidos.
mugre f. Suciedad grasienta.
mujer f. Persona del sexo femenino. || La casada, con relación al marido.
mulato -ta adj. y n. Se dice del hijo de una persona blanca y otra negra. || adj. De color muy moreno.
muleta f. Bastón largo, en el que se apoya el codo o la axila para ayudarse al andar.
mullir v. tr. Esponjar una cosa.
mulo -la m. y f. Híbrido de asno y yegua o entre caballo y burra. || adj. Testarudo. || f. *AMÉR. CENT.* Borrachera.
multa f. Sanción pecuniaria.
multicopista adj. y f. Máquina para sacar copias de un escrito.
multinacional adj. y f. Que mantiene intereses en varios países.
múltiple adj. Que no es simple.
multiplicación f. Operación de multiplicar.
multiplicar v. tr. y prnl. Aumentar algo un número considerable de veces. || Reproducirse los seres vivos.
múltiplo -pla adj. y n. Se dice del número que contiene a otro varias veces exactamente.
multitud f. Gran número de personas o cosas.
mundo m. Conjunto de todo lo que existe. || La Tierra.
munición f. Carga de las armas de fuego. || Pertrechos de un ejército.
municipio m. División administrativa regida por un Ayuntamiento. ||

muñeca

Ayuntamiento. ‖ El conjunto de habitantes.

muñeca f. Parte del cuerpo humano que corresponde a la articulación del antebrazo con la mano. ‖ Figurilla de mujer o niña.

muñeco m. Figurilla de hombre o niño. ‖ Hombre que se deja manejar.

muñequera f. Pulsera de reloj. ‖ Tira para sujetar la muñeca.

muñón m. Parte de un miembro amputado que queda adherida al cuerpo.

mural m. Pintura realizada o aplicada sobre un muro.

muralla f. Fortificación defensiva que rodea una plaza fuerte.

murciélago m. Mamífero que tiene una especie de alas que le permiten volar.

murga f. *fam.* Conjunto de músicos callejeros. ‖ *fam.* Fastidio.

murmullo m. Ruido apenas perceptible que se hace al hablar. ‖ Susurro.

murmurar v. tr. e intr. Hablar entre dientes, manifestando queja y enfado.

muro m. Pared o tapia. ‖ Muralla.

mus m. Juego de envite que se juega entre dos parejas, con baraja española.

musa f. Inspiración de un artista.

musaraña f. Mamífero insectívoro, de pequeño tamaño.

musculatura f. Conjunto de los músculos del cuerpo.

músculo m. Órgano muy contráctil, de tejido fibroso formado por células alargadas y fusiformes, que sirve para producir el movimiento, en el hombre y los animales.

muselina f. Cierta clase de tela muy ligera, fina y transparente.

museo m. Institución cuya finalidad consiste en la conservación y exposición de objetos artísticos o históricos, científicos, técnicos, etc.

muserola f. Correa de la brida del caballo.

musgo Nombre común de las plantas briófitas, que viven en ambientes muy húmedos.

music-hall m. Espectáculo de variedades que comprende números musicales y circenses.

músico -ca m. y f. Persona que ejerce, profesa o sabe el arte de la música. ‖ f. Arte de combinar los sonidos. ‖ Conjunto de composiciones musicales.

musitar v. tr. e intr. Hablar entre dientes.

muslo m. Parte de la pierna comprendida entre la cadera y la rodilla.

mustélido -da adj. y m. Se dice de los mamíferos carnívoros de cuerpo fino y alargado y patas cortas.

mustio -tia adj. Melancólico. ‖ Marchito.

mutación f. Cada uno de los cambios de escena en una obra teatral. ‖ Modificación en el material genético de un ser vivo.

mutilar v. tr. y prnl. Cercenar un miembro o una parte del cuerpo de un ser vivo.

mutis m. En teatro, indicación de que un actor debe retirarse de la escena. ‖ *fam.* Voz con que se solicita o impone silencio.

mutismo m. Silencio voluntario o impuesto.

mutualidad f. Asociación cuyos miembros aceptan el pago de unas cuotas para asegurarse unas prestaciones ante determinados riesgos.

mutuo -tua adj. y n. Se dice de lo que recíprocamente se hace entre dos o más seres o cosas.

muy adv. Se antepone a adjetivos y adverbios para denotar grado sumo o superlativo.

168

N

n f. Decimocuarta letra del abecedario español, y undécima de sus consonantes.

nabo f. Planta crucífera, de raíz carnosa, grande y amarillenta; alimenticia y forrajera.

nácar m. Capa interna de la concha de los moluscos.

nacer v. intr. Salir un ser del vientre materno o del huevo un animal ovíparo. || Empezar a salir un vegetal de su semilla. || Descender de una familia o linaje. || Salir el pelo o la pluma en los animales. || Tomar principio una cosa de otra. || Junto con *a* o *para*, estar destinado para un fin.

nacimiento m. Lugar donde tiene uno su origen. || Principio de una cosa.

nación f. Comunidad de personas con historia, cultura y territorio propios. || Conjunto de los habitantes de un país regido por el mismo gobierno. || Territorio de este mismo país.

nacionalidad f. Condición y carácter peculiar de los pueblos e individuos de una nación. || Estado propio de la persona nacida o naturalizada en una nación.

nacionalizar v. tr. y prnl. Admitir en un país como nacional a un extranjero. || Traspasar al Estado propiedades, servicios, etc.

nada f. El no ser. || Cosa mínima. || pron. indef. Ninguna cosa.

nadar v. intr. Mantenerse y avanzar dentro del agua. || Abundar en una cosa.

nadería f. Cosa baladí.

nadie pron. indef. Ninguna persona. || m. Persona insignificante.

nailon m. Nylon, fibra.

naipe m. Cartulina rectangular que forma la baraja.

nalga f. Porción carnosa del trasero.

nana f. Canto de arrullo.

nao f. Nave.

naranja f. Fruto del naranjo, de forma esférica, corteza rugosa, color entre rojo y amarillo, y pulpa dividida en gajos con las semillas.

naranjo m. Árbol de flores blancas y fruto comestible de pulpa jugosa.

narciso m. Planta bulbosa de flores blancas o amarillas.

narcótico -ca adj. y m. Dícese de las sustancias que producen sopor.

nardo m. Planta de flores en espiga, blancas y olorosas.

nariz f. Órgano del olfato.

narración f. Relato. || Parte del discurso en que se refieren los hechos.

narrar v. tr. Contar lo sucedido.

nata f. Sustancia blanca que forma una capa sobre la leche. || Lo más selecto de una cosa.

natación f. Acción y arte de nadar.

natalidad f. Número proporcional de nacimientos en población y tiempo determinados.

natillas f. pl. Dulce de yemas de huevo, leche y azúcar.

natividad

natividad f. Nacimiento.
nato -ta adj. Que se tienen desde el nacimiento.
natural adj. Nativo. || Sencillo. || Conforme con la razón o el uso.
naturaleza f. Esencia. || Conjunto de todas las entidades que componen el universo.
naturalizar v. prnl. Adquirir los derechos de los naturales de un país.
naufragar v. intr. Irse a pique una embarcación.
náusea f. Ansia de vomitar. || Repugnancia.
náutica f. Navegar.
navaja[1] f. Molusco comestible de concha de dos valvas simétricas.
navaja[2] f. Cuchillo plegable.
nave f. Embarcación. || Vehículo espacial. || Edificio industrial grande, sin tabiques.
navegación f. Náutica.
navegar v. intr. Desplazarse en un vehículo marítimo o aéreo. || Moverse dicho vehículo en su medio.
navidad f. Natividad de Jesús.
navío m. Barco grande.
neblina f. Niebla espesa y baja.
nebuloso -sa adj. Oscurecido por las nubes o la niebla. || f. Masa de materia cósmica celeste que presenta forma de nube.
necesario -ria adj. Indispensable. || Que ha de suceder.
neceser m. Caja con objetos de tocador, costura, etc.
necesidad f. Impulso irresistible que hace que las causas obren infaliblemente en cierto sentido. || Situación difícil. || Falta de lo que es necesario para vivir. || Hambre muy intensa. || Evacuación corporal por cámara u orina.
necesitar v. tr. e intr. Tener necesidad de una persona o cosa.

necio -cia adj. y n. Ignorante.
nécora f. Crustáceo decápodo marino.
necrología f. Biografía de una persona notable muerta hace poco tiempo. || Lista de muertos en un periódico.
necrópolis f. Cementerio.
néctar m. Jugo azucarado que chupan las abejas. || Licor suave.
nefasto -ta adj. Funesto.
negación f. Carencia de una cosa. || Partícula que sirve para negar.
negado -da adj. y n. Incapaz.
negar v. tr. Decir que algo no es verdad. || Responder negativamente a una petición.
negativo -va adj. y m. Prueba fotográfica que ofrece los tonos invertidos respecto de la realidad. || f. Negación.
negligencia f. Descuido, omisión.
negociar v. intr. Comerciar. || v. tr. Tratar asuntos.
negocio m. Cualquier ocupación o actividad lucrativa. || Utilidad que se logra en lo que se trata.
negro -gra adj. y n. De color totalmente oscuro y de las cosas que tienen dicho color. || Individuo cuya piel es de color negro. || f. Nota musical que vale la mitad de una blanca.
nene -na m. y f. Niño pequeñito.
neófito -ta m. y f. Persona recién convertida a una religión. || Persona recién adherida a una causa.
nervio m. Cordón fibroso que transmite los estímulos nerviosos.
nerviosismo m. Estado pasajero de excitación nerviosa.
neto -ta adj. Limpio y puro. || Se dice del peso o valor que resulta después de deducir la tara o los gastos.
neumático -ca adj. Que opera con el aire. || m. Tubo de caucho lleno de aire que llevan las ruedas de los vehículos.

neuralgia f. Dolor intenso a lo largo de un nervio.

neurología f. Rama de la medicina que estudia el sistema nervioso.

neurona f. Célula nerviosa.

neurosis f. Trastorno mental.

neutral adj. y n. com. Que no toma partido.

neutralizar v. tr. y prnl. Hacer neutral. || Contrarrestar.

neutro -tra adj. Que no participa de ninguno de dos caracteres opuestos. || Indeterminado. || Que carece de carga eléctrica.

neutrón m. Partícula elemental del núcleo atómico sin carga eléctrica.

nevada Cantidad de nieve caída sin interrupción y de una sola vez.

nevar v. impers. e intr. Caer nieve.

nevera f. Electrodoméstico utilizado para conservar los alimentos.

nexo m. Nudo, vínculo.

ni conj. cop. Enlaza vocablos o frases que denotan negación.

nicho m. Concavidad para colocar los ataúdes.

nicotina f. Alcaloide del tabaco.

nido m. Sitio abrigado o lecho que utilizan las aves para poner sus huevos. || Nidal.

niebla f. Nube formada por gotitas de agua y en contacto con la superficie terrestre.

nieto -ta m. y f. Respecto de una persona, hijo o hija de su hijo o hija.

nieve f. Precipitación atmosférica de cristalitos hexagonales o estrellados de hielo agrupados en copos blancos. || Suma blancura.

nimiedad f. Pequeñez.

ninfa f. Deidad de las aguas, bosques, etc. || Joven hermosa.

ningún adj. Apócope de *ninguno*.

ninguno -na adj. Ni uno solo. || pron. indet. Nulo y sin valor. || Nadie, ninguna persona.

niñera f. Criada para cuidar niños.

niñez f. Período de la vida humana entre la infancia y la pubertad.

niño -ña adj. y n. Que se halla en la niñez. || f. Pupila del ojo.

nirvana m. En el budismo, estado de paz suprema.

nítido -da adj. Limpio, terso. || Bien definido y preciso.

nitrógeno m. Elemento gaseoso, inodoro, incoloro e insípido.

nitroglicerina f. Trinitrato de glicerina inodoro y oleoso. Es un potente explosivo.

nivel m. Instrumento para averiguar la diferencia de altura entre dos puntos. || Altura que alcanza algo. || Categoría.

nivelar v. tr. Echar el nivel para reconocer si existe o falta horizontalidad. || Poner un plano en posición justa.

no adv. neg. Expresa negación o rechazo.

noble adj. y n. com. Dícese de quien disfruta de algún título. || adj. Ilustre. || Digno, estimable.

nobleza f. Conjunto de nobles.

noche f. Tiempo comprendido entre la puesta y la salida del Sol.

nochebuena f. Noche de la vigilia de Navidad.

nochevieja f. La última noche del año.

noción f. Conocimiento elemental que se tiene de una cosa.

nocivo -va adj. Dañoso.

noctámbulo -la adj. y n. Que hace vida nocturna.

nodriza f. Ama de cría.

nogal m. Árbol de madera muy dura y valiosa, hojas caducas, cuyo fruto es la nuez.

nómada adj. y n. com. Aplícase al in-

nombramiento

dividuo, familia, pueblo o ganado sin residencia fija, que se traslada de un lugar a otro.

nombramiento m. Cédula en que se designa a uno para un cargo.

nombrar v. tr. Mencionar, citar.

nombre m. Palabra con que son designadas personas, ideas, acciones, sentimientos, animales y cosas. || Designación de una persona con su nombre de pila y sus apellidos. || Sobrenombre. || Fama. || Una de las categorías gramaticales básicas del lenguaje.

nomenclátor m. Catálogo de nombres.

nómina f. Lista de nombres de personas o cosas. || Relación nominal de los individuos contratados por una empresa con la retribución de cada uno. || Esta retribución.

nominal adj. Que es o existe sólo de nombre, pero no en realidad.

nominativo m. Caso gramatical propio del sujeto en las lenguas flexivas.

non adj. y m. Impar. || m. pl. Negación repetida de una cosa.

nonagenario -ria adj. y n. Que ha cumplido los noventa años.

nonagésimo -ma adj. y n. Ordinal y partitivo que corresponde a noventa.

nonato -ta adj. Nacido mediante cesárea.

nonio m. Dispositivo acoplado a una regla o a un limbo graduados, para apreciar fracciones pequeñas de las divisiones menores.

nono -na adj. Noveno.

nopal m. Planta cactácea, de tallos aplastados y carnosos, y flores grandes; su fruto, el higo chumbo.

noque m. Pequeño estanque en que se ponen a curtir las pieles.

noquear (ingl.) v. tr. e intr. En boxeo, dejar fuera de combate.

nordeste m. Punto del horizonte entre el norte y el este.

noria f. Máquina formada por una serie de arcaduces unidos a una cadena sin fin para sacar agua de un pozo. || En los parques de atracciones, gran rueda vertical con cabinas donde viajan dos o cuatro personas.

norma f. Escuadra para arreglar y ajustar piedras, maderos, etc. || Regla a que se deben ajustar las conductas, tareas, actividades, etc.

normal adj. Ordinario. || Que sirve de norma o regla. || Que se ajusta a normas fijadas de antemano.

normalizar v. tr. y prnl. Hacer normal. || Regularizar.

noroeste m. Punto del horizonte entre el norte y el oeste.

norte m. Punto cardinal del horizonte situado en la dirección de la Estrella Polar. || Lugar en esa dirección. || *fig.* Meta.

nos Pronombre personal de primera persona plural, masculino y femenino.

nosocomio m. Hospital.

nosología f. Parte de la medicina que describe, diferencia y clasifica las enfermedades.

nosotros -tras Pronombre personal de primera persona del plural.

nostalgia f. Pena de verse ausente de la patria o de los seres queridos.

nota f. Marca que se pone en una cosa. || Comentario fuera del texto. || Calificación que se concede en un examen. || Noticia breve.

notable adj. Digno de atención.

notación f. Sistema de signos convencionales.

notar v. tr. Señalar.

notario -ria m. y f. Funcionario público autorizado para dar fe de los actos extrajudiciales.

noticia f. Noción, conocimiento. ‖ Suceso que se divulga.
notificar v. tr. Dar noticia.
notorio -ria adj. Público y sabido de todos. ‖ Evidente.
novatada f. Broma pesada que se gasta a los compañeros nuevos.
novecientos -tas adj. Nueve veces ciento.
novedad f. Suceso reciente.
novel adj. Nuevo, inexperto.
novela f. Obra literaria en prosa, en que se narra una acción ficticia.
noveno -na adj. Ordinal y partitivo de nueve. ‖ f. Ejercicio devoto que se practica durante nueve días.
noventa adj. Nueve veces diez.
noviazgo m. Condición de novio o novia. ‖ Tiempo que dura.
noviciado m. Tiempo que precede a la profesión religiosa. ‖ Casa en que habitan los novicios.
novicio -cia m. y f. Religioso que aún no ha profesado. ‖ adj. y n. Principiante.
noviembre m. Undécimo mes del año.
novillo -lla m. y f. Res joven.
novio -via m. y f. Persona que mantiene relaciones amorosas con otra con miras al matrimonio.
nube f. Masa de vapor acuoso suspendida en la atmósfera.
nublado -da adj. Cubierto de nubes.
nublar v. tr. y prnl. Cubrirse de nubes. ‖ Enturbiar la vista.
nuca f. Parte alta de la cerviz.
núcleo m. Elemento al que se agregan otros para formar un todo. ‖ Elemento primordial.
nudillo m. Articulación de las falanges de los dedos de la mano.
nudismo m. Práctica de la desnudez al aire libre.

nudo m. Lazo muy apretado que se hace en un hilo, cinta, etc. ‖ Lugar donde se cruzan varias vías de comunicación. ‖ Vínculo.
nuera f. La mujer del hijo respecto de los padres de éste.
nuestro -tra, nuestros -tras Pronombre posesivo de primera persona en género masculino y femenino, y número singular y plural. Expresa la posesión o pertenencia atribuida a dos o más personas, incluida la que habla.
nueve adj. Ocho más uno.
nuevo -va adj. Recién hecho. ‖ Que se ve u oye por primera vez. ‖ Poco o nada usado.
nuez f. Fruto del nogal.
nulidad f. Persona inepta.
nulo -la adj. Ineficaz. ‖ Incapaz. ‖ Que no tiene efecto legal.
numeración f. Sistema para expresar de palabra o por escrito todos los números.
numerar v. tr. Marcar con números. ‖ Contar por el orden de los números.
número m. Expresión de la cantidad computada con relación a una unidad. ‖ Cifra o guarismo.
numeroso -sa adj. Que incluye gran número de cosas.
numismática f. Ciencia que estudia las monedas y medallas.
nunca adv. t. En ningún tiempo.
nuncio m. Mensajero. ‖ Representante diplomático del Papa.
nupcias f. pl. Boda, casamiento.
nurse f. Niñera.
nutria f. Mamífero carnívoro mustélido, con patas cortas y piel muy apreciada, de pelo espeso y sedoso.
nutrir v. tr. y prnl. Proporcionar al organismo lo necesario para su existencia.
nylon m. Fibra textil sintética.

Ññ

ñ f. Decimoquinta letra del abecedario español, y duodécima de sus consonantes. Su nombre es *eñe*.

ñácara f. *AMÉR. CENT.* Úlcera, llaga.

ñame m. Planta herbácea dioscoreácea, de raíz grande, tuberculosa y comestible.

ñandú m. Avestruz de América, con tres dedos en cada pie y plumaje gris.

ñandutí m. *AMÉR. MER.* Tejido muy fino de Paraguay, hoy muy generalizado en América del Sur.

ñanga f. *AMÉR. CENT.* Fango.

ñapa f. *AMÉR.* Añadidura, propina.

ñaque m. Montón de cosas inútiles.

ñato -ta adj. *AMÉR.* Chato.

ñeque adj. *AMÉR.* Fuerte, vigoroso. ‖ m. Fuerza, energía.

ñiquiñaque n. com. *fam.* Sujeto o cosa muy despreciable.

ñisca f. *AMÉR.* Porción mínima de algo. ‖ *AMÉR.* Excremento.

ñoclo m. Especie de melindre de harina, huevos, azúcar, manteca de vaca, vino y anís.

ñoco -ca adj. y n. *AMÉR.* Se dice de la persona a quien le falta un dedo o una mano.

ñocha f. *CHILE.* Hierba bromeliácea cuyas hojas sirven para hacer canastos, sombreros y esteras.

ñoño -ña adj. y n. Persona sumamente apocada. ‖ *fam.* Soso.

ñora. f. Pimiento muy picante, guindilla.

ñu m. Mamífero artiodáctilo bóvido, de cabeza gruesa con cuernos enhiestos, propio de África del Sur.

ñuto -ta adj. *AMÉR. MER.* Dícese de la carne blanda o ablandada a golpes.

O

o f. Decimosexta letra del alfabeto castellano y cuarta de sus vocales. || conj. dis. Expresa exclusión o alternancia.

oasis m. Lugar del desierto con agua y vegetación.

obcecar v. tr. y prnl. Ofuscar.

obedecer v. tr. Hacer lo que alguien o las leyes ordenan. || v. intr. Prevenir, dimanar.

obelisco m. Monumento conmemorativo.

obertura f. Pieza instrumental que sirve de entrada a una ópera, oratorio, suite, etc.

obesidad f. Exceso de peso.

obispo m. Prelado a cuyo cargo está el gobierno de una diócesis.

óbito m. Defunción.

objeción f. Argumento en contra.

objetar v. tr. Poner objeciones.

objetivo -va adj. Imparcial. || m. Meta. || Lentes para captar y proyectar imágenes.

objeto m. Lo que es material y puede ser percibido. || Finalidad.

oblea f. Lámina hecha de harina y agua.

oblicuo -a adj. Que no es paralelo ni perpendicular a un plano o recta.

obligación f. Circunstancia de estar obligado a algo por deber. || Correspondencia a un beneficio.

obligar v. tr. Forzar una cosa. || v. prnl. Comprometerse.

oboe m. Instrumento de viento.

obra f. Cosa hecha por alguien. || Producción del entendimiento. || Libro. || Edificio en construcción. || Trabajo.

obrar v. tr. Realizar una acción. || Comportarse de forma determinada.

obrero -ra adj. m. y f. Trabajador manual remunerado.

obsceno -na adj. Impúdico.

obsequio m. Regalo.

observación f. Advertencia, corrección. || Nota aclaratoria.

observar v. tr. Examinar con atención. || Reparar. || Cumplir.

obsesión f. Idea fija.

obsoleto -ta adj. Anticuado.

obstáculo m. Dificultad.

obstante, no loc. adv. Sin embargo.

obstinación f. Tenacidad.

obstruir v. tr. Impedir la realización de algo. || v. tr. y prnl. Cerrar el paso por un conducto.

obtener v. tr. Conseguir algo.

obturar v. tr. Cerrar, tapar.

obtuso -sa adj. Sin punta, romo. || Torpe en comprender.

obús m. Pieza de artillería.

obvio -via adj. Evidente.

ocasión f. Oportunidad. || Causa.

ocasional adj. Casual, eventual.

ocasionar v. tr. Provocar algo.

ocaso m. Puesta del Sol.

occidente m. Oeste.

océano m. Gran extensión de agua de mar.

ochenta adj. y m. Ocho veces diez.

ocho adj. y m. Siete más uno.

ocio m. Cesación del trabajo. || Tiempo libre.
ocluir v. tr. y prnl. Cerrar un conducto del organismo humano.
ocre m. De color amarillo oscuro.
octágono m. Polígono de ocho ángulos y ocho lados.
octavilla f. Hoja de propaganda.
octubre m. Décimo mes del año.
ocular m. Lente de un instrumento óptico, a la que se aplica el ojo.
oculista n. com. Médico de las enfermedades de los ojos.
ocultar v. tr. y prnl. Esconder, tapar. || v. tr. Callar con intención.
ocupar v. tr. Llenar un espacio. || Ejercer un cargo o empleo. || Llenar un tiempo.
ocurrencia f. Dicho o salida agudo, ingenioso o con gracia.
ocurrir v. intr. Suceder. || v. intr. y prnl. Venir a la mente una idea.
oda f. Poema lírico.
odiar v. tr. Sentir odio.
odio m. Sentimiento de aversión.
odioso -sa adj. Digno de odio.
odre m. Pellejo o piel que se usa para guardar líquidos.
oeste m. Punto cardinal por donde se pone el Sol.
ofender v. tr. Causar daño al honor y la dignidad de alguien.
ofensiva f. Ataque.
oferta f. Propuesta de hacer algo. || Producto a precio rebajado.
oficial adj. Reconocido por una autoridad. || m. El que trabaja en un oficio. || Militar con graduación.
oficina f. Lugar donde se prepara, elabora o trabaja algo.
oficio m. Profesión manual o mecánica. || Ocupación habitual. || Función propia de algo. || Comunicación oficial escrita.

ofidio adj. y m. Reptil sin extremidades, cuyo cuerpo es alargado y cubierto de escamas.
ofrecer v. tr. Presentar o facilitar voluntariamente una cosa. || v. tr. y prnl. Mostrar algo cierto aspecto. || Ponerse uno a disposición de otro.
ofrenda f. Don, presente.
ofuscar v. tr. y prnl. Deslumbrar la vista el exceso de luz o brillo. || *fig.* Trastornar o confundir la mente.
ogro m. Monstruo legendario.
¡oh! interj. Denota sorpresa, alegría o dolor.
oído m. Sentido por el que se perciben los sonidos. || Órgano de la audición y del equilibrio.
oír v. tr. Percibir los sonidos.
ojal m. Abertura pequeña para abrochar un botón.
¡ojalá! interj. Expresa deseo.
ojeada f. Mirada rápida.
ojeriza f. Antipatía hacia alguien.
ojo m. Órgano de la visión.
ola f. Onda que forma el viento en la superficie del agua.
oleada f. Ola grande.
oleaje m. Sucesión de olas.
óleo m. Pintura disuelta en aceite.
oleoducto m. Sistema de tuberías para el transporte del petróleo.
oler v. tr. Percibir los olores.
olfato m. Sentido con que se perciben los olores. || Sagacidad.
olimpiada f. Juegos Olímpicos.
olisquear v. tr. Oler ligeramente.
oliva f. Aceituna.
olivo m. Árbol cuyo fruto es la oliva.
olla f. Vasija redonda más honda que ancha. || Contenido de esta vasija. || Guiso de carne, legumbres y hortalizas. || *fam.* Cabeza.
ollar m. Cada uno de los dos orificios de la nariz de las caballerías.

orden

olmo m. Árbol de tronco robusto y de gran altura.
olor m. Emanación de los cuerpos y sensación que producen.
olvidar v. tr. y prnl. Dejar de tener presente algo en la memoria. || Dejar de sentir afecto. || Descuidar.
ombligo m. Cicatriz que queda después de la caída del cordón umbilical.
omitir v. tr. No hacer, decir o señalar algo.
ómnibus m. Autobús.
omnipotente adj. Que todo lo puede.
omnívoro -ra adj. Que se alimenta de todo tipo de sustancias.
once adj. Diez más uno.
onda f. Movimiento que se propaga en un fluido.
ondear v. intr. Hacer ondas el agua. || Formar ondas un cuerpo.
ondular v. tr. Formar ondas.
onomástica Día en que se celebra el santo de una persona.
onomatopeya f. Palabra que imita un sonido.
opaco -ca adj. Que impide la luz.
opción f. Facultad o libertad de elegir. || Elección.
ópera f. Composición musical dramática cantada.
operación f. Conjunto de reglas matemáticas que permiten obtener resultados.
operar v. tr. Realizar una intervención quirúrgica. || v. intr. Ejercer una acción. || v. tr. Producir un efecto.
opereta f. Ópera desenfadada y frívola.
opinar v. tr. e intr. Tener o expresar una opinión.
opinión f. Idea o juicio que se tiene de algo o alguien.
opio m. Sustancia narcótica que se emplea en medicina.

opíparo -ra adj. Copioso.
oponer v. tr. y prnl. Poner una cosa frente a otra. || v. tr. Proponer algo en contra de lo que otro dice o hace.
oportuno -na adj. Adecuado, conveniente.
oposición f. Disposición de una cosa frente a otra. || Minoría política que representa la opinión opuesta a la del gobierno. || Examen para obtener una plaza.
oprimir v. tr. Ejercer presión en algo. || Tratar con rigor.
oprobio m. Afrenta, deshonra.
optar v. tr. e intr. Escoger. || v. tr. Aspirar a algo.
óptica f. Parte de la física que estudia los fenómenos luminosos.
optimismo m. Disposición a ver las cosas de un modo favorable.
óptimo -ma adj. Que es lo mejor en su línea.
opulencia f. Abundancia, riqueza.
oquedad f. Espacio hueco.
oración f. Discurso. || Ruego que se hace a Dios y a los santos. || Conjunto de palabras con sentido gramatical completo.
oráculo m. Persona de gran sabiduría a la que todos escuchan.
oral adj. De palabra.
orangután m. Mamífero antropomorfo, de gran tamaño.
orar v. intr. Elevar la mente a Dios. || Practicar la oratoria.
oratoria f. Arte de hablar en público con elocuencia.
orbe m. Esfera celeste o terrestre. || Mundo.
órbita f. Trayectoria que describe un astro en movimiento. || Cuenca de ojo.
orca f. Mamífero cetáceo de gran tamaño.
orden m. Distribución de personas y

ordenador

cosas en el lugar que les corresponde. || Buen funcionamiento y organización de algo. || Regularidad en el comportamiento habitual. || Categoría, especie. || f. Mandato.

ordenador m. Máquina electrónica que obedece a programas formados por una sucesión de operaciones matemáticas y lógicas, para manipular información con gran rapidez.

ordenanza m. Empleado encargado de hacer recados. || Conjunto de preceptos referentes a una materia, comunidad, tropa militar, etc. (Se usa más en plural.)

ordenar v. tr. Poner en orden algo. || Dar una orden. || Dirigir o disponer algo para conseguir un fin.

ordeñar v. tr. Extraer la leche de los animales hembras.

ordinal adj. y m. Se dice del número que expresa orden.

ordinario -ria adj. Común, corriente. || Grosero, vulgar.

orear v. tr. Dar el aire o el viento en una cosa.

orégano m. Planta herbácea aromática, usada como condimento.

oreja f. Parte externa del órgano del oído.

orfanato m. Asilo para huérfanos.

orfebrería f. Arte de trabajar los metales preciosos.

orfeón m. Agrupación coral.

organdí m. Tela de algodón, muy fina y transparente.

organismo m. Ser vivo. || Cuerpo organizado social o políticamente.

organizar v. tr. Preparar la realización de un proyecto. || v. tr. y prnl. Disponer algo con orden. || v. prnl. Formarse algo de manera espontánea.

órgano m. Parte del cuerpo de un ser vivo. || Instrumento musical de viento, formado por uno o varios tubos metálicos.

orgasmo m. Parte culminante del placer sexual.

orgía f. Banquete en que se cometen excesos. || Desenfreno de cualquier pasión.

orgullo m. Estimación excesiva de uno mismo. || Arrogancia. || Satisfacción por algo propio.

orientar v. tr. y prnl. Colocar algo en determinada posición respecto a los puntos cardinales. || *fig.* Dirigir a alguien o algo hacia un fin determinado. || *fig.* Informar a alguien sobre algo.

oriente m. Punto cardinal del horizonte por el que sale el Sol.

orificio m. Agujero, boca.

origen m. Principio, procedencia de algo. || Causa. || Ascendencia.

original adj. Se dice del artista, cuya obra es totalmente personal. || Singular. || m. Texto en lengua de origen.

orilla f. Borde de una superficie. || Faja de tierra inmediata al agua.

orina f. Líquido amarillento secretado por el riñón.

orla f. Adorno que se dibuja o imprime alrededor de una figura.

ornamento m. Adorno.

oro m. Metal noble, amarillo, muy dúctil y maleable.

orondo -da adj. Se dice del recipiente con mucha capacidad.

oropel m. Lámina de latón que imita el oro.

orquesta f. Conjunto de instrumentistas musicales.

orquídea f. Planta ornamental orquidácea y su flor.

ortiga f. Planta herbácea, cuyas hojas están cubiertas de pelos urticantes muy molestos.

orto m. Salida del Sol o de otro astro por el horizonte.

ortodoxo -xa adj. Conforme a los principios tradicionales en cualquier asunto.

ortogonal adj. Que forma ángulo recto.

ortografía f. Parte de la gramática que enseña a escribir correctamente.

ortopedia f. Parte de la medicina que corrige las deformaciones o desviaciones del cuerpo humano.

ortóptero -ra adj. y n. Se dice de los insectos de metamorfosis incompleta.

oruga f. Larva de los insectos lepidópteros.

orujo m. Residuo de la uva o de la aceituna después de prensadas.

orzuelo m. Lesión inflamatoria que aparece en el párpado.

os Pronombre de segunda persona del plural, masculino o femenino.

osadía f. Atrevimiento, audacia.

osar v. intr. y tr. Atreverse.

osario m. Lugar donde se hallan huesos.

oscilar v. intr. Efectuar movimientos de vaivén a la manera de un péndulo. || *fig.* Variar algo dentro de unos límites.

ósculo m. Beso.

oscurecer v. tr. Privar de luz o claridad. || *fig.* Disminuir la estimación, el prestigio o el valor.

oscuro -ra adj. Que no tiene luz o tiene poca. || Que se acerca al negro.

osezno m. Cachorro del oso.

osificarse v. prnl. Convertirse en hueso una materia orgánica.

oso m. Mamífero plantígrado con cabeza grande y pelo largo.

ostensible adj. Claro, patente.

ostentar v. tr. Mostrar con afectación algo que halaga la vanidad.

ostentoso -sa adj. Suntuoso.

ostra f. Molusco comestible con concha de valvas desiguales.

otear v. tr. Escudriñar.

otitis f. Inflamación de oído.

otoño m. Estación del año entre el verano y el invierno.

otorgar v. tr. Conceder.

otorrinolaringología f. Parte de la medicina que estudia las afecciones del oído, nariz y laringe.

otro -tra adj. y n. Distinto de aquello de que se habla.

ovación f. Aplauso ruidoso.

oval adj. De figura de óvalo.

óvalo m. Curva cerrada y convexa.

ovario m. Glándula sexual femenina, situada a cada lado del útero.

oveja f. Hembra del carnero.

ovillo m. Bola de hilo. || Enredo, revoltijo.

ovino -na adj. Se dice del ganado lanar.

ovíparo -ra adj. y n. Se dice de los animales cuyas hembras ponen huevos.

óvulo m. Gameto sexual femenino.

oxidación f. Reacción química en que aumenta el oxígeno y disminuye el hidrógeno.

óxido m. Compuesto formado por la unión del oxígeno con un metal.

oxigenar v. tr. Combinar un cuerpo con el oxígeno. || v. prnl. *fig.* Respirar aire puro, airearse.

oxígeno m. Gas que constituye la quinta parte de la atmósfera terrestre, y es necesario para la respiración.

oxiuro m. Lombriz parásita de los niños.

oyente n. com. Alumno que asiste a clase sin estar matriculado.

ozono m. Gas inestable que se encuentra en las capas bajas de la atmósfera.

P

p f. Decimoséptima letra del abecedario español y decimocuarta de sus consonantes.
pabellón m. Edificio que es dependencia de otro mayor.
pábilo m. Mecha de una vela.
pacato -ta adj. y n. Timorato.
pacer v. tr. e intr. Comer el ganado la hierba en los prados.
pachucho -cha adj. Muy maduro.
paciencia f. Capacidad de sufrir los infortunios. || Calma.
pacificar v. tr. Lograr la paz donde había guerra o discordia.
pacífico -ca adj. Sosegado.
pactar v. tr. Acordar algo.
padecer v. tr. Sufrir física o moralmente. || Sentir los agravios.
padrastro m. Esposo de una mujer, respecto de los hijos habidos por ella en otra unión anterior.
padre m. Hombre o macho respecto de sus hijos. || Tratamiento de respeto dado a los religiosos.
padrino m. El que presenta a otra persona que recibe un sacramento, grado, etc.
padrón m. Lista de habitantes.
paella f. Plato de arroz con pollo, pescado, verduras, etc.
paga f. Sueldo.
pagano -na adj. y n. Que aún no ha sido evangelizado.
pagar v. tr. Dar a uno lo que se le debe. || Purgar un delito o falta, cumpliendo la pena.
pagaré m. Compromiso escrito de pagar una cantidad en tiempo determinado.
página f. Plana de un libro o cuaderno.
pago m. Cantidad que se paga. || Satisfacción, recompensa.
pagoda f. Templo budista.
paipai m. Abanico de palma.
país m. Territorio, región.
paisaje m. Lugar que se ve desde un punto.
paisano -na adj. y n. Que ha nacido en el mismo lugar que otro.
paja f. Caña de las gramíneas.
pajar m. Sitio para guardar la paja.
pájaro m. Ave, sobre todo la de pequeño tamaño. || adj. y m. Granuja.
paje m. Criado joven.
pala f. Utensilio compuesto de una tabla de madera o una plancha de hierro y un mango largo.
palabra f. Conjunto de sonidos que expresan una idea. || Representación gráfica de ellos. || Facultad de hablar.
palabrota f. Palabra grosera.
palacio m. Edificio suntuoso.
paladar m. Parte superior e interior de la boca. || Gusto de los manjares.
paladear v. tr. Saborear.
palafito m. Vivienda primitiva construida sobre estacas.
palanca f. Barra rígida que se apoya y gira sobre un punto.
palangana f. Jofaina.
palanqueta f. Barreta de hierro para forzar puertas o cerraduras.

palco m. Tribuna con balcón, en el teatro y otros espectáculos.
palenque m. Valla de madera.
paleolítico -ca adj. y m. Se aplica al primer período de la prehistoria.
palestra f. Lugar en que se celebraban ant. luchas o torneos.
paleta f. Tabla sin mango para ordenar y mezclar los colores. || Utensilio de albañil de forma triangular para extender el cemento.
paleto -ta m. y f. Rústico, zafio.
paliar v. tr. Encubrir, disimular.
palidecer v. intr. Ponerse pálido.
pálido -da adj. De color desvaído.
palillo m. Mondadientes. || Varita para tocar el tambor.
palio m. Dosel situado sobre largas varas, para celebraciones.
palique m. Charla ligera.
paliza f. Zurra. || Derrota grande.
palma f. Palmera. || Parte interior de la mano. || pl. Aplausos.
palmada f. Golpe dado con la palma de la mano.
palmarés m. Relación de premiados. || Historial.
palmatoria f. Especie de candelabro bajo, con mango y pie.
palmear v. intr. Dar palmadas.
palmera f. Planta de tronco leñoso y fruto en baya.
palmípedo -da adj. Aplícase a las aves con dedos palmeados.
palmito m. Palmera de tronco corto y hojas en abanico.
palmo m. Medida de longitud equivalente a unos 21 cm.
palo m. Trozo de madera grueso y cilíndrico. || Golpe.
paloma f. Ave de plumaje espeso y pico abultado en la base.
palomilla f. Mariposa nocturna, cenicienta, de pequeño tamaño.

palomita f. Grano tostado de maíz que estalla en forma de flor.
palosanto m. Caqui, árbol.
palote m. Trazo recto que hacen los niños como primer ejercicio de escritura.
palpable adj. Patente, evidente.
palpar v. tr. Tocar con las manos.
palpitar v. intr. Contraerse y dilatarse alternativamente el corazón.
palurdo -da adj. y n. Tosco.
pamela f. Sombrero de paja femenino, bajo de copa y ancho de alas.
pampa f. Llanura de América del Sur, despoblada de árboles.
pámpano m. Sarmiento verde y tierno de la vid.
pamplina f. Dicho inútil.
pan m. Porción de masa de harina y agua, cocida al horno.
pana f. Tela fuerte, semejante en el tejido al terciopelo.
panacea f. Remedio al que se atribuye la propiedad de curar todos los males.
panadizo m. Inflamación aguda del tejido de los dedos.
panal m. Conjunto de celdillas hexagonales de cera que las abejas hacen dentro de la colmena.
panamá m. Sombrero de pita.
pancarta f. Cartelón de tela, cartón, etc., con frases reivindicativas.
páncreas m. Glándula situada detrás del estómago.
pandereta f. Pandero pequeño.
pandero m. Instrumento músico de percusión formado por un aro provisto de sonajas y cascabeles, cubierto con una piel lisa.
pandilla f. Grupo de gente que se reúne para algún fin.
panel m. Compartimentos en que se dividen las hojas de puertas, los lienzos de pared, etc. || Elemento prefabri-

pánfilo -la adj. y n. Bobo, simple.
panfleto m. Opúsculo de carácter subversivo.
pánico m. Miedo o terror grande.
panículo m. Capa de tejido adiposo situada debajo de la piel.
panificar v. tr. Hacer pan.
panizo m. Planta forrajera.
panoja f. Mazorca del maíz, panizo o mijo.
pantalla f. Lámina que se pone delante o alrededor de un foco de luz, para dirigirla en la dirección deseada. || Superficie sobre la que se proyectan las imágenes fotográficas o cinematográficas.
pantalón m. Prenda de vestir que cubre cada pierna por separado.
pantano m. Hondonada en la que se recogen las aguas. || Embalse.
panteón m. Monumento funerario.
pantera f. Leopardo.
pantomima f. Representación mediante gestos, sin palabras.
pantorrilla f. Parte carnosa de la pierna, por debajo de la corva.
panza f. Barriga.
pañal m. Pedazo de tela en que se envuelve a los niños de pecho.
paño m. Tela de lana tupida.
pañuelo m. Pedazo de tela de una sola pieza y para diversos usos.
papa m. Sumo pontífice romano. || Patata.
papá m. Padre.
papada f. Abultamiento entre la barba y el cuello.
papagayo m. Ave de pico curvo y plumaje vistoso.
papaya f. Fruto del papayo.
papayo m. Árbol de tronco fibroso y grandes hojas palmeadas.

papel m. Hoja delgada hecha con pasta de trapos y madera molidos, que sirve para escribir, imprimir, envolver y otros muchos usos. || Título, documento. || Parte de una obra que interpreta un actor.
papelera f. Fábrica de papel. || Cesto donde se tiran los papeles.
papeleta f. Tarjeta en que se acredita un derecho, o en la que figuran datos de interés.
papera f. Bocio.
papila f. Pequeña prominencia cónica de ciertos órganos vegetales.
papilla f. Comida a base de cereales o féculas con agua o leche.
paquete m. Envoltorio bien dispuesto y atado.
par adj. Igual o semejante totalmente. || Número divisible por dos. || m. Conjunto de dos unidades.
para prep. Denota finalidad.
parabién m. Felicitación.
parábola f. Narración de un hecho ficticio que sirve de enseñanza moral. || Curva abierta, simétrica respecto de un eje, con un foco.
parabrisas m. Bastidor con cristal que lleva un automóvil en su parte anterior.
paracaídas m. Objeto de tela resistente que, al abrirse, amortigua la caída de un cuerpo.
parachoques m. Pieza exterior de los vehículos que amortigua los choques.
parada f. Lugar donde se para.
paradero m. Lugar donde se para o se va a parar. || Fin de algo.
paradigma m. Ejemplo.
parado -da adj. Remiso, inmóvil. || Sin empleo.
paraguas m. Utensilio portátil para resguardarse de la lluvia.

paraíso m. Lugar en donde Dios puso a Adán y Eva. || El cielo.
paraje m. Lugar, sitio.
paralelepípedo m. Prisma cuyas bases son paralelogramos.
paralelo -la adj. y n. Se aplica a las líneas o planos equidistantes entre sí y que nunca se cortan. || adj. Semejante. || m. Círculo de la esfera terrestre cuyo plano equidista en todos sus puntos del que forma el ecuador.
paralelogramo m. Cuadrilátero cuyos lados opuestos son paralelos entre sí.
parálisis f. Privación del movimiento.
parámetro m. Medida, magnitud.
páramo m. Terreno yermo.
parangón m. Comparación.
paranoia f. Perturbación mental que consiste en la fijación de ideas.
parapente m. Deporte que consiste en descender de una montaña con un paracaídas especial.
parapeto m. Baranda o pared para evitar caídas.
paraplejia f. Parálisis de la mitad inferior del cuerpo.
parar v. intr. y prnl. Cesar en el movimiento o acción. || v. intr. Llegar a un fin. || *AMÉR.* Estar de pie.
pararrayos m. Dispositivo de protección de los edificios contra los efectos del rayo.
parásito -ta adj. y m. Que se alimenta a costa de otro ser.
parasol m. Sombrilla, quitasol.
parcela f. Terreno pequeño.
parche m. Trozo de tela, papel, etc., que se pega sobre algo.
parcial adj. No completo. || adj. y n. com. Partidario de alguien.
parcialidad f. Que se separan del grupo común. || Modo de juzgar o proceder falto de ecuanimidad.
parco -ca adj. Moderado, sobrio.

pardo -da adj. Del color de la tierra. || *AMÉR.* Mulato.
pareado m. Estrofa de dos versos con rima consonante entre sí.
parecer m. Opinión, juicio. || v. intr. Opinar. || Manifestarse. || v. pron. Tener parecido.
parecido -da adj. Que se parece a otro. || m. Semejanza.
pared f. Obra de albañilería para cerrar un espacio.
pareja f. Conjunto de dos seres o cosas que tienen semejanza.
parejo -ja adj. Igual o parecido.
parentela f. Conjunto de parientes.
parentesco m. Vínculo, conexión por consanguinidad o afinidad.
paréntesis m. Oración que interrumpe un período. || Signo ortográfico ( ).
paria n. com. Persona de la casta más baja de los hindúes.
pariente -ta adj. y n. Respecto de una persona, se dice de otra de su misma familia.
parihuelas f. pl. Camilla de tablas.
parir v. tr. e intr. Expulsar una hembra el feto concebido. || Crear.
parking m. Aparcamiento.
parlamentar v. intr. Hablar. || Negociar, tratar.
parlamento m. Asamblea legislativa.
parlar v. tr. Hablar desenvueltamente. || v. intr. Hablar mucho y sin sustancia.
parnaso m. Conjunto de poetas de un pueblo o época determinada.
paro m. Suspensión de la jornada laboral. || Huelga. || Carencia de trabajo.
parodia f. Imitación burlesca.
parpadear v. intr. Abrir y cerrar repetidamente los párpados.
párpado m. Membrana móvil que cubre el ojo.
parque m. Terreno cercado con plantas y árboles para recreo.

parqué m. Entarimado hecho con maderas ensambladas.
parquear v. tr. *AMÉR.* Aparcar.
parra f. Vid, en general la levantada artificialmente. || *AMÉR. CENT.* Vid trepadora.
párrafo m. Trozo de un escrito separado por punto y aparte.
parranda f. Juerga, fiesta, jarana.
parricidio m. Delito del que asesina a un familiar de primer grado.
parrilla f. Utensilio en forma de rejilla para asar o tostar.
párroco adj. y m. Sacerdote encargado de una parroquia.
parroquia f. Iglesia en que se administran los sacramentos y se atiende a los fieles. || Territorio de un párroco.
parsimonia f. Lentitud, calma.
parte f. Porción de un todo. || Sitio o lugar.
partición f. Reparto de una herencia, hacienda, etc.
participar v. intr. Tener o tomar parte en algo. || v. tr. Comunicar.
partícula f. Parte pequeña.
particular adj. Propio. || Especial. || Dícese de la persona sin título o cargo oficial.
particularizar v. tr. Singularizar.
partidario -ria adj. y n. Simpatizante de una persona o idea.
partido -da adj. Dividido, cortado. || m. Conjunto de personas que siguen un mismo ideario. || Competición deportiva. || f. Inscripción en un registro.
partir v. tr. Dividir. || Hender, rajar. || v. intr. Empezar a andar.
partitura f. Texto musical.
párvulo -la adj. y n. Niño pequeño. || Inocente.
pasa f. Uva seca.
pasable adj. Aceptable.
pasadizo m. Paso estrecho.
pasado -da adj. Transcurrido antes del presente. || Deteriorado. || m. Tiempo.
pasador m. Barrita de hierro que asegura puertas y ventanas.
pasaje m. Lugar por donde se pasa. || Paso entre dos calles. || Billete para un viaje. || Fragmento de una obra literaria, musical.
pasajero -ra adj. Que dura poco. || adj. y n. El que viaja en un vehículo sin conducirlo.
pasaporte m. Documento para pasar de un país a otro.
pasar v. tr. Llevar, ir de un lado a otro. || Traspasar. || Enviar. || Disponer de lo preciso. || v. impers. Ocurrir. || v. prnl. Excederse en algo.
pasarela f. Puente pequeño o provisional.
pasatiempo m. Diversión.
pascua f. Fiesta solemne de la resurrección de Cristo.
pase m. Desfile de modas. || Permiso para usar un privilegio.
pasear v. intr., tr. y prnl. Andar por ejercicio o distracción. || v. intr. y prnl. Llevar de una parte a otra.
pasión f. Inclinación muy intensa de una persona hacia otra.
pasivo -va adj. Que recibe la acción.
pasmar v. tr. y prnl. Enfriar mucho. || Producir desmayo.
paso m. Movimiento de los pies al caminar. || Longitud de este movimiento. || Pasaje.
pasta f. Masa hecha de sustancias machacadas. || Pieza pequeña de pastelería. || Encuadernación de los libros.
pastar v. intr. Pacer.
pastel m. Masa horneada de harina y manteca, rellena de crema o dulce y a veces de carne o pescado.

pastelería f. Local donde se hacen o venden pasteles.
pastilla f. Porción pequeña de una sustancia medicinal.
pasto m. Hierba que pace el ganado. || *AMÉR.* Césped.
pastor -ra m. y f. Persona que guarda el ganado. || m. Sacerdote que tiene fieles a su cargo.
pata f. Pie y pierna de los animales. || Pie de un mueble.
patada f. Golpe dado con el pie o con la pata.
patán adj. y m. Zafio, ignorante.
patata f. Planta herbácea de raíces fibrosas con tubérculos comestibles.
paté m. Pasta de carne o hígados picados.
patear v. tr. Dar patadas.
patentar v. tr. Conceder patentes, u obtenerlas.
patente adj. Evidente. || f. Documento para acreditar el ejercicio de un empleo o privilegio.
paternal adj. Propio del padre.
patético -ca adj. Dícese de lo que conmueve profundamente.
patíbulo m. Lugar donde se ejecuta la pena de muerte.
patilla f. Porción de barba que se deja crecer en cada mejilla.
patín m. Objeto para patinar. || Embarcación con flotadores.
patinar v. intr. Deslizarse con patines. || Resbalar las ruedas de un vehículo.
patinete m. Juguete formado por una plancha con ruedas y manillar.
patio m. Espacio descubierto en el interior de los edificios.
pato -ta m. y f. Ave de pico plano, cuello y patas cortas, comestible.
patógeno -na adj. Que origina enfermedades.
patojo -ja m. y f. *AMÉR.* Niño.
patología f. Parte de la medicina que estudia las enfermedades.
patoso -sa adj. Torpe, sin gracia.
patraña f. Mentira.
patria f. Estado, nación o lugar en que se ha nacido.
patriarca m. En el Antiguo Testamento, jefes de las tribus de Israel. || Título de los obispos de algunas iglesias ortodoxas.
patrimonio m. Hacienda, heredad.
patriota n. com. Persona que ama a su patria.
patrocinar v. tr. Amparar. || Sufragar con fines publicitarios.
patrón -na m. y f. Santo bajo cuya protección está una iglesia, ciudad, etc., o del que se lleva el nombre. || Dueño de la casa. || Dueño de un negocio. || m. Modelo.
patronato m. Fundación de una obra benéfica.
patronímico -ca adj. Se dice del apellido familiar.
patrono -na m. y f. Patrón.
patrulla f. Grupo reducido de gente armada.
paulatino -na adj. Gradual.
pausa f. Breve interrupción. || Lentitud.
pauta f. Norma de actuación.
pavimento m. Piso artificial.
pavo -va m. y f. Ave galliforme con cabeza y cuello rojizos.
pavor m. Temor intenso, terror.
payador m. *AMÉR.* Cantor popular.
payaso -sa m. y f. Artista de circo que hace reír. || Bufón.
paz f. Ausencia de guerra. || Concordia. || Sosiego.
peaje m. Derecho de tránsito.
peana f. Base para colocar una figura.
peatón -na m. y f. Persona que anda a pie.

peca f. Mancha cutánea pequeña.
pecado m. Que va contra la ley. || Que se aparta de lo justo.
pecar v. intr. Cometer pecado.
pecera f. Recipiente de cristal para contener peces vivos.
pecho m. Parte del cuerpo que va desde el cuello hasta el vientre. || Teta de mujer.
pechuga f. Pecho del ave.
peculiar adj. Característico.
pedagogía f. Ciencia que trata de la educación y la enseñanza.
pedal m. Palanca que se acciona con el pie.
pedante adj. y n. com. Engreído.
pedazo m. Porción de algo.
pedernal m. Variedad de cuarzo que da chispas.
pedestal m. Cuerpo sólido que sostiene una columna, estatua, etc.
pedestre adj. Que se anda a pie.
pediatría f. Estudio del desarrollo del niño y sus enfermedades.
pedido -da m. y f. Petición. || m. Encargo de mercancías.
pedigüeño -ña adj. y n. Que pide con frecuencia.
pedir v. tr. Rogar o demandar a uno que dé o haga algo. || Querer.
pedo m. Ventosidad por el ano.
pedrisco m. Granizo que cae de las nubes.
pedúnculo m. Rabillo de una hoja, flor o fruto.
pega f. Inconveniente.
pegadizo -za adj. Que se pega con facilidad. || Contagioso.
pegar v. tr. y prnl. Adherir una cosa con otra. || Contagiar. || Golpear.
pegatina f. Adhesivo publicitario.
peinado m. Arreglo del pelo.
peinar v. tr. y prnl. Desenredar y arreglar el cabello.

peine m. Utensilio con púas para peinar.
peineta f. Peine convexo que usan como adorno las mujeres.
peladilla f. Almendra confitada.
pelado -da adj. Carente de pelo.
pelaje m. Naturaleza y calidad del pelo o lana de un animal.
pelambrera f. Pelo crecido.
pelar v. tr. Cortar, arrancar el pelo. || Mondar.
peldaño m. Tramo de escalera.
pelear v. intr. y prnl. Batallar. || Reñir sólo de palabra.
peletería f. Comercio de pieles finas.
peliagudo -da adj. De resolución difícil.
pelícano m. Ave de pico largo y ancho, con una membrana en forma de bolsa en la mandíbula inferior.
película f. Piel delgada y delicada. || Cinta de celuloide para fotografía o cinematografía.
peligro m. Riesgo.
pellejo m. Piel. || Odre.
pellizcar v. tr. y prnl. Coger entre el pulgar y otro dedo un poco de piel y carne, y apretar.
pellizco m. Cantidad pequeña de algo que se quita o se toma.
pelma n. com. Pesado.
pelo m. Filamento córneo de los mamíferos. || Cabello.
pelón -na adj. y n. Que tiene muy poco pelo. || Pobre.
pelota f. Objeto esférico con el que se practican algunos deportes.
pelotón m. Grupo de soldados.
peluca f. Cabellera postiza.
peluche m. Muñeco de felpa.
peluquero -ra m. y f. Persona que tiene por oficio el cuidado y corte del cabello.
peluquín m. Peluca pequeña.

pelusa f. Vello. ‖ Pelo menudo desprendido de las telas.
pena f. Castigo. ‖ Dolor corporal. ‖ *AMÉR.* Vergüenza.
penacho m. Grupo de plumas en la parte superior de la cabeza de ciertas aves. ‖ Adorno de plumas.
penalidad f. Aflicción, trabajo.
penalti m. En algunos deportes, falta grave cometida dentro del área de gol.
penar v. tr. Imponer una pena. ‖ v. intr. Sufrir, padecer.
pendencia f. Contienda, riña.
pender v. intr. Estar colgada o suspendida una cosa.
pendiente adj. Que está por resolverse. ‖ m. Adorno que se cuelga en la oreja o en la nariz. ‖ Cuesta.
pendón m. Divisa, estandarte.
péndulo m. Cuerpo que oscila suspendido de un punto.
pene m. Órgano genital masculino.
penetrar v. tr. Introducir un cuerpo en otro por sus poros. ‖ Afectar profundamente. ‖ Comprender bien.
penicilina f. Antibiótico extraído de los cultivos de un hongo.
península f. Terreno rodeado de agua excepto por una parte (istmo) que lo une al continente.
penitencia f. Obligacion molesta.
penitenciaría f. Cárcel, prisión.
penitente n. com. Persona que hace penitencia.
penoso -sa adj. Dificultoso.
pensamiento m. Facultad de pensar. ‖ Cada idea de un escrito.
pensar v. tr. Imaginar, discurrir o considerar. ‖ Reflexionar.
pensativo -va adj. Absorto en sus pensamientos.
pensión f. Cantidad periódica que se percibe por méritos o servicios. ‖ Casa de huéspedes.

pensionista n. com. Persona que recibe una pensión.
pentágono -na adj. y m. Se dice del polígono de cinco lados.
pentagrama m. Renglón de cinco líneas paralelas sobre las que se escribe la música.
penúltimo -ma adj. y n. Inmediatamente anterior al último.
penumbra f. Sombra débil entre la luz y la oscuridad.
penuria f. Escasez.
peña f. Piedra grande.
peñasco m. Peña elevada.
peón m. Obrero no especializado. ‖ Pieza del juego de damas y de otros de tablero.
peonza f. Trompo, juguete.
peor adj. Comparativo de «malo». ‖ adv. Comparativo de «mal».
pepino m. Planta de tallos rastreros y fruto pulposo.
pepita f. Simiente.
pequeño -ña adj. Limitado, corto. ‖ m. y f. Niño.
pera f. Fruto del peral.
peral m. Árbol hortense cuyo fruto es la pera.
percance m. Contratiempo.
percatar v. intr. y prnl. Advertir.
percebe m. Crustáceo comestible.
percha f. Pieza para colgar la ropa.
percibir v. tr. Cobrar. ‖ Recibir impresiones por los sentidos.
percutir v. tr. Golpear.
perder v. tr. Dejar de poseer algo. ‖ Malgastar. ‖ Quedar privado de un ser querido. ‖ No saber dónde se encuentra uno.
pérdida f. Privación de lo que se poseía. ‖ Daño.
perdigón m. Pollo de la perdiz. ‖ Grano de plomo que forma la munición de caza.

perdiz f. Ave galliforme, de cabeza pequeña, plumaje rojizo y cuello con manchas.
perdón m. Indulgencia.
perdonar v. tr. Excusar a alguien. || Renunciar a la venganza. || Condonar una deuda.
perdurar v. intr. Durar mucho.
perecedero -ra adj. De duración limitada.
perecer v. intr. Dejar de ser, morir.
peregrino -na adj. y n. Se aplica al que viaja a un santuario.
perejil m. Planta herbácea utilizada como condimento.
perenne adj. Perpetuo.
pereza f. Carencia de ganas de trabajar. || Flojedad.
perfeccionar v. tr. Dar a algo el mayor grado de perfección posible.
perfecto -ta adj. Que posee todas las cualidades requeridas.
perfidia f. Deslealtad, traición.
perfil m. Postura que sólo permite ver una de las dos mitades del cuerpo. || Aspecto peculiar de una cosa.
perfilar v. tr. Afinar una cosa.
perforar v. tr. Agujerear.
perfumar v. tr. y prnl. Aromatizar.
perfume m. Sustancia aromática.
pericia f. Habilidad.
periferia f. Espacio que rodea un núcleo cualquiera.
perilla f. Porción de pelo que se deja crecer en la barbilla.
perímetro m. Contorno.
periódico -ca adj. Que ocurre regularmente. || m. Publicación que aparece de forma regular.
periodismo m. Actividad relacionada con la captación, elaboración y difusión de información.
período o **periodo** m. Ciclo de tiempo. || Menstruación. || Oración.
peripecia f. Cambio inesperado. || Suceso imprevisto.
periquito m. Ave prensora.
periscopio m. Aparato óptico que permite observar objetos por encima del campo visual.
perito -ta adj. y n. Experto.
perjudicar v. tr. y prnl. Dañar.
perjurio m. Juramento en falso.
perla f. Concreción nacarada, esférica y de color brillante, que se forma en ciertos moluscos.
permanecer v. intr. Mantenerse.
permanente f. Ondulación artificial del cabello.
permeable adj. Que puede ser penetrado por el agua u otro fluido.
permitir v. tr. y prnl. Autorizar a alguien para que pueda hacer o decir algo.
permutar v. tr. Trocar.
pernera f. Parte del pantalón que cubre cada pierna.
pernicioso -sa adj. Perjudicial.
pernoctar v. intr. Pasar la noche en un sitio.
pero conj. adv. Expresa oposición de un concepto con otro.
peroné m. Hueso largo y delgado de la pierna, situado detrás de la tibia.
perpendicular adj. Aplícase a la línea o plano que forma ángulo recto con otra línea u otro plano.
perpetuo -tua adj. Vitalicio.
perplejidad f. Confusión, duda.
perro -rra m. y f. Mamífero doméstico, de tamaño y pelaje muy distintos.
perseguir v. tr. Seguir al que huye, con ánimo de alcanzarle.
perseverar v. intr. Mantenerse firme.
persiana f. Especie de celosía formada por listones movibles.
persignar v. tr. y prnl. Santiguar.
persistir v. intr. Mantenerse constante.

persona f. Individuo de la especie humana.
personaje m. Persona importante.
personalidad f. Conjunto de características de cada persona.
personificar v. tr. Atribuir características de una persona a los animales o cosas.
perspicaz adj. Dícese de la vista, mirada, etc., muy aguda. || Sagaz.
persuadir v. tr. y prnl. Inducir a creer o hacer algo.
pertenecer v. intr. Ser propiedad de uno alguna cosa. || Formar parte de algo.
pertenencia f. Derecho que uno tiene sobre algo.
pértiga f. Vara larga.
pertinaz adj. Terco. || Persistente.
pertinente adj. Oportuno.
pertrechar v. tr. y prnl. Preparar lo necesario para hacer algo.
perturbar v. tr. y prnl. Trastornar el orden y concierto de las cosas.
perversidad f. Suma maldad.
pesa f. Pieza de determinado peso, que sirve para pesar.
pesadilla f. Ensueño angustioso.
pesado -da adj. Lento. || Fastidioso. || Denso.
pesadumbre f. Disgusto.
pésame m. Expresión de dolor por la muerte de una persona.
pesar m. Dolor que aflige el ánimo. || v. intr. Tener peso. || Provocar dolor.
pescadilla f. Cría de la merluza.
pescado m. Pez comestible sacado del agua.
pescar v. tr. Sacar del agua peces u otros animales.
pescuezo m. Parte del cuerpo desde la nuca hasta el tronco.
pesebre m. Especie de cajón donde comen los animales.

peseta f. Antigua unidad monetaria de España.
pesimismo m. Propensión a percibir las cosas de forma negativa.
pésimo -ma adj. Muy malo.
peso m. Fuerza de la gravedad sobre un cuerpo. || Unidad monetaria de ciertos países.
pespunte m. Labor de costura.
pesquisa f. Indagación.
pestaña f. Pelo del borde de los párpados.
peste f. Enfermedad infecciosa grave que provoca gran mortandad. || Mal olor.
pestillo m. Pasador para asegurar las puertas.
petaca f. Estuche para cigarros.
pétalo m. Hoja de color que forma la corola de la flor.
petardo m. Pequeño artefacto explosivo.
petate m. Esterilla que se usa para dormir. || Lío de ropa.
peto m. Armadura del pecho.
petrificar v. tr. y prnl. Transformar en piedra.
petróleo m. Aceite mineral de color oscuro y origen fósil.
petulancia f. Insolencia.
pez m. Animal vertebrado acuático de respiración branquial y reproducción ovípara. || f. Sustancia resinosa, que se obtiene de la trementina.
pezón m. Ramita que sostiene la hoja, flor o fruto. || Protuberancia de la teta.
pezuña f. Casco de las caballerías.
piano m. Instrumento musical de teclado y percusión.
pianola f. Piano mecánico.
piar v. intr. Emitir las aves su voz.
piara f. Manada de cerdos.
picadero m. Lugar donde se aprende a montar.

picadura f. Pinchazo efectuado con un instrumento agudo o por el aguijón de un animal.

picaporte m. Instrumento para abrir y cerrar las puertas.

picar v. tr. e intr. Herir con un instrumento punzante. || Producir picazón. || Morder las aves, insectos etc. || Desmenuzar. || Comer pequeñas cantidades de alimento.

picardía f. Astucia, disimulo.

pícaro -ra adj. y n. Astuto.

picatoste m. Pedazo de pan frito.

pichón -na m. Pollo de la paloma.

picnic m. Merienda campestre.

pico m. Parte saliente de la cabeza de las aves. || Punta que sobresale de alguna cosa. || Cúspide de una montaña.

picor m. Escozor. || Desazón.

picotear v. tr. Golpear o herir las aves con el pico. || Picar, comer de diversas cosas y en poca cantidad.

pie m. Extremidad del miembro inferior del hombre. || Base de apoyo.

piedad f. Compasión.

piedra f. Roca.

piel f. Tegumento externo del cuerpo. || Cubierta de algunos frutos.

pienso m. Porción de alimento seco que se da al ganado.

pierna f. Parte del miembro inferior entre la rodilla y el pie.

pieza f. Pedazo de una cosa. || Moneda metálica. || Habitación. || Animal capturado.

pifia f. Error, descuido.

pigmento m. Materia colorante de las sustancias orgánicas.

pijama m. Traje para dormir.

pila f. Montón, gran cantidad. || Recipiente hondo donde cae el agua. || Batería eléctrica.

pilar m. Mojón. || Pilastra aislada.

pilastra f. Columna cuadrada.

píldora f. Bolita de medicamento.

pillaje m. Hurto, saqueo.

pillar v. tr. Hurtar. || Adquirir, coger. || Sorprender.

pillo -lla adj. y n. Sagaz, astuto.

pilotar v. tr. Conducir cualquier tipo de vehículo.

piloto n. com. Persona que gobierna y dirige un vehículo.

piltrafa f. Carne flaca que casi no posee más que el pellejo.

pimentón m. Polvo que se obtiene moliendo pimientos rojos secos.

pimienta f. Semilla aromática usada como condimento.

pimiento m. Planta de hojas lanceoladas, flores blancas y fruto en baya.

pimpollo m. Vástago, brote.

pincel m. Mango con pelos sujetos en un extremo para pintar.

pinchar v. tr. y prnl. Punzar con algo puntiagudo. || Zaherir.

pinche -cha m. y f. Persona que ayuda en una cocina.

pincho m. Aguijón o punta aguda.

ping-pong m. Tenis de mesa.

pingüe adj. Abundante, fértil.

pingüino m. Ave palmípeda de las zonas frías.

pino m. Árbol pináceo, de hojas aciculares y flores unisexuales.

pinta f. Mancha pequeña en el plumaje, pelo o piel. || Aspecto.

pintar v. tr. Cubrir con pintura.

pintor -ra m. y f. Persona que se dedica al arte o al oficio de pintar.

pintoresco -ca adj. Peculiar. || Original.

pintura f. Arte de pintar. || Obra pintada. || Color para pintar.

pinza f. Instrumento prensil para sujetar cosas pequeñas.

piñón m. Simiente del pino. || Rueda pequeña y dentada de un engranaje.

planeta

pío -a adj. Devoto. || m. Voz que imita la del pollo.
piojo m. Insecto anopluro.
piojoso -sa adj. y n. Miserable.
pionero -ra m. y f. Precursor.
pipa f. Pepita de frutas. || Útil para fumar tabaco.
pipón -na adj. *AMÉR.* Gordo.
piquete m. Grupo de personas que intenta mantener una huelga.
pira f. Hoguera.
piragua f. Embarcación larga y estrecha, hecha de una sola pieza.
pirámide f. Sólido que tiene por base un polígono y cuyas caras son triángulos que se juntan en el vértice.
piraña f. Pez de agua dulce, muy voraz.
pirata m. Ladrón de los mares.
piratería f. Robo o destrucción de los bienes ajenos.
piromanía f. Tendencia impulsiva a provocar incendios.
piropo m. Lisonja, requiebro.
pirotecnia f. Arte de preparar explosivos y fuegos artificiales.
pirueta f. Cabriola, voltereta.
pisada f. Huella que deja el pie.
pisar tr. Poner el pie sobre alguna cosa. || Humillar.
piscina f. Estanque destinado al baño, natación u otros deportes.
piso m. Pavimento, suelo. || Cada uno de los niveles de un edificio.
pisotear v. tr. Pisar repetidamente, maltratando una cosa.
pista f. Huella. || Lugar dedicado a las carreras y otros deportes. || Lugar para aterrizaje o despegue de aviones.
pistacho m. Árbol, de fruto oleaginoso comestible.
pistilo m. Órgano femenino de una flor.
pisto m. Fritada de hortalizas.

pistola f. Arma corta de fuego. || Utensilio para pintar.
pistón m. Émbolo. || Pieza donde se halla el fulminante.
pita f. Planta textil, de hojas grandes y flores amarillas.
pitada f. Sonido de silbato. || Muestra de desagrado con pitos.
pitar v. intr. Tocar un pito. || v. tr. Mostrar desaprobación con silbidos. || *AMÉR.* Fumar.
pitillo m. Cigarrillo.
pitón m. Serpiente de gran tamaño.
pitonisa f. Adivinadora.
pitorrearse v. prnl. Burlarse.
pivot n. com. En baloncesto, jugador de ataque y defensa.
pizarra f. Roca de grano fino, formada principalmente por mica. || Tablero sobre el cual se puede escribir.
pizca f. Porción muy pequeña.
placa f. Lámina o plancha rígida de metal u otra materia.
placentero -ra adj. Agradable.
placer m. Sensación agradable. || v. intr. Agradar, contentar.
plácido -da adj. Apacible.
plafón m. Lámpara que se aplica directamente en el techo.
plaga f. Calamidad grande.
plagar v. tr. y prnl. Llenar de algo nocivo.
plagiar v. tr. Copiar obras ajenas. || *AMÉR.* Secuestrar.
plan m. Intento, proyecto.
plana f. Llana de albañil. || Cara de una hoja de papel.
plancha f. Lámina de metal. || Utensilio para alisar la ropa.
planchar v. tr. Pasar la plancha caliente sobre la ropa.
planear v. tr. Trazar un plan.
planeta m. Cuerpo sólido celeste que gira alrededor de una estrella.

planicie

planicie f. Terreno llano.
planificar v. tr. Hacer proyectos.
planisferio m. Carta que representa la esfera celeste o la terrestre.
plano -na adj. Llano, liso. || m. Superficie llana. || Representación gráfica de un edificio, un objeto, etc.
planta f. Parte inferior del pie. || Vegetal. || Piso de un edificio.
plantar v. tr. Meter en tierra una planta, un esqueje, etc., para que arraigue. || Enderezar una cosa.
plantear v. tr. Trazar o estudiar la realización de una cosa.
plantilla f. Pieza interior del calzado. || Relación del personal de una empresa. || Patrón sobre el que se cortan ciertas cosas.
plañir v. intr. Gemir y llorar.
plasma m. Parte líquida de la sangre.
plasmar v. tr. Dar forma a una cosa.
plástico -ca Material que puede cambiar de forma y conservar ésta de manera permanente.
plata f. Metal blanco, brillante, dúctil y maleable. || Dinero.
plataforma f. Armazón elevada sobre el suelo. || Programa de reivindicaciones.
plátano m. Árbol de hojas caducas, flores en inflorescencia y semillas en aquenio.
platea f. Patio de butacas.
plática f. Conversación. || Sermón.
platillo m. Pieza, en forma de plato, de una balanza. || pl. Instrumento de percusión.
platino m. Metal noble, blanco, muy pesado y maleable.
plato m. Recipiente bajo y redondo, para servir y comer en él. || Manjar.
plató m. Escenario de un estudio de cine o de televisión.
plausible adj. Digno de aplauso.

playa f. Ribera del mar, de un río, etc., arenosa y casi llana.
plaza f. Lugar espacioso de una población. || Lugar fortificado.
plazo m. Término señalado para una cosa. || Parte de una cantidad pagadera en dos o más veces.
pleamar f. Estado más alto de la marea. || Tiempo que éste dura.
plebe f. Clase social baja.
plegar v. tr. y prnl. Hacer pliegues en una cosa. || v. prnl. Ceder.
plegaria f. Súplica ferviente.
pleito m. Litigio judicial. || Riña.
plenitud f. Totalidad. || Madurez.
pleno -na adj. Completo. || m. Reunión general de una corporación.
pletórico -ca adj. Satisfecho.
pleura f. Membrana serosa que envuelve los pulmones.
plexiglás m. Resina sintética transparente y moldeable.
pliego m. Hoja de papel impresa que se dobla como un libro.
pliegue m. Doblez en una cosa flexible que deja arruga.
plisar v. tr. Hacer que una tela forme pliegues.
plomada f. Pesa de metal, colgada de una cuerda, para señalar la línea vertical.
plomo m. Metal pesado, blando, de color gris azulado.
pluma f. Formación epidérmica que recubre el cuerpo de las aves. || Utensilio para escribir.
plumaje m. Conjunto de plumas del ave.
plumero m. Atado de plumas que sirve para quitar el polvo.
plumón m. Pluma suave que tienen las aves bajo el plumaje.
plural adj. y m. Que indica una cantidad mayor a la unidad.

polución

pluricelular adj. Formado por más de una célula.
plus m. Sobresueldo.
plusmarca f. Récord.
plusvalía f. Aumento de valor.
pluviómetro m. Aparato que sirve para medir la lluvia.
población f. Número de habitantes de una zona determinada. || Ciudad, pueblo.
poblar v. tr. Ocupar con gente un sitio para que viva en él.
pobre adj. y n. Falto de lo imprescindible para sobrevivir. || adj. Escaso. || De poco valor.
pocho -cha adj. Marchito, pasado. || Decaído.
pocilga f. Establo para ganado porcino. || Lugar hediondo.
pócima f. Cocción medicinal.
poción f. Pócima.
poco -ca adj. Escaso, limitado y corto en calidad o cantidad.
podar v. tr. Cortar las ramas superfluas de las plantas.
poder m. Capacidad y posibilidad de hacer algo. || Fuerza.
poderoso -sa adj. y n. Colmado de fortuna.
podio m. Pedestal largo en que estriban varias columnas.
podredumbre f. Putrefacción.
poema m. Obra en verso.
poesía f. Expresión artística por medio del verso.
poeta -poetisa m. y f. Persona que escribe versos.
polarizar v. tr. y prnl. Modificar los rayos luminosos por medio de refracción o reflexión. || v. intr. Concentrar, atraer.
polea f. Rueda móvil que tiene una cuerda para transmitir movimiento.
polémica f. Riña, discusión.
polen m. Conjunto de granos diminutos de las anteras de las flores.
poleo m. Planta herbácea medicinal.
policía f. Cuerpo encargado de la seguridad del estado y de los ciudadanos.
policromar v. tr. Aplicar diversos colores a algo.
polideportivo -va adj. y m. Instalación donde se practican varios deportes.
poliedro m. Sólido limitado por polígonos planos llamados caras.
poliéster m. Polímero sintético.
polifonía f. Conjunto de sonidos independientes y simultáneos.
polígloto -ta adj. y n. Que habla varias lenguas.
polígono -na m. Porción de plano limitada por líneas rectas.
polilla f. Insecto nocturno cuyas larvas destruyen los tejidos y los vegetales.
pólipo m. Animal de cuerpo hueco, con una boca rodeada de tentáculos.
polisemia f. Pluralidad de significados de una palabra.
politécnico -ca adj. y m. Que abraza varias artes o ciencias.
política f. Ciencia, arte, doctrina, etc., referente al gobierno de los estados.
polivalente adj. Que posee varios valores.
póliza f. Documento que justifica un contrato. || Sello con que se satisface un impuesto.
polizón n. com. Persona que se embarca clandestinamente.
pollera f. *AMÉR.* Falda de vestir.
pollino -na m. y f. Asno joven.
pollo m. Cría nacida de un huevo.
polo m. Extremo del eje de rotación de una esfera, y de la Tierra. || Helado atravesado por un palito.
polución f. Contaminación.

polvera f. Estuche de polvos cosméticos y borla para aplicarlos.
polvo m. Parte más menuda y deshecha de la tierra seca. || pl. Cosmético
pólvora f. Mezcla explosiva.
polvorín m. Lugar para guardar explosivos.
polvorón m. Torta pequeña de harina, manteca y azúcar.
pomada f. Mixtura de una sustancia grasa y otros ingredientes, usada como medicina o cosmético.
pomo m. Tirador redondo de cajones y puertas.
pompa f. Fausto, grandeza. || Burbuja.
pomposo -sa adj. Ostentoso.
pómulo m. Hueso de la mejilla.
ponche m. Bebida caliente de un licor con agua, limón y azúcar.
ponchera f. *AMÉR.* Palangana.
poncho m. Especie de capote.
ponderar v. tr. Pesar. || Contrapesar, equilibrar. || Loar.
ponencia f. Propuesta que se somete a una asamblea.
poner v. tr. y prnl. Colocar en el lugar adecuado. || Disponer. || v. tr. Ocultarse un astro bajo el horizonte.
poni m. Caballo de poca alzada.
poniente m. Oeste.
pontífice m. Prelado supremo de la Iglesia católica.
ponzoña f. Veneno.
popa f. Parte posterior de una nave.
popularidad f. Aceptación y aplauso que uno tiene en el pueblo.
populoso -sa adj. Muy poblado.
popurrí m. Composición formada de fragmentos de obras distintas.
póquer m. Juego de naipes.
por prep. Señala el lugar, el tiempo en que se hace una cosa o el motivo de algo. || Indica el agente en la voz pasiva
porcelana f. Loza fina y transparente.

porcentaje m. Tanto por ciento.
porche m. Soportal, cobertizo.
porción f. Parte de un todo.
pordiosero -ra adj. y n. Mendigo.
porfiar v. intr. Luchar obstinadamente. || Importunar.
pormenor m. Reunión de circunstancias menudas.
poro m. Espacio que hay entre las moléculas de los cuerpos. || *AMÉR. MER.* Calabacilla para el mate.
poroto m. *AMÉR. MER.* Alubia.
porque conj. Por causa o razón de que. || Para que.
porqué m. Causa.
porquería f. Suciedad.
porra f. Cilindro recauchutado que se usa como arma.
portaaviones m. Buque de guerra dotado para transportar aviones.
portada f. Cara principal. || Ornamento de algunas fachadas. || Primera plana de los libros.
portaequipajes m. Maletero de un coche.
portafolios m. Cartera de mano.
portal m. Puerta principal. || Pórtico. || Vestíbulo.
portalámparas m. Accesorio metálico para sostener la bombilla.
portar v. tr. Transportar, llevar o traer. || v. pron. Comportarse.
portátil adj. Fácil de transportar.
portavoz n. com. Persona que habla en representación de otros.
porte m. Apariencia de alguien.
portento m. Cosa que causa admiración o terror.
portero -ra m. y f. El que vigila un edificio. || Jugador que defiende la meta de su equipo.
pórtico m. Lugar cubierto y con columnas en la entrada de los templos y otros edificios suntuosos.

predicado

portón m. Puerta grande exterior.
porvenir m. Tiempo futuro.
posada f. Casa de huéspedes.
posarse v. prnl. Depositarse en el fondo.
pose f. Postura, actitud.
poseer v. tr. Tener uno en su poder una cosa.
posesivo -va adj. y m. Que indica posesión.
posible adj. Que puede ser.
posición f. Modo en que algo o alguien está puesto. || Punto fortificado.
positivo -va adj. Cierto. || Útil.
poso m. Sedimento.
posponer v. tr. Colocar a una persona o cosa detrás de otra.
posta f. Conjunto de caballerías preparadas para mudar los tiros.
postal f. Tarjeta que circula por correo sin necesidad de sobre.
poste m. Madero, piedra o columna vertical para apoyo o señal.
póster m. Cartel decorativo.
postergar v. tr. Provocar atraso.
posteridad f. Descendencia.
posterior adj. Que está o viene después.
postigo m. Puerta falsa.
postín m. Entono, boato.
postizo -za adj. Que no es natural. || Fingido. || m. Añadido de pelo que suple la falta o escasez de éste.
postrar v. tr. Rendir, humillar. || v. prnl. Hincarse de rodillas.
postre m. Fruta, dulce, etc., que se sirve al final de una comida.
postrero -ra adj. y n. Último.
póstumo -ma adj. Que nace o sale a la luz después de la muerte del padre o del autor.
postura f. Actitud, disposición.
potable adj. Que se puede beber.
potaje m. Legumbres guisadas.

pote m. Vaso, vasija.
potencia f. Capacidad para ejecutar una cosa o producir un efecto.
potentado -da m. y f. Poderoso.
potente adj. Que tiene poder.
potestad f. Dominio.
potingue m. Preparado farmacéutico.
potro -tra m. y f. Caballo o yegua hasta los cuatro años y medio.
pozo m. Hoyo que se excava en la tierra, hasta encontrar agua.
practicar v. tr. Ejercitar. || Usar o ejercer continuadamente una cosa.
práctico -ca Experto. || Útil.
pradera f. Prado grande.
prado m. Tierra en la que crece hierba para pasto.
preámbulo m. Prólogo.
precario -ria adj. De poca estabilidad o duración.
precaución f. Cautela.
precaver v. tr. y prnl. Prevenir.
preceder v. tr. e intr. Ir delante.
precepto m. Orden de un superior.
preceptor -ra m. y f. Profesor.
preces f. pl. Oraciones. || Súplicas.
preciarse v. prnl. Jactarse.
precintar v. tr. Sellar.
precinto m. Cierre sellado.
precio m. Valor pecuniario en que se estima algo.
precioso -sa adj. Excelente.
precipicio m. Despeñadero.
precipitar v. tr. y prnl. Despeñar. || v. tr. Atropellar. || v. prnl. Hacer o decir sin reflexionar.
precisar v. tr. Fijar. || Obligar.
preclaro -ra adj. Ilustre.
precoz adj. Prematuro.
precursor -ra adj. y n. Que precede. || Que se adelanta a su tiempo.
predecir v. tr. Anunciar.
predicado m. Lo que se afirma o niega del sujeto en una oración.

predicar

predicar v. tr. Pronunciar un sermón.
predilección f. Preferencia y cariño especial.
predisponer v. tr. y prnl. Preparar anticipadamente.
predominio m. Imperio, poder.
prefabricado -da adj. Fabricado de antemano.
prefacio m. Prólogo.
preferencia f. Primacía, ventaja.
prefijo -ja adj. y m. Dícese del afijo que va antepuesto.
pregón m. Anuncio en voz alta de algo de interés colectivo.
preguntar v. tr. y prnl. Demandar, interrogar. || Examinar.
prehistoria f. Período de la historia de la humanidad anterior a la aparición de documentos escritos.
prejuicio m. Idea preconcebida.
prelado -da m. y f. Superior de una comunidad religiosa.
preliminar adj. y n. Que sirve de preámbulo sobre algo.
preludio m. Lo que precede y sirve de entrada.
prematuro -ra adj. Que no está maduro.
premeditar v. tr. Pensar algo detenidamente antes de su ejecución.
premio m. Recompensa.
premonición f. Presentimiento.
prenda f. Garantía. || Pieza de vestir.
prender v. tr. Agarrar. || Detener.
prensa f. Máquina para comprimir. || Conjunto de publicaciones periódicas.
prensil adj. Que sirve para asir.
preñada adj. Dícese de la mujer o la hembra que va a parir.
preocupar v. tr. y prnl. Prevenir el ánimo. || v. prnl. Desvelarse.
preparar v. tr. Disponer algo para un fin. || v. prnl. Prevenirse.
preposición f. Parte invariable de la oración que expresa la relación entre dos palabras o términos.
prepucio m. Piel móvil que cubre el glande.
presa f. Cosa apresada. || Muro de contención en un río.
presbiterio m. Parte de un templo donde se halla el altar mayor.
prescindir v. intr. Dejar a un lado.
prescribir v. tr. Ordenar. || Extinguirse un derecho.
presenciar v. tr. Hallarse presente.
presentar v. tr. y prnl. Poner algo en la presencia de uno. || Mostrar alguna característica. || Comparecer voluntario.
presente adj. Que está delante o en presencia de uno. || Tiempo en el que está el que habla. || m. Regalo.
presentir v. tr. Tener sensación.
preservar v. tr. y prnl. Proteger.
presidio m. Cárcel.
presidir v. tr. Tener el primer lugar en un acto.
presión f. Coacción.
preso -sa adj. y n. Que sufre privación de libertad.
prestación f. Servicio contratado.
prestar v. tr. Dejar algo a alguien.
presteza f. Prontitud, diligencia.
prestigio m. Influencia, autoridad.
presto -ta adj. Pronto. || Preparado.
presumir v. intr. Vanagloriarse.
presunto -ta adj. Supuesto.
presuntuoso -sa adj. y n. Lleno de vanidad.
presuponer v. tr. Dar por supuesto.
presupuesto m. Cálculo anticipado de los gastos e ingresos.
pretender v. tr. Desear.
pretérito -ta adj. Dícese de lo que ya ha pasado o sucedido.
pretexto m. Motivo simulado.
pretil m. Baranda para preservar de caídas.

196

prevalecer v. intr. Sobresalir.
prevenir v. tr. Preparar. || Conocer de antemano. || Advertir.
prever v. tr. Conjeturar.
previo -via adj. Anticipado.
prieto -ta adj. Ajustado.
primacía f. Superioridad.
primario -ria adj. Principal o primero en orden o grado. || Primitivo, inculto.
primate m. Mamífero cuadrúpedo, con el pulgar oponible y cerebro lobular.
primavera f. Estación del año entre el equinoccio del mismo nombre y el solsticio de verano.
primer adj. Apócope de primero.
primerizo -za adj. y n. Principiante.
primero -ra adj. y n. Que precede a las demás.
primitivo -va adj. Primero en su línea. || Rudimentario, tosco.
primo -ma adj. y m. Se aplica al número no divisible por ninguno más que por él mismo o la unidad. || m. y f. Respecto de alguien, hijo o hija de sus tíos. || f. Cantidad que el asegurado paga al asegurador.
primogénito -ta adj. y n. Dícese del hijo nacido en primer lugar.
primor m. Destreza. || Perfección.
primordial adj. Fundamental.
princesa f. Mujer del príncipe.
principal adj. Que se le adjudica el primer lugar en estimación o importancia. || Noble. || Esencial.
príncipe m. Primogénito del rey. || Soberano de un Estado.
principiante -ta adj. y n. Que empieza a hacer algo.
principio m. Primer instante. || Fundamento, origen.
pringar v. tr. Manchar con pringue.
pringue n. amb. Grasa.
prior -ra m. y f. Superior de un convento.

prioridad f. Anterioridad.
prisa f. Prontitud y rapidez.
prisión Cárcel.
prisionero -ra m. y f. El que es detenido por el enemigo.
prismáticos m. pl. Anteojos para mirar desde lejos.
privación f. Ausencia de algo.
privado -da adj. Íntimo.
privar v. tr. Despojar de algo. || Vedar.
privatizar v. tr. Traspasar al sector privado una actividad pública.
proa f. Parte delantera de un navío.
probable adj. Verosímil, creíble.
probar v. tr. Examinar las cualidades de personas o cosas. || Degustar. || Demostrar. || Tratar.
probeta f. Tubo de cristal graduado para medir líquidos o gases.
problema m. Dificultad que se trata de resolver. || Proposición de solución dudosa.
procedencia f. Origen.
proceder m. Modo de comportarse una persona. || v. intr. Ser conforme a derecho.
procedimiento m. Método.
procesar v. tr. Someter a un proceso.
procesión f. Desfile ordenado y solemne de personas.
proclamar v. tr. Declarar pública y solemnemente algo.
proclive adj. Propenso.
procrear v. tr. Engendrar.
procurador -ra m. y f. Persona que actúa en nombre de otra.
procurar v. tr. Trabajar para conseguir lo que se desea.
prodigio m. Suceso sobrenatural.
producir v. tr. Engendrar. || Fabricar. || Dar ganancias.
producto m. Cosa producida. || Beneficio. || Resultado de la multiplicación.

proeza f. Acción valerosa.
profanar v. tr. Tratar una cosa sagrada irreverentemente.
profecía f. Predicción del futuro.
profesar v. tr. Ejercer. || v. intr. Tomar los votos religiosos.
profesión f. Empleo, oficio.
profesor -ra m. y f. Persona que enseña cualquier materia.
profeta m. El que posee el don de profecía.
prófugo -ga adj. y n. Fugitivo.
profundo -da adj. Que tiene el fondo muy distante de la cavidad.
profusión f. Abundancia.
progenitor -ra m. y f. Pariente en línea recta ascendente.
programa f. Relación ordenada de actividades. || Distribución de las materias de un curso. || Declaración de principios. || Proyecto ordenado. || Serie codificada de instrucciones.
programar v. tr. Idear programas.
progreso m. Acción de ir hacia adelante. || Adelantamiento.
prohibir v. tr. No permitir.
prójimo -ma m. f. Cualquier persona respecto de otra.
prole f. Descendencia, hijos.
proletario -ria adj. y n. Obrero.
prólogo m. Texto situado delante de una obra para presentarla.
prolongar v. tr. y prnl. Hacer que algo dure más de lo normal.
promediar v. tr. Repartir una cosa en dos partes parecidas.
promesa f. Expresión de cumplimiento de una voluntad.
prometer v. tr. Obligarse a cumplir. || Asegurar.
prometido -da m. y f. Que ha dado palabra de casamiento.
promiscuidad f. Mezcla, confusión.
promoción f. Conjunto de personas que han obtenido al mismo tiempo un cargo o un título.
promocionar v. tr. y prnl. Mejorar las condiciones de vida.
promover v. tr. Gestionar una actividad. || Elevar de categoría.
pronombre m. Parte de la oración que sustituye al nombre.
pronosticar v. tr. Prever el futuro.
prontitud f. Presteza. || Viveza.
pronto -ta adj. Veloz. || Dispuesto.
pronunciamiento m. Alzamiento militar. || Mandato del juez.
pronunciar v. tr. Emitir y articular sonidos para hablar.
propaganda f. Publicidad.
propagar v. tr. y prnl. Multiplicar por reproducción. || Difundir.
propasar v. tr. y prnl. Ir más allá de lo debido.
propensión f. Tendencia.
propicio -cia adj. Favorable.
propiedad f. Derecho de disponer de un bien. || Cosa poseída.
propietario -ria adj. y n. Que tiene derecho de propiedad sobre una cosa.
propina f. Gratificación con que se recompensa un servicio.
propinar v. tr. Administrar, dar.
propio -pia adj. Perteneciente a uno.
proponer v. tr. Manifestar razonadamente algo a uno para inducirlo a su adopción.
proporción f. Correspondencia entre varias cosas.
proporcionar v. tr. y prnl. Ofrecer a alguien lo que precisa. || v. tr. Armonizar.
proposición f. Unidad formada por sujeto y predicado.
propósito m. Intención.
propugnar v. tr. Apoyar.
prórroga f. Continuación de una cosa por un tiempo determinado.

prosa f. Forma del lenguaje que no está sujeta a medida y ritmo.
prosaico -ca adj. Materialista.
proscribir v. tr. Expulsar a alguien de un territorio.
proseguir v. tr. e intr. Seguir, continuar lo que se había iniciado.
prospecto m. Folleto informativo.
prosperar v. tr. e intr. Ocasionar prosperidad, o gozar de ella.
prosperidad f. Curso favorable de las cosas.
prostíbulo m. Casa de citas.
prostitución f. Relación carnal a cambio de dinero.
prostituir v. tr. y prnl. Inducir o caer en prostitución. || Envilecer.
proteger v. tr. y prnl. Amparar.
prótesis f. Elemento que suple artificialmente un órgano.
protestar v. tr. Mostrar públicamente la disconformidad con algo.
protocolo m. Reglas de cortesía para determinadas ceremonias.
prototipo m. Primer molde en que se fabrica algo.
provecho m. Beneficio.
proveedor -ra m. y f. Persona o empresa que abastece a un particular o a una colectividad.
proveer v. tr. y prnl. Suministrar.
provenir v. intr. Originarse.
proverbial adj. Muy notorio.
proverbio m. Sentencia, adagio.
providencia f. Disposición anticipada para el logro de un fin.
provincia f. División administrativa de un estado.
provisión f. pl. Alimentos y demás cosas imprescindibles que se almacenan por precaución.
provisional adj. Dispuesto interinamente.
provocar v. tr. Excitar. || Irritar.

próximo -ma adj. Cercano.
proyectar v. tr. Lanzar hacia delante o a distancia. || Idear el plan para alcanzar una cosa. || Reflejar sobre una pantalla una diapositiva, una película, etc.
proyectil m. Objeto arrojadizo.
proyecto -ta m. Pensamiento o designio de ejecutar algo.
prudencia f. Cautela.
prudente adj. y n. com. Sensato.
prueba f. Razón, argumento u otro medio que hace patente la verdad o falsedad de algo. || Ensayo.
prurito m. Comezón, picor.
psicología f. Ciencia que estudia los estados de conciencia.
psicopatía f. Enfermedad mental.
psiquiatría f. Ciencia que trata de las enfermedades mentales.
púa f. Cuerpo puntiagudo. || Diente de un peine. || Aguijón o espina.
pubertad f. Etapa de la vida en la que empiezan a manifestarse las modificaciones físicas que llevan a la madurez sexual.
pubis m. Parte inferior del abdomen.
publicación f. Obra publicada.
publicar v. tr. Difundir algo mediante impresión.
publicidad f. Conjunto de medios usados para divulgar una noticia.
público -ca adj. Notorio. || Común, vulgar. || Conjunto de asistentes a un espectáculo.
puchero m. Vasija de cuello ancho y con asas, para guisar.
pudor m. Honestidad.
pudrir v. tr. y prnl. Corromper.
pueblo m. Población. || Habitantes de un territorio.
puente m. Construcción sobre ríos, valles, etc., para favorecer el paso.
pueril Fútil, intrascendente.
puerro m. Planta herbácea comesti-

puerta

ble, de bulbo alargado, hojas carnosas y flores en umbela.

puerta f. Cualquier tipo de abertura que permite entrar y salir de un lugar.

puerto m. Lugar en la costa al amparo de los vientos y dispuesto para la seguridad de las naves.

pues conj. causal. Denota motivo, razón o causa.

puesto -ta Lugar señalado para la realización de una cosa. || Tiendecilla.

pugna f. Batalla, pelea.

pulcro -cra adj. Aseado, bello.

pulga f. Insecto sin alas, de tamaño diminuto y boca picadora.

pulgar adj. y m. Dícese del dedo primero de las manos y los pies.

pulimentar v. tr. Alisar, pulir.

pulir v. tr. Alisar, dar lustre.

pullover m. Jersey cerrado.

pulmón m. Órgano respiratorio de los vertebrados.

pulpa f. Parte mollar de las frutas, la carne, etc.

púlpito m. Plataforma de una iglesia, desde la que se predica.

pulpo m. Molusco cefalópodo.

pulsación f. Latido arterial.

pulsar v. tr. Tocar con los dedos.

pulsera f. Brazalete.

pulso m. Latido intermitente de las arterias.

pulverizar v. tr. y prnl. Reducir a polvo una cosa.

puma m. Mamífero carnívoro americano, de pelaje amarillento.

pundonor m. Autoestima.

punición f. Castigo.

punta f. Extremo de una cosa.

puntada f. Cada uno de los agujeros hechos al coser.

puntal m. Madero hincado en firme, que sostiene algo. || Apoyo. || *AMÉR.* Tentempié.

puntapié m. Golpe dado con la punta del pie.

puntería f. Destreza de un tirador.

puntero m. Punzón con el que se señala. || *AMÉR.* Cabeza de grupo.

punto m. Señal pequeña. || Señal ortográfica que se pone sobre la *i* y la *j*, y sobre la *u* cuando lleva diéresis (dos puntos). || Signo de puntuación.

puntuación f. Conjunto de signos y reglas para puntuar.

puntual adj. Pronto, diligente.

puntualizar v. tr. Concretar.

puntuar v. tr. Marcar en un texto los signos ortográficos precisos.

punzar v. tr. Herir con una punta. || v. intr. Causar un dolor agudo.

punzón m. Instrumento acabado en punta.

puñado m. Porción de cualquier cosa que cabe en el puño.

puñal m. Arma corta de acero, que sólo hiere de punta.

puño m. Mano cerrada. || Adorno de la bocamanga.

pupa f. Lesión cutánea.

pupilo -la m. y f. Menor bajo la responsabilidad de un tutor. || f. Abertura del centro del iris del ojo.

pupitre m. Mueble con la tapa inclinada para escribir.

purga f. Medicamento laxante.

purgar v. tr. Limpiar, purificar.

purificar v. tr. y prnl. Quitar de una cosa lo que le es nocivo.

puro -ra adj. Libre de mezcla.

púrpura adj. y f. De color rojo intenso.

purpurina f. Polvo metálico usado como pintura.

pus m. Humor espeso que segregan los tejidos inflamados, llagas, etc.

pusilánime adj. y n. com. Cobarde.

puta f. Ramera, mujer pública.

puzzle m. Rompecabezas.

Q q

q f. Decimoctava letra del alfabeto español y decimocuarta de sus consonantes.

que Pronombre relativo que con esta sola forma conviene a los géneros masculino, femenino y neutro, y a los números singular y plural. Con el artículo se construye en concordancia con el antecedente. || conj. cop. Enlaza un verbo con otro, o un verbo con otra parte de la oración. || Se emplea como conjunción comparativa, causal, disyuntiva, ilativa y final.

quebradizo -za adj. Fácil de quebrarse. || Delicado de salud.

quebrado -da adj. Debilitado. || adj. y m. Fracción. || f. Abertura estrecha entre montañas.

quebrantar v. tr. Romper, machacar. || Violar una ley || v. tr. y prnl. Cascar alguna cosa.

quebranto m. Aflicción.

quebrar v. tr. Quebrantar. || Declararse insolvente una empresa.

quedar v. intr. y prnl. Permanecer. || v. intr. Subsistir parte de una cosa. || v. intr. Convenir definitivamente en algo. || v. prnl. Retener una cosa propia o ajena.

quehacer m. Ocupación, trabajo.

quejarse v. prnl. Expresar el dolor que se siente.

quejido m. Queja lastimera.

quejoso -sa m. Que tiene queja.

quema f. Incendio, fuego.

quemadura f. Lesión en un tejido orgánico, producida por el calor o por una sustancia corrosiva.

quemar v. tr. Consumir con fuego. || Calentar con mucha intensidad. || Causar ardor. || v. tr. y prnl. Inquietar, impacientar.

quemarropa, a loc. adv. Muy cerca. || Sin rodeos.

querella f. Discordia, pendencia. || Acusación ante los tribunales.

querencia f. Acción de amar o querer bien.

querer m. Cariño, amor. || v. tr. Desear, apetecer. || Tener cariño. || Tener voluntad de hacer algo.

querido -da m. y f. Amante.

querubín m. Ángel. || Persona de gran belleza.

queso m. Alimento que se obtiene cuajando la leche.

quicio m. Larguero del marco de una puerta o ventana.

quid m. Esencia, motivo.

quiebra f. Rotura o grieta en una cosa. || Pérdida, menoscabo. || Hendedura o abertura de la tierra.

quiebro m. Ademán que se hace con el cuerpo, doblándolo por la cintura. || Nota de adorno.

quien Pronombre relativo que con esta sola forma conviene a los géneros masculino y femenino. || Con acento prosódico y ortográfico, hace funciones de pronombre interrogativo o exclamativo.

quienquiera pron. indet. Persona indeterminada, alguno.

quieto -ta adj. Que no tiene o no hace movimiento. || *fig.* Pacífico, tranquilo.

quijada f. Cada una de las dos mandíbulas de los vertebrados que tienen dientes.

quijote m. *fig.* Persona muy seria y grave, dispuesta siempre a intervenir en defensa de la justicia.

quilate m. Unidad de peso para las perlas y piedras preciosas.

quilo m. Líquido que elabora el intestino en la digestión. || Kilo.

quilombo m. *AMÉR.* Choza, cabaña campestre. || *ARG.* Desorden, lío. || *PERÚ* y *R. PLATA.* Prostíbulo.

quimera f. Monstruo imaginario, de cuerpo de cabra, cabeza de león y cola de dragón. || *fig.* Creación de la mente, que se toma como algo real o posible.

química f. Ciencia que estudia las propiedades, composición y estructura de la materia, sus modificaciones y los cambios energéticos que acompañan estas transformaciones.

quimioterapia f. Tratamiento de las enfermedades mediante sustancias químicas.

quimo m. Líquido denso y grisáceo en que los alimentos se transforman en el estómago por la digestión.

quimono m. Prenda de vestir tradicional de Japón, en forma de túnica larga y de mangas anchas.

quincalla f. Conjunto de objetos de metal de escaso precio o valor.

quince adj. Diez y cinco.

quincena f. Serie de quince días consecutivos.

quincuagésimo -ma adj. y n. Cada una de las cincuenta partes iguales en que se divide un todo.

quiniela f. Sistema reglamentado de apuestas en el que se pronostican los resultados de los partidos de fútbol, carreras de caballos, de galgos, etc. || *R. PLATA.* Lotería.

quinina f. Alcaloide de la corteza del quino. Se usa como antipalúdico.

quinientos -tas adj. Cinco veces ciento.

quinqué m. Lámpara de petróleo con un tubo de cristal.

quinquenio m. Período de cinco años.

quinta f. Finca de recreo.

quintal m. Peso de cien kilos.

quinteto m. Composición musical a cinco voces o instrumentos.

quintillizo -za adj. y n. Cada uno de los hermanos nacidos de un parto quíntuple.

quinto -ta adj. y n. Que sigue inmediatamente en orden al cuarto. || m. Recluta.

quiosco m. Pabellón en la vía pública para vender periódicos, flores, etc.

quirófano m. Recinto para realizar operaciones quirúrgicas.

quisquilla f. Insignificancia, pequeñez. || Camarón, crustáceo.

quisquilloso -sa adj. y n. Susceptible.

quiste m. Tumor formado por una cavidad o vejiga membranosa.

quitar v. tr. Tomar una cosa separándola de otras, o del lugar donde estaba. || Robar. || Privar de algo.

quitasol m. Sombrilla grande.

quizá adv. d. Denota la posibilidad de aquello de que se habla.

quórum m. Número de individuos necesarios para que un cuerpo deliberante tome ciertos acuerdos. || Proporción de votos favorables que requiere un acuerdo.

R

r f. Decimonovena letra del alfabeto español y decimoquinta de sus consonantes.
rábano m. Planta herbácea cultivada por su raíz comestible.
rabia f. Enfermedad infecciosa de algunos animales, que altera los centros nerviosos y motores. || Ira.
rabiar v. intr. Padecer la enfermedad de la rabia. || Irritarse.
rabino m. Maestro hebreo.
rabo m. Cola, especialmente la de los cuadrúpedos. || Pecíolo.
rácano -na adj. y n. Tacaño.
racha f. Ráfaga de aire. || Período breve de fortuna o desgracia.
racimo m. Porción de uvas unidas a un tallo.
raciocinar v. intr. Usar de la razón para conocer y juzgar.
ración f. Cantidad de alimento que se da en cada comida.
racional adj. y n. com. Dotado de razón.
racionar v. tr. y prnl. Limitar los artículos en caso de escasez.
rada f. Bahía, ensenada.
radar m. Sistema que permite descubrir la presencia y posición de un cuerpo, mediante la emisión de ondas radioeléctricas.
radiación f. Emisión de ondas electromagnéticas o de partículas.
radiador m. Aparato de calefacción que transmite calor.
radiante adj. Brillante.

radiar v. tr. Transmitir por radio. || v. tr. e intr. Despedir rayos de luz.
radical adj. Fundamental. || De ideología intransigente.
radio m. Línea recta que une los puntos de la circunferencia con su centro. || Hueso del antebrazo. || Metal radiactivo.
radiografía f. Procedimiento para fotografiar por rayos X.
radiotransmisor m. Aparato para producir y enviar ondas portadoras de señales o de sonidos.
radioyente n. com. Persona que oye las emisiones de radio.
raer v. tr. Raspar con un instrumento áspero lo que se encuentra adherido a una superficie.
ráfaga f. Corriente violenta y breve de viento.
raigambre f. Conjunto de raíces de los vegetales. || Tradición.
raíl m. Carril de las vías férreas.
raíz f. Órgano de las plantas que absorbe las materias nutritivas. || Origen de una cosa. || Parte de los dientes engastada en los alveolos.
raja f. Parte de un leño que resulta de abrirlo con un instrumento. || Hendedura.
rajar v. tr. Partir en rajas. || v. tr. y prnl. Hender. || v. intr. Hablar mucho. || v. prnl. Acobardarse.
ralea f. Especie, calidad. || Raza.
ralentí m. Disminución de intensidad o energía.

rallar v. tr. Desmenuzar algo con el rallador.
rallye m. Competición deportiva, generalmente automovilística.
rama f. Cada una de las partes que nacen del tallo de una planta.
ramadán m. Noveno mes del año musulmán, consagrado al ayuno.
ramal m. Cabo que compone una cuerda. || Parte de un camino que arranca del principal.
rambla f. Lecho natural de las aguas pluviales. || Avenida arbolada.
ramera f. Prostituta.
ramificarse v. prnl. Dividirse en ramas una cosa.
ramillete f. Ramo pequeño de flores o hierbas olorosas.
ramo m. Manojo de flores.
rampa f. Plano inclinado.
rana f. Anfibio anuro, con la piel lisa y los ojos saltones.
rancho m. Comida hecha para muchos. || Granja donde se crían caballos y otros animales.
rango m. Índole, clase, categoría.
ranura f. Canal estrecho y largo.
rapapolvo m. Represión áspera.
rapaz adj. y f. Se dice de las aves carnívoras, con pico y uñas muy robustos.
rape m. Pez marino de cabeza muy grande y aplanada.
rápido -da adj. Veloz.
rapiña f. Robo o saqueo.
raptar v. tr. Secuestrar.
rapto m. Éxtasis. || Secuestro.
raqueta f. Bastidor de madera u otro material, con mango, que sujeta una red. || Calzado para andar por la nieve.
raquítico -ca adj. y n. Muy delgado. || adj. Exiguo, mezquino.
raro -ra adj. De poca densidad. || Poco común.

ras m. Igualdad en la superficie o la altura de las cosas.
rascacielos m. Edificio muy alto.
rascar v. tr. y prnl. Refregar la piel con algo agudo. || Arañar.
rasgar v. tr. y prnl. Romper o hacer pedazos algo.
rasgo m. Línea o trazo, que se hace al escribir o dibujar. || Peculiaridad. || pl. Facciones del rostro.
rasguño m. Arañazo.
raso -sa adj. Plano, liso. || Que no tiene grado que lo distinga. || Sin nubes. || Que pasa a poca altura del suelo. || m. Tela de seda.
raspa f. Arista del grano de trigo. || Espina del pescado.
raspar v. tr. Raer superficialmente.
rasposo -sa adj. Áspero.
rastrear v. tr. Seguir el rastro.
rastrero -ra adj. Despreciable.
rastrillo m. Instrumento para recoger hierba.
rastro m. Rastrillo. || Vestigio, señal. || Mercadillo de objetos usados.
rastrojo m. Residuo de las cañas de la mies después de segar.
rasurar v. tr. y prnl. Afeitar.
rata f. Mamífero roedor, con hocico puntiagudo, patas cortas y pelaje gris, muy voraz.
ratero -ra adj. y n. Ladrón que hurta cosas de poco valor.
ratificar v. tr. y prnl. Confirmar actos, palabras o escritos.
rato m. Espacio corto de tiempo.
ratón m. Mamífero roedor, de hocico puntiagudo y pelaje gris, muy prolífico.
ratonera f. Trampa para cazar ratones.
raudo -da adj. Rápido, violento.
raya f. Pez marino comestible con el cuerpo aplanado. || Señal larga y estrecha.

receptáculo

rayar v. tr. Hacer rayas. || v. intr. Confinar una cosa con otra.

rayo m. Chispa eléctrica de gran intensidad producida por descarga de las nubes.

raza f. Grupo de seres que presentan rasgos comunes. || Casta.

razón f. Facultad de pensar. || Causa o motivo.

razonar v. intr. Pensar. || v. tr. Exponer las razones en que se apoya una cosa.

re m. Segunda nota de la escala musical.

reaccionar v. intr. Responder a un estímulo.

reactor m. Avión que usa motor de reacción. || Reactor nuclear.

real adj. Que tiene existencia verdadera. || Relativo al rey.

realce m. Labor de relieve. || Lustre, grandeza.

realeza f. Dignidad o soberanía real. || Magnificencia.

realidad f. Hecho real.

realizar v. tr. y prnl. Hacer real algo. || Ejecutar una acción.

realzar v. tr. y prnl. Elevar más. || Engrandecer. || v. tr. Destacar, hacer resaltar.

reanimar v. tr. y prnl. Restablecer las fuerzas. || Infundir valor.

reanudar v. tr. y prnl. Continuar lo que se había interrumpido.

rebajar v. tr. Hacer más bajo el nivel o la altura. || Disminuir.

rebanada f. Porción delgada de algo, especialmente de pan.

rebaño m. Hato grande de ganado.

rebasar v. tr. Exceder de un límite.

rebeldía f. Estado procesal del acusado que no comparece a juicio.

rebelión f. Delito contra el orden público.

reborde m. Saliente estrecho a lo largo del borde de alguna cosa.

rebosar v. intr. y prnl. Salirse un líquido por encima de los bordes de un recipiente.

rebotar v. tr. Resistir un cuerpo a otro que choca contra él.

rebozar v. tr. Bañar una vianda en huevo, harina, etc.

rebullir v. intr. y prnl. Empezar a moverse lo que estaba quieto.

rebuscar v. tr. Buscar con cuidado.

rebuzno m. Voz del asno.

recabar v. tr. Alcanzar con instancias y súplicas lo que se desea.

recado m. Mensaje verbal. || Encargo que uno ha de hacer.

recaer v. intr. Volver a enfermar. || Reincidir en los mismos errores.

recalcar v. tr. Repetir una cosa muchas veces.

recalcitrante adj. Obstinado.

recámara f. Habitación contigua a la cámara, destinada a guardar vestidos o joyas.

recambio m. Pieza destinada a sustituir a otra igual.

recapacitar v. tr. e intr. Pensar detenidamente alguna cosa.

recapitular v. tr. Recordar sumaria y ordenadamente algo.

recargar v. tr. Volver a cargar.

recato m. Reserva. || Pudor.

recaudar v. tr. Cobrar dinero. || Poner o tener en custodia.

recelar v. tr. y prnl. Desconfiar.

recepción f. Ceremonia en que desfilan ante un rey u otro personaje principal, representantes diplomáticos. || Reunión que tiene carácter de fiesta. || En hoteles, empresas, etc., dependencia donde se atiende a los clientes.

receptáculo m. Cavidad que contiene o puede contener una cosa.

recesión f. Disminución de la actividad económica que sigue a una fase de prosperidad.
receso m. *AMÉR.* Suspensión temporal de actividades.
receta f. Nota que contiene una prescripción médica. || Fórmula con los componentes de un plato y su forma de preparación.
rechazar v. tr. Resistir un cuerpo a otro, haciéndolo retroceder. || Denegar una solicitud.
rechinar v. tr. Producir un sonido desapacible, por frotar con algo.
rechoncho -cha adj. Grueso y bajo.
recibidor m. Antesala.
recibir v. tr. Tomar uno lo que le dan. || Admitir. || Salir a encontrarse con uno que viene de fuera.
recibo m. Documento por el que se declara haber recibido algo.
reciclar v. tr. Someter repetidas veces un material a un mismo ciclo.
reciente adj. Nuevo, acabado de hacer. || Que ha sucedido hace poco.
recinto m. Espacio comprendido dentro de ciertos límites.
recio -cia adj. Fuerte, robusto.
recipiente m. Vasija.
recital m. Audición.
recitar v. tr. Pronunciar en voz alta versos, discursos, etc.
reclamar v. intr. Clamar contra una cosa.
reclinar v. tr. y prnl. Inclinar el cuerpo apoyándose sobre algo.
reclusión f. Encierro o prisión.
recluta m. Mozo que se alista en el ejército.
recobrar v. tr. Volver a adquirir lo que antes se tenía. || v. prnl. Restablecerse de un daño.
recodo m. Ángulo que forman las calles, caminos, ríos, etc.

recoger v. tr. Volver a coger algo. || Hacer la recolección. || v. prnl. Retirarse.
recolección f. Cosecha de los frutos.
recomendable adj. Conveniente.
recomendar v. tr. Aconsejar a alguien por su bien. || Hablar en favor de alguien.
recompensar v. tr. Compensar un daño. || Premiar un servicio.
recomponer v. tr. Reparar.
reconciliar v. tr. y prnl. Hacer que dos o más personas vuelvan a ser amigos.
recóndito -ta adj. Oculto.
reconocer v. tr. Caer en la cuenta de que algo ya era conocido. || Examinar con cuidado.
reconocimiento m. Gratitud.
reconstituir v. tr. y prnl. Devolver al organismo sus condiciones normales.
reconversión f. Proceso de adaptación de la actividad económica a unas nuevas condiciones.
recopilación f. Resumen.
récord m. Marca deportiva.
recordar v. tr. Traer a la memoria una cosa. || Hacer que uno tenga presente algo.
recorrer v. tr. Atravesar un lugar en toda su extensión.
recortar v. tr. Cortar lo que sobra de una cosa.
recoser v. tr. Zurcir o remendar.
recostar v. tr. y prnl. Reclinar la parte superior del cuerpo. || Inclinar una cosa sobre otra.
recreo m. Intervalo entre clases. || Sitio para divertirse.
recriminar v. tr. Censurar.
recrudecer v. intr. y prnl. Tomar nuevo incremento un mal.
rectangular adj. Que tiene uno o más ángulos rectos.

refrendar

rectificar v. tr. Aclarar dichos o hechos. || Contradecir lo que ha dicho otro, por considerarlo erróneo.

rectitud f. Recto conocimiento de lo que debe hacerse o decirse.

recto -ta adj. Que no se inclina a ningún lado. || Justo, honesto. || adj. y m. Porción última del intestino que termina en el ano.

rector -ra adj. y n. Que rige. || m. y f. Persona a cuyo cargo está el gobierno de un colegio, hospital, etc. || Párroco.

recua f. Conjunto de animales de carga.

recuento m. Segunda cuenta o enumeración de una cosa.

recuerdo m. Imagen recordada. || Regalo. || pl. Saludo a un ausente.

recuperar v. tr. Recobrar.

recurrir v. tr. Acudir a un juez o autoridad con una demanda. || Acogerse al favor de uno.

recurso m. Solicitud por escrito. || pl. Bienes, medios de subsistencia.

red f. Malla para pescar o cazar. || Conjunto de vías de comunicación.

redactar v. tr. Poner por escrito.

redada f. Lance de red. || Conjunto de personas o cosas que se cogen de una vez.

redicho -cha adj. Que habla con afectación.

redil m. Aprisco vallado.

redimir v. tr. y prnl. Liberar de esclavitud. || Librar de una obligación.

rédito m. Renta o beneficio que rinde un capital.

redoblar v. tr. y prnl. Aumentar una cosa el doble de lo que era.

redoble m. Toque sostenido de tambores.

redondear v. tr. y prnl. Hacer redonda una cosa.

redondel m. Circunferencia y círculo.

redondo -da adj. De figura circular o esférica. || Perfecto, acabado. || f. Figura de nota musical.

reducir v. tr. Disminuir. || Dividir en partes. || Someter a obediencia.

reducto m. Fortificación cerrada.

redundancia f. Repetición de la información de un mensaje.

reembolsar v. tr. y prnl. Volver una cantidad a poder del que la había desembolsado.

reemplazar v. tr. Sustituir una cosa por otra.

referencia f. Narración. || Relación de una cosa respecto de otra. || Informe.

referir v. tr. Narrar un hecho. || v. prnl. Atenerse a lo dicho o hecho.

refilón, de loc. De soslayo.

refinar v. tr. Purificar.

reflejar v. intr. y prnl. Modificar la dirección de la luz, el calor, el sonido, etc. || v. tr. Manifestar algo.

reflexionar v. tr. y prnl. Considerar detenidamente una cosa.

reflujo m. Descenso de la marea.

refocilar v. tr. y prnl. Recrear.

reforestar v. tr. Repoblar un bosque.

reformar v. tr. Restaurar. || Mejorar, arreglar. || v. prnl. Corregirse.

reformatorio m. Establecimiento para la corrección de delincuentes menores de edad.

reforzar v. tr. Vigorizar. || Fortalecer.

refractario -ria adj. Opuesto, rebelde. || Inmune.

refrán m. Dicho sentencioso.

refregar v. tr. y prnl. Estregar una cosa con otra.

refrenar v. tr. Sujetar al caballo con el freno. || v. tr. y prnl. Contener, reprimir.

refrendar v. tr. Autorizar mediante firma.

refrescar v. tr. y prnl. Disminuir o rebajar el calor de una cosa.
refresco m. Bebida fría.
refriega f. Combate poco importante.
refrigerar v. tr. Reducir la temperatura de algo.
refrigerio m. Comida ligera.
refuerzo m. Apuntalamiento para fortalecer una cosa. || Ayuda.
refugio m. Asilo. || Albergue de montaña.
refulgir v. intr. Resplandecer.
refunfuñar v. intr. Emitir voces confusas, en señal de desagrado.
refutación f. Argumento destinado a destruir las razones del contrario.
regadera f. Vasija para regar.
regadío -a adj. y n. Dícese del terreno que se puede regar.
regalar v. tr. Dar algo como muestra de afecto. || Halagar.
regalo m. Cosa que se entrega a alguien gratuitamente. || Gusto que una cosa proporciona.
regañadientes, a loc. De mala gana.
regañar v. intr. Reñir.
regar v. tr. Esparcir agua sobre una superficie.
regata f. Competición de velocidad entre embarcaciones.
regatear v. tr. Discutir el precio de una cosa.
regazo m. Parte del cuerpo de una persona sentada que va desde la cintura hasta la rodilla.
regencia f. Gobierno establecido durante la menor edad de un rey, príncipe, etc.
regenerar v. tr. y prnl. Reconstituir algo. || Corregir.
regentar v. tr. Desempeñar temporalmente ciertos cargos.
regicida adj. y n. com. Asesino de un rey o una reina.

regidor -ra m. y f. Concejal.
régimen m. Conjunto de instituciones políticas que constituyen la forma de gobierno de un país.
regimiento m. Cuerpo militar.
regio -gia adj. Suntuoso.
región f. Porción de territorio determinada por caracteres étnicos, climáticos, históricos, etc.
regir v. tr. y prnl. Dirigir, gobernar.
registrar v. tr. Examinar. | Transcribir en los libros de un registro. || Grabar sonidos o imágenes en un disco, película, etc. || v. prnl. Inscribirse.
registro m. Libro donde se apuntan noticias o datos. || Lugar donde se registran determinados hechos. || Padrón.
regla f. Instrumento para trazar líneas rectas. || Principios que debe observar una orden religiosa. || Precepto. || Menstruación.
reglamento m. Conjunto de reglas o preceptos.
regocijar v. tr. Causar placer.
regresar v. intr. Volver al lugar de donde se partió.
reguera f. Canal en la tierra para conducir el agua de riego.
regular adj. Ajustado a regla. || De tamaño medio.
rehabilitar v. tr. y prnl. Habilitar de nuevo.
rehacer v. tr. Hacer de nuevo. || v. tr y prnl. Reparar lo deteriorado. || v. prnl. Recuperarse.
rehén n. com. Persona retenida en poder de alguien, como garantía.
rehogar v. tr. Sazonar un alimento en manteca o aceite.
rehuir v. tr., intr. y prnl. Evitar algo por algún temor o recelo.
rehusar v. tr. No aceptar algo.
reina f. Esposa del rey. || La que ejer-

remitir

ce la potestad real, por derecho propio. || Pieza del ajedrez.
reinar v. intr. Gobernar un rey o una reina un Estado. || Predominar.
reincidir v. intr. Volver a incurrir en un error, falta o delito.
reino m. Territorio o Estado sujetos al gobierno de un rey.
reinsertar v. tr. y prnl. Reintegrar a la vida social.
reintegrar v. tr. Restituir. || v. tr. y prnl. Incorporarse de nuevo a una colectividad.
reintegro m. Pago. || Premio de la lotería igual a la cantidad jugada.
reír v. tr. y prnl. Manifestar alegría y regocijo.
reiterar v. tr. y prnl. Repetir.
reivindicar v. tr. Reclamar alguien aquello a que tiene derecho.
reja f. Pieza del arado que remueve la tierra. || Conjunto de barrotes para cerrar ventanas y otras aberturas.
rejuvenecer v. tr., intr. y prnl. Dar el vigor de la juventud.
relación f. Referencia de un hecho. || Lista, enumeración. || Conexión de una cosa con otra. || Trato.
relacionar v. tr. y prnl. Poner en relación personas o cosas.
relajar v. tr. y prnl. Aflojar, laxar. || Distraer el ánimo.
relamido -da adj. y n. Excesivamente pulcro, afectado.
relámpago m. Resplandor muy vivo e instantáneo producido en las nubes por una descarga eléctrica.
relatar v. tr. Referir un suceso.
relativizar v. tr. Conceder a algo una importancia menor.
relativo -va adj. Que hace referencia a una persona o cosa. || Que no es absoluto.
relato m. Narración, cuento.

relax m. Relajación muscular mediante ejercicios adecuados.
relegar v. tr. Apartar, posponer.
relente m. Humedad de la atmósfera en noches serenas.
relevar v. tr. Poner en relieve. || Sustituir.
relieve m. Conjunto de formas y accidentes de la superficie terrestre.
religión f. Conjunto de creencias relacionadas con la divinidad.
relinchar v. intr. Emitir su voz el caballo.
reliquia f. Resto sagrado.
rellano m. Descansillo.
rellenar v. tr. Llenar con determinados ingredientes un ave u otro manjar. || Volver a llenar.
reloj m. Instrumento que sirve para medir el tiempo.
relucir v. intr. Lucir mucho.
relumbrar v. intr. Dar viva luz.
remanente m. Resto de una cosa.
remangar v. tr. y prnl. Recoger hacia arriba las mangas.
remanso m. Detención de la corriente del agua. || Lugar tranquilo.
remar v. intr. Trabajar con el remo para impeler la embarcación.
rematar v. tr. Dar fin a una cosa. || Acabar de matar.
remate m. Extremo de una cosa.
remedar v. tr. Imitar.
remedio m. Medio con que se repara un daño. || Medicamento.
rememorar v. tr. Recordar.
remesa f. Expedición, envío.
remiendo m. Pedazo de otra tela, que se cose a una prenda rota o vieja. || Arreglo, reparación.
remiso -sa adj. Poco decidido.
remitir v. tr. Enviar. || v. tr., intr. y prnl. Perder intensidad. || v. prnl. Atenerse a lo dicho.

remo m. Instrumento formado por una pala larga que permite impulsar las embarcaciones.

remolacha f. Planta herbácea con raíz carnosa de la que se extrae el azúcar.

remolcar v. tr. Arrastrar un vehículo o una embarcación.

remolino m. Movimiento giratorio del aire, el agua, el polvo, etc.

remolonear v. intr. y prnl. Rehusar hacer algo por pereza.

remontar v. tr. Subir hasta el origen. || Superar algún obstáculo.

remordimiento m. Desasosiego que deja una mala acción.

remoto -ta adj. Distante.

remover v. tr. y prnl. Mudar una cosa de lugar. || Conmover.

remunerar v. tr. Recompensar, pagar.

renacuajo m. Larva de la rana.

rencilla f. Riña, pendencia.

rencor m. Resentimiento tenaz.

rendido -da adj. Sumiso.

rendija f. Abertura larga y angosta que se produce en un sólido.

rendimiento m. Rendición, cansancio, fatiga.

rendir v. tr. Vencer al enemigo. || Causar fatiga. || Dar fruto. || v. tr. y prnl. Someter una cosa al dominio de otra.

renegar v. tr. Negar insistentemente. || v. intr. Blasfemar.

renglón m. Serie de caracteres escritos en una línea.

reno m. Mamífero rumiante, con cuernos grandes y ramificados.

renombre m. Apellido o sobrenombre. || Fama.

renovar v. tr. y prnl. Volver una cosa a su estado primitivo.

renta f. Beneficio que rinde anualmente una cosa.

renunciar v. tr. Dejar voluntariamente. || No querer aceptar una cosa.

reñir v. intr. Contender, disputar. || Desavenirse. || v. tr. Reprender.

reo -a m. y f. Preso.

reparar v. tr. Arreglar algo. || Notar. || Reflexionar, considerar. || Corregir, remediar.

repartir v. tr. Distribuir una cosa dividiéndola en partes.

repasar v. tr. Volver a examinar una cosa o a estudiar un texto.

repatriar v. tr., intr. y prnl. Hacer que alguien regrese a su patria.

repeler v. tr. Arrojar de sí algo con violencia. || Rechazar. || Provocar aversión.

repelús m. Repugnancia indefinida que inspira algo.

repeluzno m. Escalofrío.

repentino -na adj. Pronto, impensado.

repercusión f. Resonancia.

repertorio m. Catálogo. || Recopilación de obras o de noticias.

repescar v. tr. Readmitir en un examen al que ha sido excluido.

repetir v. tr. y prnl. Volver a hacer o decir lo que ya se había hecho o dicho. || v. intr. Volver a la boca el sabor de lo que se ha comido.

repipi adj. y n. com. Pedante.

repisa f. Estante.

replantear v. tr. y prnl. Plantear de nuevo un asunto.

replegar v. tr. y prnl. Retirarse en buen orden las tropas avanzadas.

repleto -ta adj. Muy lleno.

replicar v. intr. Instar o argüir contra la respuesta o argumento.

reponer v. tr. Volver a poner. || Reemplazar lo que falta. || v. prnl. Recobrar la salud.

reportaje m. Género periodístico de carácter informativo.

reportar v. tr. y prnl. Refrenar, moderar.
reportero -ra adj. y n. Periodista especializado en reportajes.
reposar v. intr. Descansar.
reposo m. Estado de inmovilidad de un cuerpo en el espacio.
repostar v. tr. y prnl. Reponer provisiones, pertrechos, etc.
repostería f. Arte y oficio de hacer pasteles y dulces.
reprender v. tr. Reñir.
representar v. tr. y prnl. Hacer presente una cosa con palabras o figuras. ‖ v. tr. Interpretar una obra dramática. ‖ Sustituir a alguien. ‖ Aparentar determinada edad.
represión f. Castigo violento.
reprimir v. tr. y prnl. Impedir que se produzca una acción. ‖ v. tr. Castigar a los participantes en una sublevación.
reprobar v. tr. Dar por malo.
reprochar v. tr. y prnl. Reconvenir.
reproducir v. tr. y prnl. Sacar copia de una obra de arte, texto, etc. ‖ v. prnl. Procrear una especie.
reptar v. intr. Andar arrastrándose.
reptil adj. y n. Vertebrado de sangre fría, respiración pulmonar, piel cubierta de escamas, con patas cortas o sin ellas.
república f. Forma de gobierno representativo en que el poder reside en el pueblo.
repudiar v. tr. No aceptar algo.
repuesto m. Recambio.
repugnar v. tr. y prnl. Ser opuesta una cosa a otra. ‖ Rehusar. ‖ v. intr. Causar aversión.
repulsa f. Condena enérgica.
reputación f. Opinión que los demás tienen de una persona.
requerir v. tr. Solicitar. ‖ v. tr. y prnl. Necesitar.

requesón m. Masa de leche cuajada.
requiebro m. Galantería, piropo.
réquiem m. Composición que se canta en la misa de difuntos.
requisar v. tr. Expropiar ciertos bienes considerados aptos para las necesidades de interés público.
requisito m. Condición necesaria.
res f. Animal cuadrúpedo de ciertas especies, domésticas o salvajes.
resaca f. Retroceso de las olas después de llegar a la orilla. ‖ Malestar después de una borrachera.
resaltar v. intr. Sobresalir.
resarcir v. tr. y prnl. Indemnizar.
resbalar v. intr. y prnl. Escurrirse. ‖ Incurrir en un desliz.
rescatar v. tr. Recobrar lo caído en poder ajeno.
rescindir v. tr. Dejar sin efecto un contrato, obligación, etc.
resentirse v. prnl. Empezar a flaquear o sentirse una cosa. ‖ Tener disgusto o enojo por una cosa.
reseña f. Noticia breve o crítica de una obra.
reserva f. Guarda de una cosa o prevención de ella para que sirva a su tiempo. ‖ Discreción.
reservar v. tr. Guardar algo para otro momento u ocasión.
resfriado m. Catarro.
resfriar v. tr. Enfriar.
resguardar v. tr. Proteger algo. ‖ v. prnl. Precaverse.
residencia f. Lugar donde se reside.
residir v. intr. Vivir habitualmente en un lugar.
residuo m. Parte que queda de un todo.
resignarse v. prnl. Conformarse con las adversidades.
resina f. Sustancia orgánica vegetal, insoluble en el agua.
resistir v. intr. y prnl. Oponerse un

resollar

cuerpo a la acción de otro. || v. tr. Aguantar, soportar.
resollar v. intr. Respirar fuertemente.
resolución f. Ánimo. || Disposición.
resolver v. tr. Tomar una determinación. || Hallar la solución.
resonancia f. Prolongación del sonido, que va apagándose. || Gran divulgación que adquiere un hecho.
resonar v. tr. e intr. Hacer sonido por percusión. || Sonar mucho.
resoplar v. intr. Dar fuertes resuellos.
resorte m. Muelle. || Medio para conseguir un fin.
respaldar v. tr. y prnl. Apoyar.
respaldo m. Parte de un asiento en que descansan las espaldas. || Apoyo moral.
respetar v. tr. Tener respeto. || No violar los derechos de otro.
respeto m. Acatamiento que se hace a uno. || Miramiento.
respingo m. Sacudida del cuerpo.
respirar v. intr. y tr. Aspirar y expeler aire por la boca. || Sentirse aliviado.
resplandecer v. intr. Despedir rayos de luz una cosa. || Sobresalir. || Reflejar.
resplandor m. Luz muy clara que despide un cuerpo luminoso.
responder v. tr. Contestar. || Corresponder. || v. intr. Replicar.
responsable adj. y n. com. Obligado a responder de alguna cosa.
responso m. Responsorio que se reza por los difuntos.
respuesta f. Contestación. || Réplica. || Acción con que uno corresponde a la de otro.
resquicio m. Abertura entre el quicio y la puerta.
resta f. Operación de restar. || Resultado de esta operación.
restablecer v. tr. Volver a poner una cosa en su estado anterior. || v. prnl. Recuperarse.
restallar v. intr. Producir un sonido seco en el aire. || Crujir.
restar v. tr. Quitar una parte de algo. || Hallar la diferencia entre dos cantidades. || v. intr. Faltar algo por hacer.
restaurante m. Establecimiento donde se sirven comidas.
restaurar v. tr. Recuperar. || Reparar.
restituir v. tr. Volver una cosa a quien la tenía antes. || Restablecer.
resto m. Sobrante. || pl. Cadáver. || Desperdicios.
restregar v. tr. y prnl. Frotar con ahínco.
restricción f. Limitación.
resucitar v. tr. Devolver la vida.
resuello m. Respiración violenta.
resuelto -ta adj. Decidido.
resultado m. Consecuencia de un hecho, operación, etc.
resultar v. intr. Redundar una cosa en provecho o daño. || Llegar a ser. || v. unipersonal. Ocurrir algo de repente.
resumir v. tr. y prnl. Expresar brevemente lo esencial de un asunto.
retaguardia f. Tropa retrasada.
retar v. tr. Desafiar.
retardar v. tr. y prnl. Diferir.
retazo m. Trozo de una tela. || Fragmento de un discurso.
retén m. Repuesto que se tiene de algo. || Tropa dispuesta para reforzar algún puesto militar.
retener v. tr. Conservar, guardar. || Recordar. || Imponer prisión preventiva.
reticencia f. Efecto de decir una cosa con malicia.
retina f. Membrana interna del ojo y de la cual parte el nervio óptico.
retirar v. tr. y prnl. Apartar o separar. || v. prnl. Dejar de prestar servicio activo. || Irse a dormir.

retiro m. Lugar distante y apartado. || Recogimiento, abstracción.
reto m. Amenaza, desafío.
retocar v. tr. Corregir las imperfecciones.
retoño m. Vástago de la planta.
retorcer v. tr. y prnl. Torcer mucho. || v. tr. Interpretar algo, dándole un sentido diferente del que tiene. || v. prnl. Contraerse el cuerpo violentamente.
retornar v. tr. Devolver, restituir. || v. intr. y prnl. Regresar al lugar o a la situación en que se estuvo.
retortijón m. Dolor intestinal fuerte.
retozar v. intr. Saltar con alegría.
retractar v. tr. y prnl. Revocar expresamente lo dicho.
retraer v. tr. y prnl. Disuadir de un intento. || v. prnl. Retirarse.
retraído -da adj. y n. Tímido.
retransmitir v. tr. Transmitir desde una emisora o desde el punto donde sucede algo.
retrasado -da adj. y n. Dícese del que no tiene el desarrollo mental o físico normal.
retrasar v. tr. y prnl. Aplazar la ejecución de una cosa.
retratar v. tr. y prnl. Hacer el retrato de una persona o cosa.
retrato m. Pintura o fotografía que representa una persona o cosa.
retrete m. Letrina, excusado.
retribuir v. tr. Pagar un servicio.
retroactivo -va adj. Que obra o tiene fuerza sobre lo pasado.
retroceder v. intr. Volver hacia atrás.
retrógrado -da adj. y n. Anticuado, contrario al progreso.
retrospectivo -va adj. Referido a tiempo pasado.
retrovisor m. Pequeño espejo en la parte anterior de los vehículos.

retumbar v. tr. Resonar mucho.
reunión f. Personas reunidas.
reunir v. tr. y prnl. Juntar. || v. tr. Poseer ciertos requisitos.
revalidar v. tr. Ratificar, dar nuevo valor a una cosa.
revelar v. tr. y prnl. Descubrir o manifestar lo ignorado o secreto.
reventar v. tr., intr. y prnl. Abrirse algo por impulso interior.
reverberar v. intr. Reflejarse la luz o el sonido.
reverencia f. Respeto. || Inclinación del cuerpo en señal de respeto.
reversible adj. Que puede usarse por el derecho o por el revés.
reverso m. Revés, parte opuesta.
revés m. Parte opuesta de una cosa. || Golpe dado con el dorso de la mano. || Infortunio.
revestimiento m. Capa o cubierta con que se resguarda una superficie.
revisar v. tr. Someter una cosa a nuevo examen.
revista f. Inspección. || Publicación periódica. || Espectáculo teatral frívolo.
revivir v. intr. Resucitar.
revocar v. tr. Anular. || Enlucir las paredes exteriores.
revolcar v. tr. Derribar a uno.
revolotear v. intr. Volar haciendo giros en poco espacio.
revoltijo m. Conjunto de muchas cosas, sin orden ni método.
revoltoso -sa adj. y n. Alborotador, sedicioso. || Travieso.
revolución f. Cambio violento en las instituciones de una nación.
revolver v. tr. Menear. || Inquietar, enredar, causar disturbios.
revólver m. Arma de fuego provista de un tambor giratorio.
revuelo m. Movimiento confuso o agitación.

rey m. Monarca o príncipe soberano de un reino.
reyerta f. Contienda, riña.
rezagar v. tr. y prnl. Dejar atrás una cosa.
rezar v. tr. Dirigir alabanzas o súplicas a Dios o a los santos.
rezongar v. intr. Refunfuñar.
rezumar v. tr. Transpirar un líquido por los poros de un recipiente.
ría f. Penetración del mar en la costa por sumersión de una cuenca fluvial. || Ensenada amplia.
riachuelo m. Río pequeño.
riada f. Crecida de un río.
ribera f. Margen del mar o río.
ribete m. Cinta con que se guarnece y refuerza la orilla del vestido, calzado, etc. || pl. Indicio.
ricino m. Planta arbustiva de semillas purgantes.
rico -ca adj. y n. Adinerado. || adj. Sabroso. || Dícese del terreno fértil.
rictus m. Contracción de los labios.
ridiculizar v. tr. y prnl. Poner en ridículo a una persona.
ridículo -la adj. Que mueve a risa. || Escaso, corto.
riel m. Barra pequeña de metal. || Carril de vía férrea.
rienda f. Correa para gobernar la caballería.
riesgo m. Posibilidad de un daño.
rifa f. Juego que consiste en sortear una cosa entre varios.
rifar v. tr. Sortear.
rifle m. Fusil rayado de procedencia norteamericana.
rígido -da adj. Inflexible. || Riguroso, severo.
rigor m. Severidad, dureza. || Precisión.
rima f. Semejanza entre las sílabas finales de un verso.
rímel m. Cosmético para los ojos.
rincón m. Ángulo entrante formado por dos paredes o de dos superficies. || Lugar retirado.
ring m. Cuadrilátero para combates de boxeo o de lucha.
rinoceronte m. Mamífero de gran tamaño, piel recia y uno o dos cuernos nasales.
riña f. Pendencia, pelea.
riñón m. Órgano glandular doble, situado en la región lumbar, que segrega la orina.
río m. Corriente de agua continua que desemboca en otra, en un lago o en el mar. || Gran abundancia.
riqueza f. Abundancia de bienes.
risa f. Lo que mueve a reír.
risco m. Peñasco alto y escarpado.
ristra f. Trenza de ajos o cebollas.
risueño -ña adj. Que manifiesta risa en el semblante. || Que se ríe con facilidad.
ritmo m. Orden en la sucesión de las cosas.
rito m. Conjunto de reglas para el culto. || Ceremonia.
rival n. com. Competidor.
rivalidad f. Competencia.
rizar v. tr. Formar rizos.
rizo m. Mechón de pelo en forma de sortija, bucle o tirabuzón.
rizoma m. Tallo horizontal y subterráneo.
robar v. tr. Apoderarse de lo ajeno.
roble m. Árbol de hojas lobuladas y dentadas y fruto en bellota.
robo m. Acción y efecto de robar.
robot m. Autómata.
robusto -ta adj. Fuerte, vigoroso.
roca f. Agregado de minerales que forma parte de la corteza terrestre.
roce m. Trato frecuente. || Enfado o tensión.

rociar v. intr. Caer el rocío. ‖ Esparcir en gotas menudas.
rocín m. Caballo de mal aspecto.
rocío m. Vapor que por la noche se condensa en la atmósfera en gotas menudas, y cae sobre la tierra.
rock and roll m. Estilo de música popular surgido en EUA en los años de la década de 1950.
rodaja f. Pieza circular y plana. ‖ Tajada circular de algunos alimentos.
rodaje m. Funcionamiento de un automóvil, hasta su ajuste. ‖ Filmación.
rodar v. intr. Dar vueltas alrededor. ‖ Caer dando vueltas. ‖ v. tr. Filmar.
rodear v. intr. Andar alrededor. ‖ *AMÉR.* Reunir el ganado.
rodeo m. Camino más largo. ‖ Recuento del ganado. ‖ Modo indirecto de hacer o decir algo.
rodilla f. Articulación del muslo con la pierna.
rodillo m. Pieza cilíndrica de rodaje.
roedor -ra adj. y n. Mamífero con un par de incisivos largos y fuertes, muy prolífico y voraz.
roer v. tr. Cortar, o desmenuzar superficialmente con los dientes.
rogar v. tr. Pedir algo por gracia.
rogativa f. Oración pública dirigida a Dios o a un santo solicitando solución a algún problema.
rojo -ja adj. y m. Encarnado.
rol m. Lista o nómina. ‖ Papel que se desempeña.
rollizo -za adj. Robusto y grueso.
rollo m. Cualquier materia que toma forma cilíndrica al rodar. ‖ Discurso fastidioso.
romance adj. y m. Lengua moderna derivada del latín. ‖ m. Combinación métrica en la que riman los versos pares en asonancia.
romántico -ca adj. y n. Soñador.

romería f. Peregrinación que se hace a un santuario.
romo -ma adj. Sin punta.
rompecabezas m. Problema o acertijo de difícil solución.
romper v. tr. y prnl. Separar con mayor o menor violencia las partes de un todo. ‖ Hacer pedazos.
rompiente m. Escollo o costa donde rompen las olas.
ron m. Aguardiente de caña de azúcar.
roncar v. intr. Hacer ruido bronco cuando se duerme.
roncha f. Bulto enrojecido sobre la piel. ‖ Cardenal. ‖ Tajada delgada cortada en redondo.
ronco -ca adj. Que padece ronquera.
ronda f. Rondalla. ‖ Conjunto de bebidas tomadas por el grupo al mismo tiempo. ‖ Patrulla destinada a vigilar.
rondalla f. Reunión nocturna de jóvenes para tocar y cantar por las calles.
rondar v. intr. y tr. Andar de ronda. ‖ Cortejar.
ronquera f. Afección de la laringe que vuelve ronca la voz.
ronronear v. intr. Producir el gato cierto sonido ronco.
roña f. Sarna. ‖ Suciedad. ‖ n. com. Persona tacaña.
roñoso -sa adj. Sucio. ‖ Tacaño.
ropa f. Prenda de tela, especialmente la que sirve para vestir.
ropero m. Armario para la ropa.
rorro m. Niño pequeñito.
rosa f. Flor del rosal. ‖ m. Color rosa. ‖ *AMÉR.* Rosal, planta.
rosal m. Planta arbustiva, con tallos espinosos y flores vistosas.
rosario m. Sarta de cuentas que sirve para rezar.
rosca f. Mecanismo compuesto de tornillo y tuerca. ‖ Bollo.

roscón m. Bollo en forma de rosca grande.
rosetón m. Ventana circular calada, con adornos.
rosquilla f. Dulce en forma de rosca pequeña.
rostro m. Cara de las personas.
roto -ta adj. y n. Andrajoso. || Desgarrado.
rótula f. Hueso en la cara anterior de la articulación de la rodilla.
rotulador m. Lápiz con punta de fieltro.
rótulo m. Título letrero.
rotundo -da adj. Preciso, terminante.
rotura f. Raja o quiebra de un cuerpo sólido.
royalty m. Pago que debe realizarse al titular de una patente.
rozadura f. Herida superficial de la piel.
rozar v. tr. Raer la superficie. || v. tr. e intr. Pasar una cosa tocando la superficie de otra.
rubéola f. Enfermedad contagiosa caracterizada por una erupción semejante a la de sarampión.
rubí m. Piedra preciosa de color rojo y brillo intenso.
rubio -bia adj. y n. De color parecido al oro.
rubor m. Color encarnado o rojo muy encendido. || Vergüenza.
ruborizar v. tr. y prnl. Causar o sentir rubor.
rúbrica f. Rasgo añadido a la firma.
rudimento m. Embrión. || pl. Primeros estudios de una ciencia.
rudo -da adj. Basto. || Grosero.

rueca f. Instrumento para hilar.
rueda f. Máquina circular que gira sobre su eje.
ruedo m. Círculo. || Contorno de una cosa redonda. || Espacio para lidiar en una plaza de toros.
ruego m. Súplica, petición.
rufián m. Hombre sin honor.
rugby m. Deporte que se practica con un balón ovoide.
rugido m. Voz del león.
rugoso -sa adj. Que tiene arrugas.
ruido m. Sonido inarticulado y confuso.
ruin adj. Vil, despreciable. || Mezquino, avariento.
ruina f. Pérdida de los bienes. || Decadencia. || pl. Restos de edificios.
ruiseñor m. Ave de plumaje pardo y canto melodioso.
ruleta f. Juego de azar en que se lanza una bolita sobre un plato giratorio.
rulo m. Pequeño cilindro que se arrolla al cabello.
rumba f. Baile popular cubano.
rumbo m. Dirección, camino.
rumboso -sa adj. Pomposo.
rumiar v. tr. Masticar los rumiantes nuevamente el alimento, volviéndolo a la boca.
rumor m. Voz que corre entre el público. || Ruido confuso de voces.
ruptura f. Desavenencia entre personas, entidades, etc.
ruta f. Rumbo o derrota de un viaje. || Itinerario.
rutilar v. intr. Resplandecer.
rutina f. Hábito de hacer algo de forma mecánica y usual.

S s

s f. Vigésima letra del alfabeto español y decimosexta de sus consonantes.
sábado m. Séptimo día de la semana.
sabana f. Formación vegetal de las regiones tropicales.
sábana f. Pieza de tela que se pone en la cama.
sabañón m. Tumefacción que aparece en las manos, pies, orejas, etc.
saber m. Sabiduría. || v. tr. Conocer una cosa. || Ser docto en algo. || Tener habilidad para hacer algo. || v. tr. e intr. Tener noticias de alguien o de algo.
sabiduría f. Conocimiento profundo. || Buen juicio.
sabio -bia adj. y n. Que posee sabiduría.
sabiondo -da adj. y n. Persona que presume de saber mucho.
sable m. Arma blanca, de hoja algo curva.
sabor m. Sensación que ciertas cosas producen en el gusto.
saborear v. tr. y prnl. Apreciar el sabor. || v. tr. Dar sabor.
sabotaje m. Acción que produce desperfectos en instalaciones, como medio de lucha.
sabroso -sa adj. Agradable al sentido del gusto. || Grato.
sabueso -sa adj. y n. Persona que indaga. || Perro.
sacamuelas n. com. Dentista || Charlatán.
sacar v. tr. Apartar a una persona o cosa del sitio en que está. || Averiguar. || Extraer de una cosa alguna de las partes que la componen. || Ganar por suerte. || Producir y difundir un producto.
sacarina f. Sustancia blanca edulcorante.
sacerdote m. Persona consagrada a Dios, ordenado para celebrar el culto.
sacerdotisa f. Mujer destinada al culto divino.
saciar v. tr. y prnl. Satisfacer.
saco m. Bolsa de tela, papel, plástico u otra materia flexible abierto por un extremo. || *AMÉR.* Chaqueta.
sacramento m. Signo sagrado, que aumenta la gracia.
sacrificar v. tr. Ofrecer una cosa a una divinidad. || Matar las reses. || Renunciar a una cosa voluntariamente.
sacrificio m. Ofrenda a Dios. || Acto de abnegación.
sacrilegio m. Profanación de una cosa, persona o lugar sagrados.
sacristán -na m. y f. Persona que ayuda al sacerdote y cuida de la sacristía.
sacristía f. Lugar, en las iglesias, donde se guardan los ornamentos y objetos de culto.
sacro -cra adj. Sagrado.
sacudir v. tr. Agitar violentamente. || Golpear.
saeta f. Flecha. || Manecilla del reloj.
safari m. Expedición de caza mayor.
saga f. Dinastía familiar.
sagaz adj. Agudo, astuto.

sagrado

sagrado -da adj. Que está dedicado a Dios y al culto divino.
sagrario m. Sitio donde se guarda la eucaristía.
sainete m. Pieza dramática jocosa.
sal f. Cloruro sódico que se emplea para sazonar.
sala f. Pieza principal de la casa. || Habitación grande.
salado -da adj. Que contiene sal. || Se dice de los alimentos con exceso de sal. || Gracioso.
salar v. tr. Sazonar con sal.
salario m. Sueldo.
salchicha f. Embutido, en tripa delgada, de carne de cerdo picada.
saldo m. Pago de una deuda u obligación. || Restos de mercancías que se venden a bajo precio.
salero m. Gracia, donaire.
salida f. Lugar por donde se sale. || Pretexto. || Agudeza.
salina f. Explotación de sal.
salir v. intr. y prnl. Pasar de dentro a fuera. || v. intr. Marcharse de un lugar a otro. || Nacer. || Sobresalir. || Ser designado.
saliva f. Líquido alcalino, secretado por las glándulas salivales.
salmo m. Cántico de alabanza a Dios.
salmón m. Pez teleósteo, de cuerpo comprimido y fusiforme.
salmuera f. Agua cargada de sal.
salobre adj. Con sabor de sal.
salón m. Sala grande.
salpicar v. tr. e intr. Esparcir en gotas pequeñas un líquido.
salpicón m. Picadillo de carne, pescado o marisco adobado.
salsa f. Mezcla de varios ingredientes, para aderezar la comida.
saltamontes m. Insecto de cuerpo cilíndrico, con las patas posteriores muy desarrolladas.

saltar v. intr. Levantarse del suelo con impulso. || Arrojarse desde una altura para caer de pie. || Romperse violentamente. || Manifestarse intempestivamente.
saltarín -na adj. y n. Que salta o se mueve mucho. || Inquieto.
saltear v. tr. Robar en los despoblados. || Hacer una cosa de forma discontinua. || Sofreír.
salto m. Distancia que se salta. || Precipicio o despeñadero.
salud f. Estado de un ser orgánico libre de enfermedad.
saludable adj. Que goza de salud. || Provechoso para un fin.
saludar v. tr. Dirigir a una persona fórmulas de cortesía.
salvado m. Cáscara del grano desmenuzada por la molienda.
salvaguardar v. tr. Defender.
salvaguardia f. Salvoconducto.
salvaje adj. No domésticos. || Bárbaro.
salvar v. tr. y prnl. Librar de un peligro. || v. tr. Evitar una dificultad o inconveniente.
salvavidas m. Objeto que mantiene a una persona a flote.
salvedad f. Observación que limita o excusa lo que se va a decir.
salvo -va adj. Ileso, indemne. || f. Saludo. || Serie de disparos en señal de honor.
salvoconducto m. Documento que autoriza a transitar libremente.
san adj. Apócope de santo.
sanar v. tr. Restituir la salud. || v. intr. Recobrar la salud.
sanatorio m. Establecimiento destinado a la cura de enfermos.
sancionar v. tr. Dar fuerza de ley. || Aplicar una sanción.
sandalia f. Calzado que deja al descubierto una parte del pie.

sandez f. Tontería, necedad.
sandía f. Planta hortense, de tallo rastrero y fruto esférico comestible.
sanear v. tr. Poner en condiciones de sanidad. || Reparar, remediar.
sangrar v. tr. Dar salida a la sangre. || v. intr. Echar sangre.
sangre f. Líquido rojo y espeso que circula por el cuerpo de los vertebrados. || Linaje.
sangría f. Bebida refrescante a base de vino y frutas troceadas.
sanguinario -ria adj. Cruel.
sanidad f. Conjunto de servicios organizados para proteger la salud.
sanitario m. Excusado, retrete.
sano -na adj. Que goza de salud.
santiamén, en un loc. adv. Rápidamente, en un instante.
santificar v. tr. Hacer a uno santo.
santiguar v. tr. y prnl. Hacer la señal de la cruz.
santo -ta adj. Puro, libre de culpa. || Sagrado. || Persona de especial bondad o virtud.
santoral m. Lista de los santos.
saña f. Crueldad excesiva.
sapo m. Anfibio anuro con la piel cubierta de verrugas.
saquear v. tr. Apoderarse los soldados de lo que hallan en un lugar.
sarampión m. Enfermedad infecciosa que provoca erupciones.
sarao m. Fiesta nocturna.
sarape m. Especie de manta de colores muy vivos.
sarcasmo m. Ironía o burla cruel.
sarcófago m. Sepulcro.
sardina f. Pez teleósteo comestible de lomo azulado.
sargento m. Grado militar inferior.
sarmiento m. Vástago de la vid.
sarna f. Dermatosis contagiosa producida por un ácaro.

sarro m. Sedimento que dejan en los recipientes algunos líquidos. || Placa amarillenta que se adhiere a los dientes.
sarta f. Serie de cosas enfiladas una tras otra en una cuerda, hilo, etc.
sartén f. Utensilio de cocina, redondo, plano y con mango largo.
sastre -tra m. y f. Persona que confecciona trajes a medida.
satélite m. Cuerpo celeste, opaco, que gira alrededor de un planeta.
satén m. Tejido parecido al raso.
satinar v. tr. Dar brillo al papel.
sátira f. Escrito o dicho agudo para censurar o ridiculizar.
satisfacer v. tr. Realizar un deseo. || Pagar lo que se debe. || Agradar, gustar. || Solucionar o dar respuesta a una cosa. || Reparar un daño.
satisfecho -cha adj. Complacido.
saturar v. tr. Saciar.
sauce m. Árbol de ramas cilíndricas y hojas alargadas.
sauna f. Baño de vapor, seguido de duchas frías y masajes.
saurios m. pl. Reptiles escamosos con cuerpo alargado y cuatro extremidades.
savia f. Líquido que circula por los vasos conductores de las plantas.
saxofón m. Instrumento musical de viento, de metal, con boquilla de madera y un sistema de llaves.
sayo m. Casaca holgada y sin botones.
sazón f. Estado de madurez o perfección de una cosa. || Sabor.
se Forma reflexiva y recíproca del pronombre de tercera persona.
sebo m. Grasa sólida y dura que se obtiene de los animales herbívoros.
secano m. Tierra de labor que no tiene riego.
secar v. tr. Eliminar la humedad de

sección

un cuerpo. || v. prnl. Evaporarse la humedad.
sección f. División, separación. || Cada parte o grupo distinto en que se divide un conjunto.
seco -ca adj. Que carece de jugo o humedad. || Falto de agua.
secretario -ria m. y f. Persona que escribe la correspondencia, extiende actas, archiva documentos, etc., en una oficina.
secreto -ta adj. Oculto. || Callado.
secta f. Conjunto de seguidores de una doctrina.
sector m. Parte de una colectividad con características peculiares.
secuaz adj. y n. com. Que sigue el partido, doctrina u opinión de otro.
secuela f. Consecuencia.
secuestrar v. tr. Retener a alguien, exigiendo dinero o una condición por su rescate.
secular adj. Que sucede cada siglo.
secundar v. tr. Apoyar, ayudar.
secundario -ria adj. Segundo en orden. || Que no es principal.
sed f. Necesidad de beber. || Deseo vehemente.
seda f. Sustancia viscosa en forma de hebras. || Hilo suave formado con esta sustancia.
sedal m. Hilo de la caña de pescar.
sedante adj. y m. Fármaco que calma el dolor o la excitación.
sede f. Residencia principal de una entidad.
sedentario -ria adj. Quieto, poco activo.
sedimento m. Sustancia que se deposita en el fondo de un líquido.
seducir v. tr. Persuadir con promesas o engaños. || Fascinar.
segar v. tr. Cortar mieses o hierba.
seglar adj. y n. com. Laico.

segmento m. Porción cortada de una cosa. || Parte de una recta limitada por dos puntos.
segregar v. tr. Separar, apartar.
seguido -da adj. Continuo.
seguir v. tr. e intr. Ir detrás. || v. tr. Ir con una persona. || Ir según una determinada dirección. || Continuar lo empezado.
según prep. Conforme.
segundero -ra m. Manecilla que señala los segundos en el reloj.
segundo -da adj. Que sigue en orden al que está en primer lugar. || Unidad de tiempo.
seguridad f. Fianza, garantía.
seguro -ra adj. Libre de peligro o riesgo. || Cierto. || Firme. || m. Contrato por el que el asegurador, a cambio de una prima, se obliga a resarcir los daños que pueda sufrir el asegurado.
seis adj. Cinco y uno.
seísmo m. Terremoto.
seleccionar v. tr. Escoger.
selecto -ta adj. Que se considera mejor entre otros de su especie.
sellar v. tr. Imprimir el sello. || Cerrar, tapar.
sello m. Utensilio para estampar. || Timbre oficial.
selva f. Bosque muy denso, propio de los climas lluviosos.
semáforo m. Aparato de señalización luminosa para regular el tráfico.
semana f. Serie de siete días naturales consecutivos.
semanario -ria adj. m. Periódico que aparece semanalmente.
semblante m. Rostro, cara.
semblanza f. Biografía breve.
sembrar v. tr. Esparcir las semillas.
semejante adj. y n. com. Parecido, similar. || m. Prójimo.
semen m. Esperma.

semental adj. De la siembra. || adj. y m. Se dice del animal macho que se destina a la reproducción.
semestre adj. m. Período de seis meses.
semicírculo m. Mitad del círculo separado por un diámetro.
semilla f. Parte del fruto. || Órgano que contiene el embrión de la nueva planta.
seminario adj. Casa destinada a la formación de sacerdotes. || Curso.
sémola f. Pasta granulada para sopas, de trigo u otro cereal.
senado m. Asamblea legislativa y lugar donde se reúne.
sencillo -lla adj. Simple. || Sin artificio. || Que no ofrece dificultad.
senda f. Camino angosto.
senectud f. Ancianidad, vejez.
seno m. Concavidad o hueco. || Pecho, mama de la mujer.
sensación f. Impresión que las cosas producen en los sentidos. || Emoción.
sensato -ta adj. Prudente.
sensitivo -va adj. De los sentidos corporales.
sensual adj. Voluptuoso.
sentar v. tr. y prnl. Colocarse sobre un asiento. || Dar por supuesto algo.
sentencia f. Resolución judicial.
sentido -da adj. Que implica sentimiento. || m. Órgano capaz de captar y transmitir las impresiones. || Significado.
sentimental adj. Que expresa o produce sentimientos de ternura.
sentimiento m. Impresión causada en el ánimo.
sentir m. Sentimiento. || v. tr. Experimentar sensación. || Percibir con los sentidos. || Lamentar.
seña f. Detalle por la que se reconoce una cosa. || Ademán para atraer la atención. || Señal.

señal f. Marca. || Signo para acordarse de algo. || Huella.
señalar v. tr. Hacer alguna señal. || Indicar. || *AMÉR.* Marcar el ganado.
señalizar v. tr. Colocar señales.
señor -ra adj. y n. Tratamiento de respeto y cortesía.
señoría f. Tratamiento que se da a ciertas personas.
señorío m. Dominio, mando.
separar v. tr. y prnl. Apartar a una persona o cosa de otras.
sepelio m. Entierro.
sepia f. Jibia, molusco.
septentrión m. Norte.
septiembre m. Noveno mes del año.
sepulcro m. Construcción para enterrar en ella los cadáveres.
sepultar v. tr. Enterrar.
sequía f. Falta de lluvias.
séquito m. Gente que acompaña y sigue a una persona importante.
ser[1] m. Esencia. || Lo que existe. || Verbo copulativo, nexo entre el sujeto y el atributo. || Verbo auxiliar usado para formar la voz pasiva. || v. intr. Existir.
serenar v. tr., intr. y prnl. Sosegar.
serenata f. Música al aire libre, por la noche, para festejar a alguien.
sereno adj. Claro, sin nubes. || Tranquilo, sosegado.
serial adj. Novela radiofónica o televisiva por episodios.
serie f. Conjunto de cosas relacionadas entre sí, que se suceden.
serio -ria adj. Responsable. || Severo en el semblante o en el comportamiento. || Importante.
sermón m. Discurso religioso.
sermonear v. tr. e intr. Amonestar, reprender.
serpentear v. intr. Moverse con vueltas y oscilaciones.

serpentín m. Tubo enroscado.
serpentina f. Cinta de papel arrollada que se arroja en las fiestas.
serpiente f. Reptil ofidio, escamoso.
serranía f. Conjunto de montañas y sierras de altura moderada.
serrar v. tr. Cortar con sierra.
serrín m. Polvo que se desprende de la madera al serrarla.
serrucho m. Sierra de hoja ancha.
servicio m. Conjunto de criados.
servilleta f. Pieza de tela o papel que usa cada comensal en la mesa.
servir v. intr. y tr. Estar al servicio de otro. || v. intr. Ser útil.
sesenta adj. Seis veces diez.
sesera f. Parte de la cabeza en que están los sesos.
sesgo -ga adj. Oblicuo.
sesión f. Reunión de una junta o tribunal. || Acto, representación.
seso m. Cerebro. || Sensatez.
sesudo -da adj. Inteligente.
seta f. Hongo de sombrerillo.
setecientos -tas adj. Siete veces ciento.
setenta adj. Siete veces diez.
seto m. Cercado con varas o ramas entrecruzados.
severo -ra adj. Falto de indulgencia. || Grave, serio.
sexo m. Conjunto de caracteres que distinguen el macho de la hembra.
sexy adj. Que tiene atractivo sexual.
shock m. Impresión violenta.
shorts m. pl. Pantalón corto.
show m. Espectáculo.
si conj. cond. Denota condición o suposición. || m. Séptima nota de la escala musical.
sí pron. pers. Pronombre reflexivo de tercera persona, para ambos géneros y números. || adv. af. Se emplea para responder afirmativamente.

sibarita adj. y n. com. Aficionado a placeres refinados.
sicario -ria m. y f. Asesino pagado.
sida m. Enfermedad vírica contagiosa que afecta la inmunidad celular.
sidecar m. Cochecillo que se acopla lateralmente a una motocicleta.
siderurgia f. Trabajo del hierro.
sidra f. Bebida alcohólica obtenida del zumo de la manzana.
siega f. Acto de segar.
siembra f. Acto de sembrar.
siempre adv. t. En todo tiempo. || En todo caso, cuando menos.
sien f. Parte lateral de la cabeza situada entre la frente y la oreja.
sierra f. Herramienta que sirve para cortar madera, hierro, etc. || Cordillera.
siervo -va m. y f. Esclavo.
siesta f. Tiempo que se destina a descansar después de la comida.
siete adj. Seis y uno.
sifón m. Tubo para trasvasar líquidos. || Botella con tapa hermética que contiene agua carbónica.
sigilo m. Silencio cauteloso.
sigla f. Letra inicial que se usa como abreviatura de una palabra.
siglo m. Espacio de cien años.
signar v. tr. Estampar un signo o sello.
significación f. Sentido o contenido de una palabra o frase.
significar v. tr. Ser una cosa signo o representación de otra.
signo m. Señal. || Carácter empleado en la escritura.
siguiente adj. Posterior.
sílaba f. Conjunto de sonidos que se pronuncian de una vez.
silbar v. intr. Producir silbidos.
silbato m. Especie de flauta muy simple, que produce silbidos.
silbido m. Sonido agudo producido por los labios.

silencio m. Ausencia de sonido.
sílfide f. Ninfa del aire.
silla f. Asiento individual con respaldo y con cuatro patas.
sillar m. Piedra labrada que se emplea en construcción.
sillín m. Asiento de las bicicletas y otros vehículos análogos.
sillón m. Asiento con respaldo y brazos, amplio y mullido.
silo m. Construcción para almacenar granos, forrajes, piensos, etc.
silueta f. Perfil. || Contorno.
silvestre adj. Que crece o se cría espontáneamente.
sima f. Hendidura o cavidad natural en la tierra.
simbolizar v. tr. Servir una cosa como símbolo de otra.
símbolo m. Cosa que se toma como representación de otra.
simetría f. Proporción conveniente entre las partes de un todo.
simiente f. Semilla. || Semen.
símil adj. Semejante, parecido.
simio -mia adj. y m. Mamífero primate.
simpatía f. Inclinación.
simple adj. Sin mezcla. || Incauto. || Poco complicado.
simpleza f. Tontería, necedad.
simplificar v. tr. Hacer más sencilla una cosa.
simulacro m. Imitación, reproducción. || Apariencia.
simular v. tr. Fingir, aparentar.
simultáneo -a adj. Que ocurre al mismo tiempo que otra cosa.
sin prep. Denota carencia o falta. || Fuera de, además de.
sinagoga f. Asamblea religiosa y templo de los judíos.
sincero -ra adj. Sin fingimientos, engaño ni hipocresía.

síncope m. Desmayo.
sincronizar v. tr. Hacer que dos o más cosas o fenómenos ocurran al mismo tiempo.
sindicato m. Asociación de trabajadores.
síndico n. com. Persona encargada de los intereses de una comunidad.
síndrome m. Conjunto de síntomas de una enfermedad.
sinfín m. Infinidad, multitud.
sinfonía f. Conjunto de sonidos acordes y simultáneos.
singular adj. Único, solo. || Extraordinario, raro.
siniestro -tra adj. Situado a la izquierda. || Perverso. || m. Catástrofe.
sino m. Destino, hado. || conj. ad. Se usa para contraponer un concepto afirmativo a otro negativo.
sinónimo -ma adj. y m. Se dice de las palabras cuyo significado es igual o equivalente.
sinopsis f. Resumen o esquema.
sinrazón f. Injusticia.
sinsabor m. Pesar, disgusto.
sintaxis f. Parte de la gramática que estudia la estructura de las oraciones.
síntesis f. Resumen o compendio.
síntoma m. Fenómeno que denota la existencia de una enfermedad.
sinuoso -sa adj. Ondulado.
sinvergüenza adj. y n. com. Pícaro. || Descarado.
siquiera conj. ad. Equivale a *aunque*, *bien que*. || adv. c. y m. Por lo menos, tan sólo.
sirena f. Ninfa marina con busto de mujer y cuerpo de pez.
sirviente -ta m. y f. Criado.
sisa f. Pequeño hurto en la compra.
sistema m. Conjunto ordenado de normas o principios.
sitial m. Asiento de ceremonia.

sitiar

sitiar v. tr. Cercar una posición enemiga. || Acorralar a alguien.
sitio m. Lugar que puede ser ocupado. || Cargo. || m. Cerco, asedio.
situación f. Posición de una cosa respecto del lugar que ocupa. || Condición de una persona o cosa.
situar v. tr. y prnl. Poner en determinado sitio o situación.
so m. prep. Bajo, debajo de.
sobaco m. Axila.
sobar v. tr. Manejar y oprimir una cosa para que se ablande.
soberano -na adj. y n. Que ejerce o posee la autoridad suprema.
soberbia f. Amor propio.
soberbio -bia adj. Arrogante.
sobornar v. tr. Ofrecer dinero para obtener un beneficio.
sobra f. Exceso. || pl. Desperdicios.
sobrar v. intr. Sobrepasar lo necesario. || Estorbar.
sobre prep. Encima de. || Acerca de. || m. Cubierta para cartas.
sobrecargo m. Oficial responsable del cargamento en los buques mercantes.
sobrecoger v. tr. Sorprender. || v. tr. y prnl. Asustar.
sobrehumano -na adj. Que excede a lo humano.
sobrellevar v. tr. Soportar una desgracia, dolor, enfermedad, etc.
sobremanera adv. m. Con exceso.
sobremesa f. Tiempo que se permanece en la mesa después de haber comido.
sobrenombre m. Apodo.
sobrentender v. tr. y prnl. Entender lo que no se dice expresamente.
sobreponerse v. prnl. Dominar con entereza las adversidades.
sobresaliente m. Calificación máxima en un examen.

sobresalir v. intr. Destacar.
sobresalto m. Susto o temor repentino.
sobresueldo m. Retribución que se añade al sueldo fijo.
sobretodo m. Abrigo, gabán.
sobrevenir v. intr. Suceder una cosa de improviso.
sobrevivir v. intr. Seguir uno vivo después de la muerte de otro.
sobrino -na m. y f. Con respecto a una persona, el hijo de un hermano o de un primo.
sobrio -bria adj. Moderado, especialmente en la comida y la bebida.
socarrar v. tr. y prnl. Chamuscar.
socarrón -na adj. y n. Burlón.
socavón m. Galería subterránea. || Bache.
sociable adj. Extrovertido.
sociedad f. Reunión de personas, familias, pueblos o naciones.
socorrer v. tr. Auxiliar, defender.
soda f. Bebida refrescante a base de ácido carbónico. || *AMÉR.* Gaseosa.
soez adj. Bajo, grosero, vil.
sofá m. Asiento cómodo y mullido con respaldo y brazos.
sofisticado -da adj. Rebuscado.
sofocar v. tr. y prnl. Ahogar, impedir la respiración. || Apagar.
sofreír v. tr. Freír ligeramente.
soga f. Cuerda gruesa de esparto.
soja f. Planta leguminosa con fruto comestible.
sol m. Astro que constituye el centro de un sistema planetario. || m. Quinta nota de la escala musical.
solana f. Sitio donde da el sol.
solapa f. Parte de la prenda de vestir situada junto al cuello, que se dobla hacia afuera.
solar adj. Del Sol. || m. Terreno donde se ha edificado o destinado a edificar sobre él. || v. tr. Pavimentar.

solariego -ga adj. y n. De linaje antiguo y noble.
solaz m. Placer, recreo.
soldado m. El que sirve en milicia. || Militar sin grado.
soldar v. tr. y prnl. Unir sólidamente dos cosas.
solear v. tr. y prnl. Exponer al sol.
soledad f. Ausencia de compañía.
solemne adj. Que se celebra con gran pompa o ceremonia.
soler v. intr. Acostumbrar.
solera f. Muela del molino. || Suelo del horno. || Madre del vino.
solfear v. tr. Entonar una partitura pronunciando las notas.
solicitar v. tr. Rogar, pedir.
solicitud f. Instancia, escrito o documento con que se solicita algo.
solidaridad f. Comunidad de intereses y responsabilidades.
solidificar v. tr. y prnl. Pasar al estado sólido un fluido.
sólido -da adj. Firme, fuerte. || Asentado en razones fundadas.
solitario -ria adj. Que está solo. || Se dice del lugar no habitado o no concurrido. || f. Lombriz intestinal.
sollozar v. intr. Llorar entrecortadamente.
solo -la adj. Único. || Sin compañía.
sólo adv. n. Nada más, con exclusión de cualquier otro.
solomillo m. Carne situada entre las costillas y el lomo de la res.
soltar v. tr. y prnl. Desprender, desatar. || Dar libertad.
soltero -ra adj. y n. Persona que no ha contraído matrimonio.
soltura f. Desenvoltura.
soluble adj. Que se puede disolver. || Que se puede resolver.
solución f. Desenlace de un asunto. || Mezcla homogénea.
solucionar v. tr. Resolver.
sombra f. Oscuridad.
sombrero m. Prenda de vestir para cubrir la cabeza.
sombrilla f. Quitasol.
sombrío -a adj. Se dice del lugar muy oscuro.
somero -ra adj. Poco profundo.
someter v. tr. y prnl. Obligar a rendirse.
somier m. Bastidor sobre el que se coloca el colchón.
somnífero -ra adj. y m. Que favorece el sueño.
somnolencia f. Pesadez física provocada por el sueño.
son m. Sonido agradable al oído.
sonado -da adj. Conocido.
sonajero m. Juguete para entretener a los niños.
sonámbulo -la adj. y n. Que durante el sueño habla o anda.
sonar v. intr. Hacer ruido una cosa. || Mencionarse. || Recordar vagamente. || v. tr. y prnl. Limpiar las narices de mocos.
sonda f. Aparato para explorar zonas inaccesibles.
sondear v. tr. Tantear, intentar cautelosamente de averiguar algo.
sonido m. Sensación producida en el órgano del oído.
sonoro -ra adj. Que suena.
sonreír v. intr. y prnl. Reírse levemente, sin emitir sonido.
sonrisa f. Gesto de sonreír.
sonrojar v. tr. y prnl. Ruborizar.
sonsacar v. tr. Sacar algo con habilidad.
soñar v. tr. e intr. Percibir imaginaciones durante el sueño.
sopa f. Plato de caldo.
soplamocos m. Cachete.
soplar v. tr. e intr. Despedir aire con

soplete

fuerza por la boca. || v. intr. Producir una corriente de aire. || Delatar.

soplete m. Aparato para producir y proyectar una llama, utilizado para fundir, cortar o soldar metales.

soplo m. Instante. || Información que se da con secreto.

sopor m. Sueño profundo.

soportal m. Espacio cubierto en la entrada de algunas casas.

soportar v. tr. Resistir una carga.

soporte m. Apoyo o sostén.

sor f. Hermana. Se usa precediendo al nombre de las religiosas.

sorber v. tr. Beber aspirando.

sorbete m. Refresco azucarado y helado, a base de zumo de frutas.

sordera f. Pérdida o disminución de la capacidad auditiva.

sórdido -da adj. Sucio, miserable.

sordo -da adj. y n. Persona que no oye o no oye bien.

sorna f. Ironía, tono burlón.

sorprender v. tr. Coger desprevenido a alguien. || Descubrir lo que alguien ocultaba.

sortear v. tr. Someter algo a la decisión de la suerte. || Soslayar un obstáculo.

sortija f. Anillo para los dedos.

sortilegio m. Hechicería, maleficio.

sosegar v. tr. y prnl. Apaciguar, tranquilizar.

soslayar v. tr. Poner una cosa ladeada para que pase por un lugar estrecho. || Eludir alguna dificultad.

soso -sa adj. Sin sal o con poca sal. || Que carece de gracia.

sospechar v. tr. Imaginar o creer por indicios. || v. intr. Desconfiar.

sostener v. tr. y prnl. Sujetar algo evitando que se caiga. || Prestar apoyo. || v. prnl. Mantenerse sin caer.

sotana f. Vestido talar eclesiástico.

sótano m. Pieza subterránea de una casa.

spot m. Filme publicitario.

stock m. Conjunto de existencias o reservas almacenadas.

stop m. Señal de tráfico que indica parada obligatoria.

su, sus adj. pos. Apócope de *suyo*, *suya*, *suyos*, *suyas*.

suave adj. Liso, sin asperezas.

subalterno -na adj. y n. Inferior, supeditado a otra persona.

subasta f. Venta pública que se hace al mejor postor.

subconsciente m. Parte del psiquismo que no aflora a la conciencia.

subcutáneo -a adj. Por debajo de la piel.

súbdito -ta adj. y n. Se dice de la persona sometida a la autoridad de un superior. || m. y f. Ciudadano.

subdividir v. tr. y prnl. Dividir la parte resultante de una división.

subida f. Pendiente, camino o cuesta por donde se sube.

subir v. intr. y prnl. Pasar de un sitio o lugar a otro más alto. || Mejorar en un empleo. || v. tr. e intr. Aumentar el precio de una cosa. || v. tr. Recorrer hacia arriba una pendiente.

súbito -ta adj. Inesperado.

subjetivo -va adj. Propio del modo de pensar o de sentir de uno.

subjuntivo -va adj. y m. Modo verbal que expresa deseo.

sublevar v. tr. y prnl. Alzar en rebeldía.

sublime adj. Admirable, excelso.

submarinismo m. Práctica de la inmersión y exploración subacuática.

submarino m. Buque que puede navegar bajo el agua.

subordinar v. tr. y prnl. Someter a una persona o cosa a la dependencia de otra.

subrayar v. tr. Señalar por debajo con una raya en lo escrito.
subsanar v. tr. Disculpar, disimular. || Reparar, remediar, resarcir.
subsidio m. Ayuda oficial, que se concede a una persona o entidad.
subsistencia f. Permanencia y conservación de las cosas. || Conjunto de medios para el sustento de la vida humana.
subsuelo m. Las capas más profundas del suelo.
subterfugio m. Evasiva, pretexto.
subterráneo -a adj. y m. Que está debajo de tierra.
suburbano -na adj. y n. Próximo a la ciudad.
suburbio m. Barrio situado en las afueras de la ciudad.
subvencionar v. tr. Ayudar con una asignación económica.
subvenir v. tr. Ayudar, socorrer.
subyugar v. tr. y prnl. Avasallar.
succionar v. tr. Chupar, extraer y sorber un líquido o jugo.
sucedáneo -a adj. y m. Sustancia de propiedades parecidas a otra y que puede sustituirla.
suceder v. intr. Sustituir. || Heredar a alguien.
sucesión f. Descendencia, prole.
suceso m. Cosa que sucede.
sucinto -ta adj. Breve, resumido.
sucio -cia adj. Manchado, con polvo o impurezas. || Deshonesto.
suculento -ta adj. Sabroso.
sucumbir v. intr. Ceder, rendirse. || Morir.
sucursal adj. y f. Establecimiento que depende de otro principal.
sudar v. intr. y tr. Transpirar sudor.
sudario m. Lienzo con que se envuelve un cadáver.
sudeste m. Punto del horizonte entre el sur y el este.
sudoeste m. Punto del horizonte entre el sur y el oeste.
sudor m. Líquido segregado por las glándulas sudoríparas.
suegro -gra m. y f. Con respecto a una persona, padre o madre del cónyuge.
suela f. Parte del calzado que toca el suelo.
sueldo m. Remuneración que percibe un trabajador.
suelo m. Superficie terrestre. || Pavimento.
suelto -ta adj. Ligero, ágil, veloz.
sueño m. Fase de reposo orgánico en la que se duerme. || Ganas de dormir. || Ilusión, fantasía.
suero m. Parte líquida de un líquido orgánico.
suerte f. Circunstancia casual, que puede ser favorable o adversa.
suficiente adj. Bastante. || Adecuado, apto, idóneo.
sufragar v. tr. Auxiliar, ayudar. || Costear. || v. intr. *AMÉR.* Votar.
sufragio m. Oración por los difuntos. || Voto.
sufrir v. tr. e intr. Tener o padecer un daño o dolor. || v. tr. Experimentar algo desagradable. || Aguantar, soportar.
sugerir v. tr. Inspirar en alguien una idea o propósito.
sugestionar v. tr. Inspirar a una persona palabras o hechos no voluntarios en ella.
suicidarse v. prnl. Quitarse la vida.
sujetar v. tr. y prnl. Dominar a alguien. || v. tr. Agarrar, retener.
sujeto -ta adj. Expuesto a algo. || m. Materia sobre la que se habla o escribe. || Individuo. || En la oración, agente de la acción expresada.
sultán m. Soberano turco.
sumar v. tr. Compendiar o resumir

sumario

una materia. || Reunir en una sola varias cantidades homogéneas.
sumario m. Resumen, compendio.
sumergir v. tr. y prnl. Introducir una cosa en un líquido.
suministrar v. tr. Abastecer.
sumiso -sa adj. Dócil, obediente.
sumo -ma adj. Superior a todos.
suntuoso -sa adj. Lujoso.
supeditar v. tr. Sujetar. || Subordinar.
superar v. tr. Ser superior, aventajar.
superchería f. Engaño, fraude.
superficie f. Parte externa de un cuerpo.
superfluo -flua adj. Innecesario.
superior adj. Situado en lugar más alto, con respecto a otra cosa.
superponer v. tr. y prnl. Sobreponer, poner encima, añadir.
superstición f. Creencia extraña a la fe y contraria a la razón.
supervisar v. tr. Inspeccionar.
suplantar v. tr. Usurpar el lugar de otro.
suplemento m. Complemento.
suplicar v. tr. Rogar, implorar.
suplicio m. Castigo corporal muy doloroso. || Dolor físico o moral.
suplir v. tr. Añadir, completar lo que falta en una cosa.
suponer v. tr. Dar por cierta o por existente una cosa.
supositorio m. Medicamento que se administra por vía rectal o vaginal.
supremacía f. Grado supremo, superioridad máxima.
supremo -ma adj. En la posición más alta. || Culminante.
suprimir v. tr. y prnl. Eliminar, anular. || Omitir, pasar por alto.
supuesto m. Hipótesis.
supurar v. tr. Secretar pus.
sur m. Punto cardinal diametralmente opuesto al norte.

surcar v. tr. Hacer surcos.
surco m. Hendedura que el arado abre en la tierra.
surgir v. tr. Brotar un líquido. || Aparecer.
surtidor m. Chorro de agua que brota hacia arriba.
surtir v. tr. y prnl. Proveer de algo.
susceptible adj. Capaz de experimentar modificación o impresión.
suscitar v. tr. Promover, provocar.
suscribir v. tr. Firmar al pie de un escrito. || Aceptar el dictamen de otro.
suspender v. tr. Levantar una cosa en alto. || Dar suspenso en un examen.
suspenso -sa adj. Perplejo. || m. Calificado no apto en un examen.
suspicacia f. Recelo, sospecha.
suspirar v. intr. Dar suspiros.
suspiro m. Espiración audible, en señal de pena, cansancio, etc.
sustancia f. Lo esencial, fundamental o más importante de una cosa.
sustantivo adj. Que tiene existencia real e independencia. || Nombre con que se designa un ser.
sustentar v. tr. y prnl. Alimentar. || Defender una opinión.
sustento m. Alimento, mantenimiento.
sustituir v. tr. Poner o ponerse una persona o cosa en el lugar de otra.
susto m. Impresión repentina de miedo o temor.
sustraer v. tr. Separar, apartar, extraer. || Hurtar. || Restar.
susurrar v. intr. y tr. Hablar en voz muy baja.
sutil adj. Delicado, tenue.
sutura f. Cosido quirúrgico para unir los bordes de una herida.
suyo, suya, suyos, suyas adj. y pron. pos. Formas para la tercera persona en masculino y femenino, singular y plural.

T t

t f. Vigesimoprimera letra del abecedario español y decimoséptima de sus consonantes.

tabaco m. Planta de raíz fibrosa, hojas lanceoladas, y flores en racimo. || Cigarro.

tábano m. Insecto con trompa chupadora para picar.

tabaquismo m. Intoxicación aguda que produce el tabaco.

tabarra f. Molestia, lata, pesadez.

taberna f. Local público donde se venden y consumen bebidas.

tabicar v. tr. Cerrar con tabique.

tabique m. Pared delgada que divide las habitaciones de las casas.

tabla f. Pieza de madera, plana, más larga que ancha.

tablado m. Suelo de tablas. || Suelo de los escenarios.

tablero adj. Se aplica al madero apropiado para hacer tablas.

tableta f. Comprimido, pastilla.

tablón m. Tabla grande. || *AMÉR.* Faja de tierra para sembrar.

taburete m. Asiento individual, sin respaldo.

tacaño -ña adj. y n. Mezquino.

tacha f. Falta, defecto.

tachar v. tr. Eliminar lo escrito.

tachuela f. Clavo corto y de cabeza grande.

tácito -ta adj. Callado. || Que se sobreentiende.

taciturno -na adj. Poco hablador. || Triste.

taco m. Palo corto y grueso. || Palabra soez. || Confusión. || *AMÉR.* Tacón.

tacón m. Pieza de la suela del zapato en la parte del talón.

táctica f. Forma de conducirse y habilidad para el logro de un fin.

tacto m. Sentido corporal con el que se perciben sensaciones. || Maña.

tafetán m. Tela tupida de seda.

tahona f. Panadería. || Molino de harina.

taimado -da adj. y n. Malicioso.

tajada f. Porción cortada de alguna cosa. || Borrachera.

tajante adj. Concluyente.

tajo m. Corte hecho con instrumento cortante.

tal adj. Igual, semejante. || adv. m. Así, de esta manera.

taladrar v. tr. Agujerear.

tálamo m. Lecho conyugal.

talante m. Disposición.

talar adj. Dícese de la vestidura que llega hasta los talones. || v. tr. Cortar los árboles.

talego m. Bolsa larga y estrecha.

talento m. Inteligencia.

talismán m. Objeto que se cree dotado de poder sobrenatural.

talla f. Escultura en madera. || Tamaño estándar de las prendas de vestir. || Estatura.

tallar v. tr. Hacer obras de talla. || Labrar piedras preciosas. || *AMÉR.* Hablar mucho.

talle m. Cintura.

taller

taller m. Lugar donde se efectúa algún trabajo manual.
tallo m. Órgano de las plantas que sirve de sostén a las hojas, flores y frutos.
talón m. Parte posterior del pie. || Tacón. || Cheque.
tamaño m. Magnitud, volumen.
tambalear v. intr. y prnl. Moverse de un lado a otro por falta de fuerza o equilibrio.
también adv. m. Utilízase para afirmar igualdad, semejanza o conformidad. || Así, tanto.
tambor m. Instrumento de percusión cilíndrico, cubierto con piel estirada. || *AMÉR*. Recipiente para líquidos.
tamiz m. Cedazo muy tupido.
tampoco adv. neg. Úsase para negar una cosa después de haberse negado otra.
tan adv. c. Apócope de tanto.
tanda f. Turno. || *AMÉR*. Parte de una representación teatral.
tangible adj. Que se percibe de forma real.
tango m. Baile argentino, de ritmo lento y compás de dos por cuatro.
tanque m. Carro de combate. || Vehículo cisterna.
tantear v. tr. Calcular aproximadamente.
tanto -ta adj. Se dice de la cantidad o porción de una cosa indeterminada o indefinida.
tañer v. tr. Tocar un instrumento.
tapa f. Pieza que cierra la parte superior de algunos recipientes.
tapadera f. Pieza que sirve de tapa de alguna cavidad.
tapado m. *AMÉR*. Abrigo o capa.
tapar v. tr. Cubrir o cerrar lo que está descubierto o abierto.
tapete m. Paño con que se protegen o adornan algunos muebles.

tapia f. Muro de cerca.
tapiz m. Tejido grueso ornamental que se suele colgar en las paredes.
tapizar v. tr. Forrar con tela los muebles o paredes.
tapón m. Pieza de corcho, metal, cristal, etc., que tapa la boca de botellas u otros objetos.
tapujo m. Disimulo para disfrazar la verdad.
taquilla f. Armario con casillas. || Despacho de billetes y entradas.
tara f. Parte del peso de las mercancías, que se rebaja por razón del embalaje. || Defecto.
taracea f. Trabajo de incrustación en madera, con nácar, concha, etc.
taranta f. *AMÉR*. Pronto, locura.
tararear v. tr. Cantar entre dientes.
tardanza f. Demora, lentitud.
tardar v. intr. Detenerse. || v. intr. Emplear un tiempo en hacer algo.
tarde f. Tiempo que hay desde mediodía hasta anochecer. || adv. t. Después del momento oportuno.
tardío -a adj. Que tarda en madurar. || Pausado.
tardo -da adj. Lento, perezoso.
tarea f. Obra, ocupación.
tarifa f. Catálogo de precios.
tarima f. Plataforma movible.
tarjeta f. Cartulina pequeña con datos particulares.
tarro m. Recipiente de vidrio.
tarso m. Conjunto de huesos cortos de la parte posterior del pie.
tartamudear v. intr. Hablar o leer entrecortadamente.
tartán m. Tela de lana con cuadros o listas de diferentes colores.
tartana f. Carruaje de dos ruedas, con asientos laterales.
tartera f. Fiambrera.
tarugo m. Trozo grueso de madera.

tasa f. Precio fijado oficialmente. || Medida, regla.
tasar v. tr. Poner tasa a las cosas.
tasca f. Taberna. || Garito.
tatuaje m. Dibujo grabado sobre la piel humana a base de punzadas.
taxi m. Automóvil de alquiler con chófer.
taxímetro m. Instrumento que en vehículos de alquiler indica el precio a pagar.
taza f. Vasija pequeña y con asa.
tazón m. Taza grande.
te f. Dativo o acusativo del pron. pers. de segunda persona en género m. o f. y número sing.
té m. Arbusto de hojas dentadas y puntiagudas, flores blancas, y fruto en cápsula cuyas hojas se consumen en infusión.
tea f. Astilla de madera resinosa.
teatral adj. Espectacular.
teatro m. Local destinado a la representación de obras dramáticas.
techo m. Parte de un edificio, que lo cubre y cierra.
techumbre f. Techo.
tecla f. Pieza de un instrumento musical o de un mecanismo que, pulsadas con los dedos, lo hacen sonar o funcionar.
teclado m. Conjunto de teclas.
técnica f. Conjunto de procedimientos de una ciencia o arte.
tecnología f. Conjunto de los conocimientos propios de un oficio mecánico o un arte industrial.
tedio m. Aburrimiento, fastidio.
tegumento m. Tejido que cubre algunas partes de las plantas.
teja f. Pieza acanalada, que se utiliza para cubrir los tejados.
tejado m. Cubierta de tejas.
tejer v. tr. Formar en el telar la tela con la trama y la urdimbre. || Entrelazar hilos para formar tejidos.
tejido m. Disposición de los hilos de las telas.
tejón m. Mamífero carnívoro de patas cortas y uñas excavadoras.
tela f. Obra hecha de muchos hilos entrecruzados. || Embuste.
telar m. Máquina para tejer.
telaraña f. Tela que forma la araña. || Cosa de poca entidad.
teleférico m. Vehículo suspendido de un cable de tracción.
teléfono m. Aparato que transmite la palabra a distancia.
telégrafo m. Aparato para transmitir mensajes a distancia mediante señales convenidas.
telegrama m. Impreso que lleva escrito el mensaje telegráfico.
telemando m. Dispositivo para dirigir o guiar a distancia.
telepatía f. Percepción extrasensorial del pensamiento de una persona o de otras impresiones.
telescopio m. Instrumento para la observación de los astros.
televisión f. Sistema de transmisión de imágenes a distancia.
televisor m. Receptor de televisión.
telón m. Lienzo grande del escenario de los teatros.
tema m. Asunto de que trata un discurso. || Motivo de una obra.
temblar v. intr. Agitarse involuntaria y frecuentemente. || Temer.
temblor m. Movimiento involuntario y frecuente de alguna parte del cuerpo. || *AMÉR.* Terremoto.
temer v. tr. Tener miedo. || v. tr. y prnl. Sospechar, recelar.
temerario -ria adj. Imprudente.
temor m. Miedo, inquietud. || Recelo, sospecha.

temperamento

temperamento m. Carácter particular de cada individuo.
temperatura f. Grado de calor de la atmósfera o de los cuerpos.
tempestad f. Tormenta violenta.
templanza f. Virtud que modera los apetitos y placeres.
templar v. tr. Moderar la fuerza de las cosas. || Calentar ligeramente.
templo m. Lugar destinado a un culto religioso.
temporada f. Tiempo en que se realiza habitualmente una cosa.
temporal adj. Que dura sólo un tiempo. || m. Tempestad.
temprano -na adj. Anterior al tiempo ordinario. || adv. t. Pronto.
tenaz adj. Que se pega o prende con fuerza al sitio donde está, y es difícil de separar. || *fig.* Firme, terco.
tenaza f. Instrumento compuesto de dos brazos móviles y articulados por un pasador, que permite abrirlos y cerrarlos.
tendedero m. Lugar donde se tiende la ropa.
tendencia f. Propensión o inclinación hacia determinados fines.
tender v. tr. Extender lo que estaba doblado o amontonado. || v. prnl. Extenderse horizontalmente.
tenderete m. Puesto de venta al aire libre.
tendón m. Tejido fibroso que une la masa muscular a los huesos.
tenebroso -sa adj. Oscuro.
tenedor m. Utensilio de mesa con dos o más púas.
tener v. tr. Asir o mantener asida una cosa. || Poseer. || v. tr. y prnl. Guardar. || Hospedar. || Sostener.
tenia f. Gusano parásito del intestino de las personas.
teniente n. com. Oficial de grado intermedio entre el de alférez y el de capitán.
tenis m. Juego en el que los jugadores se lanzan una pelota con una raqueta sobre un terreno rectangular dividido en dos por una red.
tenorio m. Galanteador.
tensión f. Estado de un cuerpo, estirado por la acción de fuerzas determinadas. || Estado de conflicto hostil.
tenso -sa adj. Que se halla en tensión.
tentación f. Estímulo que induce a realizar algo indebido.
tentar v. tr. Examinar algo por medio del tacto. || Probar. || Inducir a alguien a hacer algo.
tentempié m. Refrigerio.
tenue adj. Delicado, sutil, débil.
teñir v. tr. y prnl. Dar a una cosa un color distinto del que tenía.
teología f. Ciencia que trata de Dios y de sus atributos.
teorema m. Proposición que puede demostrarse.
teoría f. Conjunto de principios científicos que explican unos hechos.
tequila f. Bebida alcohólica que se destila del maguey.
terapéutica f. Parte de la medicina que estudia el tratamiento de las enfermedades.
tercer adj. Apócope de tercero.
tercero -ra adj. y n. Que sigue inmediatamente en orden al segundo.
terciar v. tr. Dividir en tres. || v. intr. Mediar para evitar un desacuerdo.
terciopelo m. Tejido velludo de algodón o de seda.
terco -ca adj. y n. Obstinado.
tergiversar v. tr. Torcer o desfigurar los hechos o los argumentos.
termas f. pl. Baños de aguas minerales calientes.
termes m. Especie de insectos isópte-

ros, masticadores que dañan edificios y las maderas.

terminación f. Parte final de una cosa.

terminal adj. Final último.

terminante adj. Concluyente.

terminar tr. Dar término a algo, finalizarlo, acabarlo. ‖ Rematar con esmero.

término m. Último punto hasta donde llega una cosa. ‖ Límite, confín. ‖ Vocablo, palabra.

termo m. Recipiente de doble pared para que los líquidos conserven su temperatura.

termómetro m. Aparato para medir la temperatura.

termostato m. Aparato que mantiene constante la temperatura.

terna f. Conjunto de tres personas.

ternero -ra m. y f. Cría de ganado vacuno con dientes de leche.

ternilla f. Cartílago.

ternura f. Amor, afecto.

terracota f. Arcilla modelada y endurecida al horno.

terrado m. Terraza, azotea.

terraplén m. Macizo de tierra que rellena un hueco.

terrateniente n. com. Poseedor de una gran extensión rural.

terraza f. Terreno acotado para sentarse al aire libre.

terremoto m. Sismo, seísmo.

terreno m. Espacio de tierra.

térreo -a adj. De tierra.

terrible adj. Que causa terror.

terrícola n. com. Habitante de la Tierra.

territorio m. Porción de la superficie terrestre perteneciente a una nación, provincia, comunidad.

terrón m. Masa pequeña y apretada de tierra o de otras sustancias.

terror m. Miedo intenso, pavor.

terrorismo m. Sucesión de actos violentos con el fin de crear terror.

terruño m. Lugar natal.

terso -sa adj. Liso. ‖ Bruñido.

tertulia f. Reunión de personas que se juntan para conversar.

tesis f. Proposición que se mantiene con razonamientos. ‖ Trabajo de investigación para obtener el doctorado.

tesón m. Firmeza, perseverancia.

tesorero -ra m. y f. Persona encargada de los caudales.

tesoro m. Cantidad de dinero y otros bienes reunida y guardada.

test m. Prueba para determinar la actuación de las personas delante de una situación. ‖ Prueba.

testamento m. Última voluntad de una persona que se expresa por escrito, ante notario.

testar v. intr. Hacer testamento.

testarudo -da adj. y n. Terco.

testículo m. Glándula genital masculina.

testificar v. tr. Actuar como testigo.

testigo n. com. Persona que da testimonio. ‖ El que presencia algo directamente.

teta f. Glándula de las hembras de los mamíferos que secreta leche.

tetera f. Vasija para el té. ‖ *AMÉR.* Tetilla del biberón.

tetilla f. Teta de los machos de los mamíferos.

tétrico-ca adj. Triste, melancólico.

textil adj. y m. Que se puede tejer.

texto m. Pasaje citado de una obra literaria. ‖ Conjunto de frases que componen un escrito o un discurso.

textura f. Disposición de los hilos en una tela.

tez f. Superficie del rostro.

ti Forma del pron. pers. de segunda persona de singular.

tiara f. Mitra usada por el Papa.
tibio -bia adj. Entre caliente y frío. || Indiferente. || f. Hueso de la pierna.
tiburón m. Pez seláceo de cuerpo fusiforme muy voraz.
tic m. Movimiento inconsciente habitual.
tiempo m. Duración de las cosas. || Época. || Estado atmosférico. || Edad.
tienda f. Cubierta de lona u otro material que se usa como alojamiento. || Establecimiento comercial.
tierno -na adj. Delicado, blando. || Afectuoso.
tierra f. Planeta que habitamos. || Suelo natural. || Lugar donde ha nacido uno.
tieso -sa adj. Duro y que se dobla o rompe difícilmente.
tiesto m. Maceta para plantas.
tifón m. Huracán del mar de la China. || Tromba marina.
tigre m. Mamífero carnívoro, de pelaje amarillento, con listas negras.
tijera f. Instrumento de corte formado por dos hojas de acero de un solo filo, cruzadas y articuladas.
tila f. Tilo. || Flor del tilo. || Infusión a base de flores del tilo.
tilde n. amb. Rasgo que se coloca sobre algunas letras.
tilo m. Árbol de hojas acorazonadas y flores medicinales.
timar v. tr. Hurtar con engaño.
timba f. Partida de juego de azar.
timbal m. Especie de tambor, con caja en forma semiesférica.
timbrar v. tr. Estampar un timbre, sello o membrete.
timbre m. Sello. || Instrumento de aviso o llamada.
tímido -da adj. y n. Vergonzoso.
timón m. Pieza que sirve para gobernar la nave.

timonel m. El que lleva el timón.
tímpano m. Membrana que separa el oído medio del externo.
tina f. Tinaja. || Vasija de madera, en forma de media cuba.
tinaja f. Vasija grande de forma abombada y boca ancha.
tinglado m. Cobertizo. || Tablado. || Artificio, maquinación.
tiniebla f. Falta de luz.
tino m. Habilidad, puntería. || Juicio, cordura.
tinta f. Líquido que se emplea para escribir, dibujar e imprimir.
tinte m. Materia con la que se tiñe.
tintero m. Frasco donde se pone la tinta de escribir.
tinto adj. Dícese del vino oscuro.
tintorero -ra m. y f. Persona cuyo oficio es teñir y lavar ropa.
tiña f. Enfermedad contagiosa de la piel. || Miseria.
tío -a m. y f. Respecto de una persona, hermano o primo de su padre o madre.
típico -ca adj. Característico, representativo.
tipificar v. tr. Adaptar una cosa a una norma común.
tipo m. Modelo, ejemplar. || Letra de imprenta. || Talle de una persona.
tiquet m. Vale, billete, bono.
tira f. Pedazo largo y estrecho de cualquier material.
tirabuzón m. Rizo de pelo en forma de espiral. || Sacacorchos.
tirada f. Distancia entre dos lugares. || Edición.
tirado -da adj. Barato. || Muy fácil de hacer.
tirador m. Asidero. || pl. *AMÉR.* Tirantes para los pantalones.
tiralíneas m. Instrumento de dibujo para trazar líneas.

tirano -na adj. y n. Que gobierna despóticamente. ‖ Persona que abusa de su poder.

tirante adj. Tenso. ‖ Tira que sujeta el pantalón.

tirar v. tr. Despedir algo de la mano. ‖ Arrojar, lanzar. ‖ Derribar, demoler. ‖ Disparar un arma.

tiritar v. intr. Estremecerse.

tiro m. Señal que hace lo que se tira. ‖ Disparo de un arma.

tirón m. Agarrotamiento muscular.

tirotear v. tr. y prnl. Disparar repetidamente.

tirria f. Antipatía, ojeriza.

tisana f. Infusión medicinal.

tisis f. Tuberculosis pulmonar.

titán m. Gigante.

títere m. Figurilla que se mueve por medio de hilos o introduciendo una mano en su interior.

tití m. Mono de tamaño pequeño, fácil de domesticar.

titubear v. intr. Perder la estabilidad. ‖ Vacilar, dudar.

titular m. Cabecera de una información periodística. ‖ v. tr. Poner título. ‖ v. prnl. Obtener un título académico.

título m. Palabra o frase con que se enuncia un texto o una obra artística. ‖ Letrero. ‖ Dignidad.

tiza f. Arcilla blanca y terrosa.

tiznar v. tr. y prnl. Manchar con tizne o materia semejante.

tizne n. amb. Hollín. ‖ Humo.

tizón m. Palo a medio quemar.

toalla f. Lienzo para secarse.

tobera f. Abertura tubular por donde entra el aire que se introduce en un horno o una forja.

tobillo m. Prominencia que en la parte inferior de la pierna forman cada uno de los dos huesos llamados tibia y peroné.

tobogán m. Deslizadero artificial por el que se resbala por diversión.

toca f. Prenda de tela para cubrirse la cabeza.

tocadiscos m. Aparato reproductor de los sonidos de los discos.

tocado m. Peinado y adorno de la cabeza de las mujeres.

tocador m. Mueble con espejo para el aseo y peinado.

tocar v. tr. Ejercitar el sentido del tacto. ‖ Llegar a una cosa con la mano. ‖ Hacer sonar un instrumento.

tocayo -ya m. y f. Respecto de alguien, persona con igual nombre.

tocino m. Carne grasa de cerdo.

todavía adv. t. Hasta un determinado momento desde tiempo anterior.

todo -da adj. Dícese de lo que se toma total e íntegramente.

todopoderoso -sa adj. Que lo puede todo.

toga f. Ropa talar de magistrados, abogados, profesores, etc.

toldo m. Cubierta para dar sombra o proteger de la intemperie.

tolerancia f. Respeto hacia las opiniones o prácticas de los demás.

tolerar v. tr. Sufrir, llevar con paciencia. ‖ Permitir. ‖ Soportar.

toma f. Acción de filmar. ‖ *AMÉR.* Presa.

tomar v. tr. Coger con la mano. ‖ Recibir algo. ‖ Comer o beber. ‖ Conquistar por la fuerza. ‖ Adoptar una decisión. ‖ v. intr. Empezar a seguir una dirección. ‖ v. prnl. Emborracharse.

tomate m. Fruto de la tomatera.

tomatera f. Planta herbácea anual, de tallo hueco, flores amarillas y fruto en baya.

tómbola f. Rifa pública.

tomillo m. Planta aromática, de flores blancas o rosadas.

tomo

tomo m. Cada una de las partes en que suelen dividirse las obras literarias extensas.
tonada f. Composición métrica para ser cantada. || *AMÉR.* Música de esta canción. || *AMÉR.* Modo de acentuar las palabras.
tonadilla f. Tonada alegre y ligera.
tonel m. Cuba grande.
tonelada f. Unidad de peso que equivale a 1.000 kg.
tongo m. Ardid, fraude.
tonicidad f. Grado de tensión de los órganos del cuerpo vivo.
tónico -ca adj. Que entona o vigoriza. || Bebida a base de quinina.
tono m. Grado de intensidad de un sonido. || Inflexión de la voz. || Estilo de una obra.
tontear v. intr. Hacer o decir tonterías.
tontería f. Dicho o hecho tonto.
tonto -ta adj. y n. Escaso de inteligencia.
topar v. tr. Chocar. || v. intr. y prnl. Encontrar casualmente. || *AMÉR.* Echar a pelear los gallos.
tope m. Parte por donde una cosa puede topar con otra.
tópico m. Expresión ya sabida.
topo m. Mamífero insectívoro casi ciego, de cuerpo rechoncho, cola corta y hocico afilado.
topónimo m. Nombre de lugar.
toque m. Advertencia. || Choque.
toquilla f. Prenda de abrigo de punto en forma de capa corta.
tórax m. Pecho del hombre y de los animales. || Cavidad del pecho.
torbellino m. Remolino de viento.
torcaz adj. y f. Paloma silvestre.
torcedura f. Distensión de las partes blandas de las articulaciones.
torcer v. tr. y prnl. Dar vueltas a una cosa sobre sí misma. || Doblar una cosa recta. || Desviar de la trayectoria habitual.
torcido -da adj. Que no es recto.
torcijón m. Dolor de tripas.
tordo m. Pájaro de lomo gris y vientre blanquecino con manchas pardas.
torear v. intr. y tr. Lidiar los toros en el ruedo.
toril m. Lugar donde están encerrados los toros antes de su lidia.
tormenta f. Perturbación atmosférica. || Manifestación violenta del ánimo.
tormento m. Dolor muy intenso. || Preocupación, congoja.
tornado m. Huracán.
tornar v. tr. Devolver algo a su dueño. || v. intr. Regresar.
tornear v. tr. Dar forma con el torno.
torneo m. Competición deportiva.
tornillo m. Cilindro, generalmente con resalto en hélice, que entra y juega en la tuerca.
torno m. Máquina con un cilindro que gira alrededor de un eje
toro m. Mamífero rumiante, de cabeza armada con dos cuernos.
torpe adj. Lento, pesado.
torpedo m. Proyectil explosivo submarino y autodirigido.
torrar v. tr. Tostar al fuego.
torre f. Edificio fuerte, más alto que ancho. || Campanario. || Quinta de recreo.
torrente m. Corriente impetuosa de agua. || Abundancia de algo.
torreón m. Torre fortificada.
torrero m. Encargado de un faro.
tórrido -da adj. Muy ardiente.
torrija f. Rebanada de pan impregnada en leche o vino, rebozada en huevo, frita y azucarada.
torso m. Tronco del cuerpo humano. || Estatua sin cabeza ni extremidades.

torta f. Masa de harina, con varios ingredientes, que se cuece a fuego lento. || Bofetón.

tortícolis o **torticolis** m. Dolor de los músculos del cuello.

tortilla f. Fritada de huevo batido. || *AMÉR.* Pastel de forma circular.

tórtola f. Ave de pequeño tamaño, parecida a la paloma.

tortuga f. Reptil terrestre o marino con caparazón.

tortuoso -sa adj. Que tiene vueltas y rodeos. || Cauteloso.

tortura f. Tormento, angustia.

tos f. Movimiento ruidoso y brusco del aparato respiratorio.

tosco-ca adj. Basto, sin pulimento.

tostado -da adj. De color oscuro. || f. Rebanada de pan tostada.

tostar v. tr. y prnl. Poner algo a la lumbre hasta que tome color, sin quemarse.

total adj. General, universal. || m. Suma. || adv. m. En resumen.

totalidad f. Todo, cosa íntegra.

tóxico -ca adj. y m. Se aplica a sustancias venenosas.

toxina f. Sustancia tóxica producida por organismos vivos.

tozudo -da adj. Testarudo.

traba f. Instrumento que junta o une una cosa. || Estorbo.

trabajar v. intr. Ejercer un oficio, tener una ocupación remunerada. || Aplicarse, con esfuerzo, en la realización de algo.

trabajo m. Obra. || Esfuerzo realizado en la obtención de beneficio.

trabar v. tr. Juntar, unir.

trabazón f. Juntura de dos o más cosas. || Espesor.

trabucar v. tr. y prnl. Descomponer el buen orden. || Tergiversar.

trabuco m. Máquina de guerra que se usaba para batir murallas, torres, etc. || Arma de fuego, de corto alcance.

traca f. Serie de petardos enlazados por una cuerda que van estallando de forma progresiva.

tracción f. Acción de mover un vehículo mecánicamente.

tractor m. Máquina que produce tracción. || Vehículo para arrastrar arados, remolques, etc.

tradición f. Transmisión de ritos, costumbres, leyendas, etc.

traducir v. tr. Expresar en una lengua lo que está escrito o se ha dicho antes en otra.

traer v. tr. Trasladar algo desde el lugar en que está a otro más cercano. || Tirar hacia sí.

traficar v. intr. Comerciar. || Negociar con productos ilícitos.

tráfico m. Tránsito y transporte de pasajeros y mercancías.

tragaluz m. Ventana en lo alto de un techo.

tragar v. tr. Hacer que algo pase al estómago. || Creer algo inverosímil. || Soportar una cosa vejatoria.

tragedia f. Obra dramática, generalmente histórica, con desenlace funesto. || Desgracia.

trago m. Porción de líquido que se bebe de una vez.

traición f. Quebrantación de la fidelidad debida.

trailer Camión sin caja, de gran tonelaje y con remolque grande.

traje m. Vestido completo de una persona.

trajinar v. tr. Transportar mercancías de un lugar a otro. || v. intr. Moverse mucho.

trama f. Conjunto de hilos que cruzados con los de la urdimbre forman una tela. || Confabulación. || Argumento.

trámite

trámite m. Paso de una cosa a otra. || Diligencia para un negocio.

tramo m. Trozo de terreno separado por una señal. || Parte de una escalera entre dos rellanos.

tramoya f. Máquina para cambiar los decorados en los teatros.

trampa f. Artificio para cazar. || Ardid para engañar.

trampilla f. Abertura en el suelo de una habitación.

trampolín m. Plano inclinado y elástico que permite aumentar el impulso.

tranca f. Palo grueso y fuerte.

trance m. Momento crítico.

tranquilo -la adj. Quieto, sosegado, pacífico.

transacción f. Convenio, trato.

transatlántico m. Barco de grandes dimensiones destinado a hacer la travesía de un océano.

transbordador -ra adj. m. Embarcación que circula entre dos costas cercanas.

transcribir v. tr. Copiar en una parte lo escrito en otra.

transcurrir v. intr. Pasar el tiempo.

transeúnte adj. y n. com. Que transita o pasa por un sitio.

transformar v. tr. y prnl. Hacer cambiar de forma.

transfusión f. Operación de administrar sangre de una persona sana a un herido o enfermo.

transgredir v. tr. Violar una ley.

transición f. Acción y efecto de pasar de un modo de ser o estar a otro diferente. || Cambio repentino de tono y expresión.

transigir v. intr. y tr. Consentir en parte con lo que no se cree justo.

transistor m. Dispositivo electrónico que se usa como amplificador, modulador, etc.

transitar v. intr. Circular por una vía pública. || Viajar.

transitivo -va adj. Dícese del verbo que acepta complemento directo.

tránsito m. Circulación por calles, avenidas, carreteras.

transitorio -ria adj. Pasajero.

transmisor m. Aparato que transmite señales telegráficas, eléctricas o telefónicas.

transmutar v. tr. y prnl. Mudar una cosa en otra.

transparente adj. Dícese del cuerpo a través del cual pueden verse los objetos claramente. || Que se deja adivinar sin manifestarse.

transpirar v. intr. y prnl. Segregar un cuerpo un humor.

transponer v. tr. y prnl. Poner a una persona o cosa en lugar diferente del que ocupaba. || v. prnl. Quedarse alguien dormido.

transportar v. tr. Llevar personas o cosas de un sitio a otro.

transversal adj. Que se halla atravesado de un lado a otro.

tranvía m. Vehículo público que circula sobre raíles.

trapecio m. Palo horizontal suspendido de dos cuerdas que sirve para hacer ejercicios gimnásticos.

trapero -ra m. y f. Persona que comercia con objetos usados.

trapichear v. intr. Buscar medios para lograr algo.

trapisonda f. Riña con griterío. || Trampa, enredo.

trapo m. Trozo de tela viejo. || Bayeta para limpiar.

tráquea f. Conducto respiratorio situado delante del esófago.

tras prep. Después de, a continuación de; aplicado al espacio o al tiempo. || Además, fuera de esto.

trascendental adj. De mucha importancia.

trascender v. intr. Saberse algo que estaba oculto.

trasegar v. tr. Mudar un líquido de un sitio a otro.

trasero -ra adj. Que está detrás. || m. Culo.

trashumancia f. Migración estacional del ganado.

traslación f. Movimiento de la Tierra alrededor del Sol.

trasladar v. tr. y prnl. Cambiar o mudar de lugar.

trasluz m. Luz que atraviesa un cuerpo traslúcido.

trasnochar v. intr. Pasar la noche sin dormir. || Pernoctar.

traspapelar v. tr. y prnl. Extraviar un papel.

traspasar v. tr. Llevar una cosa de un sitio a otro. || Pasar al otro lado. || Transferir.

traspié m. Resbalón o tropezón.

trasplantar v. tr. Trasladar plantas de un lugar a otro. || Injertar un órgano.

trasquilar v. tr. Esquilar.

trastada f. Mala pasada.

trastear v. tr. e intr. Mover o cambiar las cosas de sitio.

trastero m. Lugar destinado a guardar trastos que no se usan.

trastienda f. Habitación situada detrás de las tiendas.

trasto m. Mueble y utensilio de una casa. || Mueble inútil.

trastocarse v. prnl. Sufrir un trastorno mental.

trastornar v. tr. Desordenar caóticamente las cosas. || Alterar el orden natural de una cosa. || Perturbar. || v. tr. y prnl. Alterar mentalmente.

trata f. Tráfico de seres humanos.

tratado m. Ajuste, convenio o conclusión en algún negocio o materia. || Escrito u obra sobre una materia determinada.

tratamiento m. Trato. || Forma de tratar ciertas materias. || Título de cortesía. || Método para curar enfermedades.

tratar v. tr. Manejar algo. || Gestionar. || Curar. || v. tr., intr. y prnl. Tener amistad o relaciones.

trato m. Manera de dirigirse a alguien. || Tratado, convenio.

traumatismo m. Lesión de los tejidos orgánicos.

través m. Inclinación o torcimiento de una cosa hacia algún lado.

travesaño m. Pieza que une dos partes opuestas de alguna cosa.

travesía f. Camino transversal.

travestí n. com. Persona vestida con ropas del sexo opuesto.

travesura f. Acción ingeniosa.

travieso -sa adj. Sutil. || Revoltoso.

trayecto m. Espacio que separa un lugar de otro.

traza f. Proyecto de una construcción. || Habilidad.

trazar v. tr. Hacer trazos o líneas. || Delinear un plano.

trazo m. Delineación sobre una superficie. || Línea o raya.

trébol m. Planta de tallo velloso y hojas trifoliadas.

trece adj. Diez y tres.

trecho m. Distancia, espacio.

tregua f. Cesación de hostilidades por determinado tiempo.

treinta adj. Tres veces diez.

tremebundo -da adj. Espantoso.

tremendo -da adj. Digno de ser temido. || Extraordinario.

trémulo -la adj. Que tiembla.

tren m. Conjunto de una locomotora y de los vagones arrastrados por ella.

trenza f. Conjunto de tres o más ramales que se entretejen.
trepanar v. tr. Horadar el cráneo.
trepar v. tr. e intr. Subir a un lugar ayudándose de pies y manos.
trepidar v. intr. Temblar fuertemente. || *AMÉR.* Dudar, vacilar.
tres adj. Dos y uno.
trescientos -tas adj. Tres veces ciento.
tresillo m. Conjunto de un sofá y dos butacas.
treta f. Artificio sagaz y hábil.
trial m. Prueba ciclista o motociclista en terreno abrupto.
triángulo m. Figura formada por tres rectas que se cortan.
tribu f. Agrupación en que se dividían algunos pueblos antiguos.
tribulación f. Pena, disgusto.
tribuna f. Plataforma elevada desde donde se habla al público.
tribunal m. Lugar donde los jueces administran justicia.
tributar v. tr. Pagar tributo.
tributo m. Obligación fiscal.
tríceps adj. y m. Músculo que posee tres tendones de inserción.
triciclo m. Vehículo de tres ruedas.
triclinio m. Diván en que los ant. griegos y romanos se reclinaban para comer.
tricolor adj. De tres colores.
tricot m. Labor de punto.
tridente adj. De tres dientes.
triduo m. Oficio religioso que dura tres días.
trienio m. Espacio de tres años.
trifulca f. Disputa o riña.
trigo m. Planta gramínea, de flores en espiga, y de cuyas semillas se extrae la harina.
trigonometría f. Parte de las matemáticas que estudia la resolución de los triángulos.

trigueño -ña adj. Entre moreno y rubio.
trilingüe adj. Que habla tres lenguas.
trillado -da adj. Conocido por todos.
trillar v. tr. Quebrantar la mies y separar el grano de la paja.
trillizo -za adj. y n. Nacido en un parto triple.
trillo m. Instrumento para trillar, con cuchillas y ruedas afiladas.
trillón m. Un millón de billones.
trilogía f. Conjunto de tres obras.
trimestre adj. Espacio de tres meses.
trinar v. intr. Hacer trinos.
trincar v. tr. Atar fuertemente.
trinchar v. tr. Partir en trozos la comida para servirla.
trinche m. *AMÉR.* Tenedor.
trineo m. Vehículo con patines, para deslizarse sobre el hielo.
trino -na adj. Que contiene en sí tres cosas. || m. Gorjeo.
trío m. Grupo de tres.
tripa f. Intestino. || Vientre.
triple adj. y m. Dícese del número que contiene a otro tres veces.
triplicar v. tr. y prnl. Multiplicar por tres.
trípode m. Armazón de tres pies.
tríptico m. Pintura, grabado, etc., que se divide en tres hojas.
triptongo m. Conjunto de tres vocales que forman una sola sílaba.
tripulación f. Conjunto de personas que trabajan en una embarcación o aeronave.
tripular v. tr. Conducir una embarcación o un aparato aéreo.
triquiñuela f. Artimaña, ardid.
triste adj. Afligido, apesadumbrado. || Que denota pesadumbre.
triturar v. tr. Moler. || Mascar.
triunfar v. intr. Tener éxito.
triunfo m. Victoria.

trivial adj. Sin importancia.
triza f. Pedazo pequeño o partícula desgajada de un cuerpo.
trocar v. tr. Cambiar una cosa por otra.
trofeo m. Insignia o señal de una victoria. || Botín de guerra.
troglodita adj. y n. com. Que habita en cavernas.
trola f. Engaño, falsedad.
trolebús m. Vehículo de tracción eléctrica sin raíles.
tromba f. Columna de agua en el mar causada por un torbellino.
trombo m. Coágulo de sangre.
trombón m. Instrumento de viento, especie de trompeta grande.
trompa f. Instrumento de viento consistente en un tubo metálico enroscado circularmente. || Prolongación muscular de la nariz de algunos mamíferos. || Aparato chupador de algunos insectos.
trompeta f. Instrumento músico de viento, consistente en un tubo de metal que va ensanchándose desde la boquilla al pabellón.
trompo m. Peón o peonza.
tronar v. impers. Sonar truenos. || v. intr. Producir estampido.
troncha f. *AMÉR.* Loncha. || *AMÉR.* Ganga.
tronchar v. tr. y prnl. Partir o romper el tronco, tallo o ramas de un vegetal.
troncho m. Tallo de hortaliza.
tronco m. Tallo de árboles y arbustos. || Parte central del cuerpo humano o de los vertebrados.
tronera f. Ventana pequeña y estrecha.
trono m. Asiento con gradas y dosel, para dignidades.
tropa f. Muchedumbre reunida con un fin concreto. || pl. Conjunto de cuerpos militares que componen un ejército.
tropel m. Gentío que se mueve desordenadamente. || Prisa.
tropezar v. intr. Dar con los pies en un estorbo. || Cometer un error. || v. intr. y prnl. Encontrarse casualmente con alguien.
tropezón m. Tropiezo.
trópico m. Círculo imaginario paralelo al ecuador.
tropiezo m. Aquello en que se tropieza. || Estorbo, impedimento.
troquel m. Molde usado para acuñar monedas, medallas, etc.
trotar v. intr. Ir el caballo al trote. || Andar alguien muy aprisa.
trote m. Modo de caminar acelerado de las caballerías.
trova f. Verso. || Canción amorosa.
trovador- ra adj m. y f. Poeta lírico medieval.
trovar v. intr. Componer trovas.
trozo m. Pedazo de una cosa.
trucha f. Pez de agua dulce, de carne sabrosa.
truco m. Ardid para conseguir un fin.
trueno m. Estampido que se produce en las nubes debido a una descarga eléctrica.
trueque m. Intercambio de bienes y servicios.
trufa f. Tubérculo aromático. || Dulce hecho con chocolate.
truhán- na adj. y n. Desvergonzado.
truncar v. tr. Cortar una parte de alguna cosa o dejar incompleto el sentido de lo que se escribe o lee.
tú pron. pers. de segunda persona, masculino o femenino, singular.
tu, tus Apócope de *tuyo, tuya, tuyos, tuyas*.
tuba f. Instrumento de viento, de perforación cónica y con pistones.

tubérculo

tubérculo m. Rizoma rico en sustancias de reserva.
tuberculosis f. Enfermedad producida por el bacilo de Koch.
tubería f. Conducto de tubos o cañerías.
tubo m. Pieza hueca, de forma generalmente cilíndrica.
tuerca f. Pieza con un hueco en espiral que se ajusta al tornillo.
tuerto -ta adj. y n. El que le falta la visión en un ojo.
tuétano m. Médula.
tugurio m. Lugar miserable.
tul m. Tejido que forma malla.
tulipa f. Pantalla de vidrio de forma semejante a un tulipán.
tulipán m. Planta herbácea con hojas anchas y flor única de seis pétalos de diversos colores.
tullido -da adj. y n. Que no puede mover el cuerpo o algun miembro.
tumba f. Sepulcro.
tumbar v. tr. Derribar. || Suspender un examen. || v. prnl. Echarse.
tumbo m. Sacudida violenta.
tumbona f. Silla con respaldo largo y tijera.
tumor m. Masa anormal de tejido órganico.
túmulo m. Sepulcro por encima del nivel del suelo. || Armazón elevado donde se pone el ataúd.
tumulto m. Alboroto, confusión.
tuna f. Orquestina estudiantil.
tunante -ta adj. y n. Granuja.
tunda f. Paliza.
tundra f. Terreno llano, de clima subglacial, cubierto principalmente de musgos y líquenes.
túnel m. Paso subterráneo artificial.
túnica f. Vestido largo, sin mangas.
tupé m. Mechón de cabello que se lleva alzado sobre la frente.

tupido -da adj. Espeso. || Torpe.
turba f. Combustible fósil. || Muchedumbre tumultuosa.
turbante m. Tocado oriental consistente en una larga tira de tela arrollada a la cabeza.
turbar v. tr. y prnl. Alterar el curso natural de una cosa. || Sorprender o aturdir a uno.
turbio -bia adj. Confuso, opaco.
turbulencia f. Alteración. || Alboroto. || Formación de remolinos causada por el viento.
turbulento -ta adj. Turbio. || Alborotado.
turismo m. Afición a viajar por placer. || Automóvil particular.
turnar v. intr. y prnl. Alternar con otro un trabajo o acción.
turno m. Alternancia que se observa para realizar una cosa.
turrón m. Dulce a base de almendras, piñones, avellanas, nueces, etc., tostado y mezclado con miel o azúcar.
tute m. Juego de naipes para baraja española, que consiste en juntar los cuatro reyes o los cuatro caballos de la baraja.
tutear v. tr. y prnl. Tratar de tú.
tutela f. Autoridad que, en defecto de la de los padres, o por incapacidad, confiere para velar por los intereses de una persona en minoría de edad o incapacidad civil.
tutiplén, a loc. En abundancia, a porrillo.
tutor -ra m. y f. Persona que ejerce la tutela. || Protector.
tuyo, tuya, tuyos, tuyas Pron. pos. de segunda persona en ambos géneros y números.
tweed m. Paño escocés de lana virgen, usado en prendas de abrigo deportivas.

U u

u f. Vigesimosegunda letra del alfabeto español, y quinta de las vocales.

ubicar v. intr. y prnl. Estar en un lugar determinado.

ubicuo -cua adj. Que está en todos los lugares.

ubre f. Teta de la hembra.

ufano -na adj. Engreído, arrogante.

ujier m. Portero de un palacio. || Subalterno de la administración.

úlcera f. Lesión de la piel o las mucosas.

ulterior adj. Que está al otro lado. || Que se dice después de otra cosa.

ultimar v. tr. Acabar, concluir.

ultimátum m. Resolución definitiva y terminante.

último -ma adj. Que no tiene otra cosa después de sí en su clase.

ultra adj. y n. com. Extremista, radical.

ultrajar v. tr. Ofender gravemente.

ultraje m. Agravio, insulto.

ultramar m. Lugar o país que está del otro lado del mar.

ultramarinos m. pl. Tienda de comestibles.

ultramontano -na adj. Del otro lado de los montes.

ultratumba adv. Más allá de la tumba.

ulular v. intr. Dar gritos o alaridos.

umbilical adj. Perteneciente al ombligo.

umbral m. Parte inferior de la puerta de una casa.

umbrío -a adj. Aplícase a la parte poco expuesta al sol.

un, una Artículo indeterminado masculino y femenino, singular. || adj. Uno.

unánime adj. De común acuerdo.

unanimidad f. Calidad de unánime.

uncir v. tr. Sujetar al yugo las caballerías.

ungir v. tr. Aplicar una materia grasa.

ungüento m. Lo que sirve para untar. || Pomada.

único -ca adj. Solo en su clase. || Extraordinario.

unicornio m. Ser con cuerpo de caballo y un cuerno en la frente.

unidad f. Singularidad en número o calidad. || El número uno.

unido -da adj. Que tiene unión. || Que se compenetra con otro.

unificar v. tr. y prnl. Hacer de varias cosas una sola.

uniformar v. tr. y prnl. Dar la misma forma a dos o más cosas.

uniforme m. Traje distintivo de los miembros de un colectivo.

unilateral adj. De un solo lado.

unión f. Correspondencia o conformidad de una cosa con otra.

unir v. tr. Juntar dos o más cosas haciendo de ellas un todo. || Mezclar. || v. tr. y prnl. Casarse.

unísono -na adj. Que tiene el mismo tono o sonido.

unitario -ria adj. Que propende a la unidad o la conserva.

univalvo -va adj. y m. Dícese de la concha de una sola pieza.

universal

universal adj. Que es común a todos en su especie, sin excepción.
universidad f. Institución de enseñanza superior dividido en facultades.
universitario -ria m. y f. Catedrático, estudiante o graduado de universidad.
universo -sa m. Mundo.
univitelino -na adj. Se aplica a los mellizos que proceden de un mismo óvulo.
unívoco -ca adj. Que tiene igual naturaleza o valor.
uno -na adj. Que no está dividido. || Idéntico. || Único. || m. Unidad que sirve de medida.
untar v. tr. Aplicar una materia grasa sobre algo. || Sobornar.
uña f. Parte dura, córnea, que se forma en el extremo del dedo. || Pezuña de los animales.
urbanidad f. Buenos modales.
urbanismo m. Conjunto de normas que determinan el funcionamiento de las ciudades.
urbanización f. Núcleo residencial urbanizado.
urbano -na adj. Amable, cortés. || De la ciudad.
urbe f. Ciudad grande y populosa.
urdimbre f. Conjunto de hilos urdidos.
urdir v. tr. Preparar los hilos para formar la trama. || Tramar.
uréter m. Conducto por el que pasa la orina desde los riñones a la vejiga.
uretra f. Conducto por donde se expele la orina.
urgente adj. Que urge. || Prontamente indispensable o necesario.
urgir v. intr. Correr prisa.
urna f. Vaso usado para guardar dinero o las cenizas de los muertos. || Arquita para depositar las papeletas de las votaciones.
urraca f. Ave paseriforme de plumaje blanco y negro.
urticante adj. Urente, que causa un escozor parecido al de la ortiga.
urticaria f. Enfermedad eruptiva de la piel.
usado -da adj. Gastado por el uso.
usanza f. Uso, costumbre.
usar v. tr. Utilizar una cosa con alguna finalidad.
uso m. Práctica habitual de una cosa.
usted Pronombre personal de segunda persona.
usual adj. Que se usa comúnmente.
usuario -ria adj. y n. Que usa de ordinario una cosa.
usufructo m. Derecho de usar una cosa y aprovecharse de sus utilidades sin deteriorarla.
usura f. Interés excesivo que se cobra por un préstamo.
usurero -ra m. y f. El que presta con interés desmedido o ilícito.
usurpación f. Acción de usurpar. || Cosa usurpada.
usurpar v. tr. Quitarle a alguien lo que es suyo.
utensilio m. Objeto de uso manual y frecuente.
útero m. Órgano del aparato genital femenino.
útil adj. Que trae provecho.
utilidad f. Calidad de útil. || Provecho, interés que se obtiene de algo.
utilitario -ria adj. Que sólo procura conseguir lo útil. || adj. y m. Dícese del vehículo de consumo escaso y tamaño pequeño.
utilizar v. tr. y prnl. Servirse de una cosa, aprovecharse de su uso.
uva f. Fruto de la vid.
uve f. Nombre de la letra *v*.
úvula f. Prominencia de la parte posterior del velo del paladar.

V v

v f. Vigesimotercera letra del abecedario español y decimoctava de sus consonantes.
vaca f. Hembra del toro.
vacación f. Suspensión por algún tiempo del trabajo o del estudio.
vacante adj. No ocupado.
vaciar v. tr. y prnl. Dejar vacío algo. || Sacar o verter el contenido de un recipiente u otra cosa.
vacilar v. intr. Estar poco firme.
vacío -a adj. Falto de contenido. || Vano, presuntuoso.
vacuno -na adj. Del ganado bovino. || f. Sustancia que se inocula para inmunizar contra una enfermedad.
vadear v. tr. Pasar una corriente de agua por un vado.
vado m. Paraje poco profundo de un río por el que se puede pasar.
vagabundo -da adj. Que anda errante. || adj. y n. Ocioso.
vagar v. intr. Estar ocioso. || Andar errante.
vagina f. Conducto entre el útero y la vulva.
vago -ga adj. y n. Holgazán. || Sin ocupación. || Indeciso.
vagón m. Coche de viajeros o mercancías de un tren.
vagoneta f. Vagón pequeño y descubierto, para transporte.
vaguear v. intr. Haraganear.
vahído m. Desvanecimiento.
vaho m. Vapor que despiden los cuerpos.

vaina f. Funda en que se guardan algunas armas y otros instrumentos. || Cáscara en que están encerradas algunas semillas.
vainilla f. Planta aromática, que se emplea como condimento.
vaivén m. Movimiento alternativo en una y otra dirección.
vajilla f. Conjunto de platos, fuentes, etc., para el servicio de la mesa.
vale m. Papel canjeable por cualquier cosa.
valentía f. Esfuerzo, vigor.
valer v. tr. Amparar, proteger. || Tener las cosas un precio. || Tener calidad. || v. prnl. Servirse de una cosa.
valeriana f. Hierba vivaz, con propiedades medicinales.
valeroso -sa adj. Valiente.
valía f. Valor o aprecio de algo.
válido -da adj. Que vale o debe valer legalmente.
valiente adj. y n. com. Esforzado, animoso.
valija f. Maleta. || Saco donde se lleva la correspondencia.
valioso -sa adj. Rico, adinerado.
valla f. Cerco o estacada. || Línea formada de estacas hincadas en el suelo.
valle m. Llanura entre montes. || Cuenca de un río.
valor m. Cualidad que hace que una persona o cosa sea apreciada. || Precio. || Calidad de valiente.
valorar v. tr. Señalar precio de una cosa. || Reconocer el valor.

vals m. Baile por parejas con movimiento giratorio y de traslación.
válvula f. Pieza que cierra un conducto.
vanagloriarse v. prnl. Jactarse.
vandalismo m. Espíritu de destrucción que no respeta nada.
vanguardia f. Tropa que va delante. || Avanzada de un movimiento.
vanidad f. Autoestima excesiva.
vano -na adj. Falto de entidad o sustancia. || Infructuoso. || Presuntuoso. || m. Hueco de una ventana o puerta.
vapor m. Gas en que se transforma un líquido al calentarlo.
vaporizar v. tr. y prnl. Convertir en vapor.
vapulear v. tr. y prnl. Golpear.
vaquería f. Lugar donde hay vacas o se vende su leche.
vaquero -ra m. y f. Pastor de vacas. || adj. y m. Pantalón tejano.
vara f. Rama delgada sin hojas. || Bastón de mando.
varar v. intr. Encallar un barco. || *AMÉR.* Quedarse detenido un vehículo.
variable adj. Inestable.
variante f. Desviación provisional de una carretera o camino.
variar v. tr. Volver diferente algo. || Dar variedad. || v. intr. Cambiar de forma, propiedad o estado.
varicela f. Enfermedad infecciosa que se caracteriza por fiebre, astenia y erupciones vesiculosas.
variedad f. Diferencia dentro de la unidad. || Inconstancia.
varilla f. Vara larga y delgada.
vario -ria adj. Diverso. || Inconstante. || pl. Unos cuantos.
variopinto -ta adj. Que ofrece diversos aspectos.
varón m. Criatura racional del sexo masculino.
vasallo -lla adj. y n. Persona vinculada a otra por lazos de fidelidad. || m. y f. Súbdito.
vasija f. Recipiente para contener líquidos o alimentos.
vaso m. Recipiente generalmente cilíndrico, que sirve para beber. || Conducto por el que circula un líquido orgánico.
vástago m. Ramo tierno del árbol o planta. || Descendiente.
vasto -ta adj. Muy extendido.
vaticinar v. tr. Profetizar.
vecindario m. Conjunto de vecinos de un lugar.
vecino -na adj. y n. Que vive con otros en un mismo lugar.
vedar v. tr. Prohibir por ley, estatuto o mandato. || Impedir.
vega f. Parte de tierra llana y fértil.
vegetación f. Conjunto de vegetales propios de un paraje o región.
vegetal m. Ser vivo que brota, crece y se desarrolla, sin mudar de lugar por propio impulso.
vegetar v. intr. y prnl. Crecer las plantas. || v. intr. Llevar una vida meramente orgánica.
vehemente adj. Que obra o se expresa con ímpetu.
vehículo m. Máquina para transportar personas o cosas.
veinte adj. Dos veces diez.
vejar v. tr. Humillar.
vejestorio m. Persona muy vieja.
vejiga f. Bolsa membranosa del cuerpo de los animales destinada a recoger alguna secreción.
vela f. Tiempo que se vela. || Cilindro de cera, sebo, etc., con pabilo para dar luz. || Pieza de tejido resistente que se ata a los mástiles para recibir el viento que impulsa la nave.
velada f. Reunión nocturna para charlar y divertirse.

velador m. Mesita de un solo pie.
velar v. intr. Estar sin dormir el tiempo destinado al sueño. || Cuidar de una cosa.
veleidad f. Inconstancia, ligereza.
velero m. Buque de vela.
veleta f. Pieza giratoria, que señala la dirección del viento. || n. com. Persona mudable.
vello m. Pelo fino y corto.
vellón m. Toda la lana junta de un carnero u oveja que se esquila.
velo m. Cortina o tela que cubre algo. || Prenda de tul o gasa con que se cubre la cabeza o el rostro.
velocidad f. Ligereza o prontitud en el movimiento.
velódromo m. Pista para ciclismo.
veloz adj. Acelerado, ligero.
vena f. Cualquiera de los vasos o conductos por donde la sangre que ha corrido por las arterias vuelve al corazón. || Filón.
venablo m. Lanza arrojadiza.
vencer v. tr. Rendir al enemigo. || Salir ganador. || Sujetar las pasiones. || v. intr. Expirar un plazo.
venda f. Tira de lienzo para cubrir una herida o fijar los apósitos.
vendar v. tr. Cubrir con la venda.
vendaval m. Viento fuerte.
vender v. tr. Traspasar por el precio convenido la propiedad de una cosa. || v. prnl. Dejarse sobornar.
vendimia f. Recolección y cosecha de la uva.
veneno m. Sustancia tóxica nociva para el organismo.
venerar v. tr. Dar culto. || Respetar en sumo grado.
vengar v. tr. y prnl. Tomar venganza.
venia f. Licencia, permiso.
venial adj. Que contraviene levemente a la ley o precepto.

venir v. intr. Ir de allá hacia acá. || Llegar donde está el que habla. || Deducirse una cosa de otra. || Estar próximo en el tiempo.
venta f. Cantidad de cosas vendidas. || Contrato por el que se transfiere una cosa por el precio pactado. || Posada.
ventaja f. Condición favorable de una persona o cosa.
ventana f. Abertura que se deja en un muro para dar luz y ventilación.
ventanilla f. Ventana pequeña, en especial la de automóviles, trenes, etc. || Abertura pequeña en la pared para atender al público.
ventilar v. tr. y prnl. Hacer que entre el aire en algún sitio. || Agitar en el aire. || Discutir una cuestión.
ventisca f. Borrasca de viento, o de viento y nieve.
ventolera f. Golpe de viento. || Determinación inesperada.
ventosa f. Órgano de ciertos animales para adherirse o para hacer presa. || Objeto cóncavo que al hacerse el vacío en su interior queda adherido a una superficie.
ventosear v. intr. y prnl. Expeler del cuerpo los gases intestinales.
ventosidad f. Pedo.
ventura f. Felicidad. || Suerte.
venus f. Mujer muy hermosa.
ver m. Sentido de la vista. || v. tr. Percibir por los ojos los objetos mediante la acción de la luz. || Examinar con cuidado. || Tropezarse con alguien.
vera f. Orilla.
veranear v. intr. Pasar el verano en lugar distinto del habitual.
verano m. Estación del año comprendida entre el solsticio del mismo nombre y el equinoccio de otoño.
veras f. pl. Verdad en lo que se dice o hace.

veraz adj. Que dice la verdad.
verbal adj. Que se refiere a la palabra, o se sirve de ella.
verbena f. Fiesta popular nocturna al aire libre.
verbi gratia loc. lat. Por ejemplo.
verbo m. Palabra. || Parte de la oración que expresa la existencia, acción y estado de los seres.
verdad f. Conformidad de lo que se dice con lo que se piensa o siente.
verde adj. y m. De color parecido al de la hierba. || adj. Que aún no está maduro. || Obsceno.
verdecer v. intr. Cubrirse de verde.
verdor m. Color verde vivo que adquieren las plantas.
verdugo m. Funcionario judicial que ejecuta la pena de muerte.
verdura f. Hortalizas en general.
vereda f. Camino angosto. || *AMÉR.* Acera de una calle o plaza.
veredicto m. Fallo pronunciado por un jurado. || Parecer.
verga f. Palo delgado. || Pene.
vergel m. Huerto con variedad de flores y árboles frutales.
vergüenza f. Turbación del ánimo. || Pundonor. || Cortedad. || pl. Los genitales.
vericueto m. Lugar áspero quebrado, difícilmente transitable.
verificar v. tr. Probar que es verdadera una cosa. || v. prnl. Salir cierto lo que se pronosticó.
verja f. Enrejado que sirve de puerta, ventana o cerca.
vermut m. Licor aperitivo hecho con vino blanco, ajenjo y otras sustancias tónicas.
vernáculo -la adj. Propio del país.
verosímil adj. Que tiene apariencia de verdadero.
verraco m. Cerdo padre.

verruga f. Excrecencia cutánea de origen vírico y forma redonda.
versar v. intr. Tratar de cierta materia un libro, discurso, etc.
versátil adj. De carácter voluble e inconstante.
versículo m. Cada una de las breves divisiones de los capítulos de ciertos libros.
versificar v. intr. Hacer o componer versos. || v. tr. Poner en verso.
versión f. Modo que tiene cada uno de referir un mismo suceso. || Aspecto particular de un texto.
verso m. Palabra o conjunto de palabras sujetas a ritmo.
vértebra f. Hueso corto, articulado que forma la columna vertebral.
vertedero m. Lugar donde se vierten basuras o escombros.
verter v. tr. y prnl. Derramar o vaciar líquidos o cosas menudas. || v. intr. Desembocar.
vertical adj. Perpendicular al horizonte.
vértice m. Punto en que concurren los dos lados de un ángulo o las caras de un poliedro.
vertiente amb. Declive por donde corre o puede correr el agua. || Aspecto, punto de vista.
vértigo m. Trastorno del sentido del equilibrio. || Mareo.
vesícula f. Ampolla en la epidermis, llena de líquido seroso.
vestíbulo m. Pieza o sala de entrada a un edificio o vivienda.
vestido m. Prenda o conjunto de piezas que se ponen para cubrir el cuerpo humano. || Prenda femenina de una sola pieza.
vestigio m. Memoria de algo pasado. || Indicio.
vestimenta f. Vestido.

vestir v. tr. Cubrir el cuerpo propio o el de otra persona con el vestido. || Cubrir una cosa con otra para su protección o adorno.

vestuario m. Conjunto de trajes. || Local para cambiarse de ropa.

veta f. Filón metálico.

veterano -na adj. y n. Experimentado en un oficio o profesión.

veto m. Derecho para vedar.

vetusto -ta adj. Muy antiguo.

vez f. Alternación de las cosas por turno u orden sucesivo. || Tiempo u ocasión de hacer una cosa.

vía f. Camino. || Raíl del ferrocarril. || Procedimiento para hacer algo.

viaducto m. Puente de un camino sobre una hondonada.

viajar v. intr. Hacer vaje.

viaje m. Jornada que se hace de una parte a otra por mar o tierra.

vianda f. Comida que se sirve a la mesa.

víbora f. Serpiente venenosa. || Persona maldiciente.

vibrar v. tr. Temblar la voz. || v. intr. Experimentar un cuerpo cambios alternativos, de tal modo que oscile en torno a sus puntos de equilibrio.

vicepresidente -ta m. y f. Persona facultada para sustituir al presidente.

viciar v. tr. y prnl. Dañar. || v. prnl. Aficionarse a algo con exceso.

vicio m. Mala calidad, defecto o daño físico. || Hábito de obrar mal.

vicisitud f. Suceso adverso.

víctima f. Persona que padece daño por culpa ajena.

victoria f. Superioridad que se consigue en disputa o lid.

vid f. Planta trepadora de largos sarmientos y flores en racimo, cuyo fruto es la uva.

vida f. Estado de actividad de los seres orgánicos que se manifiesta en la capacidad de renovarse, relacionarse y reproducirse. || Tiempo entre el nacimiento y la muerte. || Duración de las cosas. || Modo de vivir. || Biografía. || Energía.

vidente com. Profeta.

vídeo m. Aparato que registra o reproduce imágenes y sonidos.

vidriar v. tr. Dar a las piezas de barro o loza un barniz vítreo.

vidriera f. Bastidor con vidrios. || Escaparate de una tienda.

vidrio m. Sustancia transparente o traslúcida, dura y frágil.

viejo -ja adj. y n. De mucha edad. || Antiguo. || Deslucido.

viento m. Corriente de aire en la atmósfera debida a las diferencias de presión.

vientre m. Cavidad que contiene el estómago y los intestinos.

viernes m. Sexto día de la semana.

viga f. Madero largo y grueso empleado como sostén.

vigía f. Persona que vigila.

vigilar v. tr. e intr. Velar sobre una persona o cosa.

vigilia f. Falta de sueño. || Víspera de una festividad.

vigor m. Fuerza, actividad. || Vigencia de leyes.

vil adj. Bajo o despreciable.

villa f. Casa de recreo. || Población con algunos privilegios.

villancico m. Canción popular de tema navideño.

villano -na adj. y n. Vecino de una villa. || adj. Ruin, indigno.

vinagre m. Líquido agrio producido por la fermentación del vino.

vinagrera f. *AMÉR.* Acidez de estómago. || pl. Utensilio para el aceite y el vinagre.

vinagreta f. Salsa compuesta de aceite, cebolla y vinagre.
vincular v. tr. Atar una cosa con otra, hacerla depender de ella.
vínculo m. Unión, atadura.
vinicultura f. Elaboración de vinos.
vino m. Bebida que se obtiene del zumo de la uva fermentado.
viña f. Terreno plantado de vides.
viñeta f. Dibujo o escena humorística impresa.
viola f. Instrumento de cuerda, algo mayor que el violín.
violar v. tr. Quebrantar una ley o precepto. || Tener acceso carnal con una mujer por la fuerza.
violentar v. tr. Aplicar medios violentos.
violento -ta adj. Que está fuera de su estado, situación o modo natural. || Que se halla en una situación incómoda. || Irascible.
violeta f. Planta herbácea de flores moradas o blancas de suave olor.
violín m. Instrumento músico con cuatro cuerdas que se tañen frotándolas con un arco.
violonchelo m. Instrumento músico de cuerda similar al contrabajo.
virar v. intr. Cambiar de rumbo.
virgen adj. y n. com. Persona que no ha tenido relaciones sexuales. || adj. Que no ha sido cultivada. || Imagen que representa a María, madre de Jesús.
virguería f. Refinamiento añadido a algo. || Habilidad extremada.
viril adj. Varonil.
virrey m. El que gobernaba en nombre y con la autoridad del rey.
virtual adj. Que tiene la virtud de producir un efecto. || Tácito.
virtud f. Capacidad de producir un efecto. || Disposición a hacer el bien.
viruela f. Enfermedad contagiosa y febril, caracterizada por la erupción de pústulas.
virulento -ta adj. Ponzoñoso, maligno, ocasionado por un virus.
virus m. Microorganismo que vive en una célula viva.
viruta f. Hoja delgada que se saca al labrar la madera o los metales.
visa f. *AMÉR.* Visado.
visar v. tr. Dar validez la autoridad competente a un documento.
víscera f. Órgano interior del cuerpo.
visceral adj. Intenso, profundo.
viscoso -sa adj. Pegajoso, húmedo.
visera f. Parte de las gorras para resguardar la vista.
visible adj. Que no admite duda.
visillo m. Cortina pequeña.
visión f. Objeto de la vista. || Punto de vista. || Aparición.
visitar v. tr. Ir a ver a uno a su casa por cualquier motivo. || Ir a un lugar para conocerlo. || v. intr. Examinar un médico a los pacientes.
vislumbrar v. tr. Ver confusamente. || Adivinar.
visón m. Mamífero carnívoro muy apreciado por su piel.
visor m. Ocular que llevan ciertos aparatos fotográficos.
víspera f. Día que antecede inmediatamente a otro.
vista f. Sentido corporal, por el que se percibe la luz, las formas y colores. || Paisaje.
vistazo m. Mirada superficial.
vistoso -sa adj. Que atrae mucho la atención.
visualizar v. tr. Formar en la mente la imagen de un concepto. || Imaginar.
vital adj. De suma importancia.
vitamina f. Sustancia que existe en los alimentos y que es indispensable para el organismo.

viticultura f. Cultivo de las vides.
vitorear v. tr. Aplaudir o aclamar.
vítreo -a adj. Hecho de vidrio.
vitrina f. Escaparate o armario para exponer objetos.
vitualla f. Víveres.
vituperio m. Censura, reprobación.
viudo -da adj. y n. Dícese de la persona a la que se le ha muerto su cónyuge y no ha vuelto a casarse.
vivales n. com. Pillo, granuja.
vivaque m. Campamento militar al raso. || Acampada al aire libre.
vivaz adj. Agudo, de pronta comprensión e ingenio.
vivencia f. Experiencia vivida.
víveres m. pl. Alimentos.
vivero m. Terreno donde recrían plantas. || Criadero de peces o moluscos.
viveza f. Prontitud en las acciones.
vividor -ra adj. y n. Persona que vive de los demás.
vivienda f. Morada, habitación.
vivíparo -ra adj. y n. Dícese de los animales cuyas hembras paren fetos bien desarrollados.
vivir v. intr. Tener vida. || Durar las cosas. || Pasar y mantener la vida. || Habitar.
vivo -va adj. y n. Que tiene vida. || Expresivo. || Astuto.
vocablo m. Palabra o sonidos articulados que expresan una idea.
vocabulario m. Conjunto de palabras de un idioma.
vocación f. Inclinación natural.
vocal adj. Que se expresa materialmente con la voz. || adj. y f. Sonido del lenguaje humano producido por la aspiración del aire. || Letra que lo representa.
vocalizar v. intr. Articular con la debida distinción las vocales y consonantes para hacer plenamente inteligible el mensaje.
vocear v. intr. Dar voces o gritos.
vodevil m. Comedia ligera.
vodka amb. Aguardiente de cebada, centeno o maíz.
volandas, en loc. Por el aire.
volante m. Pieza circular que forma parte de la dirección de un automóvil.
volar v. intr. Moverse por el aire, sosteniéndose con las alas. || Elevarse en el aire y moverse en un aparato de aviación.
volatilizar v. tr. y prnl. Transformar un cuerpo sólido o líquido en gaseoso.
volcán m. Abertura en la corteza terrestre por donde salen materiales ígneos del interior.
volcar v. tr. e intr. Torcer una cosa hacia un lado o totalmente, de modo que caiga lo que contiene.
voleibol m. Balonvolea.
volquete m. Vehículo de transporte que se puede descargar fácilmente haciendo bascular su caja.
voltaje m. Tensión de una corriente eléctrica medida en voltios.
voltereta f. Vuelta dada en el aire.
voluble adj. Inconstante, versátil.
volumen m. Corpulencia de una cosa. || Libro.
voluntad f. Facultad de hacer o no hacer una cosa. || Deseo.
voluntario -ria adj. m. y f. Persona que se presta a hacer algo por propia voluntad.
volver v. tr. Dar vuelta o vueltas a una cosa. || v. intr. y prnl. Regresar.
vomitar v. tr. Arrojar violentamente por la boca lo contenido en el estómago. || Proferir injurias.
voraz adj. Aplícase al animal o al hombre que come mucho.
vos Pronombre personal de segunda

vosotros

persona, masculino y femenino, singular y plural.

vosotros -tras Pronombre personal de segunda persona plural, masculino y femenino.

votar v. tr. e intr. Emitir un voto.

voto m. Opinión o dictamen en orden a la elección de un candidato o a la aprobación o rechazo de una propuesta. || Promesa.

voz f. Sonido que el aire produce al salir de la laringe. || Grito. || Palabra o vocablo.

vuelco m. Movimiento con que una cosa se vuelve enteramente.

vuelo m. Espacio que se recorre volando sin posarse. || Amplitud o anchura de un vestido en la parte que no se ajusta al cuerpo. || Parte saliente de una construcción.

vuelta f. Movimiento de una cosa alrededor de un punto o girando sobre sí misma. || Regreso.

vuelto m. *AMÉR.* Vuelta del dinero entregado de sobra.

vuestro, -tra, -tros, -tras Pronombre y adjetivo posesivos de segunda persona en masc., fem. y neutro, singular y plural.

vulgar adj. Común o general.

vulgo m. El común de la gente.

vulnerar v. tr. Transgredir, quebrantar una ley. || Perjudicar.

vulpeja f. Zorra.

vulva f. Parte externa del aparato genital femenino.

W

w f. Vigesimocuarta letra del alfabeto español y decimonovena de sus consonantes.

walkie-talkie m. Emisor-receptor portátil para comunicarse a corta distancia.

waterpolo m. Deporte acuático de balón, entre dos equipos de siete jugadores.

western m. Género cinematográfico cuya acción y personajes corresponden a episodios de la colonización del Oeste norteamericano.

whisky m. Bebida alcohólica que se fabrica por fermentación de determinados cereales.

windsurf m. Deporte de vela que se practica sobre una tabla con una vela triangular que el deportista maneja con las manos.

X

x f. Vigesimoquinta letra del abecedario castellano, y vigésima de sus consonantes.
xenofobia f. Odio a los extranjeros.
xerocopia f. Copia obtenida por xerografía.
xerófilo -la adj. y n. Dícese de las plantas que se adaptan fácilmente a la vida en un medio seco.
xerografía f. Sistema de impresión en seco, fijando la imagen por la acción del calor.
xifoides adj. y m. Dícese del cartílago o apéndice cartilaginoso en que termina el esternón.
xilófago -ga adj. Dícese del insecto que roe la madera y se alimenta de ella.
xilófono m. Instrumento de percusión formado por una serie de listones de madera o de metal que se golpean con un par de macillos.
xilografía f. Arte de grabar en madera.

Y

y f. Vigesimosexta letra del abecedario castellano y vigesimoprimera de sus consonantes. || conj. cop. Une palabras o cláusulas en sentido afirmativo.
ya adv. t. En el tiempo pasado. || Finalmente. || Inmediatamente.
yacal m. Árbol de madera dura y resistente.
yacaré m. *AMÉR*. Caimán.
yacer v. intr. Estar tendido. || Estar un cadáver en la sepultura. || Tener trato carnal.
yacimiento m. Sitio donde se encuentra una roca, mineral, etc.
yagua f. Palmera americana.
yagual m. *AMÉR*. Rodete para llevar pesos sobre la cabeza.
yambo m. Árbol de hojas lanceoladas y fruto en baya.
yantar m. Vianda, manjar.
yapó m. *AMÉR*. Mamífero marsupial de cola larga.
yaraví m. *AMÉR*. Cantar de los indios peruanos.
yare m. *AMÉR*. Jugo venenoso de la yuca amarga.
yate m. Embarcación de recreo.
yegua f. Hembra del caballo.

yelmo m. Parte de la armadura que resguardaba la cabeza y el rostro.

yema f. Brote del tallo de los vegetales. || Porción central del huevo en los ovíparos.

yerba f. Hierba.

yermo -ma adj. Inhabitado. || No cultivado.

yerno m. Respecto de una persona, marido de su hija.

yerro m. Falta o equivocación cometida por descuido.

yerto -ta adj. Tieso, áspero.

yesca f. Materia seca y combustible.

yeso m. Sulfato de calcio hidratado.

yo Pronombre personal de primera persona, masculino o femenino y singular.

yodo m. Elemento no metálico que se emplea como antiséptico.

yoga f. Disciplina hindú cuyo fin es liberar el espíritu.

yogur m. Leche cuajada y fermentada.

yola f. Embarcación ligera y rápida, movida a remo y vela.

yo-yo m. Juguete que consiste en un pequeño disco acanalado que sube y baja a lo largo de un hilo.

yuca f. Planta tropical de cuya raíz se extrae una harina alimenticia.

yudo Deporte y sistema de lucha japonés sin armas.

yugo m. Instrumento de madera con que se uncen las caballerías para arar o tirar del carro.

yugular adj. y f. Vena situada a uno y otro lado del cuello.

yunque m. Prisma de hierro acerado, que se emplea para trabajar los metales a golpe de martillo.

yunta f. Par de animales que se emplean en la labor del campo.

yute m. Materia textil de origen vegetal.

yuxtaponer v. tr. y prnl. Poner una cosa junto a otra.

Zz

z f. Vigesimoséptima y última letra del abecedario castellano, y vigesimosegunda de sus consonantes.

zafar v. tr. Adornar, guarnecer. || v. prnl. Excusarse de hacer algo.

zafarrancho m. Riña.

zafio -fia adj. Tosco, grosero, inculto.

zafiro m. Piedra preciosa de color azul.

zaga f. Parte trasera de una cosa.

zagal -la m. y f. Adolescente. || Pastor.

zaguán m. Espacio cubierto dentro de una casa, junto a la entrada.

zaguero -ra adj. Que va, se queda o está detrás.

zaherir v. tr. Reprender a alguien. || Humillar.

zahón m. Especie de calzón de cuero o paño, propio de ganaderos y cazadores.

zahorí n. com. Persona a quien se atribuye el poder de ver lo oculto.

zaino -na adj. Traidor, falso.

zalamería f. Demostración afectada de cariño.

zamarra f. Prenda de vestir hecha de piel con su lana o pelo.

zamarrear v. tr. Sacudir el perro, el lobo, etc., violentamente la presa para rematarla. || Maltratar a alguien zarandeándolo.

zambo -ba adj. y n. Patizambo. || *AMÉR.* Hijo de negra e indio, o al contrario.

zambomba f. Instrumento musical, hueco, que produce un sonido ronco.

zambombazo m. Explosión ruidosa.

zambullir v. tr. y prnl. Sumergir bruscamente en un líquido.

zampar v. tr. Meter una cosa en otra de prisa. || Comer excesivamente.

zanahoria f. Planta hortense, de raíz fusiforme, comestible.

zancada f. Paso largo.

zancadilla f. Acción de cruzar uno su pierna con la de otro para derribarle. || Engaño, ardid.

zancajo m. Parte del zapato, media, etc., que cubre el talón.

zanco m. Palo alto, con soporte para los pies, para andar.

zanganear v. intr. Hacer el vago.

zángano -na m. y f. Persona holgazana y vividora. || m. Macho de la abeja reina.

zangolotear v. tr. y prnl. Mover violenta y continuamente una cosa.

zanja f. Excavación larga y angosta que se hace en la tierra.

zanjar v. tr. Abrir zanjas. || Resolver una dificultad.

zanquear v. intr. Torcer las piernas al andar.

zapa f. Pala herrada, que emplean los zapadores. || Excavación de galería subterránea o zanja al descubierto.

zapata f. Calzado que llega a media pierna. || Pieza del freno que actúa por fricción sobre el eje.

zapatear Golpear con el zapato.

zapatilla f. Zapato ligero y de suela muy delgada.

zapato m. Calzado exterior que no pasa del tobillo.

zaque m. Odre pequeño.

zar m. Título del emperador de Rusia.

zaragata f. Pendencia, alboroto.

zaragate m. *AMÉR.* Persona despreciable.

zaragüelles m. pl. Calzones holgados y con pliegues.

zarandajas f. pl. Cosas sin valor.

zarandear v. tr. y prnl. Mover una cosa de un lado a otro.

zarcillo m. Arete, pendiente.

zarigüeya f. Mamífero marsupial, de hocico puntiagudo y cola larga.

zarina f. Esposa del zar.

zarpa f. Mano con dedos y uñas de ciertos animales.

zarpar v. intr. Partir una nave.

zarpazo m. Golpe de zarpa.

zarrapastroso -sa adj. y n. Desaseado, andrajoso.

zarza f. Planta arbustiva rosácea, de tallos espinosos, hojas elípticas, flores blancas o rosáceas.

zarzamora f. Fruto de la zarza.

zarzaparrilla f. Arbusto de flores en racimos y fruto en baya.

zarzuela f. Obra dramática y musical en que se declama y canta alternativamente. || Plato compuesto de diferentes tipos de pescados y mariscos.

zascandil m. Persona inquieta y enredadora.

zepelín m. Globo dirigible.

zigzag m. Serie de líneas que forma

de manera alternativa ángulos entrantes y salientes.

zinnia f. Planta herbácea ornamental compuesta, de tallos ramosos, hojas opuestas y flores grandes y de diversos colores.

zipizape m. Riña ruidosa.

zoantropía f. Monomanía en la cual el enfermo se cree un animal.

zócalo m. Cuerpo inferior de un edificio para elevar los basamentos a un mismo nivel. || Friso.

zoco m. Plaza de una población.

zona f. Lista o faja. || Extensión considerable de terreno.

zoófago -ga adj. y n. Que se alimenta de materias animales.

zoófito -ta adj. y n. Dícese de los animales con aspecto de planta.

zoografía f. Parte de la zoología que tiene por objeto la descripción de los animales.

zoología f. Parte de la biología que estudia los animales.

zoológico -ca adj. Relativo a la zoología. || m. Parque zoológico.

zoom m. Mecanismo óptico para hacer tomas a mayor o menor distancia.

zoomorfo -fa adj. Que tiene forma de animal.

zoonosis f. Enfermedad infecciosa propia de los animales, especialmente los domésticos.

zootecnia f. Técnica de la cría de los animales domésticos.

zoquete m. Pedazo de pan. || Persona corta de entendimiento.

zorra f. Mamífero carnicero, de cabeza ancha, orejas empinadas y cola larga.

zorrillo m. Mofeta.

zorro m. Macho de la zorra. || Hombre muy taimado y astuto. || Persona hábil para engañar.

zote adj. y n. com. Ignorante.

zozobrar v. intr. Peligrar la embarcación por la fuerza y contraste de los vientos.

zueco m. Zapato de madera de una pieza o de cuero con suelo de corcho o madera.

zumba f. Cencerro grande. || Burla.

zumbar v. intr. Hacer una cosa ruido continuo y bronco.

zumbido m. Acción y efecto de zumbar.

zumbón -na adj. y n. Dícese de la persona que frecuentemente hace burlas o bromas.

zumo m. Líquido que se extrae de las frutas.

zurcir v. tr. Coser una rotura con puntadas ordenadas.

zurdo -da adj. y n. Que utiliza principalmente la mano izquierda.

zurear v. intr. Hacer arrullos la paloma.

zurrapa f. Sedimento formado en el poso de un líquido.

zurrar v. tr. Curtir y adobar las pieles. | Castigar con golpes.

zurriago m. Látigo de cuero.

zurrir v. intr. Sonar confusamente alguna cosa.

zurriburri m. Barullo, confusión.

zurrón m. Bolsa grande de pellejo. || Cualquier bolsa de cuero.

zurullo m. Pedazo rollizo de materia blanda. || Excremento.